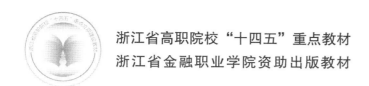

浙江省高职院校"十四五"重点教材

浙江省金融职业学院资助出版教材

保险理论与实务

（修订版）

主　编　谢朝德

副主编　高雪岩

ZHEJIANG UNIVERSITY PRESS

浙江大学出版社

·杭州·

图书在版编目（CIP）数据

保险理论与实务 / 谢朝德主编. -- 修订版.

杭州 : 浙江大学出版社, 2024. 12. -- ISBN 978-7-308-
25714-5

Ⅰ. F840

中国国家版本馆CIP数据核字第2024HS4870号

保险理论与实务（修订版）

谢朝德　主编　高雪岩　副主编

责任编辑	赵　静
责任校对	胡　畔
封面设计	周　灵
出版发行	浙江大学出版社
	（杭州市天目山路148号　邮政编码310007）
	（网址：http://www.zjupress.com）
排　　版	杭州林智广告有限公司
印　　刷	杭州高腾印务有限公司
开　　本	787mm×1092mm　1/16
印　　张	20.5
字　　数	493千
版印次	2024年12月第1版　2024年12月第1次印刷
书　　号	ISBN 978-7-308-25714-5
定　　价	59.00元

前　言

　　党的二十大报告明确提出"健全覆盖全民、统筹城乡、公平统一、安全规范、可持续的多层次社会保障体系"的目标要求。过去十年，我国保险业与社会保障体系建设进入快车道，建成了世界上规模最大的保险保障体系，为人民创造美好生活奠定了坚实基础。党的二十大的一系列重要论述指明了未来方向。保险业作为民生保障安全网、经济运行减震器和社会发展稳定器，与人民群众的美好生活息息相关，要从服务经济社会发展、强化社会保障服务能力的战略高度出发，迈向高质量发展新征程。

　　作为金融服务行业，保险业与银行业、证券业共同构成了金融体系的三大支柱。 现代保险具有经济补偿、资金融通和社会管理三大功能，是金融体系和社会保障体系的重要组成部分，对现代化发展和国民经济的增长起着不可替代的重要作用，保险业又是传递爱心、营造幸福、促进和谐的事业，加快保险业发展是构建社会主义和谐社会的必然要求。

　　本书是为了适应高职院校教育特点，培养学生保险职业能力而编写的。本书以修订后的《中华人民共和国保险法》为依据，以保险业务为核心，以从业人员的能力本位和具体需要为重点而编写。编者在汲取国内外同类教科书精华的基础上，站在保险专业的最前沿，与行业实际紧密相连，注重培养学生的保险职业素质与职业技能。综合来看，本教材具有以下几个特点：

　　（1）教材内容新。教材内容适时更新，反映当前行业发展最新动态和监管要求。

　　（2）教材形式新。建有核心知识点的配套微课视频，实现教材资源线上线下的有机结合。

　　（3）教材资源全。教材采用新形态形式编撰，配套的课程网站、微课视频、PPT课件、课后练习、参考答案均已完成。本书适用于高职高专院校保险及相关经济类专业的教学，也可供保险公司业务培训和保险理论工作者、业务工作者阅读参考。

　　本书的内容主要由以下两个部分组成：

　　（1）理论篇。这部分内容包括风险与保险、保险概述、保险的产生与发展、保险合同、保险的基本原则、保险业务流程、保险市场与监管等。

　　（2）实务篇。这部分主要阐述相关保险产品实务，具体包括财产损失保险实务，责任、特殊风险保险实务，人身保险实务，政策保险实务和再保险实务等。

　　全书由浙江金融职业学院谢朝德负责构思、修改及统稿。本次出版在 2020 年 12 月第一版的基础上，根据相关保险产品特别是机动车辆保险及条款的变更，对内容进行了实时更新。在分工上，本书第一章至第七章、第十二章由谢朝德编写；第八章至第十一章由高雪岩编写。浙江金融职业学院朱佳、韩雪、沈洁颖参与了部分微课视频资源的拍摄和制作工作。中国人寿保险股份有限公司、中国人保财产保险股份有限公司、新华保险股份有限公司、中国太平洋保险股份有限公司等相关行业专家为本书的编撰提出了诸多宝贵意见和建议；此外，本书的出版还得到了浙江大学出版社的鼎力相助，在此谨一并表示深深的谢意！

　　本书在编写过程中参考了国内外多种保险著作，有选择地借鉴了国外保险学教科书中的有益内容，并尽可能汲取国内保险理论研究的最新成果，谨此表示由衷的感谢。由于保险理论与实务涉及的领域十分广泛，国内外保险理论研究的最新成果也在不断涌现，所以，限于编者水平，书中的疏漏、缺点甚至错误在所难免，不妥之处，恳请广大读者和同仁予以批评指正，以便今后再做修订。

Contents **目 录**

理论篇

实务篇

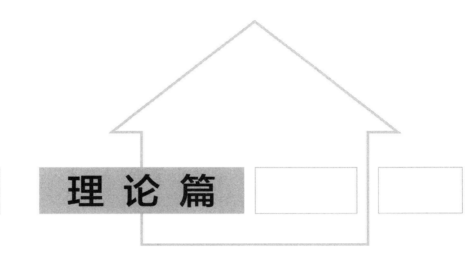

理论篇

第一章
风险与保险

➤ **学习目标**

1.掌握风险的概念与特征。
2.掌握风险的分类方法。
3.掌握风险管理的程序。
4.掌握风险管理与保险的关系。

第一节　风险概述

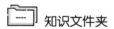 知识文件夹

"风险"一词的由来

"风险"一词的由来，最为普遍的一种说法是，在远古时期，以打鱼捕捞为生的渔民们每次出海前都要祈求神灵保佑，其中主要的祈祷内容就是让神灵保佑自己在出海时能够风平浪静、满载而归。他们在长期的捕捞实践中，深深地体会到"风"给他们带来的无法预测、无法确定的危险，他们认识到，在出海捕捞的经历中，"风"即意味着"险"，因此有了"风险"一词。

而另一种据说经过多位学者论证的"风险"一词的"源出说"称，"风险"（risk）一词是舶来品，有人认为来源于阿拉伯语，有人认为来源于西班牙语或拉丁语，比较权威的说法是来源于意大利语的"risque"一词。在早期的运用中，"风险"也是被理解为客观的危险，体现为自然现象或者航海遇到礁石、风暴等事件。大约到19世纪，在英文的使用中，"风险"一词常常用法文拼写，主要用于与保险有关的事情。

现代意义上的"风险"一词，已经大大超越了"遇到危险"的狭义含义，意思是"遇到破坏或损失的机会或危险"。可以说，经过两百多年的演绎，"风险"一词越来越被概念化，并随着人类活动的复杂性和深刻性而逐步深化，被赋予了哲学、经济学、社会学、统计学甚至文化艺术领域的更广泛、更深层次的含义，且与人类的决策和行为后果的联系越来越紧密，"风险"一词也成为人们生活中出现频率很高的词语。

无论如何定义"风险"一词，其基本的核心含义都是"未来结果的不确定性或损失"。

也有人进一步定义为"个人和群体在未来遇到伤害的可能性以及对这种可能性的判断与认知"。如果采取适当的措施使破坏或损失的概率极大降低，或者说智慧地认知，理性地判断，继而采取及时而有效的防范措施，那么风险可能带来机会，由此有了进一步延伸的意义，不仅仅是规避风险，可能还会带来比例不等的收益，有时风险越大，回报越高、机会越大。

一、风险的定义

什么是风险？俗话说："天有不测风云，人有旦夕祸福。"在人们的日常生活中，各种风险随时随地都可能发生。例如，洪水、地震、车祸、疾病、人身意外伤亡等，都将给受害人带来伤害和悲痛。但是，在发生这类风险的同时，也存在着解决风险损害的机制，如果运用得当，可以大大减轻风险可能造成的经济损失。保险就是这个机制的一种，风险是保险所要研究的主要问题。

风险的概念与特征

对风险的定义大致有两种：一种定义强调风险表现为不确定性，而另一种定义则强调风险表现为损失的不确定性。若风险表现为不确定性，说明风险产生的结果可能是带来损失、获利或是无损失也无获利，属于广义风险。金融风险属于此类。而风险表现为损失的不确定性，说明风险只能表现出损失，没有从风险中获利的可能性，属于狭义风险。

国内外学者对于风险有代表性的观点主要有以下几种：

（1）风险是一种损失的发生，具有不确定性的状态。

（2）风险是危险的集合，是不同危险作用下的不确定性事件的表现形式。

（3）意外事故和自然灾害都具有不确定性，我们称之为风险。

（4）风险是有危害或损失之虞的事。

我们认为：风险是指偶然事件的发生引起损失的不确定性。这种提法比较简单、明确。具体而言，该定义包括三层含义：一是风险是偶然发生的事件，即可能发生但又不一定发生的事件；二是风险发生的结果是损失，即经济价值的非故意的、非计划的、非预期的减少；三是风险发生所引起的损失是不确定的，即风险在发生之前，其发生的具体时间、空间和损失的程度是不确定的，人们难以准确预期。最后需要强调的是，风险伴随着人类活动，没有人类的活动，也就不存在风险。

📁 知识文件夹

风险概念的学术定义

目前，学术界对风险的内涵及其概念尚未有一个统一的定义。由于对风险的理解和认识程度不同，或对风险的研究角度不同，不同的学者对风险的概念有着不同的解释，代表性的观点有以下几种。

第一种观点认为：风险是事件未来可能结果的不确定性。

莫布雷（Mowbray）称风险为不确定性；威廉姆斯（Williams）将风险定义为在给定的条件和某一特定的时期下未来结果的变动；马驰（March）和沙皮拉（Shapira）认为风险是事件可能结果的不确定性，可由收益分布的方差测度；布恩米利（Brnmiley）认为风险是公司收入流的不确定性；马科维茨（Markowitz）和夏普（Sharp）等将证券投资的风险定义为该证券资产的各种可能收益率的变动程度，并用收益率的方差来度量证券投资的风险，通过量化风险的概念改变投资大众对风险的认识。由于方差计算的方便性，风险的这种定义在实际中得到了广泛的应用。

第二种观点认为：风险是损失发生的不确定性。

罗森布（Rosenb）将风险定义为损失的不确定性；科雷恩（Crane）认为风险意味着未来损失的不确定性；比奥克特（Biokett）、查理（Charles）、库珀（Cooper）用概率对风险进行描述；鲁弗利（Ruefli）等将风险定义为不利事件或事件集发生的机会，并由这种观点将风险分为主观学说和客观学说两类。主观学说认为不确定性是主观的、个人的和心理上的一种观念，是个人对客观事件的主观估计，而不能以客观的尺度来衡量，不确定性的范围包括发生与否的不确定性、发生时间的不确定性、发生状况的不确定性以及发生结果严重程度的不确定性。客观学说则是以风险的客观存在为前提，以风险事故的观察为基础，以数学和统计学观点加以定义，认为风险可用客观的尺度来度量。例如，佩费尔将风险定义为风险是可测度的客观概率的大小；奈特认为风险是可测定的不确定性。

第三种观点认为：风险是指可能发生损失的损害程度的大小。

段开龄认为，风险可以引申定义为预期损失的不利偏差，这里的所谓不利是对保险公司或被保险企业而言的。若实际损失率大于预期损失率，则此正偏差对保险公司而言即为不利偏差，也就是保险公司所面临的风险。马科维茨在他人质疑的基础上，排除可能收益率高于期望收益率的情况，提出了"下方风险"（downside risk）的概念，即实现的收益率低于期望收益率的风险，并用半方差（semivaviance）来计量下方风险。

第四种观点认为：风险是指损失的大小和发生的可能性。

朱淑珍在总结各种风险描述的基础上，对风险进行定义：风险是指在一定条件下和一定时期内，各种结果发生的不确定性导致行为主体遭受损失的大小以及这种损失发生可能性的大小。风险是一个二维概念，以损失发生的大小与损失发生的概率两个指标进行衡量。王明涛在总结各种风险描述的基础上，对风险进行定义：风险是指在决策过程中，由于各种不确定性因素的作用，决策方案在一定时间内出现不利结果的可能性以及可能损失的程度。它包括损失的概率、可能损失的程度以及损失的易变性三方面内容，其中可能损失的程度处于最重要的位置。

第五种观点认为：风险是由风险构成要素相互作用的结果。

风险因素、风险事件和风险结果是风险的基本构成要素。风险因素是风险形成的必要条件，是风险产生和存在的前提。风险事件是外界环境变量发生预料未及的变动从而导致风险结果的事件，它是风险存在的充分条件，在整个风险中占据核心地位。风险事件是连接风险因素与风险结果的桥梁，是风险由可能性转化为现实性的媒介。根据风险的形成机理，郭晓亭、蒲勇健等将风险定义为：在一定时间内，以相应的风险因素为必要条件，以相应的风险事件为充分条件，有关行为主体承受相应的风险结果的可能性。叶青、易丹辉认为，风险的内涵在于它是在一定时间内，由风险因素、风险事件和风险结果递进联系而呈现的可能性。

第六种观点认为：可以利用对波动的标准统计测度方法定义风险。

1993 年发表的 30 国集团的《衍生产品的实践与规则》报告，将已知的头寸或组合的市场风险定义为：经过某一时间间隔，具有一定置信区间的最大可能损失，并将这种方法命名为 Value at Risk，简称 VaR 法，并竭力推荐各国银行使用这种方法。1996 年，国际清算银行在《巴塞尔协议修正案》中也允许各国银行使用自己内部的风险估值模型设立对付市场风险的资本金。1997 年约利昂（Jorion）在研究金融风险时，利用"在正常的市场环境下，给定一定的时间区间和置信水平，预期最大损失（或最坏情况下的损失）"的测度方法来定义和度量金融风险，也将这种方法简称为 VaR 法。

第七种观点认为：可以利用不确定性的随机性特征来定义风险。

风险的不确定性包括模糊性与随机性两类。模糊性的不确定性，主要取决于风险本身所固有的模糊属性，要采用模糊数学的方法来刻画与研究；而随机性的不确定性，主要是由于风险外部的多因性（即各种随机因素的影响）造成的必然反应，要采用概率论与数理统计的方法来刻画与研究。

根据不确定性的随机性特征，为了衡量某一风险单位的相对风险程度，胡宜达、沈厚才等提出了风险度的概念，即在特定的客观条件下、特定的时间内，实际损失与预测损失之间的均方误差与预测损失的数学期望之比。它是表示风险损失的相对变异程度（即不可预测程度）的一个无量纲（或以百分比表示）的量。

二、风险的特征

风险具有客观性、不确定性、损害性、可测性、发展性等特征。

1. 客观性

风险是客观存在的，而且无时不在，无处不有，不以人的意志为转移。自从人类出现后，就面临着诸如自然灾害、疾病、伤害、战争等各种风险的威胁。随着科学技术的发展和生产力水平的提高，人类社会走向文明，消除了一些风险，但又造就了新的风险，且风险事故造成的损失也越来越大。在当今社会，个人面临着生、老、病、死、残、失业、意外伤害等风险；企业则面临着自然风险、市场风险、技术风险、政治风险等；甚至国家政府机关也面临着各种风险。总体上来说，风险是不可能彻底消除的，无论人类是否意识到，它们始终独立于人的意识而客观存在着。

2. 不确定性

风险及其所造成的损失总体上说是必然的、可知的，但在个体上是偶然的、不可知的，具有不确定性。正是风险的这种总体上的必然性与个体上的偶然性（风险存在的确定性和发生的不确定性）的统一，才构成了风险的不确定性，其主要表现为以下几个方面。

（1）空间上的不确定性。例如，从总体上来说，所有的房屋都存在发生火灾的可能性，而且在一定时间内必然有房屋会发生火灾，并且必然造成一定数量的经济损失。这种必然性是客观存在的。但是具体到某一幢房屋来说，是否发生火灾，则是不一定的。

（2）时间上的不确定性。例如，人总是要死的，这是人类的必然现象，但是何时死亡，在健康的时候是不可能预知的。

（3）结果上的不确定性。即损失程度的不确定性，例如，沿海地区每年都会遭受或大或小的台风袭击，但是人们无法预知未来年份发生的台风是否会造成财产损失或人身伤亡以及财产损失或人身伤亡的程度。

3. 损害性

风险是与损失相关的一种状态，没有损失或者破坏性实质上就不能构成风险。一般情况下风险发生会给人们的生活带来损害。物质上的损失往往是可以用货币来衡量的；但一旦造成人身损害，就比较难以用货币来衡量了。总之，风险的发生将会对我们的生活产生影响。

4. 可测性

个别风险的发生是偶然的、不可预知的，但通过对大量风险事故的观察会发现，风险往往呈现出明显的规律性。运用统计方法去处理大量相互独立的偶发风险事故，其结果可以比较准确地反映风险的规律性。根据以往大量的资料，利用概率论和数理统计的方法可测算出风险事故发生的概率及其损失程度，并且可构造出损失分布的模型，使其成为衡量风险的基础。例如，死亡对于个别人来说是偶然的不幸事件，但是经过对某一地区的人的各年龄段死亡率的长期观察统计，就可以准确地编制出该地区的生命表，从而可以测算出各个年龄段的人的死亡率。

5. 发展性

人类社会在自身进步和发展的同时，也创造和发展了风险，尤其是当代高新技术的发展与应用，使风险的发展性表现得更为突出。风险会因时间、空间因素的发展变化而有所发展与变化，这些变化包括以下方面。

（1）性质转化。例如，在汽车普及之前，车祸是特定风险，但随着汽车的普及，车祸便转化为基本风险。火灾对财产所有人来讲是纯粹风险，但对以风险为经营对象的保险公司来讲，是投机风险。

（2）量的转变。随着人们对风险认识的增强和风险管理方法的完善，某些风险在一定程度上得以控制，可以降低其发生频率和损失程度。

（3）某些风险被消除。在一定的时空条件下，某些风险在一定范围内可以被消除。例如，新中国成立前天花危害着我国，新中国成立后在很短的时间内就消灭了天花。

（4）新风险的产生。任何一项新的社会活动，都会带来新的风险；新的发明、新技术的运用带来新的技术风险；新经济体制确立，新的经济风险也随之而生。

三、风险的构成要素

一般认为，风险由风险因素、风险事故和损失构成，这些要素的共同作用，决定了风险的存在、发展和发生。

1. 风险因素

风险因素又称风险条件，是指引起或增加风险发生的机会或扩大损失程度的原因和条件，它是导致损失的间接原因或内在原因。风险因素可分为物质风险因素、道德风险因素和心理风险因素。

（1）物质风险因素是指有形的并能直接影响事物的物理功能的因素，即某一标的本身所具有的足以引起或增加风险发生的机会和损失程度的客观原因。例如，建筑物的坐落地点、结构、消防系统等，自然界中的风雨雷电等，均为物质风险因素。

（2）道德风险因素是指与人的品行修养有关的无形的因素，即指个人不诚实、不正直或不轨企图，促使风险事故发生，以致社会财富损毁和人身伤亡的原因或条件。例如，诈骗、纵火等恶意行为或不良企图，均属于道德风险因素。

（3）心理风险因素是指与人的心理状态有关的无形的因素，即指人的不注意、不关心、侥幸，或存在依赖保险心理，以致增加风险事故发生的概率和损失程度的因素。例如，人的疏忽、过失，投保后过度依赖保险等均属于心理风险因素。

上述风险因素中，由于道德风险因素和心理风险因素都是无形的，都与个人自身行为方式相联系，前者侧重于人的恶意行为，后者侧重于人的心理状态，所以通常将两者统称为人为风险因素。

2. 风险事故

风险事故又称风险事件，是指造成生命财产损害的偶发事件，也是造成损害的直接原因或外在原因。风险要通过风险事故的发生才能导致损失。风险事故的发生意味着风险由可能性变为现实。

风险事故与风险因素的区分并不是绝对的，对于某一事件，在一定条件下，可能是造成损失的直接原因，则它成为风险事故；而在其他条件下，可能是造成损失的间接原因，则它便成为风险因素。如下冰雹使得路滑而引发车祸造成人员伤亡，这时冰雹是风险因素，车祸是风险事故。若冰雹直接击伤行人，则是风险事故。

3. 损失

从保险角度来看，损失是指非故意的、非预期的和非计划的经济价值的减少，这一定义是狭义损失的定义。也就是说把不幸事故的发生给人们造成的精神痛苦排除在外。所以，保险所指损失必须满足两个要素：一是非故意的、非计划的、非预期的；二是经济价值或经济收入的减少。两者缺一不可。例如，恶意行为、折旧、面对正在受损的物资可以抢救而不抢救所造成的后果等，分别属于故意的、计划的和预期的，因而不能将其称为损失。

损失，在保险行业中又可分为直接损失和间接损失。直接损失是指承保风险造成的财产本身的损失；间接损失是指由直接损失引起的损失。间接损失包括收入减少、利润损失以及后果损失等。

➤ **知识文件夹**

风险三要素之间的关系

风险是由风险因素、风险事故和损失三者构成的统一体，它们之间存在着一种因果关系，如图 1-1 所示。

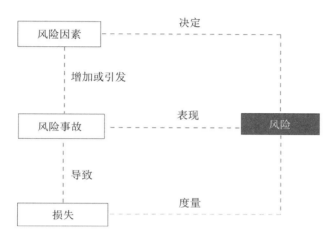

图 1-1　风险三要素之间的关系

（1）风险因素的存在决定了风险事故和损失发生的可能性，从而决定了风险事故发生的频率和损失程度的大小。

（2）风险由风险因素决定，通过风险事故来表现，以损失来度量。

（3）风险因素的多样性及其作用时间、方向、强度、顺序等的不确定性决定了风险事故发生的不确定性和损失的不确定性。因此，风险损失是很难准确估测的。

第二节　风险的分类

为了更好地认识风险，识别、处理和控制风险，有必要对风险进行分类。由于分类基础的不同，风险有许多种分类方法。我们这里介绍的是同风险管理有密切关系的几种分类方法。

风险的分类

一、按风险的性质分类

根据风险的性质，可把风险划分为纯粹风险和投机风险。

（1）纯粹风险是指那些只有损失机会而无获利可能的风险。这种风险的发生，其结果有两种：一是损失；二是无损失，即有惊无险。纯粹风险是风险管理的主要对象，也是保险的对象。保险上称之为"可保风险"，如自然灾害、意外事故以及人的生、老、病、死等。

（2）投机风险是指那些既有损失机会，又有获利可能的风险。这种风险发生的结果有三种：一是损失；二是无损失；三是盈利。如商业行为上的价格投机、股票买卖、市场风险等都属投机风险。保险对于投机风险一般不予承保。

纯粹风险与投机风险相比，前者因只有净损失的可能性，人们必然避而远之。而后者却有获利的可能，甚至获利颇丰，人们往往为求其利甘冒风险而为之。

二、按风险的对象分类

根据风险损害的对象，可把风险分为财产风险、人身风险、责任风险和信用风险四种。

（1）财产风险是指导致一切有形财产发生毁损、灭失和贬值的风险。财产风险强调风险事故所作用的对象是有形的财产及预期的利益，而非人身。例如，厂房、机器设备、原材料、成品、家具等会遭受因火灾、地震、爆炸等而损毁的风险；船舶在航行中，可能遭受沉没、碰撞、搁浅等风险；飞机有坠毁的风险；财产价值因经济因素有贬值的风险。

（2）人身风险是指可能导致人的伤残、死亡、丧失劳动能力以及增加医疗费用支出的风险。例如，人会因生、老、病、死等生理规律和自然、政治、军事、社会等原因而早逝、伤残、工作能力丧失或年老无依靠等。人身风险所致的损失一般有两种：一种是收入能力损失；一种是额外费用损失。

（3）责任风险是指个人或团体的疏忽或过失行为，造成他人财产损失或人身伤亡，依照法律、契约或道义应承担的民事法律责任的风险。日常生活中所说的"责任"包括刑事责任、民事责任和行政责任，但保险人所承保的责任风险仅限于民事损害赔偿责任。例如，产品设计或制造上的缺陷导致消费者（或用户）的财产损失或人身伤害，产品的设计者、制造者、销售者依法要承担经济赔偿责任；医师的过失行为导致医疗事故，给病人造成的损害，根据法律规定，医师负有损害赔偿责任；合同一方违约使另一方遭受损失，违约一方依合同要承担经济赔偿责任。

（4）信用风险是指在经济交往中，权利人与义务人之间，一方违约或违法行为造成对方经济损失的风险。例如，国际贸易中进口商破产、潜逃、单方面毁约等造成出口商货款损失的风险；银行发放贷款收不回来的风险等。

三、按损失的原因分类

根据损失的原因可将风险分为自然风险、社会风险、经济风险、政治风险和技术风险五种。

（1）自然风险是指由自然现象、物理现象和其他物质现象所形成的风险，如地震、水灾、火灾、风灾、雹灾、冻灾、旱灾、虫灾以及各种瘟疫等。在各类风险中，自然风险是保险人承保最多的风险。自然风险的成因不可控，但有一定的规律和周期，发生后的影响范围较广。

（2）社会风险是指个人或团体的行为（包括过失行为、不当行为及故意行为）或不行为使社会生产及人民生活遭受损失的风险，如盗窃、抢劫、玩忽职守及故意破坏等行为将可能对他人财产造成损失或人身造成伤害。

（3）经济风险是指在生产和销售等经营活动中受各种市场供求关系、经济贸易条件等因素变化的影响或经营者决策失误，对前景预期出现偏差等导致经营失败的风险，如企业生产规模的增减、价格的涨落、消费需求变化、通货膨胀、汇率变动等所致经济损失的风险等。

（4）政治风险是指在对外投资和贸易过程中，因政治原因或订约双方所不能控制的原因（如政局的变化、政权的更替、政府法令和决定的颁布实施，以及种族和宗教冲突、叛乱、战争等），债权人可能遭受损失的风险，如因进口国发生战争、内乱而中止货物进口；因进口国实施进口或外汇管制，对输入货物加以限制或禁止输入；因本国变更外贸法令，出口货物无法送达进口国，造成合同无法履行等。

（5）技术风险是指伴随着科学技术的发展、生产方式的改变而产生的威胁人们生产与生活的风险，如核辐射、空气污染和噪声污染等。

四、按产生风险的行为分类

根据产生风险的行为可将风险分为基本风险和特定风险两种。

（1）基本风险是指非个人行为引起、损害波及社会的风险，本质上不易防止，风险的起因及影响都不与特定的人有关，至少是个人所不能阻止的风险。例如，与社会或政治有关的风险，与自然灾害有关的风险等，都属于基本风险。

（2）特定风险是指个人行为引起的风险。它只与特定的个人或部门相关，而不影响整个团体和社会。如纵火、盗窃以及造成他人财产损失或人身伤害等均属此类风险。特定风险一般较易为人们所控制和防范。

基本风险和特定风险的界限，对某些风险来说，会因时代背景和人们观念的改变而有所不同。比如失业，过去被认为是特定风险，而现在则被认为是基本风险。

五、按风险产生的环境分类

风险按其所产生的环境分类，可分为静态风险和动态风险。

（1）静态风险是指由自然力的不规则变动或人们行为的错误或失当所导致的风险。静态风险一般与社会的经济、政治变动无关，在任何社会经济条件下都是不可避免的。

（2）动态风险是指由人类社会经济或政治的变动所导致的风险。如人口的增加、资本的增长、技术的进步、产业组织效率的提高、消费者爱好的转移、政治经济体制的改革等，都可能引起风险。

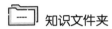 知识文件夹

静态风险与动态风险的差别

首先，损失不同。静态风险对于个体和社会来说，都是纯粹损失；而动态风险对于一部分个体可能是损失，但对另一部分个体则可能获利，从社会总体上看也不一定有损失。例如，消费者爱好的转移，会使旧产品失去销路，新产品的需求增加。

其次，影响范围不同。静态风险通常只影响到少数个体，而动态风险的影响则比较广泛，往往会带来连锁反应。

再次，发生特点不同。静态风险在一定条件下具有一定的规律性，也就是服从概率分布，而动态风险则不具备这一特点，无规律可循。

最后，性质不同。静态风险一般为纯粹风险，可以通过保险方式转移；而动态风险包含纯粹风险和投机风险。例如，商业萧条时期，商品大量积压，此属投机风险；而商品积压，遭受各种意外事故所致损失的概率就大，此为纯粹风险。

第三节　风险管理

风险的客观存在，必然要求经济单位和个人承担风险成本，在市场经济条件下更是如此。因此，每一个经济单位和个人都需要系统地认识、识别自己所面临的各种风险，并力求尽可能地降低风险成本，以实现经济利益的最大化。这就要求各个经济单位必须对所面临的风险进行系统分析，并进行有效的管理，这就是风险管理。

风险管理流程

一、风险管理的定义及分类

风险管理，是指经济单位或个人通过风险识别、风险估测、风险评价，对风险实施有效的控制和妥善处理风险所致损失，期望实现以最小的成本获得最大安全保障的管理活动。

风险管理按其管理的主体划分，可分为个人风险管理、家庭风险管理、企业风险管

理、国家风险管理和国际风险管理五大类。

（1）个人风险管理是指个人为实现生活稳定和工作的安全，对可能遭遇的种种不测在经济上所做的各种准备和处理，如储蓄等。

（2）家庭风险管理是指一个家庭为保障其收入稳定和生活安定，对可能遭受的自然灾害或意外事故所采取的有效措施，如购买保险等。

（3）企业风险管理是指企业为实现生产、经营和财务稳定与安全，对可能遭受的各种风险损害所采取的有效措施，如建立消防组织、购置消防器材等。

（4）国家风险管理是指一个国家为了应付经济、政治、战争、社会以及巨大灾害等风险损害而采取的各种处理措施。

（5）国际风险管理是指跨国公司、国际企业、国际组织为了应对涉及国家间的各种风险而采取的各种处理措施。

 知识文件夹

风险管理的起源与发展

风险管理的起源，至少可以追溯至公元前 4500 年古埃及石匠中盛行的一种互助基金组织。它通过收缴会费来支付会员死亡后的丧葬费用，这实质上是对未来死亡费用风险的预防。据记载，公元前 3000 年，我国一些商人在从事水路货物运输时，把货物分别装在几条船上，以免货物装在一条船上从而全部遭受损失。这种分散风险的方法体现了现代保险和风险管理的一些基本原理。

19 世纪，法国著名的"经营管理之父"法约尔第一次把风险管理列为企业管理的重要职能。美国是最先开始进行风险管理理论与实践研究的国家。第一次世界大战以后，美国开始研究风险的负担、去除和转嫁方法，并在企业中建立有关组织机构，对风险管理进行交流和技术研究。在 20 世纪 50 年代早期和中期，美国的大公司发生的数次重大损失促使高层决策者认识到风险管理的重要性。其中的一次工业灾难是 1953 年 8 月 12 日通用汽车公司在密歇根州利佛尼的一个汽车变速箱工厂发生火灾，损失了 5000 万美元。这是美国历史上损失最为严重的五次重大火灾之一。自从第二次世界大战以来，技术至上的长期信仰受到挑战。当人们利用新的科学和技术知识来开发新的材料、工艺过程和产品时，也面临技术是否会导致生态平衡遭到破坏的问题。例如，三里岛核电站爆炸事故、1984 年 12 月 3 日美国联合碳化物公司在印度博帕尔市经营的一家农药厂发生的毒气泄漏重大事故都说明了这一点。由于社会、法律、经济和技术的压力，风险管理运动在美国迅速开展起来。

在以往的三十余年中，对企业的人员、财产和自然、财务资源进行适当保护，已形成了一门新的管理学科，这门学科在美国被称为风险管理。风险管理已被公认为管理领域内的一项特殊职能。从本质上讲，风险管理是应用一般的管理原理去管理一个组织的资源和活动，并以合理的成本尽可能减少意外事故造成的损失和其对组织及其环境的不利影响。在 20 世纪六七十年代，美国许多主要大学的工商管理学院都开设了风险管理课程，保险系把教学重点转移到风险管理方面，保险仅作为一种风险筹资的工具加以研究。

有的工商管理学院把保险系改名为风险管理和保险系。美国大多数的大企业把风险管理的任务分配到一个专职部门。从事风险管理工作的人员被称为"风险经理"。大多数企业的风险经理是"风险和保险管理学会"（RIMS）这一全国性职业团体的会员。该学会以传播风险管理知识为宗旨，并出版了一份月刊，定期举行全国性的学术会议。

20 世纪 70 年代，风险管理的概念、原理和实务已从它的起源地美国传播到了加拿大和欧洲、亚洲、拉丁美洲的一些国家。在欧洲，日内瓦协会（又被称为保险经济学国际协会）协助建立了"欧洲风险和保险经济学家团体"。该学术团体的会员都是英国和其他欧洲国家的大学教授，每年聚会一次，讨论风险管理和保险方面的学术问题。英国大学开设风险管理课程已有二十多年历史，日本的一些大学也开设了风险管理课程。我国在恢复国内保险业务后也开始重视风险管理的研究，但目前尚未形成自己的理论体系。

二、风险管理的基本程序

风险管理的基本程序就是风险管理的实施步骤。由风险管理的定义可知，风险管理的基本程序由风险识别、风险估测、风险评价、选择风险管理技术和风险管理效果评价等环节组成。

1. 风险识别

风险识别是风险管理的第一步，是指经济单位或个人对面临的和潜在的风险加以判断、归类和对风险性质进行鉴定的过程。风险的识别，一方面，依靠感性认识，经验判断；另一方面，可利用财务分析法、流程分析法、实地调查法、损失分析法等进行分析、归类整理。在此基础上，鉴定风险的性质，即可能发生的风险属于动态风险还是静态风险，是纯粹风险还是投机风险，是可管理风险还是不可管理风险等。只有确定了风险的性质，才有可能采取有效的处理措施。

2. 风险估测

风险估测是指在风险识别的基础上，对所收集的大量资料进行分析，利用概率论和数理统计理论，估计和预测风险发生的概率和可能导致的损失的程度。风险估测包括两方面的内容：一是风险可能发生的频率；二是风险可能导致的损失程度。风险估测不仅使风险管理建立在科学的基础上，而且使风险分析定量化，为风险管理者进行风险决策、选择最佳管理技术提供了可靠的科学依据。

3. 风险评价

风险评价是指在风险识别和风险估测的基础上，对风险发生的概率、可能导致的损失程度，结合其他因素进行全面考虑，评估发生风险的可能性及其危害程度，与公认的安全指标相比较，以衡量风险的程度，并决定是否需要采取相应的措施。处理风险，需要一定的费用，费用与风险损失之间的比例关系直接影响风险管理的效益。通过对风险性质的定性、定量分析和处理风险所支出的费用比较，来确定风险是否需要处理及处理的程度。

4. 选择风险管理技术

根据风险评价结果，为实现风险管理目标，风险管理技术的选择与实施是风险管理中最为重要的环节。风险管理技术分为控制型和财务型两大类，前者的目的是降低损失频率和减小损失程度，重点在于改变引起意外事故和扩大损失的各种条件。后者的目的是以提供基金和订立保险合同等方式，消化发生损失的成本，即对无法控制的风险所做的财务安排。

5. 风险管理效果评价

风险管理效果评价是指对风险管理技术的适用性及收益性情况的分析、检查、修正和评估。风险管理效益的大小取决于是否能以最小的风险成本取得最大的安全保障，同时，在实务中还要考虑风险管理与整体管理目标是否一致，以及具体实施的可行性、可操作性和有效性。

三、风险管理的方式

风险管理技术分为控制型和财务型两大类。

1. 控制型

控制型风险管理技术的实施是指在风险分析的基础上，针对企业所存在的风险因素采取控制技术以消除风险因素，或减少风险因素的危险性。主要表现为：在事故发生前降低事故发生的频率，在事故发生时将损失减少到最低限度。控制型风险管理技术主要包括下列方式。

（1）避免风险。避免风险是指设法回避损失发生的可能性，从根本上消除特定风险的措施。避免风险的方法一般用于以下两种情况：①某特定风险的发生频率和所致损失程度相当高；②处理风险的成本大于其产生的效益。避免方法简单易行，但有时会丧失利润，且避免方法通常会受到限制。例如，担心锅炉爆炸，就放弃利用锅炉烧水，改用电热炉等。这种方法的优点是能够彻底根除风险，但是，其缺点也是相当明显的，即在回避风险的同时放弃了某种经济利益。如改用电热炉烧水，所需的成本就比用煤的锅炉要高。不仅如此，这种方法可能是根本无效的。如地震风险，在现有的科学技术水平下，是任何经济单位和个人都无法避免的。况且，有些时候避免了某种风险，又会面临新的风险，如电压过高致使电热炉损坏的风险。

（2）预防损失。预防损失是指在风险发生前为了消除或减少可能引起损失的各种因素而采取的处理风险的具体措施，其目的在于通过消除或减少风险因素而降低损失发生的频率。具体方法通常有：工程物理法，指损失预防侧重于风险单位的物质因素，例如防火结构设计、防盗装置的设置等；人类行为法，指损失预防侧重于人们行为的教育，例如职业安全教育、消防教育等。

（3）分散风险。分散风险是指通过增加同类风险单位的数目来提高未来损失的可预测性，以达到降低风险的目的。分散风险是通过兼并、扩张和联营等手段，集合许多原来各自独立的风险单位，增加风险单位数目，提高风险的预测性，达到把握风险、控制风险、降低风险成本的目的。

（4）损失抑制。损失抑制是指在风险事故发生时或发生之后采取的各种防止损失扩大的措施。它是处理风险的有效技术，如安装灭火系统等。损失抑制的一种特殊形态是割离，它是将风险单位割离成许多独立的小单位而达到减小损失的目的的一种方法。

2. 财务型

由于种种因素的制约，人们对风险的预测不可能绝对准确，而防范损失的各项措施都具有一定的局限性，所以某些风险事故的损失后果是不可避免的。财务型风险管理技术是指通过事故发生前所做的财务安排，来解除事故发生后给人们造成的经济困难和精神忧虑，为生产自救恢复企业经济、维持正常生活等提供财务基础。其主要方法有以下几种。

（1）自留风险。自留风险是指对风险的自我承担，即企业或单位自我承受风险损害后果的方法，是一种非常重要的财务型风险管理技术。自留风险有主动自留和被动自留之分。主动自留是指在识别风险的基础上，根据自己的经济承受力和经济上的合理性、可行性决定的自留，它使经济单位有意识地、主动地承担风险成本。被动自留则是指未能识别出风险而被迫承担风险成本，它是无法准确预测风险或缺乏足够信息的情况下的被迫行为。采取风险自留的财务处理方法，应注意考虑经济上的合理性和可行性。通常在风险所致损失频率和幅度低、损失在短期内可以预测，以及最大损失不影响企业或单位财务稳定时采用自留风险的方法。自留风险的成本低，方便有效，可减少潜在损失，节省费用和取得基金运用收益。但有时会因风险单位数量和相关信息不足的限制，难以准确测定风险，一旦自留风险发生，所导致的损失比预期的大得多，在自我承受力有限的情况下，必然引起财务上的不稳定，从而有悖自留的初衷。

（2）转移风险。转移风险是指一些单位或个人为避免承担风险损失而有意识地将损失或与损失有关的财务后果转嫁给另一些单位或个人承担的一种风险管理方法。这种以转移风险成本为特征的财务处理方法包括非保险转移和保险转移。

①非保险转移。非保险转移是指单位或个人通过经济合同，将损失或与损失有关的财务后果转移给另一单位或个人承担的方法。经济单位在从事经济活动过程中，可以利用合同条款等将有关活动的潜在风险损失转移给他人承担。如在建筑合同中，业主可以要求承包人必须购买保险，这样便降低了承担处理风险的费用和风险成本。非保险转移的优点在于应用范围很广，费用低廉，灵活性强。特别是经济活动过程中出现的各种风险，往往保险公司不予承保，因此，非保险转移方法有着广泛的空间。然而，非保险转移常常受到法律的限制，而且，有些风险根本无法通过非保险转移方法来处理。

②保险转移。从风险管理角度来说，保险转移是指单位或个人通过订立保险合同，将其面临的财产风险、人身风险和责任风险等转嫁给保险人的一种风险管理技术。由于保险转移是以保险费为条件的，转移之前就发生了风险处理成本，所以，考虑保险转移

时，应充分考虑保险转移的成本问题。因为有些风险的保险转移成本可能比自留的成本高得多，还可能因采用保险转移而泄露技术秘密从而导致更大的经济损失。保险转移作为风险转移方式之一，有很多的优越之处，在社会上得到了广泛的运用。

第四节　风险管理与保险

一、风险管理与保险的关系

从风险管理的角度来看，保险是经济单位或个人对意外损失的转移和重新分配的一种财务安排。这种解释符合风险管理的三个目标：第一，意外损失的转移也就是风险转移，可减少忧虑心理，降低风险；第二，损失的重新分配可降低维持生存的风险成本，同时损失若能重新分配就需要有许多的参与者；第三，视为一种财务安排，符合以财务管理功能为要旨的风险管理制度。可以看出，保险作为一种风险管理手段的基本功能有两个：一是降低风险；二是分摊损失。同时，通过保险可把"大的""不确定的"损失转化为"小的""确定的"保费支出。

风险管理与保险之间，无论是在理论渊源上，还是在各自作为一种经济活动与经济制度的发展中，都有着密切的联系。

首先，风险管理与保险研究的对象都是风险。风险的存在，是保险存在的前提，无风险便无保险。但正如上节所介绍的那样，保险公司不是风险的唯一承担者，更不是对所有可能存在的风险都进行承保。因为风险的存在与发生，其性质、形态，都远比保险内容复杂、广泛得多。因此，风险管理高于保险，范围也广于保险。保险仅是风险管理中的几种方法之一，其本身只着眼于可保风险的分散、转嫁，而风险管理是将各种风险独立出来考虑，从全局的观点进行综合治理。对于风险管理的研究，需要有保险学、经营学、管理学的理论及其他专业技术知识。而用保险学的理论进行风险管理的研究，也为风险管理科学丰富了内容。

其次，风险管理使人们有意识地去认识风险，控制风险，减少风险，转嫁风险。风险管理的这一积极意义，对保险有很大影响，保险公司面临着多种风险，从不同方面受到风险管理发展的要求，保险公司应注意总结风险管理中长期积累的经验，从而更好地为保险客户提供各项服务。

最后，风险管理与保险还有相辅相成、相得益彰的关系。保险公司对风险管理有丰富的经验和知识，企业与保险人合作，会使企业更好地了解风险，并通过对风险系统的分析，提出哪些需要保险、保什么险种等，由此又促进了风险管理；同时，企业加强和完善了风险管理，就需要保险提供更好的服务，以满足企业的发展要求，这又促进了保险的发展。

二、可保风险

（一）可保风险的定义

保险研究的对象是满足特定条件的可保风险，并非所有的风险都可以通过保险予以处理。可保风险是指保险人可以接受承保的风险，或符合保险人承保条件的特定风险。至于投机风险、经济风险，在目前的保险技术条件下，还不是保险公司承保的风险。

可保风险

（二）可保风险的要件

一般来说，作为理想的可保风险，通常需要具备以下几个条件。

1. 风险是纯粹风险

保险公司所承保的风险，大都是纯粹风险，即有损失可能而无获利可能的风险；一般是静态风险而非动态风险，即在社会经济结构条件不变的情况下可能发生的风险。例如火灾造成财产损毁的危险，火灾发生后，保险人也并无什么利益可得。而投机风险、动态风险则不同，既有损失的可能，又有获利的机会。例如，股票或黄金的买卖，购进股票或黄金的人，可能因股票或黄金价格上涨而幸运地赚钱，也可能因股票或黄金价格下跌而亏本。这类投机风险、动态风险，不属于可保风险，原因在于它们的运动不规则，重复性差，规律性不强，难以适用"大数法则"准确预测估量，而且有些投机风险还为国家法律所禁止，不为社会道德所公允。

2. 存在大量具有同质风险的保险标的

保险的职能在于转移风险、分摊损失和提供经济补偿。所以，任何一种保险险种，必然要求存在大量保险标的。这样，一方面可积累足够的保险基金，使受险单位能获得十足的保障；另一方面，根据"大数法则"，可使风险发生次数及损失值在预期值周围能有一个较小的波动范围。换句话说，大量的同质保险标的会保证风险发生的次数及损失值以较高的概率集中在一个较小的波动幅度内。显然，距预测值的偏差越小，就越有利于保险公司的稳定经营。这里所指的"大量"，并无绝对的数值规定，它随险种的不同而不同。一般的法则是：损失概率分布的方差越大，就要求有越多的保险标的。保险人为了保证自身经营的安全性，还常采用再保险方式，在保险人之间分散风险。这样，集中起来的巨额风险在全国甚至国际范围内得以分散，被保险人受到的保障度和保险人经营的安全性都得到提高。

3. 对个别标的而言，风险发生具有偶然性

尽管风险威胁着每个具体标的，但是就具体风险对某一具体标的而言，风险本身是否发生以及发生是否危及这一具体标的、危害程度等，对于经济单位和个人来说都是不可能预先知道的。只有这样的风险才是保险公司可能承保的风险。如果对具体标的来讲，

不可能遭受某种风险危害，保险转移也就没有必要。也就是说，具有偶然性和不可预知性的风险才可能是可保风险。所谓偶然和不可预知的，常有四种含义：①风险事件发生与否具有不确定性；②风险何时、何地发生具有不确定性；③风险事件发生的原因具有不确定性，这是指事件发生之前；④风险事件对标的所能造成的破坏程度具有不确定性。例如，保险人承保一幢房屋的火灾保险，对该房屋来说，会不会着火，着火以后又会烧成什么样子，事先都无法预测，因而可保风险是偶然和不可预知的。

4. 对大量标的而言，风险发生具有必然性

人们尽管可以感受到风险的威胁，但要准确地认识风险，则必须通过大量的风险事故，才可能对风险进行测定，认识风险的运动规律。如果某种风险在历史时空上只是偶尔发生，人们就无法把握风险运动的规律，从而也就不可能采取有效的措施预防风险，降低风险发生的频率，控制风险损失。因此，如果没有大量的标的遭受风险危害的历史资料，保险公司就无法利用数理方法来探究风险的运动、发展规律，从而也就失去了经营基础。所以，保险公司可以承保的风险，对众多的标的而言，具有发生的必然性。

5. 风险发生必须是意外的

这种意外的风险有两层含义：一是指风险的发生并非必然；二是指损失不是因为被保险人的故意行为，或者不采取合理预防措施所引起的。而保险标的的固有瑕疵、自然损耗、折旧等引起的风险事件，保险人不予承保。但是，根据客观需要，对一些必然损失，如自然损耗，经保险人同意，收取相应保险费后，也可特约承保。另外，为了保护受害人的正当利益，当前保险人承保某些故意行为或不良行为引起的风险，如履约保险，保险人对由于一方不履行合同义务而按照合同规定应对另一受损方负经济责任，给予赔偿。但是，这种保险，保险人在承保的时候，均加上自己利益的必要条件，以示限制。另外，法律对实行欺诈的人，仍需实行制裁，并不会因为参加了保险就取消这种制裁。

6. 损失不能同时发生

保险的实质在于，以多数人支付的小额保费，赔付少数人遭遇的大额损失。如果大多数保险标的同时遭受重大损失，则保险人通过收取保险费建立的保险基金就无法补偿所有损失。这就要求损失值的方差不能太大。如战争、地震、洪水等巨灾风险，发生的概率极小，由此计算的期望损失值与风险一旦发生，所造成的实际损失值将相差很大。而且，保险标的势必同时受损，保险分摊损失的职能也随之丧失。这类风险一般被列为不可保风险。

7. 损失是可以确定和测量的

损失可以确定和测量是指在保险合同期限内预期的损失是可计算的。因为保险人承保某一特定风险，必须在保险合同期限内吸取足够数额的保费，以聚集资金支付赔款，支付各项费用开支，并获得合理的利润，因此在保险合同中，对保险责任、保险期限等都做了明确规定，只有在保险期限内发生的、保险责任范围内的损失，保险人才负责赔

偿，且赔偿额以实际损失金额为限，所以，损失的确定性和可测性尤为重要。

需要指出的是，可保风险的内容是随时间、空间条件的变化而变化的。可保风险与不可保风险间的区别并不是绝对的。例如对于地震、洪水这类巨灾风险，在保险技术落后和保险公司财力不足、再保险市场规模较小时，保险公司根本无法承保，它的潜在损失一旦发生，就可能给保险公司带来毁灭性打击。但随着保险公司资本日渐雄厚，保险新技术不断出现，以及再保险市场的扩大，这类原本不可保的风险已被一些保险公司列在保险责任范围之内。可以相信，随着保险业和保险市场的不断发展，保险提供的保障范围将越来越大。

三、不可保风险

不可保风险主要包括以下几种。

（1）市场方面的风险，指下列各因素导致财产或收入可能发生的损失，包括：①季节性或循环性的价格变动；②消费者的爱好改变；③款式的变更；④竞争风险。

（2）政治、社会方面的风险，指下列各种情形可能引起的损失，包括：①战争；②核污染；③对自由贸易的政府管制、外汇管制；④不合理的征税；⑤国家产业政策的变化。

（3）生产经营方面的风险，指下列各种情形可能引起的损失，包括：①机器设备丧失经济价值，不能有效使用；②原材料的缺乏；③比较难以解决的技术问题；④罢工、怠工、劳动者的骚乱及劳动力不足；⑤劳动计划安排的失误。

以上所谓可保风险与不可保风险的区别，主要是针对商业保险的立场而言。政府机构为实施政策，通常对若干不可保风险，基于某种理由而提供各种社会保险或政策保险。因此，就政府的立场而言，可保风险与不可保风险之间并没有绝对的界限。

本章小结

本章主要介绍了风险的概念、特征和分类，风险管理的基本内容以及风险管理的程序、可保风险等基础理论。

风险是指偶然事件的发生引起损失的不确定性。风险具有客观性、不确定性、损害性、可测性、发展性等特征。通常情况下，风险由风险因素、风险事故和损失等三大要素构成。

风险按性质分类，可分为纯粹风险和投机风险；按风险的对象分类，可分为财产风险、人身风险、责任风险和信用风险；按风险产生的原因分类，可分为自然风险、社会风险、经济风险、政治风险和技术风险；按产生风险的行为分类，可分为基本风险和特定风险；按风险产生的环境分类，可分为静态风险和动态风险。

风险管理是指经济单位或个人通过风险识别、风险估测、风险评价，对风险实施有效的控制和妥善处理风险所致损失，期望实现以最小的成本获得最大安全保障的管理活动。风险管理的程序由风险识别、风险估测、风险评价、选择风险管理技术和风险管理效果评价等环节组成。风险处理的方式包括避免、预防、分散、抑制、自留和财务转移等。

　　适用于保险这种风险处理方式的风险一般需满足以下条件：①风险是纯粹风险；②存在大量具有同质风险的保险标的；③对个别标的而言，风险发生具有偶然性；④对大量标的而言，风险发生具有必然性；⑤风险发生必须是意外的；⑥损失不能同时发生；⑦损失是可以确定和测量的。

思考与练习

参考答案

第二章
保险概述

➤ **学习目标**

1. 掌握保险的含义及特征。
2. 掌握保险的分类。
3. 理解保险的职能和作用。

第一节 保险的概念

一、保险的含义

在人们的日常生活中，"保险"一词有多种含义，具有"稳妥可靠""保证安全"等意思，但在保险学中，保险有其特殊、深刻和复杂的含义。"保险"一词是从英语"insurance"或"assurance"翻译过来的。它最初是 14 世纪意大利的商业用语，后传到英国，有了很大发展。关于保险，英文原先的含义是"以交付保险费为代价来取得损失补偿"。但迄今为止，关于保险的定义，仍是众说纷纭，尚无举世公认的统一定义。

保险学说

不同的学者从不同的角度对保险的理解不同，下面简要列举一些保险的定义。

（1）保险是以经济合同方式建立保险关系，集合多数单位或个人的风险，合理计收分摊金，由此对特定的灾害事故造成的经济损失或人身伤亡提供资金保障的一种经济形式。

（2）保险是以集中起来的保险费建立保险基金，用于补偿被保险人因自然灾害、意外事故造成的经济损失或对个人因死亡、伤残给付保险金的一种方法。

（3）保险是一种经济补偿制度，它通过收取少量保险费的方法，承担被保险人约定的风险。当被保险人发生约定的自然灾害、意外事故而遭受财产损失及人身伤亡时，保险人给予经济补偿。

（4）保险是一种社会工具，这一社会工具可以进行损失的数理预测，并对损失者提供补偿，补偿基金来自那些希望转移风险的社会成员所做的贡献。

（5）保险是一种复杂的、精巧的机制，它将风险从个人转移到团体，并在一个公平的基础上由团体中的所有成员来分摊损失。

广义的保险，就其自然属性而言，可以将其概括为：保险是集合具有同类风险的众多单位和个人，以合理计算风险分摊金的方式，向少数因该风险事故发生而受到经济损失的成员提供经济保障的一种行为。狭义的保险，即商业保险。根据《中华人民共和国保险法》（简称《保险法》）第二条规定："本法所称保险，是指投保人根据合同约定，向保险人支付保险费，保险人对于合同约定的可能发生的事故因其发生所造成的财产损失承担赔偿保险金责任，或者当被保险人死亡、伤残、疾病或者达到合同约定的年龄、期限等条件时承担给付保险金责任的商业保险行为。"

保险的定义

科学完整地为保险下定义，应从经济学、法学和社会学等角度来揭示其含义。

首先，从经济角度看，保险是分摊意外损失、提供经济保障的一种财务安排。保险是众多的具有同质风险的个人将其所面临的特定的风险事故损失转移给保险人，并以付出一定的货币为代价，保险人将这些资金以一定的科学方法汇集为保险基金，当集合中有人发生保险事故时，保险人便使用保险基金，以补偿损失或进行经济给付，从而体现一定的经济关系。

投保人交纳保险费购买保险，实际上是将其面临的不确定的大额损失转变为确定性的小额支出，将未来大额的或持续的支出转变成目前的固定性的支出。通过保险，提高了投保人的资金效益，因而被认为是一种有效的财务安排。人寿保险中，保险作为一种财务安排的特性表现得尤为明显，因为人寿保险还具有储蓄和投资的作用，具有理财的特征。正是从这个意义上说，保险公司属于金融中介机构，保险业是金融业的一个重要组成部分。

其次，从法律角度看，保险是一种合同行为。保险这种经济关系是以保险合同或法律强制的形式维系的，体现的是一种民事法律关系。保险合同当事人双方在法律地位平等的基础上，签订合同，承担各自的义务，享受各自的权利。即投保人向保险人交纳保险费，以取得损失时要求保险人补偿的权利；保险人承担按规定补偿被保险人的损失或给付保险金的责任。

再次，从风险管理角度看，保险是风险管理的一种方法，或风险转移的一种机制。保险的作用在于分散风险、分摊损失。通过保险，将众多的单位和个人集合起来，变个体应对风险为大家共同应对风险，从而提高对风险损失的承受能力。

最后，从社会角度看，保险是社会经济保障制度的重要组成部分，是社会生产和社会生活"精巧的稳定器"。保险体现了人们的互助精神，把原本由个体分散应对的风险集中在一起，使风险在集合体内部重新分配，由大家共同应对，将不稳定的风险转化为相对稳定的且可预测的风险，体现了"一人为众，众为一人"的宗旨，从而保障社会健康发展。

总之，保险作为分散风险、消化损失的一种经济补偿制度，就是集中分散的社会资金，用于补偿自然灾害、意外事故或人身伤亡所造成的损失的一种方法。

二、保险的要素

保险的要素是指进行保险经济活动所应具备的基本条件。现代商业保险的要素包括以下五方面内容。

1. 可保风险的存在

可保风险是指符合保险人承保条件的特定风险。随着社会经济的发展、科学技术的进步和市场环境的变化，传统的可保风险的条件也随之发生改变，并影响保险公司的经营和保险业的发展。因此，保险人在承保时，应该尽量分散风险单位，一方面，避免大多数保险标的同时遭受重大损失；另一方面，保证预期的损失与实际的损失相一致，以保证保险公司的经营稳定。

2. 大量同质风险的集合与分散

保险的经济补偿活动的过程，既是风险的集合过程，又是风险的分散过程。保险人通过保险将众多投保人所面临的分散性风险集合起来，当发生保险责任范围内的损失时，又将少数人遭受的风险损失分摊给全体投保人，即通过保险的补偿或给付行为分摊损失或保证经营稳定。保险风险的集合与分散应具备两个前提条件：

（1）大量风险的集合体。互助性是保险的特征之一，保险实现互助的方法在于集合多数人的保费，补偿少数人的损失。大量风险的集合，一方面是基于风险分散的技术要求，另一方面是概率论和大数法则原理在保险经营中得以运用。

（2）同质风险的集合体。所谓同质风险，是指风险单位在种类、品质、性能、价值等方面大体相近。如果风险为不同质风险，那么风险损失发生的概率就不相同，风险也就无法进行统一集合与分散。此外，由于不同质的风险，损失发生的频率与幅度是有差异的，若对不同质的风险进行集合与分散，则会导致保险企业财务的不稳定。

3. 保险费率的厘定

保险是一种经济保障活动，而从经济角度看则是一种特殊商品交换行为。因此，厘定保险商品的价格，即厘定保险费率，便构成了保险的基本要素。需要指出，保险费率厘定的含义与保险人在保险市场上的产品定价不同。保险费率厘定主要是根据保险标的的风险状况确定某一保险标的的费率，确定保险人应收取的风险保费。而保险产品定价，除要考虑风险状况外，还要考虑其他的因素，影响保险产品定价的其他因素包括：市场竞争对手的行为、市场供求的变化、保险监管的要求和再保险人承保条件的变化等。当然，保险费率的厘定是保险产品定价的基础。

由于保险商品交换行为是一种特殊的经济行为，为保证保险双方当事人的利益，保险费率的厘定要遵循一定的原则和采取科学的方法。

4. 保险基金的建立

保险的分摊损失与补偿功能是建立在具有一定规模的保险基金基础之上的。保险基金是用以补偿或给付因自然灾害、意外事故和人体自然规律所致的经济损失、人身损害及收入损失，并由保险公司筹集、建立起来的专项货币基金。它主要来源于保险公司注册资本和向投保人收取的保险费，其中保险费是形成保险基金的主要来源。由于保险性质和经营上的特殊性，与其他行业的基金相比，保险基金具有来源的分散性和广泛性、总体上的返还性、使用上的专项性、赔付责任的长期性和运用上的增值性等特点。

📁 知识文件夹

什么是保险基金

保险基金是保险业存在的现实的经济基础，也是保证保险人收支平衡和保证保险企业财务稳定的经济基础，但同时保险基金也制约着保险企业的业务经营规模。从保险公司财务管理的角度看，除资本金外，从保险收入中提取的部分保险费所形成的保险基金是以各种准备金的形式存在的。就财产保险与责任保险而言，表现为未到期责任准备金、赔款准备金、总准备金和其他准备金几种形式；就人身保险准备金而言，主要以未到期责任准备金形式存在。此外，从保障被保险人利益的角度看，按照集中管理、统筹使用原则建立的保险保障基金也属于保险基金的范畴。关于保险基金的各种具体形式，即各种准备金及保险保障基金的含义和内容，将在本书的其他章节中介绍。

需要指出的是，保险基金也是保险公司进行投资活动的经济基础，保险投资收益对保险公司经营效益具有重要意义。

5. 保险合同的订立

保险关系作为一种经济关系，主要体现投保人与保险人之间的商品交换关系，这种经济关系需要有关法律关系对其进行保护和约束，即通过一定的法律形式固定下来，这种法律形式就是保险合同。风险最基本的特征是不确定性，这就要求保险人与投保人应在确定的法律或契约关系约束下履行各自的权利与义务。倘若不具备在法律上或契约上规定的各自的权利与义务，那么，保险经济关系则难以成立，保险保障活动也难以实施。

三、保险的特征

保险的特征是指保险活动与其他经济活动相比所表现出的基本特点。一般地说，现代商业保险的特征主要包括：

1. 经济性

保险是一种经济保障活动。保险的经济性主要体现在保险活动的性质、保障对象、保障手段和保障目的等方面。保险经济保障活动是整个国民经济活动的一个有机组成部分，其保障对象即财产和人身直接或间接属于社会生产中的生产资料和劳动力两大经济要素；其实现保障的手段，最终都必须采取支付货币的形式进行补偿或给付；其保障的根本目的，无论从宏观角度还是从企业微观的角度，都是促进经济发展。保险的经济性，还表现为在市场经济条件下，保险是一种特殊的劳务商品，体现了一种特殊的等价交换的经济关系。这种经济关系直接表现为个别保险人与个别投保人之间的交换关系，间接表现为在一定时期内全部保险人与全部投保人之间的交换关系。此外，从经营的角度看，经营商业保险业务的保险公司属商业性机构，经营主要目标之一则是提高经济效益，追求利润最大化。但是，商业保险公司追求利润最大化，必须是建立在保障经济效益与提高社会效益相一致的基础上。

2. 互助性

保险具有"一人为众，众为一人"的互助特性。没有互助性，也就失去了保险的意义。保险是在一定条件下，分担了个别单位或个人所不能承担的风险，从而形成了一种经济互助关系。这种经济互助关系通过保险人用多数投保人交纳的保险费建立的保险基金对少数遭受损失的被保险人提供补偿或给付而得以体现。当然，在现代商业保险条件下，保险公司出现，并作为一种中间性的机构来组织风险分散和经济补偿，使互助性的关系演变成一种保险人与投保人直接的经济关系，但这种变化并不改变保险的互助性这一基本特征。

3. 法律性

从法律角度看，保险具有明显的法律性质。由于保险是一种合同行为，所以保险的法律性主要体现在保险合同上。保险合同的法律特征主要有：保险行为是双方的法律行为；保险行为必须是合法的；保险合同双方当事人必须有行为能力；保险合同双方当事人在合同关系中的地位是平等的。保险的法律性，不仅体现在保险本身是一种合同行为，法律是保险行为的规范和实现的条件，而且法律也是保险组织和某些保险业务活动（如法定保险、责任保险等）产生的前提条件。此外，对保险的监督管理也是以法律为依据的。

4. 科学性

保险是以科学的方法处理风险的一种有效措施。现代保险经营以概率论和大数法则等科学的数理理论为基础，保险费率的厘定、保险准备金的计提等都是以科学的数理计算为依据的。

 知识文件夹

商业保险与相似制度比较

从现象上看，现有的一些制度与商业保险类似。因此，人们很容易把商业保险与这些相似制度混淆，为了更清晰地了解保险概念，下面将商业保险与一些相似制度作一些比较。

一、保险与赌博

就单个保险合同而言，投保人能否获得保险金、保险人是否要承担赔偿或给付责任均有赖于在保险期间是否发生保险事故，具有随机性，而且无论发生保险事故与否，投保人所支付的保险费和被保险人获得的保险金在数量上总是不相等的，一旦发生保险事

商业保险

故，被保险人可获得多于保险费数倍、数百倍的保险金。就赌博而言，输赢也是不确定的，具有偶然性，赢了会获得额外利益，输了则会损失赌资。不管输赢，参与者所下的赌注和最终获得的钱财是不等的。因此，保险与赌博有相似之处，二者都是基于偶然事件的发生，且支出与所得不对等。实际上，最早的保险就是一种赌博行为。如在英国海上保险发展的初期，人们经常会为一些与自己毫无经济利害关系的远洋船舶买保险，如果船舶中途灭失就会获得一笔保险金，然而船舶安全归来并不能要求保险人退还保险费。这很容易引发道德风险。

为了防止这种赌博性的保险行为，英国以法律的形式规定人们只能为与自身有经济利害关系的标的买保险，形成了保险利益原则。

尽管如此，从根本上来讲，保险与赌博有着以下本质的区别。

（1）目的不同。保险的目的是通过补偿或给付保障被保险人的经济利益，以谋求经济社会的安定，利人利己，其作用是减少已有的风险；赌博的目的在于不劳而获、侥幸获利、损人利己及制造不安定因素。

（2）条件不同。保险的投保人或被保险人必须对保险标的具有保险利益，当保险标的受损时会遭受经济损失；赌博的当事人则没有利益要求。

（3）机制不同。保险运用概率论和大数法则等科学方法来预测总的损失，制定合理的保险费率；赌博完全依赖偶然机会的出现，冒险获利。

（4）社会后果不同。保险将未来不确定的风险化为固定的、小额的保险费支出，使风险转移或减少，而且灾害事故发生与否一般与行为人的意志毫无关系；赌博是将固定的资产化为赌资，将安全转变为风险，是风险的创造和增加，而且是出于行为人的自愿和故意。

（5）利益结果不同。保险只赔偿其损失的部分，且赔偿金额不能超过其实际损失，不允许被保险人获得额外利益；赌博除赌本外尚可获得额外的侥幸利益。

二、保险与救济

保险与救济同为借助他人安定自身经济生活的一种方法。但是，两者的根本性质是不同的。

（1）提供保障的主体不同。保险保障是由商业保险公司提供的，是一种商业行为；救济包括民间救济和政府救济。民间救济由个人或单位提供，这类救济纯粹是一种施舍行为，一种慈善行为；而政府救济属于社会行为，通常被称为社会救济。

（2）提供保障的资金来源不同。保险保障以保险基金为基础，主要来源于投保人交纳的保险费，其形成也有科学的数理依据，而且国家对保险公司有最低偿付能力标准的规定。而民间救济的资金是救济方自己拥有的，因而救济资金的多少取决于救济方自身的财力。政府救济的资金则来源于国家财政，因而政府救济资金的多少取决于国家的财力。救济资金的来源限制了救济的时间、地区、范围和数量。

（3）提供保障的可靠性不同。保险以保险合同约束双方当事人的行为，任何一方违约都会受到惩罚，因而被保险方能得到及时可靠的保障；而民间救济则是一种单纯的临时性施舍，任何一方都不受法律约束。尤其对于救济人而言，其行为完全自由，是否救济、救济多少均由自己决定，因而所得到的保障只能是临时的、不稳定的，而且也是不可靠的。至于政府救济，虽然不是合同行为，但却受到法律的约束。政府虽不能任意决定是否救济、救济多少，但政府救济是及时可靠的。

（4）提供的保障水平不同。保险保障的水平取决于保险双方当事人的权利和义务，即保险的补偿或给付水平要根据损失情况而定；同时，与投保人的交费水平直接相联系，因而能使被保险人的实际损失得到充分的保障。而救济是单方面的行为，被救济者与救济者之间不存在权利义务关系，民间救济更是一种单方的、无偿的授予行为。被救济方无须为获得救济而承担任何义务，因而救济的水平并不取决于被救济方的实际损失，而是取决于救济方的心愿和能力。至于政府救济，要依法实施，但一般救济标准很低，通常依当地的最低生活水平而定。

三、保险与储蓄

保险与储蓄都是以现在的剩余资金做未来所需的准备，即同为"未雨绸缪"之计，因而都体现一种有备无患的思想，尤其是人身保险的生存保险及两全保险的生存部分，几乎与储蓄难以区分。但是，两者属于不同的经济范畴，有着明显的差异。

（1）消费者不同。保险的消费者必须符合保险人的承保条件，经过核保可能会有一些人被拒保或有条件地承保；储蓄的消费者可以是任何单位或个人，一般没有特殊条件的限制。

（2）技术要求不同。保险集合多数面临同质风险的单位和个人分摊少数单位和个人的损失，需要有特殊的分摊计算技术；而储蓄则总是使用本金加利息的公式，无需特殊的分摊计算技术。

（3）受益期限不同。保险由保险合同规定受益期限，只要在保险合同的有效期间，无论何时发生保险事故，被保险人均可以在预定的保险金额内得到保险赔付，其数额可能是其所交纳的保险费的几倍、几十倍甚至几百倍；而储蓄则以本息返还为受益期限，只有达到了一定的期限，储户才能得到预期的利益，即储存的本金及利息。

（4）行为性质不同。保险用全部投保人交纳的保险费建立的保险基金对少数遭受损失的被保险人提供补偿或给付，是一种互助行为；而储蓄是个人留出一部分财产做准备，以应对将来的需要，无需求助他人，完全是一种自助行为。

（5）消费目的不同。保险消费的主要目的是应对各种风险事故造成的经济损失；而储蓄的主要目的是获得利息收入。

四、商业保险与互助保险

互助保险，即由一些具有共同要求和面临同样风险的人自愿组织起来，是预交风险损失补偿分摊金的一种保险形式。这种互助形式存在于古今中外各种以经济补偿为目的的互助合作组织之中。如古埃及建造金字塔石匠中的互助基金组织、古罗马的丧葬互助会；中世纪的工匠行会、商人行会、宗教行会、村落行会等各种行会。保险与互助保险既有共同性的一面，更有其差异性的一面。

保险与互助保险的共同性主要表现为：

（1）保险与互助保险均以一定范围的群体为条件。

（2）保险与互助保险均具有"一人为众，众为一人"的互助性质。

保险与互助保险的差异主要表现为：

（1）保险的互助范围以全社会公众为对象，而互助保险的互助范围则是以其互助团体内部成员为限。

（2）保险的互助是其间接后果而不是直接目的，而互助保险的互助则是直接目的。

（3）保险是按照商品经济原则，以营利为目的的商业保险行为，而互助保险则是以共济为目的的非商业活动。

五、商业保险与社会保险

社会保险是国家或政府通过立法形式，采取强制手段对全体公民或劳动者因遭遇年老、疾病、生育、伤残、失业和死亡等社会特定风险而暂时或永久失去劳动能力、失去生活来源或中断劳动收入时的基本生活需要提供经济保障的一种制度。其主要包括养老保险、医疗保险、失业保险和工伤保险。这里，保险与社会保险的比较主要是对人身保险与社会保险的比较。

人身保险与社会保险的共同点表现为：

（1）同以风险的存在为前提。人身特有风险的客观存在，是人身保险存在与发展的自然前提；而人身风险的偶然性和不确定性，则促进了对人身风险保障的需求。对此，人身保险与社会保险并无区别。

（2）同以社会再生产人的要素为对象。人身保险与社会保险的保险标的都是人的身体或生命，只不过社会保险的标的是依法限定的，而人身保险的标的是以保险合同限定的。

（3）同以概率论和大数法则为制定保险费率的数理基础。人身保险与社会保险都需要准确合理地厘定保险费率，因而编制和使用生命表对人身保险与社会保险都很重要。

（4）同以建立保险基金作为提供经济保障的物质基础。为了使被保险人在遭受人身风险事故后能获得及时可靠的经济保障，人身保险与社会保险都要收取保险费来建立专门的保险基金，并按照基本相同的投资原则进行运用，以确保保险基金的保值增值，增强偿付能力。

人身保险与社会保险的区别表现为：

（1）经营主体不同。人身保险的经营主体必须是商业保险公司，对此，各国保险法都有相应规定。《中华人民共和国保险法》第六条规定："保险业务由依照本法设立的保险公司以及法律、行政法规规定的其他保险组织经营，其他单位和个人不得经营保险业务。"而社会保险可以由政府或其设立的机构办理，也可以委托金融经营机构如基金公司、银行和保险公司代管，社会保险带有行政性特色。在我国，经办社会保险的机构是由劳动和社会保障部授权的社会保险机构。

（2）行为依据不同。人身保险是依合同实施的民事行为，保险关系的建立是以保险合同的形式体现的，保险双方当事人享受的权利和履行的义务也是以保险合同为依据的。而社会保险则是依法实施的政府行为，享受社会保险的保障是宪法赋予公民或劳动者的一项基本权利。为保证这一权利的实现，国家必须颁布社会保险的法规以强制实施。

（3）实施方式不同。人身保险合同的订立必须贯彻平等互利、协商一致、自愿订立的原则，除少数险种外，大多数险种在法律上没有强制实施的规定。而社会保险则具有强制实施的特点，凡是社会保险法律法规规定范围内的社会成员，必须参加，没有选择的余地，而且对无故拒缴或迟缴保险费的要征收滞纳金，甚至追究法律责任。

（4）适用的原则不同。人身保险是以合同体现双方当事人关系的，双方的权利与义务是对等的，即保险人承担赔偿和给付保险金的责任完全取决于投保人是否交纳保险费以及交纳的数额。也就是多投多保，少投少保，不投不保。因而，人身保险强调的是"个人公平"原则。而社会保险因其与政府的社会经济目标相联系，以贯彻国家的社会政策和劳动政策为宗旨，强调的是"社会公平"原则。投保人的缴费水平与保障水平的联系并不紧密，为了体现政府的职责，不管投保人缴费多少，给付标准原则上是统一的，甚至有些人可以免缴保险费，但同样能获得社会保险的保障。

（5）保障功能不同。人身保险的保障目标是在保险金额限度内对保险事故所致损害进行保险金的给付。这个目标可以满足人们一生中生活消费的各个层次的需要，即生存、发展与享受都可以通过购买人身保险得到保障。而社会保险的保障目标是通过社会保险金的支付保障社会成员的基本生活需要，即生存需要，因而保障水平相对较低。

（6）保费负担不同。交付保险费是人身保险投保人应尽的基本义务，而且保险费中不仅仅包含死亡、伤残、疾病等费用，还包括保险人的营业与管理费用，投保人必须全部承担。因而，人身保险的收费标准一般较高。而社会保险的保险费通常是个人、企业和政府三方共同负担的。至于各方的负担比例，则因项目不同、经济承受能力不同而各异。

第二节　保险的分类

随着经济的发展和社会的进步，人类风险保障技术日臻成熟，保险产品也不断推陈出新。科学地对这些险种进行分类，将为人们更好地掌握保险工具并运用于生产和生活提供必需的通道。通过掌握保险的分类方法以及各种类别保险的不同性质和作用，保险公司、保险中介机构可以迅速准确地帮助投保人选择和设计合适的保险产品，提供优质的保险咨询服务，这对保险人宏观地把握保险的险种经营、扩大市场份额具有特殊意义。对于保险监督和管理者而言，掌握保险的分类，认识各种保险之间的异同，是进行保险业监管的前提。

一、按保险标的或保险对象分类

到目前为止，国际上按保险标的或保险对象划分业务种类，尚未有一个统一的标准，但各个国家为了便于管理，都在各自管理保险业务的法令或条例中做了不同的规定，归纳起来大致可分为财产保险、人身保险、责任保险和信用保证保险四大类。这也是一种最为基本的分类方法。

1. 财产保险

财产保险是以财产及其有关利益为标的的保险。保险人承保各种标的因自然灾害或意外事故造成的物质或其他利益的损失。广义的财产保险包括狭义的财产保险、责任保险和信用保证保险。狭义的财产保险又称为财产损失保险，包括企业财产保险、家庭财产保险、货物运输保险、运输工具保险、工程保险、农业保险等。

2. 人身保险

人身保险，是以人的寿命和身体为保险标的的保险。当人们遭受不幸事故或因疾病、年老以致丧失工作能力、伤残、死亡或年老退休时，根据保险合同的约定，保险人对被保险人或受益人给付保险金，以解决其因病、残、老、死所造成的经济困难。传统人身保险的产品种类繁多，但按照保障范围可以划分为人寿保险、人身意外伤害保险和健康保险。而人寿保险又可分为定期寿险、终身寿险、两全保险、年金保险等，健康保险则又可分为疾病保险、医疗保险、失能收入损失保险、护理保险等。而随着经济的发展和资本市场化程度的日益提高，在国内投资市场上又出现了将保障和投资融于一体的新型投资型险种，主要包括分红型、万能型、投资联结型等三种类型。

3. 责任保险

责任保险是以被保险人的民事损害赔偿责任为保险标的的保险，凡是根据法律规定，被保险人因疏忽或过失，造成他人的人身伤害或财产损失应负的经济赔偿责任，由保险人代为赔偿。如汽车肇事、船舶碰撞、产品缺陷、医生误诊等原因造成他人的人身伤害或财产损失，车主、船东、产品制造商、医生等责任者应对受害者负经济赔偿责任。通过参加保险，被保险人可以将此类经济赔偿责任转嫁给保险公司，由保险公司进行赔偿。责任保险主要有公众责任保险、产品责任保险、职业责任保险、雇主责任保险。责任保险对保护受害人的经济利益和维护正常的社会秩序有着重要意义。

4. 信用保证保险

信用保证保险的标的是合同双方权利人和义务人约定的经济信用，保险人对权利人因义务人不履行义务或有欺诈犯罪行为而蒙受的经济损失负经济赔偿责任。信用保证保险是一种担保性质的保险。按照投保人的不同，信用保证保险又可分为信用保险和保证保险两种类型。信用保险的投保人和被保险人都是权利人，所承担的是契约的一方因另一方不履约而遭受的损失。例如在出口信用保险中，保险人对出口人（投保人、被保险人）因进口人不按合同规定支付货款而遭受的损失负赔偿责任。保证保险的投保人是义务人，被保险人是权利人，保证当投保人不履行合同义务或有不法行为使权利人蒙受经济损失时，由保险人承担赔偿责任。

二、按保险的实施方法分类

按保险实施的方式，保险可分为强制保险与自愿保险。

1. 强制保险

强制保险又称为法定保险，是国家通过立法规定强制实行的保险。强制保险的范畴大于法定保险，法定保险是强制保险的主要形式。实行强制保险的原因主要有：一是该保险具有明显的公益性，开办此险种有助于保护社会公共利益；二是国家为了便于某项政策的实施。强制保险的特点：第一，具有全面性，只要是在保险范围内，不管被保险人是否愿意，都必须参加的保险。如许多国家为保障国民的利益，对汽车第三者责任实行强制保险。第二，保险责任是自动产生，不论投保人有没有履行投保手续，凡属于承保责任范围内的标的，保险责任自动开始。第三，保险金额由国家法律规定统一的标准，而不是由投保人自行选定。第四，强制保险的责任期限虽有一定限制，但保险责任并不因被保险人未履行缴纳保险费的义务而终止，保险人对被保险标的仍担负责任，但对迟缴的保险费需要交付滞纳罚金。强制保险的实施办法在各个国家不尽一致：有的险种在这个国家属强制保险，而在另一个国家不一定；有的强制保险，政府指定某家保险机构单独承办，有的则可由被保险人自行选择保险人，不作强制性规定。

2. 自愿保险

自愿保险是在自愿协商的基础上，由当事人订立保险合同而实现的保险。其特点：第一，自愿保险不是强制的，投保或者不投保，完全根据投保人意愿决定。第二，自愿保险责任期限明确，保险责任不是自动产生的，如果保险期限届满，而投保人未办理续保手续，保险责任即告终止。第三，保险金额、保险责任等没有统一的规定，由双方在自愿的基础上自由确定。商业保险一般都实行自愿原则。

三、按承保的风险分类

根据承保风险的不同，保险可分为单一风险保险和综合风险保险两种。

1. 单一风险保险

单一风险保险主要是针对某一特定风险进行承保的保险。例如，水灾保险仅对特大洪水事故承保损失赔偿责任。

2. 综合风险保险

综合风险保险是指对两种或两种以上的可保风险提供保险保障的保险。综合风险保险承保的责任范围很广，风险具有多样性。例如，我国目前所实行的财产保险，其保险责任包括火灾、爆炸、洪水、暴风雨、地震等多种自然灾害和意外事故，其责任范围所列明的风险多样复杂。

四、按风险转移方式分类

根据风险转移方式的不同，按照纵向风险转移的层次可分为原保险和再保险，按照横向风险转移的方式可分为复合保险、重复保险和共同保险。

1. 原保险

原保险是指保险人与投保人之间通过订立保险合同建立一种保险关系的保险。在原保险合同关系中，投保人通过交纳保险费，将保险风险转移给保险人，当保险标的发生责任范围内的损失时，保险人对被保险人（投保人）进行损失赔偿或保险金给付。

2. 再保险

再保险又称"分保"，是指保险人在原保险合同的基础上，通过签订合同，将其所承保的部分风险和责任转给其他保险人的保险。在再保险业务中，分保合同的双方当事人都是保险人，一方为原保险人（再保险分出人），另一方为再保险人（再保险分入人）。分保也就是将风险在保险之间进行转嫁。这种风险转嫁方式是保险人对原始风险的纵向转嫁即第二次风险转嫁，它是原保险的进一步延续，也是可保风险的纵向转移和第二次转移。但是在保险合同的主体、保险标的和保险合同的性质等方面，再保险与原保险存在明显差别。

3. 复合保险

复合保险是指投保人同一保险标的的不同保险责任，分别向数个保险人投保同一险种，但保险金额总和不超过保险价值的一种保险。由于复合保险是一个投保人与多个保险人的关系，所以，保险损失补偿或保险金给付因保险业务性质的不同而不同，主要有超额承保法、优先承保法和分摊法。

4. 重复保险

重复保险是指投保人对同一保险标的、同一保险利益、同一保险事故分别向两个及以上保险人订立保险合同，但保险金额总和超过保险价值的一种保险。正因为如此，重复保险容易引发道德风险，法律对重复保险的要求和规定也比较严格。我国《保险法》第五十六条规定，重复保险的各保险人赔偿保险金的总和不得超过保险价值。除合同另有约定外，各保险人按照其保险金额与保险金额总和的比例承担赔偿保险金的责任。

5. 共同保险

共同保险，简称"共保"，是由两个或两个以上的保险人联合对同一保险标的、同一保险利益、同一可保风险签订一份保险合同的一种保险。在保险损失发生时，各保险人按各自承保的保险金额比例分摊损失。共同保险是对可保风险的横向转移，但仍是第一次转移，这是它与再保险的主要区别。重复保险与共同保险都存在多个保险人，但共同保险只签订一份保险合同，保险金额不高于保险价值，而重复保险则签订数份保险合同，保险金额超出保险价值。

五、按保险经营目的分类

按照保险经营的目的分类，可分为商业保险、社会保险和政策保险。

1. 商业保险

商业保险是指通过订立保险合同运营，以营利为目的的保险形式，由专门的保险企业经营。商业保险关系是由当事人自愿缔结的合同关系，投保人根据合同约定，向保险公司支付保险费，保险公司根据合同约定的可能发生的事故发生时所造成的财产损失承担赔偿保险金责任，或者当被保险人死亡、伤残、疾病或达到约定的年龄、期限时承担给付保险金责任。

2. 社会保险

社会保险是为丧失劳动能力、暂时失去劳动岗位或因健康原因造成损失的人提供收入或补偿的一种社会和经济制度。社会保险的主要项目包括养老保险、医疗保险、失业保险、工伤保险、生育保险。社会保险计划由政府经办，强制某一群体将其收入的一部分作为社会保险费形成社会保险基金，在满足一定条件的情况下，被保险人可从中获得固定的收入或损失的补偿，它是一种再分配制度，它的目标是保证物质及劳动力的再生产和社会的稳定。

3. 政策保险

政策保险是指政府采用保险的手段来贯彻实施某种政策的保险。政策性保险的特点主要表现在它的经营政策的优惠性和经营目标的非营利性，以实现政府的某一经济政策或社会政策为目标。例如，国家为鼓励出口贸易而开设出口信用保险，为实现农业增产增收而经办农业保险等。

第三节　保险的职能和作用

一、保险的职能

一般认为保险职能分为基本职能和派生职能。保险的基本职能是保险的原始职能与固有职能，它不因时间的推移和社会形态的不同而改变。分摊风险和补偿损失是保险的两个基本职能。分摊风险，即将参加保险的少数成员因自然灾害或意外事故所造成的损失分摊给多数成员来承担；补偿损失，就是将参加保险的全体成员建立起来的保险基金用于少数成员遭遇自然灾害或意外事故所受损失的经济补偿。保险制度随着生产力水平的提高和社会的进步，在基本职能的基础上又产生出若干派生职能，诸如防灾防损职能、分配职能、融资职能等。从根本上说，现

保险的职能

代保险主要有保险保障、资金融通、社会管理三大职能。

（一）保险保障职能

保障职能是保险业的立业之本，最能体现保险业的特色和核心竞争力。保险保障职能具体表现为财产保险的补偿职能和人身保险的给付职能。

1. 财产保险的补偿

保险是在特定灾害事故发生时，在保险的有效期和保险合同约定的责任范围以及保险金额内，按其实际损失金额给予补偿。通过补偿使得已经存在的社会财富因灾害事故所致的实际损失在价值上得到补偿，在使用价值上得以恢复，从而使社会再生产过程得以连续进行。保险的这种补偿既包括对被保险人因自然灾害或意外事故造成的经济损失的补偿，也包括对被保险人依法应对第三者承担的经济赔偿责任的经济补偿，还包括对商业信用中违约行为造成的经济损失的补偿。

2. 人身保险的给付

人身保险是与财产保险性质完全不同的两种保险。由于人的生命价值很难用货币来计价，所以，人身保险的保险金额是由投保人根据被保险人对人身保险的需要程度和投保人的交费能力，在法律允许的范围与条件下，与保险人协商约定后确定的。因此，在保险合同约定的保险事故发生或者约定的年龄到达或者约定的期限届满时，保险人按照约定进行保险金的给付。

（二）资金融通职能

资金融通职能是指将保险资金中闲置的部分重新投入社会再生产过程中所发挥的金融中介作用。保险人为了使保险经营稳定，必须保证保险资金的保值与增值，这也要求保险人对保险资金进行运用。保险资金的运用不仅有其必要性，而且也是可能的。一方面，保险保费收入与赔付支出之间存在时间滞差，为保险人进行保险资金的融通提供了可能；另一方面，保险事故的发生也不都是同时的，保险人收取的保险费不可能一次性全部赔偿出去，也就是保险人收取的保险费与赔付支出之间有时也存在着数量滞差，这也为保险人进行保险资金的融通提供了可能。但是，保险资金的融通应以保证保险的赔偿或给付为前提，同时也要坚持合法性、流动性、安全性和效益性的原则。随着我国保险资金运用渠道的进一步拓宽，资金融通职能对我国金融市场的影响力越来越大。

（三）社会管理职能

一般来讲，社会管理是指对整个社会及其各个环节进行调节和控制的过程，目的在于正常发挥各系统、各部门、各环节的职能，从而实现社会关系和谐、整个社会良性运行和有效管理。保险的社会管理职能不同于国家对社会保险的直接管理，它是通过保险内在的特性，促进经济社会的协调以及社会各领域的正常运转和有序发展。保险的社会管理职能是在保险业逐步发展成熟并在社会发展中的地位不断提高和增强之后衍生出来的一项职能。保险的社会管理职能主要体现在以下几个方面。

1. 社会保障管理

社会保障被誉为"社会的减震器"，是保持社会稳定的重要条件。商业保险是社会保障体系的重要组成部分，在完善社会保障体系方面发挥着重要作用。一方面，商业保险可以扩大社会保障的覆盖面；另一方面，商业保险具有产品灵活多样、选择范围广等特点，可以为社会提供多层次的保障服务，提高社会保障的水平，减轻政府在社会保障方面的压力，为维护社会稳定和保障人民安居乐业做出积极贡献。

2. 社会风险管理

风险无处不在，防范控制风险和减少风险损失是全社会的共同任务。保险公司从开发产品、制定费率到承保、理赔的各个环节，都直接与灾害事故打交道，不仅具有识别衡量和分析风险的专业知识，而且积累了大量风险损失资料，为全社会风险管理提供了有力的数据支持。同时，保险公司能够积极配合有关部门做好防灾防损，并通过采取差别费率等措施，鼓励投保人和被保险人主动做好各项预防工作，降低风险发生的概率，实现对风险的控制和管理。

3. 社会关系管理

通过保险应对灾害损失，不仅可以根据保险合同约定对损失进行合理补偿，而且可以提高事故处理的效率，减少当事人可能出现的各种纠纷。由于保险介入灾害处理的全过程，参与到社会关系的管理之中，会逐步改变社会主体的行为模式，为维护政府、企业和个人之间正常、有序的社会关系创造了有利条件，减少了社会摩擦，起到了"社会润滑剂"的作用，大大提高了社会运行的效率。

4. 社会信用管理

完善的社会信用制度是建设现代市场体系的必要条件，也是规范市场经济秩序的治本之策。最大诚信原则是保险经营的基本原则，保险公司经营的产品实际上是一种以信用为基础、以法律为保障的承诺，在培养和增强社会的诚信意识方面具有潜移默化的作用。同时，保险在经营过程中可以收集企业和个人的履约行为记录，为社会信用体系的建立和管理提供重要的信息资料来源，实现社会信用资源的共享。

保险的三项职能是一个有机联系、相互作用的整体。保险保障职能是保险最基本的职能，是保险区别于其他行业的最根本的特征。资金融通职能是在经济补偿职能基础上发展起来的，是保险金融属性的具体体现，也是实现社会管理职能的重要手段。保险具有资金融通职能，才使保险业成为国际资本市场的重要资产管理者，特别是通过管理养老基金，保险成为社会保障体系的重要力量。现代保险的社会管理职能是保险业发展到一定程度，并深入社会生活的诸多层面之后产生的一项重要职能。社会管理职能的发挥，在许多方面都离不开经济补偿和资金融通职能的实现。同时，随着保险的社会管理职能逐步得到发挥，将为保险保障和资金融通职能的发挥提供更加广阔的空间。因此，保险的三大职能之间既相互独立，又相互联系、相互作用，共同形成了一个统一、开放的现代保险职能体系。

二、保险的作用

保险的作用是保险职能在具体实践中的表现效果。在不同社会发展时期，由于保险所处的经济条件不同，保险职能在实践中表现的效果也不一样，所以，保险的作用也不尽相同。在我国社会主义市场经济条件下，保险的作用表现为宏观与微观两个方面。

保险的作用

（一）保险的宏观经济作用

保险的宏观经济作用指保险对全社会以及国民经济在总体上所产生的经济效益。

1. 促进社会经济的发展

在现代化的社会生产中，企业分工越来越细，规划要求越来越高。大到国家，小到工厂，都有自己发展的长远规划和战略目标。这些规划和目标都是根据当前或以前的国民经济情况制定的，很难预料规划实施以后会遇到多大的灾害事故，甚至因此有可能发生生产经营中止或缩小，也有可能造成各种间接损失，引起一系列的反应，影响国民经济规划的执行。由于保险具有经济补偿和给付保险金的职能，任何企事业单位只要平时交付少量的保险费，一旦发生保险责任范围的灾害事故，就可以立即得到保险的经济补偿，消除因自然灾害和意外事故造成的经济损失引起的企业生产中断的可能，保证国民经济朝着既定的规划和目标持续发展。

2. 有助于财政收支计划和信贷收支计划的顺利实现

财政收支计划和信贷收支计划是国民经济宏观调控的两大资金宏观调控计划。对比资金运动来说，物质资料的生产、流通与消费是第一性的，所以，财政和信贷所支配的资金运动首先决定于生产、流通和消费。严重的自然灾害和意外事故发生的每一次破坏，都将或多或少地造成财政收入的减少和银行贷款归流的中断，同时还要增加财政和信贷的支出，从而给国家宏观经济调控带来困难。与此相反，企业参加了保险，财产损失得到保险赔偿，恢复生产经营有了资金保障。生产经营一旦恢复正常，就保证了财政收入的基本稳定，银行贷款也能得到及时的清偿或者重新获得物资保障。同时，受灾企业得到了保险经济补偿，也就减轻甚至无需要求财政和银行信贷支持。由此可见，保险确实对财政收支平衡和信贷收支平衡起到了保障作用。

3. 促进技术进步

任何一项科学技术的产生和应用，都会遇到各种困难和阻力。科学技术的发明者，有人身安全问题，也有新技术试验的危险问题。许多科学试验成功，获得鉴定通过，要想推广应用，也会遇到投资者顾虑重重的问题，因为人们并不了解新的科学技术可能带来的财富和造成的危险。保险则可以对采用新技术风险提供保障，为企业开发新技术、新产品以及使用专利壮胆，促进新技术的推广应用。人们把保险业称为"壮胆业"，就是在这个意义上说的。

4. 增强国际经济关系

保险是对外经济贸易和国际经济交往中必不可少的环节。随着生产的发展，海上运输，利用外资，引进先进技术和设备，合作、合资生产，乃至文化交流、旅游等，都少不了保险的保障。通过保险，一方面，巨额保险标的的国际再保险，可使风险尽量分散，经营更加安全，并且由于国家间的保险费相互支付，促进了资金融通的国际化；另一方面，各国保险事业的发展，使国际贸易的风险减少，国际市场的范围扩大，从而促进国家间一般企业的发展。此外，保险创汇收入又是一种无形贸易收入，对于增强国家的国际收亡能力起着积极的作用，历来为世界各国所重视。通过发展国际再保险业务，加强各国保险业的友好往来与合作，可以促使风险分散。基金积累和损失补偿的国际化，促进国际经济的加速发展，提高国家间的信用与利益。

5. 有利于社会的安定

保险是一种社会互助共济的经济形式。参加保险，一方面是转移危险，把可能发生的危险转移给保险人；另一方面也帮助了别人，因为参加保险的绝大多数人是为了获得保障，不是为了赔款。保险确立的是一种人与人之间的互相关心、互相爱护、互相帮助的关系和精神，有助于社会的文明和进步。同时国家可通过推行社会保险，为人民谋求社会福利，达到保障人们的基本生活稳定、促进社会安定的目的。

（二）保险的微观经济作用

保险的微观经济作用，是指保险对企业、家庭和个人所起的保障作用。

1. 及时补偿灾害损失，保障经济安全

自然灾害和意外事故是不可避免的，这是自然规律。补偿灾害损失是保险的基本作用，保险的职能就是通过补偿损失而最终完成的。就个人或家庭而言，保险无疑具有未雨绸缪、有备无患的作用，使个人或家庭的生活得到保障。对企业来说，企业参加保险后，一旦遭遇灾害事故损失，就能按照合同约定的条件及时得到保险赔偿，获得资金，重新赈置资产，恢复生产经营，最大限度地减轻灾害损失的消极影响，保障企业生产计划的完成和职工的生活福利，还可以保障企业与相关经济单位信用和协作关系的稳定。

2. 有利于企业加强经济核算，增强市场竞争能力

保险作为企业风险管理的财务手段，能够把企业不确定的巨额灾害损失，化为固定的、少量的保险费支出，并摊入企业的经营成本或流通费用，是完全符合企业经济核算制度的。因为企业通过交付保险费，把风险转嫁给保险公司，不仅不会因灾损而影响企业生产成本的均衡，而且保证了企业财务成果的稳定，增强了市场竞争能力，有利于企业发展。如果

企业不参加保险，为了不因自然灾害和意外事故而使生产经营中断或萎缩，就需另外准备一笔风险准备金。这种完全自保型的风险财务手段，对单个企业来说既不经济也不可能。

3. 促进企业加强风险管理

保险补偿固然可以在短时间内迅速消除灾害事故的影响因素，但是就物质净损失而言，仍旧是一种损失，而且被保险企业也不可能从风险损失中获得额外的利益。因此，防患于未然是企业和保险公司利益一致的行为。保险公司常年与各种灾害事故打交道，积累了丰富的风险管理经验，可以帮助投保企业尽可能地消除风险的潜在因素，达到防灾防损的目的。此外，保险公司还可以通过保险费率——价格杠杆调动企业防灾防损的积极性，共同搞好风险管理工作。

4. 有利于安定人民生活

家庭是劳动力再生产的基本单位，家庭生活的安定是人们从事生产劳动、学习、休息和社会活动的基本保证。但是，自然灾害和意外事故对家庭来说同样是不可避免的。参加保险是家庭风险管理的有效手段。在发达国家，尽管有着形形色色的社会保险和社会救济，人们还是得从工资收入中拿出相当大的部分来谋求补充的经济保障。在社会主义条件下，生产是为了最大限度地满足人民日益增长的物质文化生活需要。我国人民的生活水平在不断提高，但总的来说水平还不高，劳动保险的覆盖面还比较窄，灾害救济的水平也比较低，只能满足必要的口粮、衣被、居住条件等最低生活需要，不足以保障受灾居民恢复原有的生活水平。因此，保险是对居民提供的生活保障，是社会救济和社会保险的重要补充。如参加各种财产保险，遭灾后可以得到及时补偿，重建家园，使生活水平不致降低。又如参加各种人身保险，不仅可以解决年老、疾病、伤残等所引起的特殊经济需要，而且因人身保险多带有储蓄性，有利于养成节约习惯和有计划地安排家庭生活。

5. 有利于民事赔偿责任的履行

人们在日常生活和社会活动中不可能完全排除民事侵权或其他侵权，从而发生民事赔偿责任或民事索赔事件。具有民事赔偿责任风险的单位或个人可以通过交纳保险费的办法将此风险转嫁给保险公司，维护被侵权人的合法权益，使其顺利获得民事赔偿。

本章小结

本章主要介绍了保险的概念、要素、特征、保险的分类，以及保险的职能和作用。

从经济角度上说，保险主要是分摊灾难事故所致损失的一种经济方法；从法律角度看，保险是一种合同行为；从社会角度看，保险是社会经济保障制度的重要组成部分，是社会生产和社会生活"精巧的稳定器"；从风险管理角度看，保险是风险管理的一种方法，通过保险，可以起到分散风险、消化损失的作用。

思考与练习

参考答案

保险从不同角度可以有不同分类：按保险标的分为财产保险、人身保险、责任保险和保证保险；按实施方法可分为强制保险与自愿保险；按风险转移方式可以分为原保险、再保险、复合保险、重复保险和共同保险。

保险的职能分为基本职能和派生职能。基本职能是保险固有的职能，主要有：分散风险、补偿损失或给付。派生职能是随着社会经济的变化和保险业的发展而逐步产生和发展起来的，主要有：防灾防损职能、分配职能、融资职能等。

第三章
保险的产生与发展

► **学习目标**

1. 了解古代保险思想的萌生过程。
2. 理解现代保险产生与发展的条件。
3. 掌握中国保险业产生和发展的历程。

第一节　古代保险思想的萌生

自有人类社会以来，各种自然灾害、意外事故就时常威胁着人类的生存与发展，人类在改造自然、征服自然的过程中，为了抵御自然灾害和意外事故，除利用自己已掌握的生产技能进行预防外，还通过建立经济后备的形式，减少风险对社会经济生活所造成的损失。当社会生产力有了提高、社会产品有了剩余的时候，便产生了最早的保险思想。

一、古代中国保险思想的萌芽

我国是最早发明并运用风险分散这一保险基本原理的国家。据《逸周书·文传》记载，早在夏朝后期，就有"天有四殃，水旱饥荒，其至无时，非务积聚，何以备之"之说。由此可见，在古代，我们的祖先已经看到了"积聚与救灾"的重要性，有了积谷防饥、居安思危的思想，并且身体力行。

古代保险思想的萌生

据英国维克多·多弗《海上保险手册》记载，约3000年前，我国长江流域的一些商人在运输中常采用"分舟运米"的办法，刻意不将个人全部货物集放于一船。这一做法体现了现代保险分散风险的原理，这是水险起源的最早实例。

大约在2500年前，孔子在《礼记·礼运》中说，"故人不独亲其亲，不独子其子。使老有所终，壮有所用，幼有所长，鳏寡孤独废疾者，皆有所养"，这一记载足以表明我国古代早有谋求经济生活安定的强烈愿望，是最古老的社会保险思想。此外，孔子在《论语》中也曾阐述了"耕三余一"的思想，经过长期的考察，孔子发现自然灾害的发生也具有规律性，通常在四年中总有一年会遇到灾荒，使农作物歉收。倘若每年有三分之一的粮食储备起来，大致可以应付自然灾害造成的损失。由此可见，当时人们已对自然灾害的发生有了初步的规律性认识，并根据此规律提出了更精确的保险措施，这说明我国古代的保险思想有了进一步的发展。

粮食是人类生活的支柱。"积谷防饥"是我国古代主要的以粮食形态建立的后备制度，在这些先贤的思想影响下，中国历代王朝都十分重视建立国家粮食后备仓储制度，用以应对不时出现的灾害饥荒。中国古代的仓储制度主要有：常平仓、义仓、广惠仓。

（一）常平仓

汉代时建立常平仓，即在丰收年景粮食价格较低时，国家以高于市场的价格大量收购粮食入库，以免谷贱伤农；而在歉收年景，国家以低于市场的价格大量抛售，以平抑粮食价格。同时，常平仓的粮食又可备贩。这样，常平仓在功能和作用上，不仅有了社会保障和救济的性质，而且起到了平抑市场价格、保证农民收入稳定的作用。在汉以后各朝各代中，建立常平仓是最常见的形式。但是常平仓的缺点也十分明显，它的资金来源于官府的财政收入，当财政收入难以维系时，常平仓的作用就大打折扣了。

（二）义仓

义仓也源于汉代，发展成熟于北齐，兴盛于隋唐，为隋唐两代于地方上所设立的公共储粮备荒的粮仓。因通常委里社中社司管理，故又名"社仓"。隋开皇三年长孙平被征拜为度支尚书，他见天下多罹水旱，百姓不给，奏令民间每秋家出粟麦一石以下，贫富差等，处之闾巷，以备凶年，名曰义仓。义仓与常平仓的不同之处在于，常平仓通常是运用官府的资金进行粮食和实物的囤积、买卖、救济；而义仓则是在官府的组织下，按人头和田亩抽取费用，后来逐渐发展为民间自愿交纳，自行管理。义仓制度在我国持续了大约1200年，是在当时的社会条件下，由政府号召、民间自办的后备仓储，具有相互保险的雏形。

（三）广惠仓

广惠仓也是我国古代一种实物形式的仓储制度，发展较晚。宋仁宗嘉祐二年，经枢密使奏请设立，将每年征收上来的税米部分贮藏于仓，以备平时扶助老、幼、贫、病、残者。广惠仓与义仓的不同之处在于它是由官府赋税出资的，与常平仓的不同之处在于广惠仓主要用于平时扶助老、幼、贫、病、残等。

以上主要介绍了以官府为核心的各种仓储制度的历史，它带有社会保险和社会保障的性质。由此可以看出，我国古代是以官方的方式实施保险制度的，而且以社会救济为主。古代中国统治者以农为本的思想导致了农业仓储制度的发达，而与之形成鲜明对比的是，民间和商业保险发展的缓慢状况一直持续到近代西方保险制度引入我国时才有改观。

中国古代民间保险的萌芽主要集中于货物运输方面，如盐运、漕船、镖局。镖局是我国特有的一种货物运输保险的原始形式。镖局是一种类似保险的民间安全保卫组织，其经营的业务之一是承运货物。商人交镖局承运货物，俗称"镖码"（相当于保险标的）。货物须经镖局检验，按贵贱分级，根据不同等级确定"镖力"（相当于保险费率），据此收费签发"镖单"（相当于保险单）。货到目的地，收货人按镖单验收后，在镖单上签注日期，加盖印章，交护送人带回，以完成手续。镖局的这些手续与现代保险的承保手续大致相同。这种早期的保险形态与中国封建时代商品经济极不发达和货物运输风险集中紧密相关。其基本做法依据的是风险分散、共同承担或实行约定的损失赔偿责任制，体现了经济补偿的作用和基本的保险原理。

二、古代西方保险思想的萌芽

西方原始的保险思想的萌芽和发展是与古代社会文明发展水平和对外贸易活动相适应的，因此多产生于贸易繁荣的国度，如古巴比伦、古埃及、古罗马、古希腊等文明古国。正如英国学者托兰纳瓦在《保险起源及早期历史》一书中所指出的，"保险思想发源于古巴比伦，后来传至腓尼基，再传入希腊"。

与我国地域辽阔，贸易活动可以在自给自足的小农经济基础上进行相比，早期的西方各国地域狭小，较为注重互通有无的贸易，因此保险方式以民间互助为主，以规避贸易活动中的风险。

在古巴比伦时代，幼发拉底河流域的巴比伦商人经常雇用推销员到外国从事货物贸易活动，为保证货物的安全，商人们往往将推销员的家人作为信用担保。当这个推销员航行归来时，商人和推销员可以各自获得销售利润的一半；如果推销员未归，或者回来时既无货物也无利润，就认为推销员存在欺诈行为，会将其家人扣为奴隶。但由于当时盗贼横行，许多诚实可靠的推销员在遭到抢劫后也要面临家破人亡的命运。为了改变这种状况，双方达成一种协议，即推销员如果能证明货物确实遭到抢劫而本人并无过失，则可免除其责任。这种做法长期为巴比伦地区所运用。在公元前2250年左右，巴比伦的《汉谟拉比法典》就认可这样的规定。该法典还沿用了一种习惯做法：沙漠商队运输货物途中，若马匹死亡、货物被劫或发生其他损失，经宣誓并无纵容或过失后，可免除其个人的责任而由商队全体给予补偿。这种做法后来传到了腓尼基和其他商业发达地区并增加了内容，使其通用于航海过程中的货物损失。这种规定，在一定意义上说，已具有海上运输货物保险的雏形。

在古埃及，在横越沙漠的犹太商队之间，对丢失骆驼的损失采用互助共济的方式进行补偿。在修建金字塔过程中，石匠中流行一种自发的互助基金组织，他们用自愿参加者交纳的互助金支付死亡会员的丧葬费用。

在古罗马的历史上，也有过丧葬互助会的组织，这种互助形式类似于现代养老保险，其中记载较详细的是拉奴维姆丧葬互助会。该互助会的会员要交付会费，当会员死亡时，由丧葬互助会支付焚尸柴火和建造坟墓的费用。后来，这种善后处理的内容进一步扩展到对死亡会员的遗属给付救济金。在古罗马还出现过类似这种丧葬互助会的士兵组织，用收集会费的方式集资。当士兵调职时，该组织给付旅费；当士兵终止服役时，退还本金；当士兵阵亡后，对其家人进行抚恤。

在古希腊，曾盛行过一种团体，组织有相同政治、哲学观点或宗教信仰的人或同一行业的工匠入会，每月交纳一定的会费，当入会者遭遇意外事故或自然灾害造成经济损失时，由该团体给予补救。

到了中世纪，欧洲各国城市中陆续出现了各种行会组织。成立这些行会的目的和活动范围尽管不一致，但或多或少都具有在本行内相互救助的性质。其共同出资救济的互助范围包括死亡、疾病、伤残、年老、火灾、盗窃、沉船、监禁、诉讼等不幸的人身和财产损失事故。他们所进行的互助行为，是现代海上保险、火灾保险、人身保险及其他专业保险形态的萌芽。

第二节　现代保险业的起源和发展

一、保险产生与发展的条件

1. 自然灾害和意外事故的客观存在是保险产生和发展的前提条件

自然灾害和意外事故的客观存在，决定着风险的存在。人类为了生存和发展，就要从事物质资料的生产。人们对自然规律的认识总是相对的、有限的，自然灾害和意外事故的发生造成的损失总是不可避免的。有时一些灾害事故的破坏力是极大的，甚至可以使社会上多年生产和积累的物质财富毁于一旦，人员也会发生重大伤亡，从而造成经济活动的中断，同时，还会引起一系列的间接损失。这就是人们所关注的风险。风险可能造成物质资料生产的中断和人身伤亡事故的发生，这不仅损害社会生产力的发展，也影响到人们生活的安定。而保险就是组织后备基金进行损失补偿的有效机制之一。"无风险，无保险"是对保险产生和发展的最好诠释。

现代保险的
起源和发展

2. 剩余产品的存在和增多是保险产生和发展的物质条件

剩余产品的存在是物质损失补偿得以实现的前提。风险存在于人类社会历史的任何阶段，但作为一种经济范畴和历史范畴，保险的产生还必须有其经济上的前提条件，具有将人们对保险的潜在需求变为有效需求的可能性。在原始社会，生产力水平低下，人们的劳动成果仅能维持眼前的生计，不可能建立相当规模的物资后备。只有到原始社会末期和奴隶社会，完成第一次和第二次社会大分工，生产力有了发展，社会产品有了剩余，生产者才有可能把一部分剩余产品积存起来，作为后备。由此可见，剩余产品的生产和增多，是建立物资后备的基础，因而也是保险产生和发展的物质基础。

3. 商品经济的发展是保险产生和发展的经济条件

随着资本主义社会生产力的迅速发展，商品生产和交换的规模日益扩大，社会的专业分工越来越细，生产的社会化程度越来越高，物质财富越来越相对集中。与此同时，各种风险也越来越集中，其影响更为广泛和深刻。任何生产和流通环节上发生较大灾害事故都会对生产力造成巨大的破坏，在社会上产生剧烈震荡，带来一系列经济和社会问题。面对相对集中的风险，由一个或几个经济单位共同提存的后备基金就不敷使用，难以充分补偿风险造成的损失。这样就逐步出现专门承担风险的人——保险人。众多的被保险人可将自己的风险转嫁给保险人。作为转嫁风险的一种代价，被保险人则按照不同风险种类和程度支付适当的保险费。上述过程表明：当资本主义经济发展到一定阶段时，一方面，工业资本、商业资本、农业资本、借贷资本为了保障其生产资料和利润的安全，使其不致因灾害事故的不幸发生而承担较大的经济和社会责任，以致倒闭、破产，从而产生了购买保险的强烈愿望和必要条件；另一方面，有一份资本可以从社会总资本中分离出来，专门用于经营风险，从而成为保险资本，以获取平均利润。这时，也只有在这时，专业性保险才可能产生。

保险的形成，特别是现代商业保险的形成与发展，还依托商品经济的进一步发展：①商品经济的发展促进了社会分工的细化，保险作为一种特殊的职能部门，由此从商品生产环节独立出来；②商品等价交换的原则运用于保险经营之中，使保险合同关系成立，并促进保险基金积累；③发达的商品经济关系，使广大的生产者结成普遍的经济联系，奠定了保险经营的科学基础，即众多同质风险的存在，使运用大数法则来科学计算保险费率成为可能。

4. 国家的建立和社会的稳定与发展是保险产生与发展的社会条件

社会分工、等价交换和生产的社会化构成了保险形成的必要的社会条件。在封建社会，战争频繁，社会较为动荡，保险难以维持与发展。事实上，伴随着封建社会向资本主义社会的历史性过渡，各国相对稳定，为经济发展奠定基础，保险资本逐渐从社会总资本中分离出来，形成了保险资本，从而产生了社会化的现代商业保险。

5. 概率论和大数法则是保险经营的技术条件

保险产品的建立需要通过对数据进行分析，预测风险发生的概率与损失程度。近代概率论和大数法则的产生与发展为其提供了技术支持，使得保险产品在资本主义社会大量产生。

二、海上保险的产生与发展

由于地中海是古代东西方贸易交通要道，而且当时国际贸易往来以海上运输为主，因此地中海便成为孕育海上保险的摇篮。

早在约公元前 2000 年，地中海地区的海上贸易活动已很频繁，但因当时船舶构造十分简陋，在出海时抵御海上风险的能力薄弱，一旦遭遇海浪等巨大风险，人们便会将船上的部分或全部货物抛入大海，以减轻船重，避免人员伤亡。为了使抛弃的货物能从其他受益方获得补偿，当时在地中海航海商人中有一个共同遵循的原则——"一人为众，众为一人"。这个原则后来被公元前 916 年所制定的罗地安海商法采用，并正式规定："凡因减轻船只载重而投弃入海的货物，为全体利益而损失的，须由全体分摊归还。"并将这部分损失称为共同海损。虽然共同海损是海上运输中的特殊损失，并非保险制度，但是，由于共同海损分摊原则体现了损失分担这一保险的基本原理，因此，共同海损分摊原则是海上保险产生的萌芽。

随着海上贸易的进一步发展，在公元前800年至公元前700年流行一种船货抵押借款制度。其做法是当船舶在航行途中急需用款时，船东可将船舶或货物作为抵押向高利贷者借款，如果船货安全到达目的地，本利均须偿还；如果船舶中途沉没，债权即随之消失，借款人无须归还所借款项。船货抵押借款制度已具有保险的性质和特征，放款的高利贷者（债权人）相当于保险人，借款人（船东）则相当于被保险人，船舶或货物是保险对象，其货款利息高出普通货款利息的差额部分相当于保险费，如果船货沉没，借款就等于预付了赔款。船货抵押借款制度是货款与损失保障的结合，因其具备了保险的一些基本要素，故被公认是海上保险的雏形。

商业性的海上保险发源于意大利。11世纪末，十字军东侵以后，意大利商人控制了东方和西欧的中介贸易。在经济繁荣的意大利北部城市特别是热那亚、佛罗伦萨、比萨和威尼斯等海上交通要冲，已经出现类似现代形式的海上保险。

迄今为止，世界上发现最早的保险单是热那亚商人乔治·勒克维伦在1347年10月23日出具的承保从热那亚到马乔卡的船舶保险单。这份保险单的措辞类似一种虚设的借款，它规定若船舶安全到达目的地则契约无效，如中途发生损失，则契约成立，由保险人支付一定金额，保险费则是在合同订立时以定金名义交付给资本所有人（即保险人）。但该保单并没有明确保险人所承保的风险，还不具有现代保险单的基本形式。1384年，由比萨的一组保险人出立的承保四大包纺织品的从法国南部城市阿尔兹到比萨的货物运输保险单，则被认为是第一张出现承保内容的"纯粹"保险单，保险史称"比萨保单"。到1397年，佛罗伦萨出立的保单已经有承保"海上灾难、天灾、火灾、抛弃、捕捉"等字样，开始具备现代保险单的形式。由此可见，意大利是海上保险的发源地。

随着资本主义生产方式的产生，15世纪和16世纪，西欧各国不断在海上探寻和开辟新航线，欧洲商人的贸易范围空前扩大。欧洲国家相继进入贸易发展阶段，海上保险同时扩展到这些国家并得以迅速发展，随之而来的有关保险的纠纷也相应增多，需要国家制定有关法律加以管理，于是，国家或地方的保险法规相继出现。1435年，西班牙的巴塞罗那颁布了世界上最早的海上保险法典，就取缔海上保险弊端、防止欺诈、禁止赌博等做出了规定。

海上保险法规的陆续颁行，推动了海上保险事业的健康发展，使保险制度趋于成熟和完善。可以说，资本主义的发展促进了保险立法趋于成熟。

17世纪中期，英国资产阶级革命为本国资本主义的发展扫清了道路，通过大规模的殖民掠夺，英国逐步发展为占有世界贸易和航运业垄断优势的殖民帝国，这给英国商人开展世界性的海上保险业务提供了有利条件。18世纪后期，英国成为世界海上保险的中心，占据了海上保险的统治地位。英国对世界海上保险的贡献主要有两个方面：一是编制海上通用保险单，提供全球航运资料并成为世界保险中心；二是在保险立法方面，首席法官曼斯菲尔德爵士从1756年到1778年收集了大量保险判例，编制了一部海上保险法典，在此基础上，英国国会于 1906 年通过了《海上保险法》。这部法典将多年来遵循的海上保险的做法、惯例、案例和解释等用成文法形式固定下来，对于明确保险契约双方的权利与义务以及减少争议都起到一定的作用。这部法典的原则至今仍为许多国家采纳或仿效，在世界保险立法方面有相当大的影响。

三、火灾保险的产生与发展

火灾保险是财产保险的前身，是财产遭受火灾所致损失的一种保险，起源可以追溯到 12 世纪初期冰岛成立的互助社，对火灾及家畜的死亡所致的损失承担赔偿责任，这是火灾保险的萌芽。1591 年，德国汉堡市的酿造业者为了筹备重建被烧毁的造酒厂的资金而成立了火灾合作社，当加入者遭遇火灾时，可以获得重建建筑物的资金。直到 1676 年，由 46 个协会在汉堡合并成立火灾保险局，这是公营火灾保险的开始。

现代火灾保险起源于 1666 年伦敦大火。1666 年 9 月 2 日晚，英国伦敦市的约翰·法里诺面包房不慎起火，蹿出的火苗引燃了附近客栈庭院中的干草堆从而引起火灾，大火持续烧了 4 个昼夜，致使市内面积近 30 万平方米的地区有 25 万平方米化为瓦砾，占伦敦市总面积的 83.26%，有 13200 户住宅毁于一旦，财产损失达 1200 多万英镑，灾后有 20 多万人无家可归，损失的严重程度在英国历史上是空前的。这场大火成为英国火灾保险发展的动力，伦敦大火的第二年，即 1667 年，牙科医生尼古拉斯·巴蓬率先在伦敦经营房产火灾保险，开创了私营火灾保险的先河。到 1680 年，巴蓬共集资 4 万英镑成立了合股性质的火灾保险所，并按照房租和房屋的危险等级差别收取保费，对木结构房屋收取相当于砖瓦结构房屋两倍的保险费。正因为使用了差别费率，巴蓬被称为"现代保险之父"。伦敦大火后，保险思想深入人心，现代形式的火灾保险也从此逐渐发展起来。

18 世纪末至 19 世纪中期，英、法、德、美等资本主义国家相继完成了工业革命，大机器生产代替了手工操作，物质财富大量增加和集中，火灾保险也相应地得到迅速发展。这一时期，欧美的火灾保险公司如雨后春笋般发展壮大，各保险公司之间发生了激烈竞争，为了控制同业之间的恶性竞争，保险同业公会相继成立，如 1866 年在美国成立的全国火灾保险事业协会、1871 年在德国成立的私营火灾保险公司协会，共同协定火灾保险费率。这一时期火灾保险的发展取得了很大进步：一是保险标的从过去只承保建筑物扩大到各类财产；二是承保风险除火灾外，还扩展到地震、风暴、暴动、水灾等，甚至扩展到承保火灾后的利润损失。

火灾保险发展到现在，已成为承保多种标的和风险的综合性财产保险。

四、人身保险的产生与发展

人身保险从古代的互助保险逐步发展为现代人身保险业，经历了漫长的历史演变过程。

人身保险的产生与海上保险的发展是分不开的。15 世纪后期，奴隶贩子将贩运的奴隶作为货物投保海上保险，以后又发展到承保旅客被海盗绑架而支付的赎金以及船上船员如遇到意外伤害，由保险人给予经济补偿，这些应该是人身保险的早期形式。

17 世纪中期，意大利人洛伦佐·佟蒂于 1653 年向宰相提出一项募集国债的计划，即年金保险办法——《佟蒂法》，但由于议会反对而被搁置。《佟蒂法》所体现的对生命统计的研究给后人以启迪。1693 年，英国著名数学家、天文学家哈雷以西里西亚的布雷斯洛市 5 年（1687 年至 1691 年）期间按年龄分类的死亡统计资料为依据，编制了世界上第一份生命表（死亡表）。生命表精确表示了每个年龄的死亡率，为现代人寿保险奠定了数理基础。生命表的编制，在人寿保险发展史上是一个里程碑。18 世纪中叶，英国人辛普森根据哈雷的生命表，制成了依死亡率增加而递增的费率表。之后，陶德森依照年龄差等计算保费，并提出了"均衡保险费"的理论，促进了人身保险的发展。1762 年，英国伦敦公平保险社成立，该公司首次将哈雷的生命表用于计算人寿保险费，这标志着寿险精算的开始，同时标志着现代人寿保险的开始。

1699 年，世界上第一家真正的人寿保险组织——英国孤寡保险社成立。该社筹划吸收 2000 名社员，每人每周交纳 1.2 英镑社费，对每一社员的死亡进行给付。该社在社员的选择上明确了健康和年龄的条件，并规定了交费的宽限期，这些条件已显示出了现代人寿保险的特点。

工业革命以后，机器的使用、火车的发明，使人身伤亡事故增多，人身意外伤害保险和疾病保险也随之发展起来。人身保险逐步发展为包括人寿保险、意外伤害保险和疾病保险在内的一大类保险业务。

五、责任保险的产生与发展

责任保险是一种以被保险人的民事损害赔偿责任作为保险对象的保险。它是对无辜受害者的一种经济保障。当前责任保险发展迅速，已成为世界上普遍受到重视的一项业务。

早在 19 世纪初，《拿破仑法典》中就有责任赔偿的规定。工业革命后，工场手工业转变为机器大工业，促进了生产力的大发展，同时工伤事故也大量出现，劳资对立加剧，阶级斗争尖锐化。为了缓和阶级矛盾，资产阶级政府逐步制定了一些法律以保护劳工的利益。按照规定，雇主要对职工在生产中受到的意外伤害承担经济赔偿责任，因此产生了雇主责任险及劳工险；对危及第三者的生命财产损失，肇事者要负法律赔偿责任，因此各种第三者责任保险也发展起来了。英国是最早开办责任保险的国家。1855 年，英国铁路旅客保险公司向曼彻斯特、谢菲尔德和林肯铁路系统提供了意外事故责任保险；1875 年，英国开办了马车意外事故责任保险；1880 年成立的英国雇主责任保险公司开始为雇主提供责任保险。美国是在 1887 年以后才有责任保险的，但随着各项法律制度的不断完善，该险种得到迅速发展。

进入 20 世纪后，责任保险发展迅速，大部分西方国家对多种公共责任，用法律强制投保，如机动车的第三者责任险、雇主责任险等。现在，西方国家责任保险的赔偿已远远超过一般财产保险的赔偿。经营责任保险的公司，随着经济发展，经济赔偿关系日益繁细，承保范围也日益广泛。责任保险越来越显示出它的保险作用和地位。

六、信用保证保险的产生与发展

信用保险与保证保险是随着资本主义商业信用的普遍和道德风险的频繁出现而产生的，它建立在保证契约基础之上。保证契约是由被保证人委托保证人向权利人提供的。在信用保证保险中，保险人实际上充当了保证人的角色，对于债务人的欺诈、不守约或不诚实行为造成债权人的经济损失，由保险人负责赔偿，所以，信用保险与保证保险是一种担保业务。1702 年，英国设立雇主损失保险公司，开创了忠诚保证保险。它主要承保被保险人因雇员的不洁行为，如盗窃、挪用公款等造成的经济损失，由保险人给予赔偿。1840 年，成立保证社。1842 年，成立英国保证公司。美国于 1876 年在纽约开办了忠诚保证保险。1893 年，英国爱克萨斯保险公司开始经营信用保险，主要是为了应对卖方在出售货物后买方可能不付款的风险。随后，信用保险被广泛使用，由此看来，信用保险已有 100 多年的历史。信用保证保险目前已成为各国经济生活、国际贸易中不可缺少的一类保险，对进出口贸易、租赁、工程承包等都可以提供信用保险与保证业务服务。

七、农业保险的产生与发展

农业保险中的两大主要险种——种植业与养殖业保险于 18 世纪末至 19 世纪初在欧洲起步。最初的种植业保险仅承保农作物雹灾风险。1791 年，第一个互助性的雹灾保险组织在德国成立；1797 年，英国麦克伦堡雹灾保险协会成立；后来，法国也有了类似的雹灾保险协会。牲畜保险是 19 世纪初在德国北部起源的；1844 年，英国也有了牲畜保险公司，主要承保牛、马、猪、羊的保险；后来，法国、美国、瑞典、瑞士等国家都出现了相互保险的合作组织办理牲畜保险，目前，农业保险在绝大多数国家已办成政策性保险，以支持农业的发展。

第三节　中国保险业的产生和发展

中国保险业的产生和发展（上）

如前所述，我国有数千年的传统保险思想，类似现代保险的保险活动也有久远的历史。但由于几千年的封建社会闭关锁国，经济落后，现代保险业迟迟没能诞生。在《海国图志》中，魏源比较全面地介绍了西方先进的社会、科技、经济、文化等知识；当时也有一些报刊文章根据 insurance 的读音，直接将之音译为"燕梳"或"烟苏"的。而将 insurance 译成"保险"的是日本近现代传播西方文明知识的第一人福泽谕吉所为，此后再传入我国，沿用至今。

中国保险业的产生和发展（下）

一、旧中国的保险业

1805年，英国驻印度加尔各答和孟买的洋行与其在广州的洋行在广州创办了"谏当保安行"或"广州保险会社"，专门承保这条航线上的海上船舶险和海运货物险，这是中国土地上的第一家专业保险公司，标志着近代西方保险制度开始传入中国。1835年，英国怡和洋行收购了该会社，更名为"广州保险公司"。同年，英国人在香港开设了"保安保险公司"（裕仁保险公司），这是当时最为活跃的一家公司，其他来华设立分支机构较早的有英国太阳保险公司和巴勒保险公司。第一次鸦片战争后，清政府割让香港，开放广州、福州、厦门、宁波、上海诸口岸，帝国主义打开了中国的大门，随后纷纷在中国设立保险公司。如上述的保安保险公司在广州和上海设立了分公司，1846年，英商又在上海设立了永福、大东亚两家人寿保险公司。

1856年，第二次鸦片战争爆发，战后各帝国主义国家对中国进行大肆掠夺，纷纷在中国开设企业、银行、保险公司等各种机构。19世纪70年代起，英国商人陆续在上海设立了扬子保险公司、香港保险公司、中华保险公司、太阳保险分公司、巴勒保险分公司等，同时还在太古、怡和两家洋行设立了保险部。20世纪以后，美国、法国、德国、瑞士、日本等国的保险资本相继进入中国，纷纷在中国设立保险公司、分公司和代理机构，经营各类保险业务。直到新中国成立以前，外国资本一直控制着中国保险市场，一切保险条款、保险费率都由外国保险公司确定。

外国资本的入侵，摧毁了中国的封建经济，却在一定程度上促进了民族资本经济的发展。1865年，上海华商义和公司保险行成立，这是最早的民族保险企业，该行设在华商德盛商号内，规模甚小，只是经营货运险业务，受到外国保险公司的排挤，没有产生多大影响。1875年12月，在李鸿章的倡议下，由官督商办的轮船招商局筹集股资20万两白银，在上海设立"保险招商局"，是近代民族保险业产生的标志。1876年7月，唐廷枢等再次集股25万两白银，创办了仁和保险公司，这是中国人民自办的第一家保险公司。1878年又集股20万两白银，开办了济和船栈保险局。为了加强实力，1886年2月，仁和、济和两家保险公司合并为"仁济和保险公司"，该公司专门承保船舶、货栈以及货物运输的保险业务。1905年，由黎元洪等官僚投资创办了中国第一家人寿保险公司——"华安合群人寿保险公司"。在这一时期，由于中国民族资本发展缓慢，民族保险业的发展也很缓慢，截至1911年，民族资本的保险公司只有7家。

第一次世界大战开始以后，中国民族保险业获得了较快发展。特别是1926年以后，中国银行业开始投资保险业、设立保险公司。1929年，金城银行独资开办了太平保险公司；1933年，上海四明银行投资开办了四明保险公司；1933年，在上海成立了旧中国唯一专营再保险业务的华商联合保险股份有限公司；1943年，上海银行投资开办了丰盛保险公司。在此期间，1936年10月，由国民党官僚资本成立了中央信托局保险部，官僚资本开始大量进入保险市场。

在旧中国，虽然民族保险业获得了较快的发展，但外国保险资本更为强大，占据着旧中国保险市场的主导地位。当时正处于半殖民地半封建社会，国民党对民族保险业保护和支持不够，致使民族保险公司自留业务能力较低，自留业务量很小，不得不依靠洋商保险公司分保，因而在业务经营上无法摆脱洋商保险公司的控制与支配，实际上成为洋商保险公司的买办。

在旧中国保险业发展的过程中，上海成为中国保险业的中心。

二、新中国的保险业

1949 年 10 月，中华人民共和国成立，翻开了新中国保险事业的新篇章。新中国成立后，中国保险事业几经波折，经历了"四起三落"的坎坷历程：从中国人民保险公司成立到 1952 年的大发展是"一起"；1953 年停办农业保险，整顿城市业务是"一落"；1954 年恢复农村保险业务和重点发展分散业务是"二起"；1958 年停办国内业务是"二落"；1964 年保险升格，大力发展国外业务是"三起"；1966 年开始由于"文革"保险业务几乎停办是"三落"；1979 年恢复国内保险业务，我国保险事业进入一个新时期是"四起"。

1. 保险业的建立

新中国成立后，政府开始着手整顿保险市场，手段包括取缔外国资本保险公司、接管和清理官僚资本保险公司、整顿和改造民族资本保险公司等。经过几年的努力，旧中国的各类保险公司基本上退出了历史舞台。

1949 年 10 月 20 日，由中国人民银行报经中央人民政府政务院财经委员会批准，在北京成立了中国人民保险公司，开辟了中国保险业的新纪元。新成立的中国人民保险公司以"保护国家财产、保障生产安全、促进物资交流、增进人民福利"为基本任务，积极拓展保险业务范围，先后开办了火灾保险，人身保险，农业保险，国家机关和国营企业财产强制保险，物资运输险和运输工具险，铁路、轮船和飞机旅客意外伤害强制保险。与此同时，根据国家对外贸易和对外经济交往的需要，陆续开办了各种对外保险业务，如出口货物运输保险、远洋船舶保险、国际航线的飞机保险以及在华外国人财产保险和汽车保险等。

从 1949 年中国人民保险公司成立到 1958 年的 10 年间，全国保险机构发展到了 4000 多个，职工 5 万多人，保险费收入达 16.2 亿元。在此期间，保险公司共支付保险赔款和保险金 3.8 亿元（不含国外业务），还向有关部门拨付防灾补助费 1300 余万元，向国家上交 5 亿元，积累保险基金 4 亿元。实践证明，保险业为国家经济的恢复和发展提供了极大的经济保障和资金支持。

2. 保险业务的停办

中国保险业的发展并不是一帆风顺的。1958 年 10 月，在西安召开的全国财贸工作会议上通过了《关于农村人民公社财政管理问题的意见》，其中提出"人民公社化以后，保险工作的作用已经消失，除国外保险继续办理外，国内保险业务应立即停办"。这样，从 1959 年起，中国人民保险公司停办了全部国内保险业务，改为专营涉外保险业务的机构。全国各地保险职工逐步减少到 200 余人，总公司一度只剩下 9 个人的编制。国内保险业务停办以后，涉外保险业务虽然没有停办，但也受到了极大的冲击。特别是在"文革"

中，在极左思潮的影响下，涉外保险业务逐步萎缩，例如，对外有再保险关系的国家从原来的 32 个减少到 17 个，有业务往来的公司从 67 家减少到 20 家，业务合同从 219 份减少到 49 份。

3. 保险业的恢复

党的十一届三中全会做出了"把全党工作重心转移到经济建设上来"的伟大决定。1979 年 4 月，国务院批转的《中国人民银行分行行长会议纪要》中明确指出："开展保险业务，为国家积累资金，为国家和集体财产提供经济补偿……要逐步恢复国内保险。"同年 11 月，中国人民银行召开全国保险工作会议，决定从 1980 年起，恢复停办达 20 年之久的国内保险业务，同时在原有基础上大力发展涉外保险业务。此后，中国保险便步入了一个飞速发展的黄金时期，其间经历了多次重大改革，把中国保险业推上了一个又一个新台阶。

4. 保险业的发展

1982 年，香港民安保险公司经中国人民银行批准，在深圳设立了分公司。

1984 年，中国内地唯一一家保险公司——中国人民保险公司从中国人民银行分设出来，以独立法人的资格开展业务。

1986 年，中国第一家区域性保险公司——新疆生产建设兵团农牧业保险公司获准成立；2002 年 10 月 18 日，新疆生产建设兵团保险公司正式更名为"中华联合财产保险公司"，由一个地区性保险公司变成全国性保险公司。

1988 年，深圳蛇口工业区招商局、中国工商银行等单位合资创建了我国第一家股份制企业——平安保险公司，1992 年 9 月更名为"中国平安保险公司"。

这三家公司的成立打破了保险市场的垄断格局，标志着市场竞争机制开始进入了保险市场。

1992 年，中国人民银行制定并颁布了《上海外资保险机构暂行管理办法》之后，美国友邦保险公司、日本东京海上火灾保险公司作为首批外资保险公司进入中国大陆，标志着我国保险市场正式对外开放，国际保险业先进的经营理念和管理技术被引入了中国市场，推进了中国保险市场国际化的进程。

1995 年，两家区域性保险公司——天安保险股份有限公司和大众保险股份有限公司相继在上海成立。

1995 年 10 月 1 日，《中华人民共和国保险法》开始实施，确立了保险市场化机制运作的宏观规范与微观管理原则，并于 2002 年、2009 年和 2015 年对《保险法》进行了三次修订。

1999 年，中国保监会公布了《保险公司管理规定》；2001 年 11 月公布并于 2002 年 1 月 1 日施行《保险代理机构管理规定》《保险经纪公司管理规定》《保险公估机构管理规定》；2002 年 2 月 1 日开始施行《中华人民共和国外资保险公司管理条例》。一系列的法律法规形成了以《保险法》为核心的保险法律体系。

1996 年 7 月 23 日，中国人民保险公司改组为中国人民保险（集团）公司，下设中保财产保险有限公司、中保人寿保险有限公司、中保再保险公司。1998 年 10 月 7 日，国务院发文，撤销中保集团，三家子公司分别更名为"中国人民保险公司""中国人寿保险公司""中国再保险公司"。

1996 年，中国人民银行批准设立了《保险法》颁布后的首批 5 家股份制保险公司，即泰康人寿保险股份有限公司、新华人寿保险股份有限公司、华泰财产保险股份有限公司、永安财产保险股份有限公司和华安财产保险股份有限公司。

1998 年 11 月 18 日，中国保险监督管理委员会（以下简称"中国保监会"）成立，标志着我国的保险宏观管理体制日渐成熟。2018 年 3 月 13 日，为适应金融发展的新需求和金融监管体制改革的需要，中国银监会与中国保监会合并组建中国银行保险监督管理委员会。

2001 年 12 月，中国正式加入世贸组织，外资进入中国保险市场的步伐明显加快。美国纽约人寿保险公司、美国大都会人寿保险公司、日本生命人寿保险公司等三家外资公司获得业务执照。中国保险行业协会成立。

2002 年，中国保监会先后批准了德国慕尼黑再保险公司、瑞士再保险公司、美国信诺保险公司、英国标准人寿保险公司、美国利宝互助保险公司和日本财产保险公司等进入中国市场筹建营业性机构。

中国保险业发展现状

2005 年，保监会和证监会联合发布《保险机构投资者股票投资管理暂行

保险企业宣传片 1：中国人寿

保险企业宣传片 2：中国人保

保险企业宣传片 3：中国太平洋

保险企业宣传片 4：中国平安

保险企业宣传片 5：中国太平

保险企业宣传片 6：中国大地

保险企业宣传片 7：友邦保险

保险企业宣传片 8：中华保险

保险企业宣传片 9：泰康保险

保险企业宣传片 10：民生保险

保险企业宣传片 11：华泰保险

保险企业宣传片 12：阳光保险

| 保险企业宣传片 13：大众保险 | 保险企业宣传片 14：富德生命人寿 | 保险企业宣传片 15：众安保险 |

办法》，保险资金获准直接入市。

2006 年 6 月，《国务院关于保险业改革发展的若干意见》（又称"国十条"）正式发布。

2007 年，中国人寿、中国平安、中国太平洋保险（简称中国太保）相继登陆 A 股市场。

2013 年 10 月，众安在线获得国内首张互联网保险牌照。之后，随着互联网浪潮在整个金融行业声势浩大地蔓延发展，互联网保险在中国取得了快速发展。同时互联网保险业务也有了飞速发展，其运营模式也逐渐向着多样化发展。各保险公司根据自身特点，借助公司网站、网上商城、离线平台以及第三方电子商务平台等多种形式开展互联网保险业务。互联网保险作为中国保险业的生力军，在传统保险业的基础上，借助互联网技术和大数据算法，优化保险服务链条，更贴近消费者的生活。

2014 年，《国务院关于加快发展现代保险服务业的若干意见》（"新国十条"）发布。

2018 年，《关于允许境外投资者来华经营保险代理业务的通知》《关于允许境外投资者来华经营保险公估业务的通知》发布。

2021 年，《关于明确保险中介市场对外开放有关措施的通知》发布。

2024 年，《国家金融监督管理总局关于推动绿色保险高质量发展的指导意见》发布。

2024 年，《国家金融监督管理总局关于推进普惠保险高质量发展的指导意见》发布。

延伸阅读：

http://finance.ce.cn/insurance1/scrollnews/202401/30/t20240130_38886473.shtml（中国经济网）

➤ **知识文件夹**

保险业 2023 年成绩"放榜"：揽收保费 5.12 万亿元，同比增长 9.14%

金融监管总局披露未经审计的 2023 年保险行业经营情况。数据显示，2023 年，保险业实现保费收入 5.12 万亿元，按照可比口径同比增长 9.14%，较 2022 年上升 4.56 个百分点。这也是保险业深度转型以来实现的连续第二年增长。行业原保险赔付支出 1.89 万亿元，按照可比口径同比增长达 21.94%。

截至 2023 年底，保险行业资产总额达到 29.96 万亿元，同比增长 10.35%，资金运用余额达到 27.67 万亿元，同比增长 10.47%。

进一步来看，行业保费增长，主要归功于人身险。2023 年，人身险业务实现原保险保费收入达 3.76 万亿元，同比增速达 9.91%。财产险业务原保险保费收入 1.36 万亿元，同比增速 7.04%。

在资金运用方面，截至 2023 年 12 月底，保险业资产总额 29.96 万亿元，同比增长 10.35%，较上年增长 1.27 个百分点。资金运用余额为 27.67 万亿元。其中，银行存款、债券、股票和证券投资基金各项保险业资金运用余额占比分别为 9.84%、45.41%、12.02%。较上年相比，银行存款占比上升 1.48 个百分点，而债券、股票和证券投资基金均有所下降。

具体而言，财产保险公司的全年原保费收入达 1.59 万亿元，按照可比口径同比增长 6.73%。赔款支出为 1.07 万亿元，同比增长 17.80%。其中，机动车辆保险、责任险、农业保险、健康险保险费规模依次为 8673 亿元、1268 亿元、1430 亿元、1752 亿元、509 亿元，机动车辆保险的保费增长率为 5.63%，责任险和健康险的保费增长率均超过 10%，分别为 10.54%、10.86%。需关注的是，近年来农业保险保费规模持续上行，自 2020 年以来跃居全球第一，2023 年保费增长率高达 17.25%。人身险公司全年保费规模为 3.54 万亿元，按可比口径，保费收入同比增长 10.25%。

华福证券研报指出，2023 年以来，寿险行业在经历多年的转型调整后，人力质态、产品结构、渠道发展都发生了较为明显的转变，上半年负债端出现明显回暖迹象，而投资端受长端利率下行、权益市场波动小幅承压，叠加下半年监管政策频出的复杂背景下，投资者仍对未来寿险市场复苏态势存疑，也对寿险业长期产生利差损风险感到担忧。但综合来看，当前寿险业正跨入新一轮的增长周期，价值探底后将持续复苏。

本章小结

本章介绍了保险产生与发展的历史。

人类在改造自然、征服自然的过程中，为了抵御自然灾害和意外事故，除利用自己已掌握的生产技能进行预防外，还通过建立经济后备的形式，减少风险对社会经济生活所造成的损失。当社会生产力有了提高、社会产品有了剩余的时候，最早的保险思想便产生了。

灾害事故的客观存在是保险产生和发展的前提条件；剩余产品的增多是保险产生和发展的物质条件；商品经济的发展是保险产生和发展的经济条件；国家的建立和社会的稳定与发展是保险产生与发展的社会条件；概率论和大数法则是保险经营的技术条件。

现代保险起源于海上保险，然后发展了火灾保险、人身保险、责任保险、信用保证保险等险种。

在改革开放之后，中国保险便步入了一个飞速发展的黄金时期，其间经历了多次重大改革，把中国保险业推上了一个又一个新台阶。

思考与练习

参考答案

第四章
保险合同

➤ **学习目标**

  1．掌握保险法的定义、主要内容和体系结构。
  2．掌握保险合同的含义、特点、分类和形式。
  3．理解保险合同的主体、客体和内容。
  4．了解保险合同的订立、变更、中止、恢复和终止等各个环节。
  5．熟悉保险合同的解释及争议处理。

保险既体现一定的经济关系，又体现一种民事法律关系，两者密不可分。经济关系是法律关系存在的前提和内在条件，法律关系是经济关系的外在表现形式，没有法律关系对经济关系的保护和约束，保险就无法发挥其经济保障的作用。因此，保险的经济关系一般都通过签订保险合同这一法律形式固定下来，同时也要依据国家的法定程序，符合国家有关法律的规定。

第一节　保险法概述

一、保险法的定义

保险法是调整保险关系的一切法律规范的总称。凡调整保险的权利与义务关系和保险企业组织及活动的法律均称为保险法。

保险法有广义和狭义之分。广义的保险法包括专门的保险立法和其他法律中有关保险的法律规定。狭义的保险法是指保险法典或在民商法中专门的保险立法，通常包括保险业法、保险合同法和保险特别法的内容。还有些国家将标准保险条款也视作保险法的一部分。一般我们所说的保险法是指狭义的保险法，它一方面通过保险业法调整政府与保险人、保险中介人之间的关系；另一方面，通过保险合同法调整保险关系双方当事人之间的关系。

二、保险法的主要内容

1. 保险业法

保险业法也称保险事业法、保险事业监督法，是关于国家对保险业进行监督和管理的法律规范。保险业法的内容因国而异，不同的国家甚至同一国家的不同时期，也有不同的规定。然而，纵观当今各国保险业法，大致有以下几个方面的法律规定：保险企业的组织形式、保险企业的设立程序、保险经营的财务安排、保险企业的经营原则、保险企业的解散与清算、国家保险管理机构的监督管理职能等。我国保险业法的具体内容主要包括：对保险公司组织形式的限定、保险公司的设立条件和设立程序、对保险公司业务范围的限定、保险公司的经营规则、对保险中介机构的管理、对外资保险公司及其分支机构的管理等。

2. 保险合同法

保险合同法也称保险契约法，是关于保险关系双方当事人的权利与义务关系的法律。从法律的角度看，保险是一种合同行为，保险合同主体之间通过合同明确双方的权利与义务关系。由于保险的技术性、专业性较强，为了保证公平、自愿，法律对这种合同关系的基本问题也要做较详细的规定，使保险行为受到法律的规范。保险合同法的内容主要包括：保险合同的概念、性质及分类；保险合同的构成要素（包括保险合同的主体、客体及内容）；保险合同的法律效力；保险合同的订立、变更、转让、终止；保险合同争议的处理等内容。

3. 保险特别法

保险特别法是相对于保险合同法而存在的，是规范某一险种的保险关系或规范保险活动某一方面的保险关系的法律和法规。如海商法中有关海上保险的法律规定，也称海上保险法。这是专门规范海上保险活动的法律。英国 1906 年《海上保险法》就是一部世界权威的保险特别法规，在不少国家的海上保险与国际保险中都适用。

三、保险法的体系结构

1. 保险法的一般体系结构

从立法技术方面考察，世界各国的保险立法大致有三种做法：一是制定单行保险法规，如英国、美国、德国、瑞士等；二是将保险法列入商法典，使之成为商法的内容之一，如法国、日本等；三是将保险法纳入民法典，使之构成民法的一个组成部分，如苏联及东欧的一些国家。然而，不管采用何种立法方式，保险法大都包括保险业法、保险合同法、保险特别法三部分内容，构成一个完整的体系。

2. 我国保险立法的体系结构

我国保险业立法相对于世界保险业发达的国家起步较晚，虽然进展很快，但体系有待完善，结构有待优化。我国《保险法》的立法采用的是保险业法与保险合同法合二为一的立法方式。作为保险基本法，在其出台前，我国颁布过一些单项保险法规。这些法规有些属于保险合同法范畴，有些属于保险业法范畴，有些属于保险特别法范畴。《保险法》作为我国保险的基本法，融上述单项法规为一体，具有综合性、全面性、兼容性的特点，形成一种颇具特色的体系结构。

第二节　保险合同概述

一、保险合同的含义和特征

合同也称契约，是指当事人之间确立、变更或终止民事权利义务关系的协议。它是商品经济发展的产物，并随着商品经济的发展不断完善，是现代民事、商业活动的基础。

保险合同的
概念

保险是一种商业行为，而且这种商业行为的基础就是保险合同。《保险法》第十条规定，保险合同是投保人与保险人约定保险权利义务关系的协议。其中"保险权利与义务关系"主要是指投保人为取得保险保障，与保险人协商约定的在保险合同保障期间双方相互之间权利与义务的关系。保险合同一经成立，便受到法律的约束和保护，是一种民事合同。

名词解释：投保人是指与保险人订立保险合同，并按照合同约定负有支付保险费义务的人。保险人是指与投保人订立保险合同，并按照合同约定承担赔偿或者给付保险金责任的保险公司。

保险合同除具有民事合同的一般特性外，还具有自身的特征。

（一）保险合同的一般特性

（1）保险合同是当事人双方的法律行为，必须经双方当事人意思表示一致才能成立。合同成立后，对双方均产生法律约束力。而单方法律行为不能称为合同。

（2）保险合同必须合法，必须遵守国家法律、法规。这里主要指合同的主体、客体、内容、订立程序、合同形式等都必须符合国家有关法律、行政法规的要求，任何单位或个人不得利用合同进行违法活动。不合法的合同即使订立，在法律上也是无效的。

（3）保险合同中当事人的法律地位平等，任何一方都不能将自己的意志强加于对方。保险合同的签订，以双方当事人自由、真实地表达意志为前提，这也是双方当事人权利与义务对等的基础。

（二）保险合同的自身特性

1. 合同是双务有偿合同

双务指当事人双方要享有权利必须以承担一定的义务为条件；有偿指权利的取得必须付出一定的代价。保险合同的双务有偿体现为投保人及被保险人必须以承担一定的义务为条件，才可能享有相应的权利。保险人也必须以承担损失补偿责任为条件，才能享有相应的收取保险费的权利。义务与权利互为因果，互为条件。保险合同中，投保人的基本义务是交纳保险费，也是被保险人获得保险保障的代价，与此相应的权利是在保险风险的发生导致损失时，使被保险人获得经济补偿。保险人的基本权利是收取保险费，与此对应的是承诺承保风险发生时向被保险人或者受益人给付保险金的义务，这种义务也是保险人收取保险费的代价。

2. 保险合同是附和合同

附和合同是指合同一方当事人事先拟好合同条款，另一方当事人只能作订立或不订立合同的考虑，而就合同的条款没有太大的协商余地。附和合同又称标准合同、格式合同，它与议商合同相对应，议商合同是由缔约双方经过充分的协商而订立的合同，在实际经济活动中绝大部分合同都是此种性质。保险合同是附和合同，保险合同的基本条款及费率是由国家保险监督管理部门制定或保险人事先拟定而经国家保险监督管理部门备案的，除特殊险种外，投保人如同意投保就必须接受这些基本条款。保险合同的这一特征正是由保险业的迅速发展所决定的，保险人所承保的风险越来越多，越来越复杂，同时保险人每年所签发的保险合同以千万计，不得不采取固定承保风险及简化手续，追求高效，这就使保险合同逐渐走向技术化、定型化和标准化。在司法实践中，如果当事人双方发生争议，法院要作有利于被保险人的解释。

3. 保险合同是射幸性合同

所谓射幸性是指双方当事人在签订合同时，对合同的结果不能预计。射幸合同是传统民法合同的一种形式，指当事人之间因基于不确定的事件取得利益或遭受损失而达成的协议。保险合同在订立时，仅投保人一方交付保险费，而保险人是否需要履行赔偿或给付保险金的责任取决于偶然的、不确定的自然灾害、意外事故的发生，就单个保险合同来说，正符合射幸性。但保险合同在订立时有保险利益原则的要求，在履行时受损失补偿方式的限制，使得保险合同与其他的射幸合同截然不同。而且就全部保险合同在长时期内综合观察，风险的发生是必然的，保险事故的发生也是必然的，而且其可能产生的损失等也是可以估算的，其射幸性则不太明显。

4. 保险合同是最大诚信合同

诚信是民事合同的基本原则。任何合同的约定，都是双方当事人诚实守信的结果。但保险合同的确定，更需双方以最大诚意并恪守合同约定的权利和义务。因为保险合同所约定的是保险人对未来可能发生的保险风险所致损失的补偿，因此，要求投保人在投保时要对所保标的的风险情况如实告知保险人，把风险程度增加的情况及时通知保险人，并履行保险标的的过去、未来事项中对保险人的保证义务；同时，保险人也应当如实向投保人解释合同条款内容，在合同约定的风险事件发生时及时给付保险金，向被保险人履行经济补偿的义务。

5. 保险合同是要式合同

所谓要式合同是指必须具有特定的形式才能成立的合同。由于保险合同所约定的事项是保险人对未来可能发生的风险损失进行经济补偿，因此，为了合同的顺利执行，一般都规定保险合同必须采取书面形式。我国《保险法》也曾经规定保险合同必须采取书面形式，这些书面形式包括保险单或者其他保险凭证，并应在保险单或者其他保险凭证中载明合同约定的内容。但是伴随着互联网金融的快速发展，某些网上保险超市，只要通过电话确认一下，相关的意外保险即可生效，所以从某方面来说，保险合同不是必须为书面形式的。

二、保险合同的分类

科学地对保险合同加以分类，是认识、了解、把握保险的前提，也是从事与保险有关的实践活动的基础。保险合同的分类方法很多，现就主要的分类介绍如下。

保险合同的
分类

（一）以合同当事人订立合同的意愿为标准划分

以合同当事人订立合同的意愿为标准划分，可以划分为自愿保险合同和强制保险合同。

1. 自愿保险合同

自愿保险合同是指保险合同当事人双方在自愿原则的基础上订立的保险合同。依据自愿原则，保险合同当事人订立保险合同的行为完全是各自真实的意思表示。投保人可以自由选择保险人，自主确定保险风险和保险标的，与保险人双方协商约定保险金额、起保时间和保险期限等保险合同内容。

2. 强制保险合同

强制保险合同是指保险合同当事人双方根据国家法律规定订立的保险合同。强制保险是国家为了给特定范围的人提供基本保险保障，或者为了实行经济政策的需要，以颁布法律、法规形式实施的保险。强制保险合同的范畴大于法定保险合同。

（二）以保险标的价值或金额的确定为标准划分

以保险标的价值或金额的确定为标准划分，可以划分为定值保险合同、不定值保险合同和定额保险合同。

名词解释：保险金额是指一个保险合同项下保险公司承担赔偿或给付保险金责任的最高限额。

1. 定值保险合同

定值保险合同是指保险金额由当事人双方约定的保险合同。这种保险合同在订立时，由保险人和投保人约定保险金额，并载明于合同中。在全损的情况下，不再依据出险时的市场价值来确定赔偿金额，而是直接以合同约定的保险金额赔偿。适用于某些保险标的的价值不易确定的财产保险合同，如古玩、字画、船舶等。在货物运输保险中，由于运输货物的价值在不同的时间、地点可能差别很大，为了避免出险时在计算保险标的的价值时发生争议，这些合同的当事人也往往采用定值保险的形式。

2. 不定值保险合同

不定值保险合同是指按照保险事故发生时保险标的实际价值确定保险标的的价值的保险合同。在订立合同时不约定保险标的的价值，只约定一个保险人赔偿的限额作为保险金额。大多数财产保险合同均采用不定值保险合同的形式。

3. 定额保险合同

定额保险合同是指在保险合同订立时，双方当事人事先确定好一定数额的保险金额，在保险事故发生或者约定期限届满之时，保险人按照保险金额给付保险金的保险合同。人寿保险合同就是典型的定额保险合同。人身保险以人的生命和身体为保险标的，其价值无法用货币度量，保险金额由保险人和投保人双方约定，保险事故发生或保险合同满期时，除医疗保险可以按被保险人实际支出的医疗费给付外，其余的采取定额给付，即不问有无损失以及损失金额是多少，均按保险合同中约定的金额给付保险金。

（三）以保险金额与保险价值之间的关系为标准划分

以保险金额与保险价值之间的关系为标准划分，可以分为足额保险合同、不足额保险合同和超额保险合同。这是对不定值保险而言的。

名词解释：保险价值是指投保人对保险标的的所享有的保险利益的货币价值。

1. 足额保险合同

足额保险合同是指保险合同中约定的保险金额与保险标的的出险时的保险价值等额。若保险标的遭受全部损失，保险人按保险金额赔偿；若为部分损失，根据补偿原则，以实际损失赔偿。《保险法》第五十五条规定："保险金额不得超过保险价值。超过保险价值的，超过部分无效，保险人应当退还相应的保险费。"但是，海上保险可以委付方式，在发生部分损失时，请求保险人按保险金额赔偿。

2. 不足额保险合同

不足额保险合同是指合同中约定的保险金额比保险标的的出险时的实际价值低。这种情况又称为部分保险。发生不足额保险的情况有两种：一是投保时以部分价值投保，保险金额本身就小于保险价值；二是在投保时以标的的全部价值投保，但在保险合同有效期间，因市价的上涨导致保险标的的实际市场价值高于保险金额。对于不足额保险合同，保险人的赔偿方式有：

（1）若为全损，保险人按保险金额赔偿。

（2）若为部分损失，保险人采取比例责任方式赔偿。按比例赔偿，即按保险金额与实际保险价值的比例承担保险责任。计算公式为：

$$赔偿金额 = \frac{保险金额}{保险价值} \times 损失额$$

部分损失时，也可以按第一危险责任赔偿方式进行赔偿。即不按保险金额与保险价值的比例赔偿，而是在保险金额限度内，按实际损失赔偿。我国《保险法》第五十五条规定："保险金额低于保险价值的，除合同另有约定外，保险人按照保险金额与保险价值的比例承担赔偿保险金的责任。"

3. 超额保险合同

超额保险合同是指保险金额高于保险价值的保险合同。产生超额保险的原因主要有两种情况：一是在投保时，投保人出于各种原因，以超过标的实际价值的保险金额投保而形成；二是在保险合同有效期间，因市价的跌落造成保险标的的实际市场价值下跌，从而保险金额超过保险价值。对于超额保险，无论是出于何种原因，也不论是全损还是部分损失，超额部分都无效，保险人按实际损失赔偿。

（四）以保险人的承保方式为标准划分

以保险人的承保方式为标准划分，可以分为原保险合同与再保险合同。

1. 原保险合同

原保险合同与再保险合同是相对而言的，它是指投保人与保险人之间订立的保险合同，合同的直接保障对象是被保险人。

2. 再保险合同

再保险合同是指保险人为将其承保的风险转移给其他保险人或专业再保险人，以及为接受其他保险人转移来的保险责任而订立的保险合同。合同的直接保障对象是原保险合同的保险人。

原保险合同与再保险合同既相互依存，又相互独立。一方面，再保险合同以原保险合同为基础；另一方面，原保险合同和再保险合同又是相互独立的合同。再保险接受人不得向原保险的投保人要求支付保险费。原保险的被保险人或者受益人不得向再保险接受人提出赔偿或者给付保险金的请求。再保险分出人不得以再保险接受人未履行再保险责任为由，

拒绝履行或者迟延履行其原保险责任。（《保险法》第二十九条）

（五）以保险标的为标准划分

以保险标的为标准划分，可以分为财产保险合同和人身保险合同，这也是我国保险合同的基本分类方式。

1. 财产保险合同

财产保险合同是指以财产及其有关利益为保险标的的保险合同。财产保险合同又可分为财产损失保险合同、运输工具保险合同、货物运输保险合同、责任保险合同、信用保险合同、保证保险合同、农业保险合同等。财产保险合同属于补偿性保险合同。

2. 人身保险合同

人身保险合同是指以人的生命和身体为保险标的的保险合同。人身保险合同可以分为人寿保险合同、意外伤害保险合同和健康保险合同等。人身保险合同大部分属于给付性保险合同。

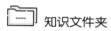 知识文件夹

财产保险合同与人身保险合同的区别

财产保险合同与人身保险合同，无论在理论上还是在实务上，都有许多区别。其区别主要有以下几点。

（1）保险价值的确定标准不同

就财产保险合同而言，无论保险合同的标的是物（财物），还是责任，或是期待利益，尽管其存在形式各异，但它们均表现为一定的物质财产或派生利益。它们的损失，总是表现为保险利益拥有者的价值损失，且可以用货币单位衡量。

人身保险合同中的标的是人的身体和生命，人们不能以货币直接标定其价值，因为人的身体和寿命是无价的，因此保障标准通常以投保人的缴费能力和被保险人的身体健康状况为依据确定。人身保险合同中的金钱给付，事实上是一种给定给付。

另外，由于保险价值的确定标准不同，保险利益的确定方式等均不相同。

（2）理论依据不同

财产保险合同是以损害补偿为理论基础，将已经存在的物质利益作为基准点，当风险发生并造成物质利益损失时，原有的基准点就会塌陷，财产保险就是通过特殊的经济填补方式，使物质及利益恢复到原基准点。因此，财产保险合同又称为"补偿性合同"，并以此确立了"补偿原则"。由此出现了财产保险中重复保险、分摊、代位追偿等问题。

与此相区别，人身保险合同是以人的身体或生命为基准点，根据现代科学的发展情况，目前伤残或死亡是无法恢复原状的，不存在价值标准，因此不适用补偿原则（除医疗保险外），也不存在重复保险、分摊、代位追偿等问题。

（3）合同主体不同

财产保险合同的主体相对简单，只包括保险人与投保人、被保险人。多数情况下投

保人与被保险人同属一人。

人身保险合同中，包括保险人、投保人、被保险人、受益人四种角色，而且投保人、被保险人、有权索取保险金给付的受益人往往不是同一人。因此，人身保险合同中法律关系的主体结构情况要复杂得多。

三、保险合同的形式

《保险法》第十三条规定："投保人提出保险要求，经保险人同意承保，保险合同成立。保险人应当及时向投保人签发保险单或者其他保险凭证。保险单或者其他保险凭证应当载明当事人双方约定的合同内容。当事人也可以约定采用其他书面形式载明合同内容。"保险合同的书面形式，除保险单、保险凭证外，还有投保单、暂保单和批单等。

保险合同的形式

（一）投保单

投保单是指投保人申请订立保险合同的书面要约，由保险人事先印制，投保人填写，也称要保。投保单上没有载明保险合同的条款内容，只印制有保险人需要了解的关于保险标的的有关情况的内容，投保人只需按照要求如实填写即可。保险人则根据投保单的情况决定是否承保以及以什么条件承保。一旦保险人决定承保，投保单则构成保险合同的组成部分。因为保险人是依据投保人所填写的投保单反映的情况来决定以什么条件承保的，保险人承担保险责任也是以此为条件的，它直接关系到保险合同的效力。因此，投保人应如实填写投保单，否则，保险人可以以投保人未如实告知保险标的的有关情况，违背诚信原则为由解除保险合同或者在风险事故发生后拒绝承担赔偿责任。但是，填写投保单不是签订保险合同的必经程序，投保人口头提出投保要求，保险人也可与其签订保险合同。投保单的意义在于，它是投保人履行告知义务的书面证明，又是保险人决定承保的依据。

（二）保险单

保险单是保险人与投保人签订保险合同的正式书面文件，简称保单。保险单由保险人或者代理人制定、印制，在达成协议后交由双方保存。保险单是保险合同的最完整形式。在保险单中，载明了合同当事人双方的权利与义务的具体内容，它是合同双方履约的依据。但是，保险单并不是保险合同成立的要件，只是保险合同成立的书面凭证。因此，如果当事人双方就保险条件已达成协议，即使保险事故发生在正式保险单签发之前，保险合同依然有效，保险人仍应承担补偿责任。只有双方约定以保险单签发为保险合同成立的条件，保险人才能免除补偿责任。

保险单的内容一般包括：

1. 申明事项

即投保人应该说明的事项。如投保人和被保险人的名称、住所、保险标的、保险标的所在地、保险金额、保险期限、风险性质以及投保人的承诺保证等。

2. 保险责任事项

指保险人承保的保险责任。如承保的风险责任范围、损失赔偿办法、保险金的赔付等。

3. 除外责任事项

即保险人不承担责任的范围。如故意行为、责任开始之前保险标的之缺陷、不保风险范围等。

4. 条件事项

指当事人双方应履行的义务。如保险事故发生后应当采取的合理施救措施并通知保险人，索赔时应当提供的有关单据或证明、索赔时效、代位求偿、争议处理等。

有些保险单具有一定的现金价值，发挥着有价证券的作用，因此，保险单又有保险证券之称，如长期人寿保险单。正因为这些保险单具有现金价值，因此可以用作抵押合同的抵押品。

（三）保险凭证

保险凭证又称小保单，是一种简化了的保险单，它是指保险人签发的证明已经承保的书面证明。保险凭证不像保险单那样记载保险合同的内容，但与保险单具有同等的法律效力，保险凭证未列明的内容均应以相应的保险单内容为准。如果保险凭证所记载的内容与相应的保险单有冲突，以保险凭证的内容为有效。使用保险凭证，尤其是在订立预约保险合同的情况下，可以大大方便业务开展。因此，常常在业务量大，且不定期的活动中采用。保险凭证大都用于货物运输保险，例如，保险人同外贸企业商定采用的"联合凭证"，附于外贸企业出具的发票上。在联合凭证上只注明保险金额、承保险别、理赔代理人的名称、地址等，在外贸企业缮制发票时一同签发。保险凭证也常用于团体人身保险合同，如在一张团体保险单下，对每一投保人出具已参加了保险的保险凭证。

（四）暂保单

又称临时保单，它是指保险人在签发正式保险单之前，由保险人签发给投保人证明保险人已经承保的书面证明，其法律效力与正式保险单相同。暂保单一般只适用于非人寿保险。

📁 知识文件夹

暂保单的使用范围与效力

使用暂保单主要基于以下几种情况：一是保险人和投保人在洽谈或续订保险合同时，订约双方当事人已就主要条款达成协议，但尚有一些条件需进一步商讨，在未完全谈妥前可先出具暂保单，以作为保障的凭证；二是保险公司的分支机构在接受投保人的要约后，但尚未获得上级保险公司的批注前，可先出具暂保单，以作为保障的凭证；三是保险代理人和保险经纪人从事保险业务过程中，在争取到客户后，尚未与保险人办妥正式保险单之前，以暂保单给予投保人，用以证明保险合同已经成立。

暂保单一般只载明保险合同的主要内容，具有与正式保险单同等的法律效力。但是，一般暂保单的有效期限很短，不超过 30 天，在保险人出具正式保险单后自动失效。保险人可以在正式保险单签发之前，终止暂保单的法律效力。在人身保险业务中较少使用暂保单，或者往往附有严格的条件，使不符合正式保单规定条件的人不能通过这种方式获得保障。

（五）批单

批单是指合同双方当事人就已签订的保险合同进行修改、补充或者增删内容时使用的由保险人出立的一种书面凭证。在保险合同签订后，在有效期内，当事人有权就合同内容等进行更改。如被保险人的地址发生变更，保险标的发生变化而改变保险金额等情况，保险人都可以以签发批单的形式批改，附贴于原保险单上。批单是合同的重要组成部分，凡是批单上的内容与原保险单内容发生冲突的，以批单为准；后签发的批单与先签发的批单冲突的，以后签发的批单为准。

第三节　保险合同的要素

一、保险合同的主体

（一）保险合同的当事人

它指参与签订保险合同，并依合同约定享有权利并承担义务的人。保险合同是投保人与保险人约定保险权利和义务关系的协议，因此，保险合同的当事人是投保人和保险人。

保险合同的主体

1. 投保人

投保人又称要保人，是指与保险人订立保险合同，并按照合同约定负有支付保险费义务的人（《保险法》第十条）。换言之，投保人就是对保险标的具有保险利益，并与保险人订立保险合同，承担交纳保险费义务的人。投保人，可以是自然人，也可以是法人，但必须具备下列两项条件。

（1）具有相应的民事权利能力和民事行为能力。建立保险合同关系是一种民事法律行为，其成立的必要条件之一是主体合格。作为民事法律关系的主体，投保人必须具有与法律要求相应的权利能力和行为能力。无权利能力的法人、无行为能力或者限制行为能力的人与保险人订立的保险合同是无效的。

（2）必须对保险标的具有保险利益。依据我国《保险法》第十二条："人身保险的投保人在保险合同订立时，对被保险人应当具有保险利益。财产保险的被保险人在保险事故发生时，对保险标的应当具有保险利益。"

名词解释：被保险人是指其财产或者人身受保险合同保障，享有保险金请求权的人。

名词解释：保险利益是指投保人或者被保险人对保险标的具有的法律上承认的利益。

作为保险合同的当事人，在为自己设定义务的同时，也享有合同约定的权利。投保人，除要履行告知的义务外，主要是承担支付保险费的义务。无论投保人是从自己的利益出发，还是从他人的利益出发，都有义务支付保险费。分析投保人投保的动机，在于保险事故发生时，享有对保险金的请求权。投保人与保险人所订立的保险合同，可以分为以下几种情况。

（1）投保人为自己的利益签订保险合同。这种情况下，投保人承担支付保险费义务的同时，享有保险合同约定的权利，而订立保险合同的目的，是获得保险金的请求权。投保人自己为保险合同的受益人。如投保人以自己的身体投保意外伤害保险，投保人、受益人、被保险人均为一个。如投保人为其父亲投保死亡保险，以自己为受益人，此时投保人和受益人为同一人，而被保险人为另一人。

（2）投保人为他人的利益而订立保险合同。即由保险合同所产生的保险金请求权属于他人，不属于投保人，投保人承担支付保险费的义务。保险合同的受益人为当事人以外的第三者。这种情况下的第三者，可以是被保险人，也可以是经被保险人同意指定的其他人（《保险法》第三十九条）。受益人对受益权有异议，可以放弃受益权。例如，妻以夫的寿命和身体投保，而以其子为受益人，投保人、被保险人、受益人分别为不同的三人。但投保人和被保险人也可以为同一人，以其他人为受益人。如妻以自己的生命和身体投保，以其夫为受益人。

（3）投保人为自己利益并兼为他人利益而订立保险合同。即投保人承担支付保险费的义务，并享有合同权利的同时，他人也享有合同利益。如责任保险，投保人与被保险人通常为同一人，在责任事故发生后，本应由投保人承担的赔偿责任，由保险人承担，投保人因责任保险合同的存在而受益的同时，受害者的权利也获得了保障。

2. 保险人

保险人，是指在保险关系中，依保险合同的约定，享有收取保险费的权利，并向被保险方承担赔偿损失或者给付保险金义务的一方。我国《保险法》第十条第三款规定："保险人是指与投保人订立保险合同，并按照合同约定承担赔偿或者给付保险金责任的保险公司。"保险人具有以下法律特点：

（1）保险人应当是依法成立并允许经营保险业务的保险公司。由于保险事业涉及社会公众利益，因此《保险法》对保险人的资格以及组织形式、业务规则等作了严格规定。设立保险公司，经营保险业务，必须符合法定条件，并得到国家保险业主管部门的批准，取得经营保险业务的许可证，向工商行政管理部门申请营业执照。

（2）保险人的权利和义务。保险人的权利就是依据保险合同享有向投保人收取保险费的权利，即保险费的请求权。保险人的义务，除须履行合同条款解释义务外，主要是在保险事故发生后承担赔偿或给付保险金的义务。

（3）保险人是保险基金的组织、管理和使用人。保险人通过收取保险费建立保险基金，承担着分散社会风险的巨大责任，对社会的稳定和国民经济的发展起着极大的保障作用。保险资金的分配和运用应严格按照有关规定办理。

（二）保险合同的关系人

保险合同的主体，除保险合同的当事人外，还有保险合同涉及的关系者，这就是被保险人和受益人。

1. 被保险人

被保险人是指受保险合同保障的在保险事故发生后享有保险金请求权的人。《保险法》第十二条明确规定："被保险人是指其财产或者人身受保险合同保障，享有保险金请求权的人。投保人可以为被保险人。"由此可知：

（1）被保险人是保险事故发生时遭受损失的人。保险事故发生时，被保险人的利益必然遭到损害。财产保险的被保险人通常是投保人，对保险财产具有所有权或者使用权等，保险财产因发生保险风险遭受毁损时，对财产的权利必然遭到损害。人身保险的被保险人就是保险的保险标的，保险标的遭受损害，就是被保险人直接遭受损害。因此，财产保险和人身保险的被保险人在意义上有一定区别。在财产保险合同中，被保险人应该是保险财产的权利人；在人身保险合同中被保险人就是保险合同的标的，即被保险人的生命和身体。

（2）被保险人是享有保险金请求权的人。被保险人是保险合同的利益主体，是保险事故发生的直接受害者，必然享有保险金的请求权。但财产保险和人身保险也不同，在财产保险方面，被保险人不像人身保险那样直接遭受损害，只是其利益被事故所侵害，因此自然享有赔偿请求权。人身保险则是被保险人身体或生命直接遭受损害，如果被保险人没有死亡，则被保险人当然能够行使保险金的请求权，若被保险人死亡，则需他人即人身保险合同的受益人享有保险金的请求权。

名词解释： 受益人是指人身保险合同中由被保险人或者投保人指定的享有保险金请求权的人。

（3）被保险人可由投保人充当。即保险合同的投保人和被保险人可以为同一人。财产保险大多是投保人以自己的利益为出发点签订保险合同，因此，大多数财产保险合同的被保险人和投保人为同一人，被保险人同时也是保险合同的受益人。但是，在人身保险中，因投保人设立保险合同可以以他人的利益或者兼顾他人的利益为出发点，因此，投保人以自己为被保险人，除可以设定自己为受益人外，还可以指定其他人为受益人。而且，即使以他人为被保险人，经被保险人同意，投保人也可以为受益人。

被保险人是受保险合同保障的人，因此，具有相应的权利和义务。在保险合同中被保险人的权利和义务主要有：

（1）被保险人享有独立的保险金请求权。无论是财产保险还是人身保险，被保险人都享有保险金的请求权，即在合同约定的风险事故发生后，有权向保险人请求赔偿或给付保险金。但是，财产保险和人身保险也有差异，财产保险因被保险人和受益人通常为同一人，而且被保险人没有直接遭受损害，因此能够直接行使保险金的请求权。但人身保险，若被保险人死亡则存在由谁来行使这项权利的问题。因此，人身保险合同就存在指定受益人的问题。由于人身保险是以被保险人的身体和生命为保险标的，对自己的身体和寿命有无限利益，因此，受益人的指定权必然应归属被保险人。即使投保人支付保险费，也应如此。所以，人身保险的受益人由被保险人或者投保人指定。投保人指定受益人时须经被保险人同意，否则指定无效（《保险法》第三十九条）。被保险人要行使保险金请求权和指定受益人等权利，还必须具有行为能力。如果不具有行为能力，或者为限制行为能力人，其权利应由其法定代理人代为行使。

（2）被保险人负有通知的义务。在保险标的的风险因素增加和保险事故发生时，被保险人负有及时通知保险人的义务。《保险法》第二十一条规定："投保人、被保险人或者受益人知道保险事故发生后，应当及时通知保险人。故意或者因重大过失未及时通知，致使保险事故的性质、原因、损失程度等难以确定的，保险人对无法确定的部分，不承担赔偿或者给付保险金的责任，但保险人通过其他途径已经及时知道或者应当及时知道保险事故发生的除外。"

2. 受益人

我国《保险法》第十八条规定："受益人是指人身保险合同中由被保险人或者投保人指定的享有保险金请求权的人。投保人、被保险人均可作为受益人。"

受益人的受益权，来自他人的指定，而非继承取得。故这种权益不能由受益人本人决定转移给他人，即使受益人死亡也不能作为遗产由受益人的继承人继承。我国《保险法》第四十二条规定："受益人先于被保险人死亡，没有其他受益人的情况下，保险金作为被保险人的遗产，由保险人向被保险人的继承人履行给付保险金的义务。"又因保险金的请求权为被保险人的固有权利，也非继承取得，因此，保险金不得作为遗产处理；并且，被保险人的债权人不得要求以保险金偿还债务。保险金作为遗产是有条件的，根据《保险法》第四十二条规定，保险金只有在以下几种情况下才能作为被保险人的遗产，由保险人向被保险人的继承人履行给付保险金的义务：（1）没有指定受益人，或者受益人指定不明无法确定的；（2）受益人先于被保险人死亡，没有其他受益人的；（3）受益人依法丧失受益权或者放弃受益权，没有其他受益人的。

一般认为，财产保险不存在受益人的问题，《保险法》中也无此规定，因为保险金的领取人多为被保险人本人。然而，在保险实践中，也有在保险合同中约定第三者有优先领取保险金的权利。如约定被保险人的债权人优先领取保险金等。作为人身保险，其受益人需注意下列问题：

（1）受益人的资格。作为人身保险的受益人，在法律上并没有对受益人加以任何限制。无论是自然人，还是法人，均可以被指定为受益人，甚至未出生的胎儿，只要不是死产，都可以为受益人。

（2）受益人的人数。由于被保险人是保险金的法定权利人，因此被保险人具有指定受益顺序和受益份额的一切权利，指定多少人为受益人以及他们的受益顺序和受益份额，都应由被保险人决定。因此，投保人指定受益人必须取得被保险人的同意。所以我国《保险法》第四十条规定："被保险人或者投保人可以指定一人或者数人为受益人。受益人为数人的，被保险人或者投保人可以确定受益顺序和受益份额；未确定受益份额的，受益人按照相等份额享有受益权。"

（3）受益人的产生。受益人的产生有两种：一种是指定，一种是法定。指定产生是基于被保险人的意志，由被保险人行使，因此投保人指定须征得被保险人的同意。指定方法既可以为口头通知，也可以是书面通知。但为慎重之计，一般都采取书面通知方法。法定产生是在被保险人没有指定受益人的情况下依照法律规定而产生的。我国《保险法》第四十二条规定："在被保险人没有指定受益人的情况下，保险金作为被保险人的遗产，由其合法继承人享有保险金的受益权，继承人则是受益人。"《保险法》对生存保险和两全保险在保险期限届满而被保险人仍生存的受益问题未作规定，一般认为，此种情况下，解释应当注意签订合同时的意愿，受益权归属被保险人。

（4）受益人的权利。受益权的性质是受益人的原始所得，而非继承取得，因此，保险金应该给付受益人，不得作为被保险人的遗产。被保险人的债权人也不能依其债权要求以保险金偿还债务。受益人可以放弃受益权，但并不等于保险合同的受益权的消灭，该受益权仍归属被保险人。受益人只有保险金的请求权，以生存为条件，权利范围以其受益权为限。保险费的返还请求权、责任准备金返还请求权等仍归属投保人；保险金的分配权、受益人变更权等仍归属被保险人。因此，除合同另有约定外，只要保险合同有效，保险人不得以欠交保险费为由拒绝给付保险金给受益人，也不能因被保险人的债务而拒绝给付。

（5）受益人的变更。《保险法》第四十一条规定："被保险人有权变更受益人，投保人在征得被保险人同意的前提下，也有权变更受益人。"由于受益人的变更权属于形成权，所以，变更受益人无须征得保险人的同意，也无须征得受益人的同意并通知受益人，但必须书面通知保险人。

➤ **小案例**

被保险人王某（小学生）于1998年6月由母亲为其投保了儿童意外伤害保险，保险金额为3万元（意外死亡情况下），投保时未指定受益人。王某的父母于1996年离异，王某与母亲一起生活。

1998年10月20日，王某与母亲乘车途中发生车祸，母子二人身亡。根据儿童意外伤害保险条款的规定，属于保险责任，应给付保险金3万元。几乎同时，被保险人王某的外公与其生父各自向保险公司申请领取该笔保险金，遂引起争议。

分析：

1.我国《保险法》第四十二条规定："被保险人死亡后，有下列情形之一的，保险金作为被保险人的遗产，由保险人依照《中华人民共和国继承法》的规定履行给付保险金的义务：（一）没有指定受益人，或者受益人指定不明无法确定的；（二）受益人先于被保险人死亡，没有其他受益人的；（三）受益人依法丧失受益权或者放弃受益权，没有其他受益人的。受益人与被保险人在同一事件中死亡，且不能确定死亡先后顺序的，推定受益人死亡在先。"

2.《中华人民共和国婚姻法》第三十六条规定："父母与子女间的关系，不因父母离婚而消除。离婚后，子女无论由父或母直接抚养，仍是父母双方的子女。"

因此，本案中王某之父才是唯一的顺序继承人，享受保险金额领取权。保险金应给付王父。

（三）保险合同的辅助人

从保险合同的签订到执行，需要多方面的协助，这些协助保险合同签订和执行的人，就是保险合同的辅助人，包括保险代理人、保险经纪人和保险公估人等，所有这些辅助人又被称为保险中介人。

1. 保险代理人

保险代理人是指以保险人的名义从事保险业务活动的人。《保险法》第一百一十七条明确规定："保险代理人是根据保险人的委托，向保险人收取佣金，并在保险人授权的范围内代为办理保险业务的机构或者个人。"保险人与保险代理人的关系是代理法律关系。保险人是被代理人，保险代理人是代理人。他们之间的保险代理关系，属民事代理关系，受民法调整。但是，由于保险业务的特殊性，它有着与一般代理关系不同的特征。

（1）保险代理人的行为都视为保险人的行为。民事代理关系有法定代理、指定代理和委托代理关系三种。保险代理关系属于委托代理关系，其权限范围受保险人的授权限制。《保险法》第一百二十七条规定："保险代理人根据保险人的授权代为办理保险业务的行为，由保险人承担责任。保险代理人没有代理权、超越代理权或者代理权终止后以保险人名义订立合同，使投保人有理由相信其有代理权的，该代理行为有效。保险人可以依法追究越权的保险代理人的责任。"总之，只要在授权范围内，保险代理人的行为都被视为保险人的行为。

（2）保险人与保险代理人的关系是一种劳务关系。保险代理人代为保险人从事保险业务活动的基本经济目的，就是获得代理手续费，这种手续费是保险代理人的劳动报酬。因此，保险代理关系也是一种劳务关系。在保险代理合同中，不仅要注明保险代理人的权限范围，还需注明代理手续费的提取标准。

保险代理人的种类有专业代理人、兼业代理人和个人代理人。对不同类型的代理人的授权，应符合我国《保险法》和《保险代理人管理规定》等有关规定。代理人也应遵循有关的法律规范。

2. 保险经纪人

保险经纪人是基于投保人的利益，为投保人与保险人订立保险合同提供中介服务，并依法收取佣金的机构（《保险法》第一百一十八条）。由此可见，保险经纪人参与保险业务活动，是为了投保人的利益，但是并不签订保险合同。

保险经纪人的主要任务是向投保人和保险人提供介绍、咨询服务或者接受投保人委托，代理投保人洽谈保险合同。保险经纪人不是投保人的代理人，只是投保人和保险人的中间人，洽谈保险合同但并不签订保险合同，保险合同仍由投保人和保险人签订。作为保险经纪人，通常应有丰富的保险业务经验和保险专业知识，对保险市场有深刻的认识，因此能够提供比较合理的保险方案供投保人选择。

由于保险经纪人是基于投保人的利益参与保险业务活动的，因此，保险经纪人应忠诚于投保人的利益，如实向投保人说明情况，不得以恶意串通、欺骗等手段损害投保人的利益。《保险法》第一百二十八条规定："保险经纪人因过错给投保人、被保险人造成损失的，依法承担赔偿责任。"

《保险法》第一百二十四条规定："保险代理机构、保险经纪人应当按照国务院保险监督管理机构的规定缴存保证金或者投保职业责任保险。"

3. 保险公估人

保险公估人，是指向保险人或者被保险人、受益人收取费用，为其办理保险标的的查勘、鉴定、估价与赔偿的理算、洽商，并为其提供证明的人。保险公估人为保险中介服务的专业机构与专业人员，而非通常所讲的"公证处"与"公证人"。保险公估人从事保险业务活动必须本着公正的态度，公正客观地评价保险标的、保险事故及其损失。对公估人的委托，保险合同双方都应办理委托手续，待作出判断出具证明后，由委托人支付公估人的费用。一些国家规定，无论是保险人委托还是投保人、被保险人委托，公估的费用都由保险人支付。

我国《保险法》第一百二十九条对保险公估人作了明确的规定："保险活动当事人可以委托保险公估机构等依法设立的独立评估机构或者具有相关专业知识的人员，对保险事故进行评估和鉴定。接受委托对保险事故进行评估和鉴定的机构和人员，应当依法、独立、客观、公正地进行评估和鉴定，任何单位和个人不得干涉。前款规定的机构和人员，因故意或者过失给保险人或者被保险人造成损失的，依法承担赔偿责任。"

二、保险合同的客体

保险合同的客体是指双方当事人权利与义务的指向对象，它以标的为载体。保险合同的标的就是保险合同的客体的载体，是投保人、被保险人和保险人的权利与义务共同指向物。这种物既可以是有形的财产，也可以是行为、责任等。保险标的是指作为保险对象的财产及其有关利益或者人的寿命和身体（《保险法》第十二条）。因此，各种财产、民事权利、民事责任、人的身

保险合同的客体和内容

体和生命等都可以作为保险标的。但是，保险机制所提供的保险保障，不是为了保险标的本身的安全，而是投保人和被保险人在保险标的上所具有的利益，保险是保证这种利益不至于因保险事故的发生而遭受损害。因此，保险合同的客体应该是保险利益而非保险标的。

名词解释： 保险利益，是指投保人或被保险人对保险标的所具有的法律上认可的利益。

从保险合同的权利和义务来看，保险合同的当事人所约定的权利和义务，是针对投

保人或者被保险人的保险利益而言的。投保人承担向保险人支付保险费的义务，其基本的动机是在保险事故发生时，获得保险补偿而在经济上得到保障。保险人收取保险费的权利是以投保人、被保险人的保险利益得到保险保障为条件的，在保险事故发生时补偿被保险人的经济损失是保险人的基本义务。因此，保险合同的权利与义务的指向是保险利益，而保险合同的客体也应是保险利益而非保险标的。

但是，保险合同的客体是以保险标的的存在为前提，如果没有保险标的，保险利益就缺乏载体，因而保险合同的客体也就失去了存在的条件。如果保险标的与投保人或者被保险人无任何利害关系，保险也就失去意义，也就无须签订保险合同。

由此可见，保险合同的客体是保险利益，保险标的是保险利益的载体。投保人对保险标的的保险利益是保险合同生效的要件和依据，没有保险利益，保险合同则因失去客体而无效。

三、保险合同的基本内容

狭义保险合同的内容仅指保险合同当事人依法约定的权利和义务。广义保险合同的内容则是指以双方权利义务为核心的保险合同的全部记载事项。这里介绍的是广义保险合同的内容。

（一）保险合同内容的构成

从保险法律关系的要素上看，保险合同由以下几部分构成：①主体部分。包括保险人、投保人、被保险人、受益人名称及住所。②权利义务部分。包括保险责任和责任免除、保险费及其支付办法、保险金赔偿或者给付办法、保险期间和保险责任的开始、违约责任等。③客体部分。保险合同的客体是保险利益，财产保险合同表现为保险价值和保险金额；人身保险合同表现为保险金额。保险标的是保险利益的载体。④其他声明事项部分。包括其他法定应记载事项和当事人约定的事项，前者指除上述事项外的法定应记载事项，如争议的处理、约定日期等；后者指投保人和保险人在法定事项之外约定的其他事项。

（二）保险合同的基本条款

根据我国《保险法》第十八条规定，在保险合同中应包括以下基本条款。

1. 保险人的名称和住所

保险人专指保险公司，其名称须与保险监督管理部门和工商行政管理机关批准和登记的名称一致。保险人的住所即保险公司或分支机构的主营业场所所在地。

2. 投保人、被保险人、受益人的名称和住所

将保险人、投保人、被保险人和受益人的名称和住所作为保险合同基本条款的法律意义是：明确保险合同的当事人、关系人，确定合同权利义务的享有者和承担者；明确保

险合同的履行地点，确定合同纠纷、诉讼管辖。

3. 保险标的

保险标的是保险合同必须载明的对象，在主要条款中应当明确投保人是否对标的有保险利益。对于财产保险，还应说明标的所面临风险的性质、种类、风险因素的多寡和风险程度的高低等。许多财产保险合同的主要内容是针对不同的保险标的而设计的，标的名称都必须明确详细记载，以便在保险事故发生时估计损失范围。人身保险的标的是人的身体和生命，因此应当详细记载被保险人的性别、年龄、职业、健康状况等。

4. 保险责任和责任免除

保险责任是指保险合同中载明的保险人所承担的风险及应承担的经济赔偿或给付责任。由于保险人并不对保险标的的所有风险承担责任，而仅对与投保人约定的特定风险承担责任，风险不同，保险责任也不相同，因此承保风险与承担的经济赔偿责任均应在保险合同中予以列明。

责任免除又称除外责任，是指保险人对风险责任的限制，明确保险人不承保的及保险人不承担赔偿责任的情况，主要指传统上的责任免除及约定的责任免除条件。保险人要把责任免除事项加以明确说明，使投保人在投保时加以重视。

通常将免除责任分为三类：一是不承保的风险，即损失原因免除；二是不承担赔偿责任的损失，即损失免除；三是不承保标的，一些特殊的无法估价、易丢失而风险责任太大、无法鉴定的标的是保险人所不能承保的。

5. 保险期间和保险责任开始时间

保险期间是保险人按保险合同约定为被保险人提供保险保障的有效期间。它可以按自然日期计算，如年、月、日，也可按一个运程期、一个工程期或一个生长期计算。保险责任开始时间是保险责任期限的起点时间，往往以某年、某月、某日、某时表示。

6. 保险金额

在财产保险中，保险金额不得超过保险标的的实际价值，保险金额的确定可协商决定。在人身保险中，保险金额由双方当事人自行约定。

7. 保险费用及其支付办法

保险费是指投保人为取得保险保障而交付给保险人的费用。保险费包括纯保费和附加保费两部分，既是保险基金的来源，又是建立保险基金的基础。保险费的支付办法是指约定的支付时间、支付地、支付方式。支付方式包括现金支付和转账付款，一次付清和分期付费。

8. 保险金赔偿或给付办法

保险金赔偿或给付办法即保险理赔、赔付的具体步骤与要求，是指在保险标的遭遇保险事故致使经济损失或人身保险合同约定的事故或年龄、期限到达时，被保险人依法律或约定向保险人提出赔偿或给付，保险人依法律或约定的方式、标准或数额进行理赔及向其支付保险金的方法。它是实现保险经济补偿和保障职能的最终体现。

9. 违约责任和争议处理

违约责任是指保险合同当事人因过错致使合同不能履行或者不能完全履行时，或者违反合同约定的义务而应承担的法律后果。保险合同是诚信合同，是射幸合同，因此，违约责任在保险合同中的地位，比一般民事合同更为重要，必须载于合同中。

争议处理是指合同当事人对合同事项和保险责任的不同意见的处理。保险合同发生争议的，应首先通过友好协商解决。协商不成时，通过仲裁、诉讼方式解决。

10. 订立合同的年、月、日

订立合同的年、月、日，通常是指合同的生效时间，对于双方当事人的权利、义务、法律主张、时间效力等具有重要意义，在特定情况下，订立合同的年、月、日对核实赔案事实真相可以起到关键作用。

（三）保险合同的特约条款

保险合同除了基本条款，当事人还可根据特殊需要约定其他条款。为区别于基本条款，将这类条款列为特约条款。广义的特约条款包括附加条款和保证条款两种类型，狭义的特约条款仅指保证条款。

1. 附加条款

附加条款是指保险合同当事人在基本条款的基础上另行约定的补充条款。附加条款一般采取在保险单上用附贴批单的方式使之成为保险合同的一部分。附加条款是对基本条款的修改或变更，其效力优于基本条款。

2. 保证条款

保证条款是指投保人或被保险人就特定事项担保的条款，即保证某种行为或事实的真实性的条款。例如，人身保险合同的投保人保证其申报的被保险人年龄真实。保证条款一般由法律规定或同业协会制定，是投保人或被保险人必须遵守的条款，如有违反，保险人有权解除合同或拒绝赔偿。

（四）保险合同当事人双方的权利和义务

1. 投保方

投保方是指投保人、被保险人、受益人的总称。基本义务是指无论是财产保险还是人身保险都应遵守的义务。基本权利与义务是对等的，可以说，投保方的基本义务就是保险人的基本权利，而保险人的基本义务也就是投保方的基本权利。

投保方的基本义务有：

（1）如实告知义务，是指投保人有义务如实回答保险人对保险标的情况的有关询问。投保人或被保险人违反如实告知义务，保险人有权解除保险合同或不承担赔偿或给付责任。

（2）交付保险费义务，是指保险合同成立后，投保人应按合同的约定数额、方式，在合同约定的时间、地点向保险人交纳保险费。投保人如不尽交纳保险费的义务，保险人可以解除保险合同，并有权要求补交自保险合同成立之日起至保险合同解除期间的保险费。

（3）保险事故发生后及时通知义务，是指在保险事故发生后，投保人、被保险人或者受益人有义务及时通知保险人。

（4）提供单证义务，是指保险事故发生后，投保人、被保险人或受益人在行使索赔权利的同时，负有提供所能提供的必要单证的义务，单证是指与确认保险事故的性质、原因、损失程度等有关的证明和资料。审核和认定有关证明资料是保险人更好履行赔付义务的必要手段，投保方应予以积极配合。

2. 保险人

保险人的基本义务有：

（1）说明义务，是指保险人在保险合同订立时向投保人说明保险合同条款内容的义务。

（2）及时签单义务，是指保险人应当及时向投保人签发保险单或其他保险凭证，以作为书面合同的证明。

（3）保密义务，是指为了保护被保险人的利益，保险人或者再保险接受人对在办理保险业务中知道的投保人、被保险人或者再保险分出人的业务和财务的情况，负有保密的义务。

（4）赔偿或给付保险金的义务，是指保险人应严格依照有关法律、法规及合同约定，及时又充分地履行其承担的损失补偿或给付保险金的义务。

（5）支付其他必要特殊费用的义务，是指保险人除承担赔付保险金的基本义务外，还必须承担其他一些必要的特殊费用，包括施救费用、依法规定的仲裁或诉讼费用等。

第四节　保险合同的订立、变更、中止、恢复和终止

一、保险合同的订立

保险合同的订立过程，是投保人和保险人意思表示一致的过程，以使双方最终达成协议，成立保险合同。《保险法》第十三条规定："订立保险合同与其他合同一样，要经历两个法定程序，即要约和承诺。"

（一）要约

要约是指订立合同的一方当事人向对方提出的以订立合同为目的的建议

保险合同的
流程（上）

保险合同的
流程（下）

和要求。发出要约的人称为要约人，接受要约的人称为受约人。而受约人可提出新的要约。构成要约的条件是：（1）要约人愿意订立合同的明确意思表示；（2）要约必须向特定的人发出；（3）要约应当是要约人对订立合同及合同主要条款的完整的意思表示。

（二）承诺

承诺亦称接受提议，是指受约人在收到要约后，对要约的全部内容表示同意并做出愿意订立合同的意思表示。承诺要约的人可称为承诺人，承诺人一定是受约人，但受约人不一定是承诺人。构成承诺的条件是：（1）承诺必须由受约人向要约人提出；（2）承诺必须接受要约全部内容的意思表示；（3）承诺必须在要约的有效期限内提出；（4）承诺必须以要约要求的形式做出，同时还要以合理的形式答复。

在保险合同中，保险人和投保人都可以充当要约人或者承诺人，但是，不能同时兼为要约人和承诺人。因此，无论是投保人还是保险人，都可以发出要约，只要对方表示同意，保险合同就成立。

在保险实务中，保险合同的成立，通常都以投保人交纳保险费为条件。但是，如果合同中没有特别约定，则从保险人承诺的时间开始，保险合同就成立生效。保险人不得以未交纳保险费为由拒绝承担保险责任。

二、保险合同的变更

根据我国《保险法》第二十条，投保人和保险人可以协商变更合同内容。变更保险合同的，应当由保险人在保险单或者其他保险凭证上批注或者附贴批单，或者由投保人和保险人订立变更的书面协议。保险合同的变更就是指在保险合同有效期内，保险合同的主体、客体及内容的变更。

（一）保险合同的主体变更

保险合同的主体变更是指投保人或者被保险人、受益人的变更。对于财产保险，变更主体的原因大都是标的的所有权的转移。我国《保险法》第四十九条规定："保险标的转让的，保险标的的受让人承继被保险人的权利和义务。保险标的转让的，被保险人或者受让人应当及时通知保险人，但货物运输保险合同和另有约定的合同除外。"据此，一般的财产保险的保险标的的转移，应当及时通知保险人，经保险人同意，变更被保险人。货物运输保险合同，因保险标的处于运动之中，而且运输货物常常发生物权的转移，因此，无须保险人的同意，就可以变更被保险人。

人身保险合同的投保人、受益人的变更往往是出于保证保险单的价值。一般地讲，由于人身保险合同的保险标的是人的生命和身体，因此不能变更被保险人。但是，在团体人身保险合同中，因投保人所属员工处于流动之中，因此容许变更被保险人。受益人变更的原因比较复杂，无论出于何种原因，被保险人要求变更受益人，只要书面通知保险人即成立。因此，我国《保险法》第四十一条规定："被保险人或者投保人可以变更受益人并书面通知保险人。保险人收到变更受益人的书面通知后，应当在保险单或者其他保险凭证上批注或者附贴批单。投保人变更受益人时须经被保险人同意。"与财产保险不同的是，人身保险合同主体的变更无须保险人的同意。

（二）保险合同的客体变更

保险合同的客体变更主要是由于保险价值的增减变化，保险利益随之发生变化。保险合同客体变更，通常由投保人或被保险人提出，经保险人同意，加批单后生效。保险人根据变更后的保险利益调整保险费率。

（三）保险合同的内容变更

保险合同内容的变更是指合同当事人权利与义务的变更，表现为保险合同条款事项的变更。如保险标的、保险价值、风险程度、保险期限、保险费、保险金额等约定事项的变更，一般是由当事人一方提出要求，经与另一方协商达成一致后，由保险人在保险合同中加以变更批注，其法律效力对双方均有约束力。保险合同内容的变更可分为两种情况：一种是投保人根据自身的需要变更合同内容；另一种是因客观情况要求变更。

保险合同变更一般采用书面形式，批单是保险合同变更时最常用的书面单证，其他书面形式亦可，但须由保险人签章，并附贴在原保险单或保险凭证上。

三、保险合同的中止与恢复

保险合同成立生效后，可能因某种原因而暂时中止，合同暂时失去效力。这种合同效力的暂时停止就是保险合同的中止。但是，保险合同的中止，并不是保险合同的消灭，而是效力的暂时中断。保险合同的中止主要集中于人身保险合同，我国《保险法》第三十六条规定："合同约定分期支付保险费，投保人支付首期保险费后，除合同另有约定外，投保人自保险人催告之日起超过 30 日未支付当期保险费，或者超过约定的期限 60 日未支付当期保险费的，合同效力中止，或者由保险人按照合同约定的条件减少保险金额。"保险人对人寿保险的保险费，不得用诉讼方式要求投保人支付。

中止效力的保险合同，可以由投保人申请，经保险人与投保人协商并达成协议，在补交保险费后，合同效力恢复。我国《保险法》第三十六条规定："合同效力依照本法第三十六条规定中止的，经保险人与投保人协商并达成协议，在投保人补交保险费后，合同效力恢复。但是，自合同效力中止之日起满两年双方未达成协议的，保险人有权解除合同。保险人依照前款规定解除合同的，应当按照合同约定退还保险单的现金价值。"

➤ **小案例**

保险复效需如实告知

李女士前几年购买了一份养老险及重疾险，2004 年 7 月她到国外培训一年，2005 年

7月回国时已经过了2个月的宽限期，于是到保险公司办理了保单复效。

2007年2月，李女士因患心脏病住院治疗，共花去医疗费用数万元。出院后去保险公司索赔时，理赔人员告诉她：由于李女士的病历卡记录着她在国外培训期间也有心脏病就医记录，但她在保单复效时未能如实告知，所以不能理赔。李女士对工作人员的解释十分不满：当初投保时，身体健康并通过了保险公司的检查，也如实告知身体健康状况，为何保险公司在理赔时却不予参考而拒赔呢？

理赔人员解释说：寿险的宽限期一般为2个月，投保人没有在宽限期内交纳续期保费就会使保险合同中止，投保人的保险权益也同时丧失，当保单复效时，近似于投保人重新投保。投保人应将保单失效期间的身体健康状况与就医记录如实告知保险公司，而保险公司则会依据投保人当前健康状态，按照原合同约定恢复保单效用；或基于投保人身体虚弱或职业变更，增加相应保费，但维持原有合同约定；或根据投保人的病情，要求投保人在保险合同中增加除外责任，即保险公司对某些特定疾病不予理赔；当然保险公司也可能考虑经营风险与投保人的病情复发概率，予以拒保。本案中，李女士没有如实告知其在失效期间的就医状况，而要求理赔的疾病跟失效期间的病史密切相关，所以不能理赔。

四、保险合同的终止

保险合同的终止是指保险合同成立后，因法定的或约定的事由发生，使合同确定的权利义务关系不再继续、法律效力完全消灭的法律事实，是合同发展的最终状态。

（一）保险合同的无效终止

保险合同的无效，是指在保险合同签订之后，因违反了法定事项或者合同约定事项而使合同失去效力。因此，无效有法定无效和约定无效之分，法定无效是因违反法律规定所致，约定无效是违反合同约定所致。如投保人违反保证义务，对保险标的不具保险利益而签订保险合同等。

📁 知识文件夹
保险合同的有效与无效

保险合同有效是指保险合同由当事人双方依法订立，并受国家法律保护。保险合同有效与保险合同生效在保险业务中有所不同。在我国，只要保险合同具备民事法律有效要件，即当事人有相应的行为能力、意思表示真实、不违反法律或者社会公共利益，就可以认定其有效。

无效保险合同是指当事人虽然订立，但不发生法律效力、国家不予保护的保险合同。按照无效的程度，保险合同的无效可分为全部无效和部分无效。

全部无效是指有违反国家禁止性规定而被确认无效后，双方当事人恢复合同订立前状态的保险合同，如投保人对保险标的不具有保险利益的保险合同、违反国家利益和社会公共利益的保险合同、保险标的不合法的保险合同等。部分无效是指保险合同某些条款的内容无效，但合同的其他部分仍然有效。如善意的超额保险、超额部分无效等。

（二）保险合同的解除终止

保险合同的解除是指在有效期限届满前，当事人依法使合同效力终止的行为。解除与变更是两种不同的法律行为，解除是合同效力的终止，消灭了原有的法律关系，而变更则是产生新的保险法律关系。解除与无效也有异，无效是合同自始就没有法律效力，而解除是以合同的有效为前提条件。因此，无效合同根本就不存在解除问题。《保险法》第十五条规定："除本法另有规定或者保险合同另有约定外，保险合同成立后，投保人可以解除合同，保险人不得解除合同。"《保险法》第十六条规定："订立保险合同，保险人就保险标的或者被保险人的有关情况提出询问的，投保人应当如实告知。投保人故意或者因重大过失未履行前款规定的如实告知义务，足以影响保险人决定是否同意承保或者提高保险费率的，保险人有权解除合同。"《保险法》第十六条规定："投保人、被保险人故意制造保险事故的，保险人有权解除合同，不承担赔偿或者给付保险金的责任。"

（三）保险合同的履行终止

履行终止是指在保险期间发生保险事故后，保险人对被保险人或者受益人履行保险金的赔偿或者给付责任而发生的保险合同的效力终止。在这种情况下，投保人如果希望再得到保险保障，必须重新订立保险合同。如果发生部分损失，我国《保险法》第五十八条规定："保险标的发生部分损失的，自保险人赔偿之日起 30 日内，投保人可以解除合同；除合同另有约定外，保险人也可以解除合同，但应当提前 15 日通知投保人。合同解除的，保险人应当将保险标的未受损失部分的保险费，按照合同约定扣除自保险责任开始之日起至合同解除之日止应收的部分后，退还投保人。"

（四）保险合同的届满终止

届满终止是指保险合同因期限届满而终止。保险合同终止的最常见、最普通的原因就是保险合同期限届满。保险人对保险合同的履行，不是赔偿或者给付保险金，而是在约定的风险发生后赔偿或给付保险金的承诺。赔偿或给付保险金是有条件的，如果没有发生约定的风险事件或者约定的风险发生但没有造成损失，保险人也没有支付保险金的义务。对于保险期间发生的部分损失，在保险人履行了保险金的支付义务后没有终止保险合同的，合同期限届满，余下的保险合同有效的部分，也因期限届满而终止，除合同另有约定外，保险人不支付保险金。人身保险，有些合同规定期限届满时，保险人约定给付被保险人或者受益人一定数额的保险金。

其他引起保险合同终止的原因，包括财产保险因标的风险程度增加而又未通知保险人；财产保险因保险标的的转让未通知保险人并经保险人同意继续承保；保险标的因保险责任以外的原因而灭失；人身保险的投保人故意造成被保险人死亡、伤残或者疾病；人身保险的被保险人在保险合同成立后不满两年自杀；人身保险的被保险人故意犯罪导致自身伤残、死亡；等等。

第五节　保险合同的解释及争议处理

一、保险合同的解释

（一）保险合同解释的含义

保险合同是保险当事人双方协商一致后订立的协议。一般来说，保险合同都能具体清楚地表达当事人双方的意思，不会发生双方当事人对保险合同的解释各执一词的情况。但在保险实际活动中，确实有些合同用语含糊或者双方当事人对保险合同条款理解有分歧，使合同无法履行而发生纠纷，这就需要通过正确解释合同，明确当事人订立合同的真正意图。保险合同解释应根据有关事实，遵循一定原则和规则，对合同内容的含义做出说明，以使合同明确、完整、符合法律的要求。

保险合同的解释

从解释合同的主体来看，保险合同既可以由当事人自行解释，也可以由仲裁机关或人民法院解释。但当事人的解释除非经对方同意，否则不产生约束对方当事人的效力。而仲裁机关或者人民法院的解释则具有法律的约束力，当事人以此解释为标准履行保险合同。

（二）保险合同的解释原则

1. 文义解释原则

文义解释是按保险条款文字的通常含义解释，即保险合同中用词应按通用文字含义并结合上下文来解释。保险合同中的专业术语应按该行业通用的文字含义解释，同一合同出现的同一词其含义应该一致。当合同的某些内容产生争议而条款文字表达又很明确时，首先应按照条款文义进行解释，切不能主观臆测、牵强附会。如家庭财产保险条款中承保危险之一"火灾"，是指在时间或空间上失去控制的燃烧所造成的灾害。构成火灾责任必须同时具备以下三个条件：有燃烧现象，即有热有光有火焰；偶然、意外发生的燃烧；燃烧失去控制并有蔓延扩大的趋势。而有的被保险人把平时用熨斗熨衣造成焦烟变质等损失也列为火灾事故要求赔偿，显然，按文义解释原则，就可以做出明确的判断。

2. 意图解释原则

意图解释即以当时订立保险合同的真实意图来解释合同。意图解释只适用于文义不清、用词混乱和含糊的情况。如果文字准确，意义毫不含糊，就应照字面意义解释。在实际工作中，应尽量避免使用意图解释，以防止意图解释过程中可能发生的主观性和片面性。其具体做法是：当书面约定与口头约定不一致时，以书面约定为准；当投保单与保险单或者其他保险凭证不一致的，以投保单为准。但不一致的情形系经保险人说明并经投保人同意的，以投保人签收的保险单或者其他保险凭证载明的内容为准；当特约条款与基本条款不一致时，以特约条款为准；当保险合同的条款内容因记载方式和记载先后不一致时，按照批单优于正文，后批注优于先批注，手写优于打印，加贴批注优于正文批注的规则解释。

3. 尊重保险惯例原则

保险业务有其特殊性，是一种专业性极强的业务。在长期的业务经营活动中，保险业产生了许多专业用语和行业习惯用语，这些用语的含义常常有别于一般的生活用语，并为世界各国保险经营者所接受和承认，成为国际保险市场上的通行用语。为此，在解释保险合同时，对某些条款所用词句，不仅要考虑该词句的一般含义，而且要考虑其在保险合同中的特殊含义。例如，在保险合同中，"暴雨"一词不是泛指"下得很大的雨"，而是指达到一定量标准的雨，即雨量每小时在 16 毫米以上，或 24 小时降水量大于 50 毫米的，方可构成保险业所称的"暴雨"。

4. 补充解释原则

补充解释原则指当保险合同条款约定内容有遗漏或不完整时，借助商业习惯、国际惯例、公平原则等对保险合同的内容进行务实、合理的补充解释，以使合同继续执行。

5. 不利解释原则

由于多数保险合同的条款是由保险人事先拟定的，保险人在拟订保险条款时，对其自身利益应当是进行了充分的考虑，而投保人只能同意或不同意接受保险条款，一般不能对条款进行修改，保险合同属于附和合同。在订立保险合同时，投保人是相对较弱的一方，而保险人则具有很大优势，因此，《保险法》第三十条规定："采用保险人提供的格式条款订立的保险合同，保险人与投保人、被保险人或者受益人对合同条款有争议的，应当按照通常理解予以解释。对合同条款有两种以上解释的，人民法院或者仲裁机构应当做出有利于被保险人和受益人的解释。"

6. 整体解释原则

保险合同的解释，不应拘泥于合同规定的只言片语，或断章取义，而应把合同的某个条款放到整个合同之中，根据整个合同订立的目的、其他合同条款的规定来确定具体合同条款的含义。

➤ **小案例**

不利解释原则

2005 年 5 月，王某向人寿保险公司投保了"国寿鸿鑫两全保险"和"附加住院医疗保险"，双方签订了书面合同，王某也依合同交纳了保费。同年 7 月 17 日，王某因汽车门窗意外轧伤左手中指致该中指末节开放性骨折，在永新县人民医院急诊科、外科住院治疗14天。出院后，王依保险合同向人寿保险公司提出给付住院医疗保险金的请求，而人寿保险公司以其"附加住院医疗保险"合同第十四条对"住院"的解释是"应当经正式办理住院手续并确实在医院治疗的行为过程"为根据，认为王某未办理正式住院手续，属挂床治疗，不属合同约定的保险责任范围，拒绝赔付保险金。双方为此诉至法院，王某向法院提供了住院医疗的相应证据。

法院审理后认为，原告王某提供的疾病诊断证明书等证据盖有医院公章又有主治医生签名且与原告交纳的医药费均为住院费发票相印证，足以证明原告为住院治疗的事实；被告人寿保险公司提供的解释条款为格式条款。依据《保险法》第三十条之规定，一审法院未采纳人寿保险公司的格式解释条款，对是否"住院"做出了对原告王某有利的解释，并按保险条款的约定对保险金进行计算后做出了以上判决。

二、保险合同的争议处理

（一）合同争议的含义

合同争议，是指保险人与被保险人双方在对保险责任的归属问题、赔款数额的确定等，对保险条款的解释产生异议，各执己见而发生的纠纷。合同产生争议的原因一般来说有：合同条款文字表达的含义模糊，双方对条款的解释产生分歧；或者由于损害情况比较复杂，特别是发生事故造成损失以后，对于引起损失的多种原因的确定，有的属于保险责任，有的不属于保险责任，兼有责任和除外责任并存的交织状态。因此，对责任归属的判断，保险人和被保险人的意见往往容易产生分歧，争议就不可避免。所以在保险合同中，都设有关于争议处理的规定。

（二）争议的处理

既然发生合同争议，就要进行处理。关于争议处理的方式，我国《经济合同法》规定："经济合同发生纠纷时，当事人可以通过协商或者调解解决。当事人不愿通过协商、调解解决或者协商、调解不成的，可以依照合同中的仲裁条款或者事后达成书面仲裁协议的，可以向人民法院起诉。"据此，对保险业务中发生的争议，也可采取协商、调解、仲裁和司法诉讼四种方式来处理。

1. 协商

协商是指保险当事人双方在互谅互让的基础上，本着合法和平等互利的原则，进一步磋商，对于合同不能履行的情况，实事求是地探寻可行的解决办法，在双方都能接受的条件下达成和解协议，消除纠纷。这种解决合同争议的方式，是节约费用和快捷、有效地解决争议的好办法，而且能增进彼此的了解，气氛比较友好，有利于合同的继续执行。

2. 调解

调解是指在第三人主持下，根据自愿合法的原则，在双方当事人明辨是非、分清责任的基础上互谅互让，达成协议，以解决纠纷的方式。根据调解时第三人的身份不同，保险调解分为行政调解、仲裁调解和法院调解。行政调解是由各级保险管理机关主持下的调解。仲裁调解和法院调解则是在仲裁机关和人民法院主持下的调解。

3. 仲裁

仲裁是指由第三人对当事人双方争议做出公断或裁决。以仲裁方式解决保险合同争议，是将保险合同争议提交有权做出仲裁的机构进行解决的方式。仲裁机构和法院不同。法院行使国家所赋予的审判权，向法院起诉不需要双方当事人在诉讼前达成协议，只要一方当事人向有审判管辖权的法院起诉，经法院受理后，另一方必须应诉。仲裁机构通常是民间团体的性质，其受理案件的管辖权来自双方协议，没有协议就无权受理。仲裁实行一裁终局制，仲裁裁决一经仲裁庭做出，即发生法律效力。这使得当事人之间的纠纷能够迅速得以解决。

4. 诉讼

诉讼主要是指争议双方当事人通过国家审判机关人民法院解决争端、进行裁决的办法。诉讼有民事诉讼、行政诉讼和刑事诉讼之分，保险合同争议的诉讼属于民事诉讼。合同当事人的任何一方按照民事法律诉讼程序通过法院对另一方当事人提出权益主张，并要求法院予以裁判和保护。

我国人民法院分四个审级，即最高人民法院、高级人民法院、中级人民法院和基层人民法院。高级人民法院、中级人民法院和基层人民法院，都属于地方人民法院，受最高人民法院领导和监督。各级人民法院的管辖分工一般以案件的影响大小和所涉标的金额来划分。但上级人民法院有权审理下级人民法院管辖的一审案件，也可将其管辖的一审案件移交下级人民法院审理。下级人民法院认为需要时，亦可将自己管辖的案件报请上级人民法院审理。

保险合同的争议，属于经济合同纠纷，应由保险合同履行地或被告住所地人民法院管辖，交经济法庭审理。审理过程中，人民法院应以事实为根据，以法律为准绳，在辨明是非、分清责任的基础上，对当事人之间的争议可以先行调解；调解不成，及时判决。

为确保人民法院判决的执行，当事人可以申请诉讼保全，要求冻结当事人的财产，以防止出现人民法院做出判决后已无法履行的情况；对于当事人没有申请的，人民法院也可依职权做出诉讼保全，以保障当事人的权益。

我国现行诉讼制度实行合议、回避、公开审判和二审终审的制度。对于一审人民法院判决不服，当事人可以在收到判决书 15 日内向上一级人民法院提出上诉，由上一级人民法院作二审审理。二审人民法院所作判决为终审判决。地方各级人民法院已超过上述期限未起诉的一审判决、二审判决和最高人民法院的一审判决，是发生效力的判决，当事人必须执行。一方当事人不履行的，对方当事人可以申请人民法院予以强制执行。

➤ **小案例**

离婚后身故，前夫领保险金

某保险公司接到一份特殊的索赔申请：刘某于 2000 年 12 月为其妻王某投保了一份养老保险，并经妻子同意将受益人确定为自己。2003 年 12 月，刘某与王某离婚。离婚后，王某与张某结婚，而刘某仍然按期交纳这笔保险费用。2004 年年底，王某因车祸意外身故，刘某及张某同时向保险公司提出了索赔申请。保险公司向刘某支付了理赔金。

在人身保险合同中，一般只要求投保人在投保时对被保险人具有保险利益，而不要求受益人对被保险人具有保险利益，而人寿保险合同是定额给付性质合同，一旦发生保险责任范围内的保险事故，保险公司就应当按照合同的约定履行给付责任，无论保险受益人与被保险人之间是否具有经济上的利害关系。上述案件中，刘某在投保时对被保险人王某显然具有保险利益，尽管刘某与王某离婚了，但保险合同在订立时显然是有效的，离婚后，王某没有及时变更受益人，且刘某仍然按期交纳保费，因此，保险合同效力并未因离婚而丧失，刘某是这笔保险金的唯一受益人。

本章小结

本章主要介绍了保险合同的含义、特点、分类和形式，保险合同的主体、客体和内容，保险合同的订立、变更、中止、复效和终止，以及保险合同的解释及争议处理方式。

思考与练习

保险合同是指投保人与保险人约定保险权利与义务关系的协议。具有双务有偿性、附和性、射幸性、最大诚信性和要式性等自身特征。

保险合同按不同标准有不同分类，通常有定值保险合同与不定值保险合同、财产保险合同与人身保险合同、原保险合同与再保险合同等。

参考答案

保险合同一般应当采用书面形式，通常有投保单、保险单、暂保单、保险凭证、批单等多种形式。

保险合同的主体涉及当事人、关系人和辅助人。当事人主要是投保人和保险人；关系人主要是被保险人和受益人；辅助人主要有保险代理人、保险经纪人和保险公估人。

保险合同的客体并非保险标的，而是投保人对保险标的所拥有的可保利益。

保险合同的基本条款主要涉及保险当事人、保险标的、保险责任和责任免除、保险金额、保险期限、保险费交纳、保险金赔偿或给付办法及违约责任和争议处理等基本内容。保险合同的特约条款包括附加条款和保证条款等内容。

保险合同的订立需要要约和承诺两个步骤。保险合同的变更主要涉及主体的变更和内容的变更。除货物运输保险合同和运输工具航程保险合同外，投保人可以随时解除保险合同，但保险人必须满足法定条件才能解除保险合同。保险合同除解除、失效终止外，还有履行终止、期限届满终止等。

保险合同的解释原则有文义解释原则、意图解释原则、尊重保险惯例原则、不利解释原则、补充解释原则和整体解释原则等。保险合同争议的处理方式主要有协商、调解、仲裁和司法诉讼四种。

第五章
保险的基本原则

➤ **学习目标**

1.了解与保险原则有关的专业术语的含义。

2.理解最大诚信原则的含义和内容。

3.掌握保险利益的确定和保险利益原则的应用。

4.掌握近因的认定，理解如何运用近因原则判断风险与保险标的损失之间的因果关系。

5.掌握损失补偿原则的实现方式及量的限定，懂得如何完成损失补偿额在保险人之间的分摊。

保险原则是在保险发展的过程中逐渐形成并被人们公认的基本原则。这些原则作为人们进行保险活动的准则，始终贯穿于整个保险业务。保险原则提示了保险的运行机制，它要求人们的保险活动必须为这些原则提供基本的实现条件，以保证保险机制的有效运行。坚持这些基本原则有利于维护保险双方的合法权益，更好地发挥保险的职能和作用，有利于保障人们的生活安定、社会进步。

第一节　保险利益原则

一、保险利益概述

（一）保险利益的概念

保险利益，又称可保利益，是指投保人对保险标的具有的法律上承认的利益，即投保人或被保险人因保险标的的损害或丧失而遭受经济上的损失及因保险事故的不发生使保险标的的安全而受益。如果投保人或被保险人对保险标的的存在上述经济上的利害关系，则具有保险利益。如果投保人或被保险人没有这种经济上的利害关系，则对保险标的的没有保险利益。

保险利益原则

（二）保险利益确立的要件

保险利益是保险合同得以成立的前提，无论是财产保险合同，还是人身保险合同，必须以保险利益的存在为前提。保险利益的成立，必须符合下列条件：

1. 保险利益必须是法律认可的利益

保险合同是一种民事法律行为，因此，保险利益必须符合法律规定，符合社会公共秩序要求，为法律认可并受到法律保护的利益。例如，在财产保险中，投保人对保险标的所有权、占有权、使用权、收益权或对保险标的所承担的责任等，必须是依照法律、法规、有效合同等合法取得、合法享有、合法承担的利益，因违反法律规定或损害社会公共利益而产生的利益，不能作为保险利益。

2. 保险利益必须为经济上的利益

财产保险利益必须是可以用货币、金钱计算和估价的利益，保险不能补偿被保险人遭受的非经济上的损失，如精神损失。经济上的利益比较广泛，所有权、债权和担保物权都有可能产生经济上的利益。这些利益，可以基于法律的规定而产生，也可以基于合同的约定而产生。一般情况下，人身保险合同的保险利益有一定的特殊性，人身保险不纯粹以经济上的利益为限。

3. 保险利益必须是能够确定的利益

保险利益必须是经济上已经确定的利益或者能够确定的利益，即该利益应为能够以货币形式估价的事实上或客观上的利益，包括现有利益和期待利益。现有利益是指在客观上或事实上已经存在的经济利益；期待利益又称预期利益，是指在客观上或事实上尚不存在，但根据法律或合同的约定可以确定在今后一段时间内将产生的经济利益。

（三）保险利益原则的含义

保险利益原则是保险的基本原则，其本质内容是投保人如果以不具有保险利益的标的投保，合同无效；保险标的发生保险责任事故，投保方不得因保险而获得不属于保险利益限度内的额外利益。例如，某投保人以与其不相干的人的生命为标的投保，保险人就不应与其订立保险合同。

 知识文件夹

保险利益原则的意义

一、与赌博从本质上划清了界限。赌博是一种用财物作注争输赢的行为，其结果是额外获利或血本无归。保险利益原则使被保险人只有在发生保险事故后才能在损失范围内获得补偿，这种补偿需以其自身遭受损失为代价，而且得到补偿也不意味着其额外获利。即使是生存保险，被保险人的收益也很有限。对于未获赔款的被保险人而言，其损失的保险费也不多，因为他只不过是分摊了获得赔款者风险损失的一小部分而已。因此，保险利益原则避免了保险向赌博行为的转化。英国历史上曾出现过保险赌博。投保人以与自己毫无利害关系的远洋船舶为标的投保，一旦发生保险事故就可获得相当于投保价值千百倍的巨额赔款，于是人们就像在赛马场上下赌注一样买保险，这就严重影响了社

会的安定，于是英国政府于 18 世纪通过立法禁止了这种行为，维护了正常的社会秩序。

二、防止道德风险的产生。投保人以与自己毫无关系的保险标的投保，就会出现投保人关了谋取保险赔偿而任意购买保险，并盼望事故发生的现象；或者保险事故发生后，不积极施救的；更有甚者，为了获得巨额赔偿或给付，采用纵火、谋财害命等手段，制造保险事故，增加了道德风险事故的发生概率。在保险利益原则的规定下，由于投保人与保险标的之间存在利害关系的制约，投保是为了获得一种经济保障，一般不会诱发道德风险。

三、限制保险补偿的程度。按照保险利益原则的要求，不但要确定投保人或被保险人对保险标的有无保险利益，还要确定投保人或被保险人的保险利益是多大。投保人或被保险人的保险利益不应超过实际保险价值。例如，一辆汽车的实际价值是 15 万元，以此作为保险价值，则作为投保方的车主只对这 15 万元具有保险利益，在保险事故发生后他只能得到 15 万元以内的保险赔款。如果车主就该车投保，保险金额为 20 万元，则车主对于超过 15 万元的部分即 5 万元不具有保险利益，投保无效（指对 5 万元而言）。

二、财产保险的保险利益

（一）财产保险利益的种类

财产保险包括财产损失保险、责任保险、信用保证保险等。财产保险的保险利益包括如下几种。

1. 财产上的现有利益

现有利益是指投保人或被保险人对保险标的所享有的现有利益。财产上的现有利益不以所有权利益为限，包括所有权利益、占有利益、用益物权利益、抵押权利益、留置权利益和债权利益等。财产上的现有利益为积极利益。

2. 期待利益

期待利益是指投保人或被保险人对保险标的的利益尚未存在，但基于其现有权利而在未来可以获得的利益。期待利益因现有利益而产生，没有现有利益，也不可能存在期待利益。

3. 责任利益

责任利益是指投保人或被保险人对保险标的所承担的合同责任、侵权责任和其他依法应承担的责任。责任利益属于法律上的责任，一般以民事赔偿责任为限。民事赔偿责任产生于侵权行为、违反合同的行为和法律的规定。凡存在发生赔偿责任的可能性，即有保险利益。

（二）财产保险利益的具体认定

一般而言，凡属下列情形之一的，可以认定其具有保险利益。

1. 对财产享有物权

物权是指权利人对物享有的直接支配并排除他人干涉的权利。物权一般可以分为所有权、用益物权和担保物权。所有权是典型的物权，是指财产所有人依法按照自己的意志通过对其所有物进行占有、使用、收益和处分等方式，独立支配其所有物并排斥他人非法干涉的永久性权利。用益物权是指依法对他人所有物在合适的范围内以使用、收益为主要内容的权利。通常包括地上权、地役权、典权和永佃权等。《中华人民共和国民法典》规定的全民所有制企业经营权、国有土地使用权、采矿权、农村集体土地及其他生产资料的承包经营权，也属于用益物权的范畴。担保物权是依法在他人的所有物上为担保债的履行而设立的物权，通常包括抵押权、质权和留置权。用益物权人和担保物权人皆在其权利范围内享有保险利益。

2. 享有债权

债权是请求特定人为特定行为的权利。债权不同于物权的特点之一是债权具有平等性。因此，债权人对于债务人的财产，除设立了担保物权外，并无特别主张之权利。所以，债权人不能以债务人的财产为保险标的投保。但在一定程度上，债权保险利益是得到法律承认的。债权人对债权具有保险利益，是因为债权人在债务人不履行债务时，其利益必然受到损失，符合保险利益的特征。

3. 负有法律上的责任

责任利益是指因被保险人依法应承担的民事赔偿责任而产生的经济利益。民事赔偿责任产生的依据主要是合同行为和侵权行为。如在租赁合同中，承租人未按照约定的方法或者租赁物的性质使用租赁物，致使租赁物受到损失的，承租人承担赔偿损失的责任。承租人因对租赁物保管不善造成毁损、灭失的，也应当承担损害赔偿责任。

➤　**小案例**

李某与张某同为公司业务员，2005 年 8 月李某从公司辞职后，开始个体经营。开业之初，由于缺乏流动资金，李某向张某提出借款，并愿意按高于银行的利率计息，将自己的桑塔纳轿车作为抵押，以保证按时还款。张某觉得虽然李某没有什么可供执行的财产，但以汽车作为抵押，自己的债权较有保证，为防万一，张某要为车辆购买保险，李某表示同意，2005 年 9 月，双方到保险公司投保了车损险，为了方便，投保人和被保险人一栏中，都写了张某的名字。2006 年初，李某驾车外出，途中因驾驶不慎发生翻车，车辆遭到严重损坏，几乎报废，李某也身受重伤。得知事故后，张某向保险公司提出了索赔，认为该车的事故属于保险责任，保险公司应当赔偿。保险公司认为尽管该车的损失属于保险责任，但是被保险车辆并非张某所有或使用的车辆，张某对于车辆没有保险利益，根据《保险法》第十二条的规定，保险合同无效，保险公司应退还李某所交的保费，不承担赔偿责任。经过几次交涉未果，张某将保险公司告上了法庭。法院经过审理认为，张某作为债权人，抵押车辆是否完好关系到抵押权能否实现，最终决定债权能否得到清偿，因此，发生保险事故后，张某对车辆拥有保险利益，保险公司应当进行赔偿。

本案争议的焦点在于，抵押权人对投保财产是否拥有保险利益。实际中，保险利益的形态是多种多样的。就本案而言，张某为保证自己的抵押权获得实现，以自己为投保人要求李某购买车损险，出险之后，张某是否具有保险利益，不能一概而论，要视具体情况而定。第一，保险车辆因意外事故或李某的原因损毁，这种情况下，张某的抵押权随之消灭，这种情况下，他对保险车辆是拥有保险利益的，有权向保险公司赔偿，本案便属于这种情况。第二，抵押车辆的灭失系第三人原因所致，并且李某对第三人享有赔偿金请求权。根据《中华人民共和国担保法》第五十八条的规定，张某的抵押权移至第三人的损害赔偿金上，对该损害赔偿金可优先受偿，张某的抵押权并没有灭失，这种情况下，张某对投保车辆是没有保险利益的，出险后无权再向保险公司索赔。

本案反映出两方面问题。第一，保险利益的概念。保险利益是投保人对保险标的拥有的法律上认可的经济利益，合法性和经济性是保险利益的两个特点。本案中张某对保险车辆拥有抵押权，由此决定了其债权能否得到清偿，因此张某虽然并不占有使用车辆，但并不见得没有保险利益。第二，保险利益存在的时间。各国立法在这方面的规定并不相同，有的在保险合同成立时判断投保人对于保险标的是否具有保险利益，有的则在保险事故发生后判断投保人对于保险标的是否具有保险利益。根据我国《保险法》第十二条的规定，财产保险的被保险人在保险事故发生时，对保险标的应当具有保险利益。本案就属于这种情况，张某对于抵押物是否具有保险利益，只能在保险事故发生后，根据保险事故的性质及导致的后果，进行判断。

三、人身保险的保险利益

人身保险的保险标的是自然人的生命或者身体，其保险利益是指投保人对于被保险人的生命或身体所具有的利害关系，实质为投保人对自己的生命或者身体所具有的所属关系，以及投保人和被保险人之间的亲属关系和信赖关系。

我国《保险法》第三十一条规定："投保人对下列人员具有保险利益：（一）本人；（二）配偶、子女、父母；（三）前项以外与投保人有抚养、赡养或者扶养关系的家庭其他成员、近亲属；（四）与投保人有劳动关系的劳动者。除前款规定外，被保险人同意投保人为其订立合同的，视为投保人对被保险人具有保险利益。订立合同时，投保人对被保险人不具有保险利益的，合同无效。"

由此可见，我国现行《保险法》对人身保险利益的确认采取利益和同意兼顾的原则，即投保人以他人为被保险人，订立人身保险合同，是否具有保险利益，或者以投保人和被保险人之间是否存在金钱上的利害关系或者其他利害关系，或者以取得被保险人的同意为判断标准。投保人和被保险人之间存在金钱上的利害关系或者其他利害关系，投保人对被保险人具有保险利益；投保人和被保险人之间不存在金钱上的利害关系或者其他利害关系，但被保险人同意投保人为其订立保险合同的，视为具有保险利益。

四、保险利益的转移和消灭

（一）继承

国外大多数保险立法规定，财产保险的投保人或被保险人死亡，其继承人自动获得继承财产的保险利益，不影响保险合同的效力，保险合同继续有效。在我国保险业务实践中，通常承认这种保险利益的转移。在人身保险中，被保险人死亡时，如属死亡保险，即为约定的保险事故发生，保险合同终止。如果是以他人为被保险人的保险合同，若投保人死亡，其保险利益是否移转给继承人，存在分歧。一般认为，若对被保险人的利益专属投保人享有，则不能转移；若不具有专属性，则其保险利益应由其继承人继承，保险利益仍为继承人的利益而存在。

（二）转让

在财产保险中，保险标的的转让是经常发生的。保险标的和保险利益的转移是否影响原保险合同的效力，在理论和各国的法律规定上不尽一致。一般来说，除货物运输保险合同和另有约定的合同外，如果投保人或被保险人将保险标的转移给他人而未征得保险人同意，保险合同效力终止。对于人身保险合同来说，保险标的是自然人的生命、身体或健康，保险利益一般是不能转让的，也不发生保险合同效力的问题。但基于债权而产生的保险利益可以随着债权的转让而转移，且一般认为原保险合同对新的受让人发生效力。其他人身保险利益不能因转让而转移。

➤ **小案例**

2006 年 6 月 30 日，王某为其房屋投保家庭财产保险，保额 50 万元，保险期限一年。同年 11 月 25 日，王某将此房卖给李某，并把保险单一起转让，但未通知保险公司。次年 4 月，该房发生火灾，损失金额 35000 元。李某向保险公司提出索赔，保险公司是否需要赔偿？王某向保险公司提出索赔，保险公司是否需要赔偿？请说明理由。

解析：

保险公司不需要向李某进行赔偿，因为李某并未与保险公司之间签订合同，没有任何的权利义务关系；保险公司也不需要向王某承担赔偿责任，因为保险事故发生时，王某对保险标的已经不再具有保险利益。但是保险公司需要将未到期责任部分的保费退还给王某。事实上，本案中，王某将保险标的转让时，未通知保险公司，也就未征得保险公司的同意，保险合同效力终止。正确的处理方式应该是在保险标的转让时，王某协同李某去保险公司办理变更手续。

（三）破产

在财产保险中，投保人破产，其保险利益转移给破产财产的管理人和债权人。保险合同仍为破产债权人而存在。但各国法律一般规定一个期限，在此期限内保险合同继续有效。超过这一期限，破产财产的管理人或债权人应与保险人解除保险合同。投保人的破产对人身保险合同没有影响。被保险人破产，对人身保险也不产生保险利益的转移问题。

第二节　最大诚信原则

最大诚信原则是诚实信用原则的功能和作用在保险法中的具体体现。诚实信用原则要求民事主体在从事民事活动时，应诚实守信，以善意的方式履行其义务，不得滥用权利及规避法律或合同规定的义务。同时，诚实信用原则要求维持当事人之间的利益及当事人利益和社会利益之间的平衡。保险合同不仅要求当事人遵循诚信原则，而且要做到最大诚信。

最大诚信原则
（上）

一、最大诚信原则的含义

诚信是世界各国立法对民事、商事活动的基本要求，具体说来，就是要求一方当事人对另一方当事人不得隐瞒、欺骗，做到诚实；任何一方当事人都应善意地、全面地履行自己的义务，做到守信用。由于保险经营活动的特殊性，保险活动中对诚信原则的要求更为严格，要求做到最大诚信，即要求保险双方当事人在订立与履行保险合同的整个过程中要做到最大化的诚实守信。所以，最大诚信原则的基本含义是：保险双方在签订和履行保险合同时，必须以最大的诚意，履行自己应尽的义务，互不欺骗和隐瞒，恪守合同的认定与承诺，否则导致保险合同无效。我国《保险法》第五条规定："保险活动当事人行使权利、履行义务应当遵循诚实信用原则。"

二、规定最大诚信原则的原因

（一）信息不对称

所谓信息不对称，是指保险合同双方当事人对与保险合同有关的信息了解程度不一致。对于保险人而言，投保人转嫁的风险性质与大小直接决定着是否能承保及如何承保，由于保险标的是广泛且复杂的，而且保险过程中，保险标的自始至终都处于投保人的控制之下，保险人对保险标的知之甚少，只能通过投保人的告知来决定是否承保，故要求投保人遵循最大诚信原则，尽量对保险标的的有关信息进行披露。而对于投保人而言，由于保险合同的专业性和复杂性，一般的投保人难以理解和掌握，需要保险人就保险合同的条款进行详细的解释说明。最大诚信原则的目的是保护保险合同当事人的合法利益，是对信息不对称这一缺陷的弥补。

（二）保险合同具有附和性

绝大多数保险合同属于附和合同，合同内容由保险人制定，投保人只能同意或不同意，或以附加条款的形式接受，保费、承保条件、赔偿方式是否合理等在一定程度上是由保险人决定的，所以保险人必须遵守最大诚信原则，如实承保，不得损害投保人的利益。

（二）保险合同具有射幸性

保险合同具有射幸性，即投保人可能以少量的保险费支出换取数倍的保险赔款。从个体保障角度来看，保险人的保险责任远远大于所收取的保险费。因此，如果投保人不诚实和有欺骗行为，保险人就会因赔款支出大于保费收入而无法持续经营。

三、最大诚信原则的内容

最大诚信原则（下）

最大诚信原则在保险合同订立过程中的运用，就是投保人要履行如实告知义务、保险人要履行说明义务以及投保人要遵守保险合同中的保证条款等。

（一）投保人的如实告知义务

因为订立保险合同，保险人是否承保以及向投保人收取保险费的多少，取决于保险人对其承保的风险的正确估计或者判断。保险人如何估计保险风险发生的程度，只能以投保人的真实陈述为基础。因此，各国保险立法均规定投保人负有如实告知义务。

1. 如实告知义务的含义

订立保险合同，保险人应当向投保人说明保险合同的条款内容，并可以就保险标的或者被保险人的有关情况提出询问，投保人应当如实告知。告知是投保人在订立保险合同时对保险人的询问所做的说明或者陈述，包括对事实的陈述、对将来事件或行为的陈述以及对他人陈述的转述。如实告知是指投保人的陈述应当全面、真实、客观，不得隐瞒或故意不回答，也不得编造虚假情况欺骗保险人。投保人不仅应当告知其现实已经知道的情况，而且对于其尚未知道但应当知道的情况，投保人也负有告知的义务。如果投保人因过失而未告知，构成如实告知义务的违反。

 知识文件夹

如实告知义务的理论基础

关于投保人履行如实告知义务的理论基础或者说立法依据，存在着多种主张：诚信说、合意说、担保说和风险估计说。我国《保险法》采用了风险估计说这一学说。风险估计说认为，投保人履行如实告知义务是保险技术上的要求。现代保险是建立在概率论和大数法则基础上的经济补偿制度，它通过众多投保人交纳保险费建立保险基金来实现其保障功能，虽然对风险程度进行评估是保险人的责任，但要以投保人的告知为基础。因

为不同的保险标的所面临的自然灾害和意外事故风险及其造成的损失是不同的。保险人只有在对保险标的的充分了解后，才能正确地识别风险、测定风险，从而在被保险人之间科学地转嫁、分散和分摊风险。但保险标的一般是由被保险人掌管和控制的，保险人并不知晓保险标的的状况。只有投保人和被保险人对此做出充分的披露和陈述，保险人才能对保险标的的风险状况做出合理的评估，以决定是否承保和确定保险费率。可以说，没有如实告知制度，就不能建立科学的、现代的保险制度。

2. 告知义务人

投保人为告知的义务人，是没有争议的，因为投保人是保险合同的当事人。但对于与保险标的有切身利害关系的被保险人，是否负有如实告知的义务，各国保险立法的规定不尽相同。我国《保险法》虽然仅规定了投保人如实告知义务，但当投保人和被保险人不是同一个人时，应当认为如实告知义务同样适用于被保险人。因为当投保人和被保险人不是同一个人时，投保人对被保险人的一些情况难以知晓，无法履行告知义务，使保险人无法确定是否同意承保或者提高保险费率。基于诚信原则，被保险人应负有告知的义务。

3. 告知的时间与范围

投保人、被保险人在合同成立之前，均属告知义务履行的时间。一旦保险合同成立，对于其后出现的情况，即使属于重要情况，投保人也不再负有告知义务。但要注意的是，这不意味着被保险人没有义务告知其在合同成立后才知悉的或才发生的直接影响到保险标的的安全的重要情况。只不过，这时他所承担的是通知义务，而非告知义务。如此区分的意义在于，违反两种义务的法律后果不同。

对投保人告知事项的范围。我国《保险法》确定了询问告知原则。据此规定，投保人告知的范围，以保险人在投保书中列明或者保险人询问的事项为限，且保险人询问的只能是与保险合同有关的事项。投保人对保险人的上述询问，应当如实告知。投保人履行如实告知义务，不以书面告知为限，对于口头告知，保险人不得以投保人没有履行告知义务为由，主张解除合同。投保人对保险人没有询问的事项，不负有告知义务。对于保险人询问的事项，投保人也不负无限告知义务。投保人应当告知的事项，仅限于投保人或者被保险人知道或者应当知道的足以影响保险人决定是否同意承保或者提高保险费率的重要事项，且以保险人在投保书中列明或者在订立保险合同时询问的事项为限。投保人对不知道或者不应当知道的事项，即使该事项属于保险人是否同意承保或者据以确定保险费率的重要情况，也不负如实告知保险人的义务。保险人知道或者在通常业务中应当知道的情况，保险人没有询问的，被保险人无须告知。投保人对应当知道的事项，因为过失或者疏忽而没有知道的，仍然负有如实告知义务。

📁 知识文件夹

如实告知义务的免除

国外保险立法对于一些事项，即使是影响保险人决定是否同意承保和提高保险费率的重要事项，除非保险人特别询问，一般规定投保人或被保险人没有告知义务。免除告知的事项为：（1）任何降低风险的情况；（2）保险人已经知道或者在通常的业务活动中应当知道的情况；（3）经保险人声明无须告知的情况；（4）任何与默示或者明示担保条款重叠的情况。《中华人民共和国海商法》规定："保险人知道或者在通常业务中应当知道的情况，保险人没有询问的，被保险人无须告知。"尽管我国《保险法》没有这样的规定，但保险人不能以未如实告知上述所说的事项为理由提出抗辩。

4. 违反如实告知义务的构成要件

投保人应告知而不告知或者作不实告知，即违反如实告知义务。判断投保人是否违反如实告知义务，应从主观和客观两个方面进行认定。

（1）在主观上，投保人应有过错，即存在故意或过失。

所谓故意，是指行为人预见到自己的后果，仍然希望或放任结果的发生。所谓希望，是指行为人通过一定的行为努力追求行为后果，努力造成行为后果的发生。所谓放任，是指行为人虽不希望其行为后果发生，但并不采取避免行为后果发生的措施，以至于造成了某种后果。因此，投保人故意不履行如实告知义务，是指投保人明知被保险人的有关情况而不告知或者隐瞒事实，欺骗保险人的行为。投保人故意不履行如实告知义务，可以是作为，也可以是不作为。所谓过失，是指行为人对自己行为的后果，应当预见或者能够预见而没有预见，或者虽然预见到了却轻信此种结果可以避免。应当预见或能够预见而没有预见，称为疏忽；已经预见而轻信可以避免，称为懈怠。投保人过失未履行如实告知义务，是指投保人对被保险人的有关情况应当知道，因其不注意或者疏忽没有知道，以致未能告知保险人的行为。

（2）在客观上，投保人有未如实告知的事实，而且足以影响保险人是否同意承保或者提高保险费率。

➤ 小案例

1997年5月，某公司42岁的员工丁某因胃痛入院治疗，医院确诊他患了胃癌。但家属因害怕他知情后情绪波动，不利治疗，就没有将实情告诉他，假称是胃病。丁某手术后出院，回单位正常上班。7月22日，丁某在某保险代理人的鼓动下，向某保险公司投保重大疾病和住院医疗保险。丁某在填写投保单时没有告知曾经因病住院的事实。1998年1月，丁某旧病复发，医治无效死亡。后来，丁某的妻子以指定受益人的身份，到保险公司请求给付保险金。保险公司到医院调查并调阅丁力病历档案，发现丁某在投保前就已患胃癌并动过手术，于是拒绝给付保险金。丁妻以丈夫投保时不知自己患癌症因此没有违反告知义务为由，要求保险公司支付保险金。双方争执不下，丁妻将保险公司告上法庭。你认为法院应如何审理？

分析：本案争论的焦点就是丁某在向保险公司投保时是否履行了如实告知义务。本案中，丁某在投保时虽已经身患胃癌，但是，本人并不知道，因此，仅从他没有告知自己已患胃癌的角度看，并不算违反告知义务。然而，事实上，本案中投保人并没有将自己住过院、动过手术的事实告知保险公司，使保险公司丧失了在核保中进一步调查取证以决定是否同意承保或提高保险费率的机会。从这个角度讲，投保人的行为既具备告知义务违反的客观要件，也具备违反告知义务的主观要件。因此，保险公司可以行使保险合同解除权，不支付保险金。

5. 违反如实告知义务的法律后果

从各国保险立法的规定看，对于投保人违反告知义务的法律后果，主要有合同无效主义和合同解除主义。我国《保险法》采取了合同解除主义。投保人违反如实告知义务，并不产生保险合同无效的后果，仅导致保险人取得解除保险合同的权利，称之为保险人的解约权。我国《保险法》将违反告知义务区分为故意和过失，分别赋予不同的法律后果。

📁 **知识文件夹**

我国《保险法》第十六条规定："订立保险合同，保险人就保险标的或者被保险人的有关情况提出询问的，投保人应当如实告知。投保人故意或者因重大过失未履行前款规定的如实告知义务，足以影响保险人决定是否同意承保或者提高保险费率的，保险人有权解除合同。前款规定的合同解除权，自保险人知道有解除事由之日起，超过30日不行使而消灭。自合同成立之日起超过两年的，保险人不得解除合同；发生保险事故的，保险人应当承担赔偿或者给付保险金的责任。投保人故意不履行如实告知义务的，保险人对于合同解除前发生的保险事故，不承担赔偿或者给付保险金的责任，也不退还保险费。投保人因重大过失未履行如实告知义务，对保险事故的发生有严重影响的，保险人对于合同解除前发生的保险事故，不承担赔偿或者给付保险金的责任，但应当退还保险费。保险人在合同订立时已经知道投保人未如实告知的情况的，保险人不得解除合同；发生保险事故的，保险人应当承担赔偿或者给付保险金的责任。保险事故是指保险合同约定的保险责任范围内的事故。"

（1）故意违反如实告知义务的法律后果

投保人故意隐瞒事实，不履行如实告知义务的，保险人在保险事故发生前可以解除合同。合同解除后，再发生事故，因保险合同已经解除，自然不承担保险责任。如果投保人故意不履行如实告知义务，保险人在保险事故发生前没有解除合同，保险人在保险事故发生后仍有权解除合同，并对合同解除前发生的保险事故不承担保险责任，也不退还保险费。

（2）过失违反如实告知义务的法律后果

如果投保人过失不履行如实告知义务，其未告知的事项足以影响保险人决定是否同意承保或者提高保险费率，保险人在保险事故发生前可以解除合同。如果保险人在保险事故发生前没有解除合同，在保险事故发生后仍有权解除保险合同。如果未告知的事项对保险事故的发生有严重影响的，保险人对于保险合同解除前发生的保险事故，不承担赔偿或者给付保险金的责任，但可以退还保险费。如果过失未告知的事项对保险事故的发生没有影响或者有影响但不是严重影响，保险人对合同解除前发生的保险事故应承担保险责任。也就是说，在投保人过失不履行告知义务的情况下，不仅要求有过失不告知的重要事实，还要求未告知的事项对保险事故的发生有一定的联系，即未告知的事项对保险事故的发生有严重影响。在这一点上，与投保人故意不履行告知义务不同。

6. 保险人行使解除权的除斥期间

所谓保险人行使解除权的除斥期间，是指对保险人行使保险合同解除权所做的时间限制，又可称为可抗辩或可争期间。超过这个期限即进入不可抗辩或不可争期间，即使投保人没有履行如实告知义务，保险人也不得再提出解除合同。若发生保险事故，保险人要承担保险责任。

（二）保险人的说明义务

与投保人的如实告知义务相对应的是保险人的说明义务，保险人的说明义务和投保人的如实告知义务，是法律规定的合同订立前的义务，可以称为合同前义务。所谓保险人的说明义务，是指保险人在订立保险合同时，应当向投保人说明保险合同条款内容，特别是免责条款之义务。保险人的说明义务为法定义务，不允许保险人以合同条款的方式予以限制或者免除。对于责任免除条款，保险人不仅要履行说明义务，而且应当向投保人明确说明，未明确说明的，该条款不产生效力。保险人的说明，不仅要求是完整、客观、真实的，而且不能仅仅提醒投保人阅读保险合同的条款，还应对保险条款的内容、术语、目的等做出解释。订立保险合同时，保险人不做明确说明的，其后所做的说明，不产生明确说明的效果。

（三）保证

1. 保证的概念与分类

保证是投保人或被保险人对保险人做出的一种关于为或不为某种行为，或某种状态存在或不存在的担保。保证是保险合同的基础，投保人或被保险人违反保证，就使保险合同失去了存在的基础，保险人有权解除合同。

从表现形式上看，保证可分为明示保证和默示保证。明示保证是指以文字或书面的形式载明于保险合同中，成为保险合同的条款。如在盗窃险中，保证安装防盗门。默示保证是指并未在保险合同中明确载明，但习惯上认为投保人、被保险人应该保证某一事项，无须事前明确做出承诺。默示保证无须合同中文字的表述，一般是国际惯例所通行的准则、习惯或社会公认的在保险实践中应遵守的规则，如在海上保险中，投保人应默示保证适航能力、不改变航道、具有合法性等。

从保证的内容看，保证可分为承诺保证和确认保证。承诺保证又称为约定保证，是指投保人或被保险人对将来某一事项作为或者不作为的保证。如投保家庭财产保险时，投保人或被保险人要保证家中无人时，门窗妥善关好、上锁。确认保证是指投保人对过去或投保时某一特定事项存在或不存在的保证。如投保人身保险时，投保人保证被保险人在过去和投保当时身体健康状况良好，但不保证今后也一定如此。

📁 知识文件夹

保证的起源与适用

保证源于 18 世纪英国海上保险制度，其目的是排除海上保险中的非常事件。英国《1906 年海上保险法》第 34 条规定，保险合同中的保证是指承诺保证，被保险人据此应当承担为或者不为特定事项，或者必须履行某项条件，或者肯定或否认特定事实状态存在的义务。

保证条款对被保险人的要求非常严格，稍有违反即带来非常不利的法律后果。为防止保险人滥用保证条款，除了美国对保证条款进行限制外，其他国家的保险立法和司法实践的发展也都倾向于对保证条款的运用加以适当的限制。一是保证条款必须在保险合同中载明，并明确表达保证的意思。不能仅凭"保证"二字来判断是否构成了保证条款，必须从实质上进行分析。二是保证事项一般应为重要事项。三是对保证条款应做出严格的解释。除非有特别解释的需要，保证只及于其表达的事项，而不能赋予被保险人更多的责任和不利。四是在下述情况下，被保险人可以不遵守保证：（1）情况发生变化，保证事项已不适用于保险合同；（2）新颁布的法律使遵守保证成为不合法；（3）法律允许的其他情况。

2. 保证与告知的区别

保证与告知是不同的，主要区别有：

（1）保证是保险合同的重要组成部分，是一种合同义务。除默示保证外，均需列入保险单或其他合同附件中。而告知是在保险合同订立时投保人所做的陈述，是一种先合同义务，并不构成保险合同的内容，但若将告知订入合同，其性质则转化为保证。

（2）保证的目的是控制风险，而告知的目的在于保险人正确估计风险发生的可能和程度。

（3）保证在法律上被推定是重要的，任何违反将导致合同被解除的法律后果；而告知需由保险人证明其确实重要，才能成为解除合同的依据。

（4）保证内容必须严格遵守，而告知仅需实质上正确即可。

（四）弃权与禁止反言

1. 弃权

弃权是指保险合同中的一方当事人放弃其在合同中可以主张的某种权利。在保险实践中，通常是指保险人放弃保险合同的解除权和抗辩权。构成弃权须具备两个条件：一是保险人必须知悉权利的存在。所谓知悉权利的存在，原则上应以保险人确切知情为准。如果保险人不知道有违背约定义务的情况及因此可享有抗辩权或解约权，其作为或不作为均不得视为弃权。二是保险人须有明示和默示弃权的意思表示。可被视为弃权的情况有以下几种：

（1）投保人有违背按期交纳保险费或其他约定义务时，保险人原本应解除合同。如果保险人已知此情况却仍收受补交的保险费时，则证明保险人有继续维持合同的意思表示，因此，其本应享有的合同解除权、终止权及其他抗辩权均视为弃权。

（2）在保险事故发生后，保险人明知有拒绝赔付的抗辩权，但仍要求投保人或被保险人提供损失证明，因而增加投保人在时间和金钱上的负担，视为保险人弃权。

（3）保险人明知投保人的损失证明有纰漏和不实之处，但仍无条件予以接受，则可视为对纰漏和不实之处抗辩权的放弃。

（4）在保险事故发生后，保单持有人（投保人、被保险人或受益人）应于约定或法定时间期限内通知保险人，但如逾期通知，保险人仍表示接受的，则认为是对逾期通知抗辩权的放弃。

（5）保险人在得知投保人违背约定义务后仍保持沉默，即视为弃权。

📁 知识文件夹

保险人在获悉投保人违背约定义务后保持沉默的，是否构成弃权？

对于保险人在获悉投保人违背约定义务后保持沉默的，是否构成弃权，应区别不同情况对待。一般来说，除非保险人有为意思表示的义务，保险人的沉默不发生弃权的效力。如投保人违反交纳保险费的义务，除非法律规定或者合同约定保险人的通知是投保人交纳保险费的前提条件，否则，保险人的沉默不应视为逾期交纳保险费抗辩权的放弃。又如投保人提出投保要约，保险人收到后仍保持沉默，不构成承诺，保险合同不成立。但有些国家和地区的保险立法则规定，保险人在法定期间内，怠于发出承诺与否的通知时，视为已予以承诺。弃权是一种单方法律行为。

2. 禁止反言

禁止反言也称为禁止抗辩，是指保险合同一方已经放弃他在合同中的某种权利，将来不得再向他方主张这种权利。从法律意义上解释，一个人对他人所做的陈述已被他人合理地相信，允许这个人推翻过去所做的陈述将会是不公正的。也就是说，无论是保险人还是投保人，如果弃权，将来均不得重新主张。但在保险实践中，禁止反言主要用于约束保险人，是指保险人对某种事实向投保人（被保险人）所做的错误陈述被其所合理依赖，以至于如果允许保险人不受该陈述的约束，将损害投保人（被保险人）的利益，因此，保险人只能接受其所陈述事实的约束，失去反悔权利。

弃权与禁止反言在人寿保险中有特殊的时间规定。保险人只能在合同订立之后一定期限内（通常为两年）以被保险人告知不实或隐瞒为由解除合同。超过规定期限没有解除合同的视为保险人已经放弃该权利，不得再以此为由解除合同。

➤ 小案例

那女士为丈夫投保了步步高增额寿险，并亲自在保险书上签了字。在丈夫失踪多年并得到法院宣告其夫死亡的判决后，那女士一纸诉状要求保险公司理赔。法院依据《保险法》"弃权—禁止反言"的规定，作出保险公司某分公司赔偿那女士保险金72000元的判决。

据悉，1996 年 12 月 26 日，那女士为丈夫张先生投保办理步步高增额寿险 12 份，受益人是那女士。张先生虽知道妻子为自己保险，但并未在被保险人处签名。1997 年 4 月 5 日，张先生外出后下落不明。随后，那女士将丈夫失踪之事告知保险公司并要求理赔，而保险公司以被保险人失踪没有理赔依据为由拒绝，并让那女士继续交纳保费。此后，那女士按期交纳保费。

2001 年 4 月，那女士向法院申请宣布丈夫张先生死亡。1 年后，法院宣布张先生死亡。随即，那女士以被保险人死亡，应获得理赔为由向法院提出诉状。法院针对那女士的"代签"是否具有法律效力展开调查，认为保险公司或保险代理人具有保险知识优于投保人的优势，保险公司未履行告知投保人（需被保险人本人签名）的义务，对那女士代张先生签字予以认可，故判决保险公司赔偿那女士 72000 元。

在保险行业中，因"代签名"产生的纠纷较为普遍。此案适用保险合同中"弃权—禁止反言"原则，即保险公司默示就视为弃权，防止保险代理人在订立合同过程中欺诈和误导投保人，对规范保险公司的保险行为起到积极作用。

第三节　近因原则

一、近因原则的含义

近因原则是判断风险事故与保险标的损害之间的因果关系，从而确定保险赔偿或给付责任的一项基本原则。近因，是指引起保险事故发生的最直接、最有效、起主导作用或支配作用的原因，而不是指时间上或空间上最近的原因。近因原则的基本含义是：在风险与保险标的的损害关系中，如果近因属于被保风险，保险人应负赔偿责任；如果近因属于除外风险或未保风险，则保险人不负赔偿责任。

近因原则

➤ **小案例**

一对新婚夫妇贺某与张某参加旅行团去九寨沟旅游，途中他们所乘坐的旅游大巴车与一辆相向而行的大货车严重碰撞，夫妻俩受了重伤被送往医院急救。张女士因颅脑受到重度损伤且失血过多，抢救无效，于一小时后身亡。贺先生在车祸中丧失了左下肢，在急救中因急性心肌梗死，于第二天死亡。在此之前，他们购买了人身意外伤害保险，每人的保险金额均为人民币 10 万元。保险公司接到报案后立即着手调查，了解到张女士一向身体健康，而贺先生婚前就有多年心脏病史。最后，根据《人身意外伤害保险条款》及《人身意外伤害保险伤残给付标准》，保险公司给付张女士死亡保险金人民币 10 万元，给付贺先生意外伤残保险金人民币 5 万元。死者家属不解：张某和贺某两人同时购买了同一保险公司的同一种保险，都在同一次车祸中丧生，而保险公司为何要做出不同金额的给付？

分析：人身意外伤害保险是保险公司承保人们因遭受外来的、突发的、非本意的、非疾病的伤害而致死亡或残疾的保险。本案中的两位被保险人遭遇的不幸看似相同，可是遭遇人身意外伤害的程度和实质有着很大不同，判断依据是保险理赔的一项基本原则——近因原则。张女士的死亡是车祸，属单一原因的近因，保险公司负赔偿责任毫无疑问。其夫死亡的近因是心肌梗死，因意外伤害（车祸）与心肌梗死（疾病）没有内在联系，心肌梗死并非意外伤害所造成的，故属于新介入的独立原因。这个新的独立的原因并非保险责任范围。但被保险人贺先生丧失了左下肢的近因是车祸，属保险责任，故应给付贺先生意外伤残保险金人民币5万元。

二、近因原则的具体运用

近因原则在理论上简单明了，但如何在众多复杂的原因中判断出引起损失的近因，在实际运用中存在很大的困难。因此，对近因的分析和判断成为掌握和运用近因原则的关键。

 知识文件夹

近因的认定方法

认定近因的关键是确定风险因素与损害之间的关系，确定的方法有两种：一是从最初事件出发，按逻辑推理直到最终损害发生，最初事件就是最后一个事件的近因；二是从损害开始，自后往前推，追溯到最初事件，没有中断，最初事件就是近因。常见的情况有以下几种。

1.造成保险标的损害的原因只有一个，那么这种原因就是近因。

2.损失由一系列原因引起，各原因之间不存在因果关系的，前一原因不构成近因。例如，船舶因大雾偏离航线搁浅受损，近因是大雾导致船舶搁浅，超载和不适航与大雾没有因果关系，不是近因。

3.保险损失由一系列原因引起，各原因之间不存在必然因果关系的不构成近因。例如，车辆遭受暴雨浸泡气缸进水，强行启动发动机导致发动机受损，近因是强行启动发动机，暴雨并不必然导致发动机受损，因而不是近因。

4.保险损失由一系列原因引起，各原因之间存在必然因果关系的构成近因。例如，著名的艾思宁顿诉意外保险公司案中，被保险人打猎时从树上掉下来受伤，爬到公路边等待救援时因夜间天冷又染上肺炎死亡，肺炎是从树上掉下来的意外事故之必然，因而从树上掉落是近因。

5.保险损失由一系列原因引起，各原因之间是否存在必然因果关系有争议的，则取决于法官自由裁量。

6.多个致损原因，其中对保险事故的发生起直接的、决定性作用的原因是近因。例如，船舶开航前船长因病不能出航，经港监批准由大副临时代理船长，航行途中三副纵火造成火灾事故，三副与大副之间有矛盾不是近因，三副故意纵火才是火灾事故损失的近因。

7. 多个致损原因共同作用导致保险事故，则多个原因均是近因。例如：非典型肺炎致人死亡，单纯慢性病或非典均不会产生被保险人死亡的后果，但在二者共同作用下必然会导致死亡的结果，则非典与慢性病均可视为死亡的近因。

在保险实务中，近因原则的运用可以分为以下几种情况。

1. 由单一原因造成的损害

造成保险标的损害的原因只有一个，这个原因就是近因。若这个近因属于承保风险，保险人负保险责任。若该近因属于未保风险或除外责任，则保险人不承担保险责任。

2. 由同时发生的多种原因造成的损害

同时发生的多种原因均属近因，如果多种原因均属被保风险，保险人负责全部保险责任。如果在多种原因中既有保险风险，又有除外风险，保险人如何承担责任，是一个有争议的问题。一种意见认为，保险人应赔偿全部损失，因为损害毕竟是由保险事故造成的。另一种意见认为，保险人只负责赔偿因保险事故所造成的损失，对非保险事故造成的损失不承担责任。对何为保险事故造成的损失，则应按照保险风险与不保风险对损害造成的原因比例确定。如果无法确定损失是否由保险事故造成，有的学者主张保险人对损失概不负责，亦有学者主张按照公平原则分摊。通常采用后一种意见。

3. 由连续发生的多项原因造成损害

连续发生的原因都是被保风险，保险人承担全部保险责任；连续发生的多项原因中含有除外风险或未保风险，若前因是被保风险，后因是除外风险或未保风险，且后因是前因的必然结果，保险人负全部保险责任；若前因是除外风险或未保风险，后因是承保风险，后因是前因的必然结果，保险人不负保险责任。

4. 由间断发生的多项原因造成损害

在一连串发生的原因中，有一项新的独立的原因介入导致损害。若新的独立的原因为被保风险，保险人承担保险责任；反之，保险人不承担保险责任。例如某人投保意外伤害保险后被车撞倒，造成伤残，并住院治疗，在治疗过程中因感染死亡。由于意外伤害与感染没有内在联系，死亡并非意外伤害的结果。感染是死亡的近因，属于疾病范畴，不包括在意外伤害保险责任范畴内，故保险人对被保险人死亡不负保险责任，只对意外伤害所致伤残支付保险金。

➤ 小案例

王某于 2016 年 10 月向某保险公司投保了一份生死两全保险，被保险人为本人，受益人为其妻李某。2017 年 1 月，王某经医院诊断为突发性精神分裂症。治疗期间，王某病情进一步恶化，终日意识模糊，狂躁不止，最终自杀身亡。事发之后，妻子李某以保险合同中列明"被保险人因疾病而身故，保险人给付死亡保险金"为由向保险公司提出给付死亡保险金的索赔要求，而保险公司则依据《保险法》第四十四条的规定，以死者系自杀身亡，且自杀行为发生在订立合同之后的两年之内为由，拒绝了李某的索赔要求，只同意退还保险单的现金价值。

事实上，本案不应适用《保险法》第四十四条的规定。第四十四条规定："以被保险人死亡为给付保险金条件的合同，自合同成立或者合同效力恢复之日起两年内，被保险人自杀的，保险人不承担给付保险金的责任，但被保险人自杀时为无民事行为能力人的除外。保险人依照前款规定不承担给付保险金责任的，应当按照合同约定退还保险单的现金价值。"从字面上理解，似乎对于所有被保险人在保险合同成立之日起两年内的自杀身亡行为，保险人均可引用此条拒赔。然而，本案应从立法目的上来理解和适用此条规定。

表面看保险公司似乎拒赔有理，但仔细分析王某死因和《保险法》第四十四条的立法初衷，保险公司则应承担给付死亡保险金的责任。

王某死亡的近因应为突发性精神分裂症，而非自杀行为。近因原则是《保险法》的基本原则之一，其含义为只有在导致保险事故的近因属于保险责任范围内时，保险人才应承担保险责任。也就是说，保险人承担赔偿责任的范围应限于以承保风险为近因造成的损失。我国现行《保险法》虽未直接规定近因原则，但在司法实践中，近因原则已成为判断保险人是否应承担保险责任的一个重要标准。对于单一原因造成的损失，单一原因即为近因；对于多种原因造成的损失，持续地起决定或有效作用的原因为近因。如果该近因属于保险责任范围内，保险人就应当承担保险责任。

本案王某的死亡与两个原因有关：突发性精神分裂症和自杀行为。据王某的邻居和同事反映，王某生前性格开朗，乐观豁达，家庭和睦，从未流露过悲观情绪。王某的医生介绍，王某所患的这种精神分裂症比较特殊，患者极易产生臆想，导致自残行为。由此可以判断，突发性精神分裂症才是持续起决定作用的、有效的原因，即近因。因此，本案中保险公司应当承担给付死亡保险金的义务。

《保险法》设置上述条款，主要是为了预防人身保险中有可能出现的道德风险，防止一些保险诈骗分子为骗取保险金而故意实施自杀行为。但王某生前从未有轻生之念，皆因患病后意识模糊不能自控而自杀，本意上并非利用保险骗取保险金，应当不属于道德风险之列。因此，对于此条规定应当作目的性缩限解释，即只有当被保险人在意识清楚的情形下，明知或应当知道自己的死亡可能导致保险人给付保险金而实施自杀行为的，才属于本条规制的范围。

本案虽较为少见，但对以后类似案件的处理颇有借鉴意义。本案体现了近因原则和法律解释原则在理赔实践中的灵活运用：对于保险事故的原因不能凭表面理解，应当依据近因原则深究其因果关系；对于法律规定不可机械套用，轻率地得出结论，应当尽量探求其立法本意。

第四节　损失补偿原则

一、损失补偿原则的含义

损失补偿原则是指当保险事故发生使被保险人遭受损失时，保险人必须在保险责任范围内对被保险人所受的损失进行补偿。损失补偿原则的含义体现在以下两个方面：一是只有保险事故发生造成保险标的毁损致使被保险人遭受经济损失时，保险人才承担损失补偿的责任，否则，即使在保险期限内发生了保险事故，但被保险人没有遭受损失，就无权要求保险人赔偿，这是质的规定；二是被保险人可获得的补偿量仅以其保险标的在经济上恢复到保险事故发生之前的状态，而不能使被保险人获得多于或少于损失的补偿，尤其是不能让被保险人通过保险获得额外的收益，这是量的规定。因此，各国保险法对保险金额超过财产实际价值的超额保险均作了限制性规定。我国《保险法》规定保险金额不得超过保险价值，超过保险价值的，超过的部分无效。

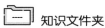

损失补偿原则

📁 知识文件夹

损失补偿原则的意义

损失补偿原则能够保障保险关系的实现。保险的基本职能是补偿损失。损失补偿原则体现了保险的基本职能。如果被保险人发生保险事故造成的经济损失不能得到补偿，就违背了保险的职能，这意味着保险关系没有得到实现。损失补偿原则约束了保险人必须在合同约定条件下履行保险赔偿责任，从而保证被保险人合法权益的实现。

损失补偿原则能够防止被保险人从保险中获利。损失补偿原则对被保险人是约束，使其不能因投保而获得超过损失的补偿或额外利益。如果保险能给被保险人带来额外利益，就会导致不法之徒制造保险事故以谋取好处，这对社会是不利的。

二、损失补偿的范围和限制条件

（一）损失补偿的范围

损失补偿的范围为被保险人遭受的实际损失，主要包括保险事故发生时保险标的的实际损失、合理费用和其他费用。合理费用主要是指施救费用和诉讼支出。其他费用主要是指为了确定保险责任范围内的损失所支付的受损保险标的的检验、估价、出售等费用。

（二）损失补偿的限制条件

1. 以实际损失为限

在补偿性保险合同中，保险标的遭受损失后，保险赔偿以被保险人所遭受的实际损失为限，全部损失全部赔偿，部分损失部分赔偿。例如，某建筑物按实际价值 1000 万元投保，因火灾遭受全损，损失当时市场房价跌落，该建筑物的市价为 800 万元，则保险人只能按市价，即按实际损失赔偿被保险人 800 万元。

2. 以保险金额为限

赔偿金额只应低于或等于保险金额而不应高于保险金额。即使发生通货膨胀，仍以保险金额为限。因为保险金额是以保险人已收取的保费为条件确定的保险最高责任限额，超过这个限额，将使保险人处于不平等的地位。如上例，假设损失当时市场房价上涨，该建筑物的市价是 1200 万元，这时虽然被保险人的实际损失是 1200 万元，但由于保险金额是 1000 万元，所以，保险人只能以保险金额为限，赔付 1000 万元。

3. 以保险利益为限

保险人的赔偿以被保险人所具有的保险利益为前提条件和最高限额，被保险人所得的赔偿以其对受损标的的保险利益为最高限额。财产保险中，如果保险标的在受损时财产权益已转让，则被保险人对已转让的财产损失无索赔权。例如，在抵押贷款中，借款人为取得 60 万元贷款而将价值 100 万元的房子抵押给贷款人，贷款人为保证贷款的安全，将抵押品——房子投保财产保险，由于贷款人对该房子只有 60 万元的保险利益，所以，当房子遭受损失时，保险人只能根据保险利益最多赔偿被保险人 60 万元。

三、损失补偿的方式

损失补偿的方式主要包括现金赔付、修复、更换和重置。

（一）现金赔付方式

一般情况下都采用现金赔付方式，尤其是责任保险、信用保险和保证保险。

（二）修复方式

当保险标的发生部分损失或部分零部件残损时，可以由保险人委托有关维修部门对被保险标的物予以修复，修复费用由保险人承担。

（三）更换方式

当受损标的物的零部件因保险事故而受损无法修复时，可以由保险人采用替换方法即以新代旧的方式进行赔偿。

（四）重置方式

当标的物损毁或灭失时，保险人可以重新购置与原标的物等价的标的，以恢复被保险人财产的本来面目。

选择何种实现方式，应根据受损标的的性质和受损程度而定。

四、损失补偿的特例

1. 人身保险

人身保险是以人的生命和身体为保险标的的一种保险，而人的生命和身体是不能简单地用货币衡量其价值的，其可保利益也是无法估价的。被保险人发生伤残、死亡等事件，对其本人及家庭所带来的经济损失和精神上的痛苦是金钱无法弥补的，保险金只能在一定程度上缓解被保险人及其家庭由保险事故的发生所带来的经济困难，所以人身保险不是补偿性合同，而是给付性合同。人身保险的保险金额是根据被保险人的需求和支付保费的能力制定的，当保险事故发生时，保险人按双方事先约定的金额给付，所以，损失赔偿原则不适用于人身保险。

2. 定值保险

所谓定值保险，是指保险合同双方当事人在订立保险合同时，约定保险标的的价值，并以此确定为保险金额，视为足额保险。当保险事故发生时，保险人不论损失保险标的当时的市价如何，即不论保险标的的实际价值大于或小于保险金额，均按损失程度十足赔付，其计算公式为：

$$保险赔款 = 保险金额 \times 损失程度（\%）$$

在这种情况下，保险赔款可能超过实际损失，如市价跌落，则保险金额可能大于保险标的的实际价值，因此，定值保险是损失赔偿原则的特例。

3. 重置价值保险

所谓重置价值保险，是指以被保险人重置或重建保险标的所需费用或成本确定保险金额的保险。一般财产保险是按保险标的的实际价值投保的，发生损失时，按实际损失赔付，使受损的财产恢复到原来的状态，由此恢复被保险人失去的经济利益。但是，由于通货膨胀、物价上涨等因素，有些财产（如建筑物或机器设备）即使按实际价值足额投保，保险赔款也不足以对受损财产进行重置或重建。为了满足被保险人对受损的财产进行重置或重建的需要，保险人允许投保人按超过保险标的实际价值的重置或重建价值投保，发生损失时，按重置费用或成本赔付。这样就可能出现保险赔款大于实际损失的情况，所以，重置价值保险也是损失赔偿原则的特例。

五、损失补偿原则的派生原则

（一）代位原则

代位原则是指保险人依照法律或保险合同约定，对被保险人所遭受的损失进行赔偿后，依法取得向对财产损失负有责任的第三者进行求偿的权利或取得被保险人对受损标的的所有权。代位原则包括权利代位和物上代位。

代位原则

1. 权利代位

权利代位即追偿权的代位，是指在财产保险中，因第三者对保险标的的损害而造成保险事故，保险人自向被保险人赔偿保险金后，在赔偿金额范围内享有的代位行使被保险人对第三者请求赔偿的权利，又称代位追偿。我国《保险法》第六十条规定："因第三者对保险标的的损害而造成保险事故的，保险人自向被保险人赔偿保险金之日起，在赔偿金额范围内代位行使被保险人对第三者请求赔偿的权利。"

（1）代位追偿权的构成要件。代位追偿权的构成要件是指代位追偿权成立所需的条件，主要包括：①保险标的的损害发生必须是由第三者的行为引起。造成保险标的损害的原因多种多样，但只有保险标的的损害是由第三者的行为引起的，才有可能存在第三者承担赔偿责任，这是代位追偿权产生的前提条件。②被保险人必须对第三者享有赔偿请求权。代位追偿权建立在被保险人对第三者享有的赔偿请求权基础之上。只有赔偿请求权存在，被保险人才可能在获得保险赔偿后，向保险人转让其对第三者享有的赔偿请求权，从而产生代位追偿权。③保险人须已经赔付保险金。保险人在向被保险人赔付保险金前，对造成保险标的损害的第三者不能行使保险代位追偿权。④代位追偿权的构成不以被保险人的全部损失得到赔偿为构成要件。

📁 **知识文件夹**

代位追偿权究竟以自己的名义行使，还是以被保险人的名义行使？

代位追偿权究竟应当以自己的名义行使，还是应当以被保险人的名义行使，我国《保险法》没有做出明确规定。我们认为，保险人应以自己的名义行使代位追偿权。因为代位追偿权是一种法定权利，其取得无须征得被保险人同意。而且，代位追偿权的内容即被保险人对第三者的求偿权，自代位追偿权成立之日起就当然地转移于保险人，保险人已经成为债权人，当然可以自己的名义行使。但保险人行使代位追偿权，不得超过其已经给付的保险金，以防止保险人不当得利。而且代位追偿权的行使，要受到一定的限制。保险人原则上不能对被保险人的家庭成员行使代位追偿权。因为被保险人的家庭成员的行为造成保险事故发生，保险人向被保险人赔偿后，再行使代位追偿权，实际上等于被保险人自己承担责任。但若家庭成员故意造成保险事故的，则不影响保险人行使代位追偿权。保险人行使代位追偿权时，被保险人应履行协助义务。

（2）对被保险人过错行为的惩罚。被保险人的某些行为会损害代位追偿权的行使，此种行为主要有被保险人违反协助义务和被保险人放弃对第三者的追偿权。被保险人违反协助义务和被保险人放弃对第三者的追偿权应承担一定的法律责任，但被保险人的责任应以过错为构成要件，过错包括故意和过失。对于前者，保险人可以相应扣减保险金；对于保险人已经给付的保险金，保险人可以请求被保险人返还。对于后者，应区分弃权行为发生的不同阶段，分别处理。一是保险事故发生后，保险人未赔偿保险金之前，被保险人放弃对第三者请求赔偿的权利的，保险人不承担赔偿保险金的责任。但保险人只能在被保险人放弃对第三者的损害赔偿请求权致使其代位权不能行使的范围内，不承担赔偿保险金的责任。若被保险人只是部分放弃对第三者的损害赔偿请求权，保险人不能以此为理由拒绝承担其他部分的保险责任。二是保险人向被保险人赔偿保险金后，被保险人未经保险人同意放弃对第三者请求赔偿的权利的，该行为无效。因为保险事故发生后，若保险人已经向被保险人赔偿保险金，代位追偿权已经成立，被保险人对第三者享有的损害赔偿请求权已经当然地转移给保险人，被保险人对此种权利实质上已无权处分，除非保险人追认，否则不发生法律效力。

2. 物上代位

物上代位是指保险标的遭受保险责任范围内的损失，保险人按照保险金额全额赔付后，依法取得该项标的的所有权。物上代位权并不是海上保险特有的制度，亦适用于一般财产保险。物上代位权产生的两种主要情形是实际全损和委付。实际全损也称绝对全损，是指保险标的遭到所投保范围内的风险而造成的全部灭失，或者受损程度已使其失去原有的形体、效用，或者不能再归被保险人拥有。保险标的发生实际全损，保险人按照实际全损对被保险人进行足额赔偿后，即取得对该保险标的的所有权。委付是指保险标的发生推定全损时，投保人或被保险人将保险标的的一切权益转移给保险人，而请求保险人按保险金额全额赔付的行为。所谓推定全损，是指保险标的虽未达到实际全损程度，但可以按照全损处理的一种损失状态。委付的成立必须具备一定的条件：①委付必须由被保险人向保险人提出；②委付应就保险标的的全部提出；③委付不得附有条件；④委付必须经过保险人的同意。

（二）分摊原则

分摊原则是在被保险人重复保险的情况下产生的补偿原则的一个派生原则，即在重复保险的情况下，被保险人所能得到的赔偿金由各保险人采用适当的方法进行分摊，从而使所得到的总赔偿金不超过实际损失额。因为根据损失补偿原则，被保险人不能从损失补偿中获利，为了防止被保险人获得双份或者多份赔款，通常采用一定的方法在各保险人之间分摊损失。分摊金额的确定方式主要有以下三种方式：

损失分摊原则

（1）比例责任分摊。当保险标的发生损失时，各保险人按各自保险单中承保的保险金额与总保险金额的比例承担保险赔偿责任，各保险人承担的保险赔偿责任总和不超过保险标的的实际损失。我国《保险法》第五十六条规定："重复保险的各保险人赔偿保险金的总和不得超过保险价值。除合同另有约定外，各保险人按照其保险金额与保险金额总和的比例承担赔偿保险金的责任。"其计算公式为：

　　各保险人承担的赔偿 =（损失金额 × 该保险人承保的保险金额）/ 各保险人承保保险金额总和

　　例如，某业主将其价值为 50 万的房屋同时向甲、乙两家保险公司投保一年的火灾保险，甲公司保险金额为 20 万，乙公司保险金额为 40 万，此即重复保险。假定保险期间，房屋发生火灾损失为 30 万元，则按照比例分摊责任方式的计算公式为：

　　甲保险公司承担赔款 =30×20/60=10（万元）

　　乙保险公司承担赔款 =30×40/60=20（万元）

　　（2）限额责任分摊。当保险标的发生损失时，各保险人按单独赔付时应承担的限制责任与全体保险人的限额责任总和的比例来分摊损失赔偿责任的方法。限额责任，是在无他保的情况下，保险人按其承保金额所负的损失赔偿责任。其计算公式为：

　　各保险人承担的赔偿 =（损失金额 × 该保险人的限额责任）/ 各保险人的限额责任总和

　　例如，某车主在甲保险公司投保了限额为 20 万元的第三者责任险，在乙保险公司投保了限额为 30 万元的第三者责任险。该车主在一次保险事故中发生了 5 万元的第三者责任事故，那么甲乙两家保险公司的限制责任均为 5 万元，则按照比例分摊责任方式的计算公式为：

　　甲保险公司承担赔款 =5×5/10=2.5（万元）

　　乙保险公司承担赔款 =5×5/10=2.5（万元）

　　（3）顺序责任分摊。顺序责任分摊方式也称为主保险制，是按时间顺序承担赔偿责任的一种分摊方式。按顺序第一家承担赔偿责任的保险称为主保险人。例如，某投保人先在甲保险公司投保了限额为 20 万元的保险，后在乙保险公司投保了限额为 30 万元的保险。该投保人在一次保险事故中发生了 25 万元的实际损失，那么按照顺序分摊方式，甲保险公司应承担 20 万元的赔偿责任，乙保险公司承担 5 万元的赔偿责任。这种赔偿方式由于稍欠公平，实务中已较少使用。

本章小结

　　本章主要介绍了保险运行需遵循的四大基本原则，即保险利益原则、最大诚信原则、近因原则和损失补偿原则。

　　保险利益原则是保险的基本原则，其本质内容是投保人如果以不具有保险利益的标的投保，保险人可以单方面宣布合同无效；保险标的发生保险责任事故，投保方不得因保险而获得不属于保险利益限度内的额外利益。

　　最大诚信原则是保险的基本原则之一。它要求保险双方在签订和履行保险合同时，必须以最大的诚意，履行自己应尽的义务，互不欺骗和隐瞒，恪守合同的认定与承诺，否则导致保险合同无效。

　　近因是指在风险和损害之间，导致损害发生的最直接、最有效、起决定作用的原因，而不是指时间上或空间上最近的原因。近因原则的含义是指在

思考与练习

参考答案

风险与保险标的的损害关系中，如果近因属于被保风险，保险人应负赔偿责任；如果近因属于除外风险或未保风险，则保险人不负赔偿责任。

损失补偿原则是指当保险标的发生保险责任范围内的事故时，被保险人有权按照保险合同的约定，按照一定的方式获得保险赔偿，但同时被保险人不能因保险赔偿而获得额外的利益。损失补偿原则主要适用于财产保险以及其他补偿性保险合同，不适用于人身保险。

第六章
保险业务流程

➤ **学习目标**

1.了解保险投保业务的相关知识。

2.了解保险业务承保在保险经营中的重要意义。

3.掌握保险核保的流程。

4.了解保险防灾业务。

5.掌握保险公司的理赔业务。

6.熟悉保险资金运用业务。

保险业务经营活动通常包括产品开发、营销、承保、分保、防灾、理赔及资金运用等环节。这些经营活动均以实现保险经济保障为目的，保险公司业务管理水平，不仅直接影响着公司自身的经济效益，同时还会对保险业的形象和社会的稳定产生影响。因此，保险人在注重保险业务特殊性、安全性和效益性的同时，力求经营的各环节连续通畅。本章着重对销售、承保、防灾、理赔和投资五个环节的内容分别进行阐述。

第一节　保险销售

一、保险销售的含义

（一）保险营销与保险销售

保险营销是指以保险产品为载体，以消费为导向，以满足消费者的需求为中心，运用整体手段，将保险产品转移给消费者，以实现保险公司长远经营目标的一系列活动，包括保险市场的调研，保险产品的构思、开发与设计，保险费率的合理厘定，保险分销渠道的选择，保险产品的销售及售后服务等一系列活动。保险营销体现的是一种消费者导向型的理念。

保险销售是指将保险产品卖出的一种行为，是保险营销过程中的一个环节。这一环节可能是通过保险销售人员（包括保险公司的直接与间接销售人员）推荐并指导消费者购买保险产品完成的，也可能是消费者通过获取相关信息后主动购买保险产品而完成的。

（二）保险销售的意义

保险销售，又称保险展业，是指以保险宣传开道，广泛组织和争取保险业务的过程。保险公司只有大量地招揽业务，才能把风险在众多的被保险人之间进行分摊，才能积累雄厚的保险基金，在保险市场上增强竞争能力，为被保险人或投保人提供更广泛的优质服务。因此，保险销售是保险经营活动的最基本工作和先导。

保险展业

保险销售是保险经营中至关重要的一个环节。首先，保险公司"生产"保险产品的目的不是给自己消费，而只有通过销售环节才能达到保险公司的"生产"目的。其次，保险产品只有转移到消费者手中，才能使保险产品产生效用，实现保险活动的宗旨。最后，保险销售是实现保险经营目标的重要条件。只有做好保险销售，才能不断扩大承保数量，拓宽承保面，实现保险业务的规模经营，满足大数法则的要求，保持偿付能力，实现保险公司的利润目标。

📁 **知识文件夹**

展业人员应具备的素质

保险展业是一项思想性、政策性、技术性都较强的工作，完成好这一工作，要求展业人员具备良好的素质。

1.政策观念和法制观念强。保险关系的确立是双方在协商、自愿的基础上，通过订立保险合同的方式实现的。所以，在保险展业中，必须明确和牢记双方平等的法律地位，要坚持自愿投保的原则，不能采取不正当手段强迫展业对象投保。

2.熟悉业务，博学多识。推销一种商品，必须首先了解这种产品。保险展业必须熟练掌握保险的各种知识和保险商品的全部知识，这是完成展业任务的一个基本条件。否则，面对顾客的疑问和异议，就会出现无言以对或解答失误的局面，这不仅影响展业工作效果，而且严重损害保险公司的形象。保险展业与社会各界进行着广泛的接触，涉及许多学科的知识和技能。

保险展业人员不仅要熟悉业务、广采博学，而且要不断更新知识、提高技能。特别是随着现代科技的迅猛发展，知识更新的速度大大加快了。

二、保险销售的主要环节

专业化保险销售流程通常包括四个环节，即准保户开拓、调查并确认准保户的保险需求、设计并介绍保险方案、疑问解答并促成签约。

（一）准保户开拓

准保户开拓就是识别、接触并选择准保户的过程。准保户开拓是保险销售环节中最重要的一个步骤，可以说，保险销售人员最主要的工作是进行准保户的开拓。

1. 准保户的鉴定

对保险销售人员来说，合格的准保户有四个基本标准：有保险需求、有交费能力、符合核保标准、容易接近。

2. 准保户开拓的步骤

准保户开拓工作可以分五个步骤进行：（1）获取尽可能多的人的姓名；（2）根据这些姓名，了解情况，即确认他们是否有可能成为保险的购买者；（3）建立准保户信息库，将准保户的资料储存起来；（4）经人引见，拜访准保户；（5）淘汰不合格的准保户。

3. 准保户开拓的途径

保险销售人员一般依据自己的个性和销售风格进行准保户开拓。常被用来供选择的准保户开拓途径有陌生拜访、缘故开拓、连锁介绍、直接邮件和电话联络等。陌生拜访是一种无预约性的拜访；缘故开拓是利用已有的关系，如亲朋关系、工作关系、商务关系等，从熟人那里开始推销，这是准保户开拓的一条捷径；连锁介绍是让每一个认识的人把自己带到不相识的人群中去，这是一种无休止的连锁式准保户开拓方法；直接邮件的方法是指利用事前拜访信与事后反馈信引导准保户并与之接近；电话联络是指打电话给事先选定的准保户，了解他们感兴趣的产品，以发现他们的真实需求，从而决定是否需要面谈或约定面谈的具体时间。

（二）调查并确认保户的保险需求

为了确认准保户的保险需求，必须对其进行实况调查。即通过对准保户的风险状况、经济状况的分析，来确定准保户的保险需求，从而设计出适合准保户的保险购买方案。准保户调查与分析的内容主要有以下几个方面。

1. 分析准保户所面临的风险

不同的风险需要不同的保险计划，每个人的工作状况、健康状况不同，每个企业的生产情况不同，决定了他们面临的风险也各不相同。保险销售人员要通过调查获取相关信息，分析准保户所面临的风险。

2. 分析准保户的经济状况

一个家庭或一个企业究竟能安排多少资金购买保险，取决于其资金的充裕程度。通过就准保户的财务问题及其财务目标建立的可行性分析，保险销售人员可以帮助准保户了解其财务需求和优先考虑的重点。

3. 确认准保户的保险需求

在对准保户面临的风险和经济状况进行分析后，需要进一步确认其保险需求。就准保户面临的风险而言，可以将其分为必保风险和非必保风险。对于必保风险，最好采取购买保险的解决方式，而且有些风险只能通过购买保险才能有效处理。例如，汽车第三者责任风险就是必保风险，因为购买汽车第三者责任保险是强制性的。而对于非必保风险，则可以自由选择是否采取购买保险的方式。又如，对于那些虽然会给家庭或企业带来一定损失和负担，但尚可承受的财产风险，如果家庭或企业具有购买保险的支付能力，就可以投保；如果没有购买保险的支付能力，也可以不投保。

（三）设计并介绍保险方案

1. 保险方案的设计既要全面，又要突出重点

保险销售人员根据调查得到的信息，可以设计几种保险方案，并说明每一种可供选择方案的成本和可以得到的保障，以适应准保户的保险需求。一般来说，设计保险方案时应遵循的首要原则是"高额损失优先原则"，即某一风险事故发生的频率虽然不高，但造成的损失严重，应优先投保。一个完整的保险方案至少应该包括：保险标的情况、投保风险责任的范围、保险金额的大小、保险费率的高低、保险期限的长短等。

2. 保险方案说明

保险方案说明是指对拟定的保险方案向准保户做出简明、易懂、准确的解释。一般而言，保险方案说明主要是对所推荐的产品作用的介绍，包括以图表形式表示出来的图示、书面的、口头的解释，或书面与口头兼而有之的解释。在向准保户表述保险方案时，应尽量使用通俗的语言和图表，避免使用专业性太强的术语和复杂的计算。对于重要的信息则要解释准确，尤其是涉及有关保险责任、责任免除、未来收益等重要的事项，一定要确认准保户确切了解方案的相关内容，以免产生纠纷。

（四）疑问解答并促成签约

1. 有针对性地解答准保户疑问

准保户对保险方案完全满意以至于毫无异议地购买的情况是极为少见的，有异议是销售过程中的正常情况。如果准保户提出反对意见，保险销售人员要分析准保户反对的原因，并有针对性地解答准保户的疑问。

2. 促成签约

促成签约是指保险销售人员在准保户对于投保建议书基本认同的条件下，促成准保户达成购买承诺的过程。

3. 指导准保户填写投保单

投保人购买保险，首先要提出投保申请，即填写投保单。虽然投保单在保险公司同意承保并签章之前并不具有法律效力，投保人不能基于自己填写的内容提出任何主张，但投保单是投保人向保险人要约的证明，也是保险人承诺的对象并确定保险合同内容的依据。投保单是构成完整保险合同的重要组成部分，一旦投保单存在问题就可能导致合

同无效，或者是部分内容无效。为了体现客户的真实投保意愿，维护客户的利益，避免理赔纠纷，如实、准确、完整地填写投保单是非常重要的，保险销售人员有责任和义务指导和帮助客户填写好投保单。

投保人在填写投保单时，应当遵守保险法所规定的基本原则，如实填写各项内容，确保所填写的资料完整、内容真实。需要特别的约定时，要特别说明或注明。填写完毕并仔细核对后，投保人应当在投保单上亲自签名或盖章。切忌投保人代被保险人签字、保险代理人员代投保人签字，这样将使保险合同无效。

三、保险销售渠道

保险销售渠道是指保险商品从保险公司向保户转移过程中所经过的途径。保险销售渠道的选择直接制约和影响着其销售策略的制定和执行效果。选择适当的销售渠道，不仅会减少保险公司经营费用的支出，还会促成保险商品的销售。

保险销售渠道按照有无保险中介参与，可分为直接销售渠道和间接销售渠道，与之相对应的销售方式就有直接销售和间接销售之分。直接销售是指保险公司通过自己的销售渠道获得业务的销售模式；间接销售是指保险公司通过中介渠道（如保险代理人、保险经纪人）获得业务的销售模式。

（一）直接销售渠道

直接销售渠道是一种能够使保险公司和消费者彼此进行直接交易的销售渠道。在直接销售渠道中，保险公司致力于直接与准保户而不是通过销售代理人来建立联系，利用一个或多个媒体，引导消费者或潜在购买者产生立即反应或适当反应，如咨询或购买保险产品。可供采用直接销售渠道的保险公司运用的具体方法有以下几种。

1. 人员销售

人员销售是指保险公司利用自己的职员进行保险产品销售的方式。这是一种传统的保险销售方式，即保险公司自己的销售职员通过上门或者柜台方式销售保险产品。

2. 直接邮寄销售

直接邮寄销售是一种以印刷品形式通过邮政服务来分销保险产品或提供相关信息的销售方式，直接邮寄销售使用的是一种包括准保户需要用来做出投保决策及投保申请的所有信息及表格的套装邮件，一般的材料包括：一份产品介绍信，即母信；一份描述特定产品的小册子；一种反馈手段，如投保单或获取更多信息的咨询表；一个商业回复信封。套装部件的设计首先从外观风格上要对目标客户群具有吸引力，使目标客户有兴趣从众多的邮件当中选出。套装邮件会被邮寄发送至清单中的潜在客户。

3. 电话销售

电话销售是利用电话来进行销售的。它一般是指利用特定电话线进行销售，这样可以享受特定号码区的直拨电话的折扣优惠。电话销售包括拨入、拨出及两者结合使用的方式。

（1）拨出电话销售。拨出电话销售是公司为销售而同目标市场中的个人进行电话联络，建立与潜在客户之间的联系，招揽生意，促成新的签约或老客户的保额增加。同时还可以利用拨出电话对发出的邮件进行跟踪，督促已收到邮件但尚未回应的客户做出反馈。

（2）拨入电话销售。拨入电话销售是一种允许消费者使用免费电话进行产品咨询或订购产品的销售方式。保险公司通常利用电信部门提供的免费电话提供相关服务。当消费者将电话打入公司询问有关保险产品或其他事项时，公司会利用拨入电话来向消费者进行产品销售或者鼓励保险客户通过增加保险金额或增加保障范围而将现有保单升级，进而通过提供主动服务来保持现有业务、拓展新业务。

4. 网络销售

网络销售是保险公司利用互联网的技术和功能，销售保险产品，提供保险服务，在线完成保险交易的一种销售方式。具体来讲，网络销售就是这样一个过程：客户登录保险公司开设的专业保险服务网站，在网上选择该公司所提供的保险产品。如有意愿投保某一险种，则在网上填写投保单，提出投保要约。经保险公司核保后，做出同意承保或拒绝承保的回复，由投保人在网上或通过其他方式支付保险费，保险公司收到保费后，向其寄发保险单。

（二）间接销售渠道

间接销售渠道是指保险公司通过保险代理人、保险经纪人、保险营销员等中介销售保险产品的方式。保险中介不能代替保险人承担保险责任，只是通过参与代办、推销、提供专门技术服务等各种保险活动，来促成保险销售的实现，间接销售渠道的具体方法有以下几种。

1. 代理人销售

保险代理人是指根据保险人的委托，向保险人收取手续费，并在保险人授权的范围内代为办理保险业务的单位或者个人。广义而言，目前我国保险市场上的代理人主要有专业保险代理机构、兼业保险代理机构和保险营销员三种类型。

2. 保险经纪人销售

保险经纪人是基于投保人的利益，为投保人与保险人订立保险合同提供中介服务，并依法收取佣金的单位。我国目前只允许法人单位从事保险经纪活动。保险人通过保险经纪人争取保险业务，从而实现保险的销售。

第二节　保险承保与核保

一、保险承保

承保是指签订保险合同的过程，即投保人和保险人双方通过协商，对保险合同的内容取得一致意见的过程。从广义上讲，承保包括保险的全过程。保险人承保的目的主要有三个：一是安全地分散保险风险；二是降低成本，获得利益；三是保证所有的保单持有人之间的公平。同时，承保也是保险经营的一个重要环节。承保质量如何，关系到保险企业经营的稳定性和经济效益的好坏，同时也是反映保险企业经营管理水平高低的一个重要标志。

（一）承保的内容

1. 审核投保申请

对投保申请的审核主要包括对投保资格的审核、对保险标的的审核、对保险费率的审核等内容。

（1）审核投保人的资格。即审核投保人是否具有民事权利能力和民事行为能力及对标的物是否具有可保利益。根据我国保险法的规定，投保人必须具备两个条件：一是具有相应的民事权利能力和民事行为能力；二是投保人对保险标的应具有法律上承认的利益，即可保利益。审核投保人的资格主要是审核后者，即了解投保人对保险标的是否具有可保利益。一般来说，财产保险合同中，投保人对保险标的的可保利益来源于所有权、管理权、使用权、抵押权、保管权等合法权益；人身保险合同中，可保利益的确定是采取限制家庭成员关系范围并结合被保险人同意的方式。保险人审核投保人的资格，是为了防止投保人或被保险人故意破坏保险标的，以骗取保险赔款的道德风险。

保险人不会接受所有的投保请求的原因：①保险人只选择那些从整体上看损失风险与他们所收保险费相称的投保请求，换句话说，保险人要尽量避免逆选择；②保险人签发新保险单受其承保能力的限制。

（2）审核保险标的。一方面，对照投保单或其他资料核查保险标的使用性质、结构性能、所处环境、防灾设施、安全管理等情况。例如，承保企业财产时，要了解厂房地点、厂房结构、占用性质、建造时间、建筑材料、使用年限以及是否属于危险建筑等情况，并对照事先掌握的信息资料核实，或是对保险标的进行现场查验后，保险人方予以承保。另一方面，保险人通过选择保险标的，承保不同类型或不同地区的保险标的将风险分散。也就是说，保险人必须使其承保标的多元化，保险单要覆盖不同的险种和不同的地理区域。例如，台风可能会使保险人在一个地区的赔偿金额大量增加，但是这些索赔将由那些同年没有发生台风的其他地区的保险费来平衡，或是将承保其他险种所获得的保险费用来赔付这个地区的台风损失。

（2）审核保险费率。审核保险费率的目的是按照保险人承担的风险收取合适的保险费。一般的财产和人身可能遭遇的风险基本相同，因此可以按照不同标准，对风险进行分类，制定不同的费率等级，在一定范围内使用。例如，承保建筑物的财产保险，确定费率要考虑的因素有：①房屋的建筑类别，是砖结构还是木结构；②房屋的占用或使用性质，是商用还是民用；③周围房屋的状况；④房屋所在区域所能提供的火灾防护设施；⑤与房屋相关的任何安全保护设施，如是否安装自动洒水灭火装置或警报器等。保险人承保时只需按风险程度将建筑物划分为不同的等级，套用不同的费率即可。但是，有些保险业务的风险情况不固定，如海上保险，因航程不同、运输工具不同、运输货物种类不同，承保的每笔业务都需要保险人根据以往的经验，结合风险的特性，制定单独的费率。因此，承保这类业务时，应对每一笔业务的实际情况与它所适用的费率条件进行核查，以保证保险费率的合理性。

2. 控制保险责任

控制保险责任就是保险人在承保时，依据自身的承保能力进行承保控制，并尽量防止与避免道德风险和心理风险。控制保险责任包括：

（1）控制逆选择。所谓逆选择，就是指那些有较大风险的投保人试图以平均的保险费率购买保险。或者说，最容易遭受损失的风险就是最可能投保的风险，从保险人的角度来看这就是逆选择。保险人控制逆选择的方法是对不符合承保条件者不予承保，或者有条件地承保。例如，投保人就自己易遭受火灾的房屋投保财产保险，保险人就会提高保险费率承保；又如投保人患有危险系数极大的疾病，保险人就会不同意他投保定期死亡保险的要求，而劝其改为投保两全保险。这样一来，保险人既接受了投保，又在一定程度上抑制了投保人的逆选择。

（2）控制承保能力。承保能力是指保险人能够承保业务的总量。保险人承保能力通常用的度量方法是承保能力比率，即用承保保险费除以偿付能力额度。保险人的承保能力限制了保险公司签发新保险单的能力。因为卖出的新保险单会增加保险人的费用，从短期来看，会降低保险公司的偿付能力；但是从长期来看，如果新保险单所产生的保险费超过了损失和费用的支付，新保险单会增加保险公司的偿付能力。因此，有计划地增长新保险单的销售，能够保障保险公司承保能力的稳定和有序增长。

保险人保证承保能力的主要途径有：一是保持风险分散。只有通过风险分析与评估，保险人才能确定承保责任范围，才能明确对所承担的风险应负的赔偿责任。二是用特殊的承保技术和经验满足某些险种的承保要求。一般来说，对于常规风险，保险人通常按照基本条款予以承保；对于一些具有特殊风险的保险标的，保险人需要与投保人充分协商保险条件、免赔额、责任免除和附加条款等内容后特约承保。特约承保是根据保险合同当事人的特殊需要，在保险合同中增加一些特别约定，满足被保险人的特殊需要，并以加收保险费为条件适当扩展保险责任；或者是在基本条款上附加限制条款，限制保险责任。通过特殊的承保控制，将使保险人所支付的保险赔偿额与其预期损失额十分接近。三是安排再保险。通过再保险，保险公司可以将保险风险转移给再保险人来增加承保新保险单的数量。可见，再保险对保险公司的承保能力有直接的影响。

3. 分析风险因素

从承保的角度来看，避免和防止逆选择和控制承保能力是保险人控制承保风险的常用手段。但是，保险人对实质风险、道德风险、心理风险和法律风险，在承保时也要做出具体的分析。保险人在承保时必须评估以下四种风险因素。

（1）实质风险因素。在评估投保单时，保险人会考虑各种实质风险因素，如建筑物的结构、占用性质、防火措施、外部环境等。

（2）道德风险因素。投保人产生道德风险的原因主要有两点：一是丧失道德观念；二是遭遇财务上的困难。从承保的观点来看，保险人控制道德风险发生的有效方法就是将保险金额控制在适当额度内。因此，保险人在承保时要注意投保金额是否适当，尽量避免超额承保。

在人寿保险的承保中，如果投保人为他人购买保险，而指定自己为受益人时，也应注意保险金额的大小是否与投保人的财务状况相一致。例如，一个月收入为3000元的投保人，为他人购买了保险金额为100万元的人寿保险，除了要查清投保人与被保险人之间是否具有保险利益外，其保险金额还应征得被保险人书面同意，并且还要对投保人收入来源和以往的保险史进行调查，保险人才能决定是否承保。

（3）心理风险因素。从某种意义上说，心理风险是比道德风险更难以控制的问题。任何国家的法律对道德风险都有惩罚的办法，而且保险人对道德风险还可在保险条款中规定，凡被保险人故意造成的损失不予赔偿。但心理风险既非法律上的犯罪行为，而保险条款又难以制定适当的规定限制它。因此，保险人在承保时常采用的控制手段有：①实行限额承保。即对于某些风险，采用低额或不足额的保险方式，规定被保险人本人承担一部分风险。保险标的如果发生全部损失，被保险人最多只能获得保险金额的赔偿；如果发生部分损失，被保险人只按保险金额与保险标的实际价值的比例获得赔偿。②规定免赔额（率）。免赔额有绝对免赔额和相对免赔额之分。前者是指在计算赔偿金额时，不论损失大小，保险人均扣除约定的免赔额。后者是指损失在免赔额以内，保险人不予赔偿，损失超过免赔额时，保险人不仅要赔超过部分，而且还要赔免赔额以内的损失。这两种方法都是为了激励被保险人克服心理风险因素，主动防范损失的发生。

（4）法律风险。法律风险是指影响保险人收取与损失风险相称的保险费的法律环境或监管环境。法律风险主要表现有：主管当局强制保险人使用一种过低的保险费标准；要求保险人提供责任范围广的保险；限制保险人使用可撤销保险单和不予续保的权利；法院可能做出有利于被保险人的判决等。

（二）承保工作的程序

承保决定是在审核投保申请、适当控制保险责任和分析评估保险风险的基础上做出的。承保的程序包括接受投保申请、审核验险、接受业务、缮制单证等步骤。

1. 接受投保申请

投保人购买保险，首先要提出投保申请，即填写投保单，交给保险人。投保单是投保人向保险人申请订立保险合同的依据，也是保险人签发保险单的凭证。

2. 审核验险

审核是指保险人收到投保单后，对其进行的审定和核实。审核投保单的内容包括保险标的及其存放地址、运输工具行驶区域、保险期限、投保明细表、对特殊要求的申请等。验险是对保险标的风险进行查验，以便对其存在的风险进行分类。验险的内容，因保险标的的不同而有差异。

（1）财产保险的验险。①查验投保财产所处的环境。例如，对所投保的房屋，要检验其所处环境是工业区、商业区还是居民区；附近有无易燃易爆的危险源；一旦发生火灾，有无蔓延的可能；附近救火水源如何，距离最近的消防队有多远，房屋周围交通是否通畅，消防车是否能驶进；是否属于高层建筑等。②查验投保财产的主要安全隐患和重要防护部位及防护措施状况。一是要认真查验财产可能发生损失的风险因素，如查验投保财产是否属于易燃易爆或易损物品，对温度和湿度的敏感程度如何；机器设备是否常常超负荷运转，使用的电压是否稳定；建筑物的材料结构状况等。二是要重点查验投保财产的关键部位，如建筑物的承重基底是否牢固；船舶、车辆的发动机保养是否良好。三是要严格检查投保财产的防护情况，如有无消防设施、报警系统、排水通风设施；机器有无超载保护、降温保护设施；运输货物有无符合要求的包装；运输方式是否合乎标准等。③查验有无正处在危险状态中的财产。正处在危险状态中的财产意味着该项财产必然或即将发生风险损失。如果保险人承保必然或确定发生的风险，就会造成不合理的损失分摊，这对于其他被保险人不公平。④查验各种安全管理制度的制定和落实情况。健全的安全管理制度是预防和降低风险发生的重要保障。因此，保险人要检查投保人是否制定了安全管理制度及其实施情况，若发现问题，督促其及时改正。

（2）人身保险的验险。人身保险的验险包括医务检验和事务检验。

医务检验的内容包括：①健康状况。健康状况是医疗风险因素中的重要组成部分，体格是健康状况确定的因素之一，包括身高、体重和体重的分布。除了体格，申请人的其他健康状况也很重要。经验表明，人的未来死亡率的大小在不同程度上取决于人体一个或更多的重要系统是否正常，如神经系统、消化系统、循环系统、呼吸系统、排泄系统及内分泌系统等。这些系统的问题往往引起死亡率的提高，因此，对于人体的健康状况，保险公司往往有各种对照指标。②个人病史。被保险人的身体背景及其以往病史对于保险公司的核保来讲是非常重要的内容，它往往直接影响到被保险人的死亡率。健康记录是个人病史最为重要的因素，如果某个人在过去曾患过严重疾病或遭受意外事故，则很有可能对未来生命的长短造成一定的影响。保险的历史也是一个非常重要的因素，被保险人也许曾被某些保险公司拒保或者按特殊情况承保，这说明该申请人很有可能有较高的风险因素存在，应对其进行必要的调查。在任何情况下，保险公司都应尽可能审查被保险人的可保性。很显然，如果申请人已拥有许多份有效保单，且保额较大，在其财务允许情况下可以认为该被保险人的风险程度较低。③家族病史。申请保险的被保险人的家族病史对于确定被保险人目前和潜在健康损害是非常重要的，这是由某些疾病的遗传性造成的。特别是当家族病中某些特征在被保险人身上有所反映时，则更应引起承保人的注意。如果家族病史表明家庭中的大部分成员活到很大年龄且没有发生心脏病、癌症、糖尿病或其他严重的疾病，则可以推断该被保险人发生这些疾病的可能性是很小的。

事务检验的内容包括：①年龄。未来预期死亡率与年龄有很大的关系。在寿险中，年龄因素是计算费率最为主要的因素。年龄是一个极其重要的选择因素，一般只是对于非常年轻的申请人投保的一些种类的寿险可以放松对年龄的严格限制。有的时候保险人限制或拒绝年龄较大者参加某些种类的寿险。②性别。性别是寿险核保的重要因素，性别仅用作个人寿险的分类因素来确定费率。相同年龄的女性死亡率小于男性死亡率，因此，大部分保险公司对于以死亡为保障的保单向女性收取较低的保费。③财务状况。财务状况要素是用来考虑投保人的保险愿望是否与其保险相一致。财务状况要素应该考虑的问题包括：一是可保利益。如果投保人申请的保险金额超过了他的相对收入水平，则有可能出现逆选择行为和可保利益问题。承保人必须将投保申请人和受益人的利益与合理的需要及可能的财务损失相联系，以确定其购买保险的目的。二是承受能力。考虑投保人财务状况的另一个目的是看其能否负担得起他所申请的保险金额所应支付的保费，如果投保人在保险有效期内不能按期交纳规定的保费则会导致合同失效，从而影响投保人的利益。④职业。概括起来讲，职业至少有三种不同的方式会提高死亡风险：一是职业可使被保险人置身于高风险的环境之中，如经常面对暴力活动、不规律的生活或受到毒品和酒的诱惑等；二是工作环境对身体健康造成的影响，例如工作在封闭、脏乱或空气流动较差的环境中，或者工作环境容易受到化学元素的侵害等；三是由于职业关系容易发生意外事故，如专业驾驶人员、建筑工人等。由于某些职业在本质上较其他职业具有危险性，且不同的危险职业的死亡率也有所不同，因此如何对危险职业进行分类，如何制定保费，都具有一定的核保技术性。⑤吸烟。目前，某人是否吸烟以及雪茄、烟斗都是重要的风险因素。过去，对于吸烟，保险公司仅予以关注但并没有认为十分严重，没有将其作为独立的重要因素。随着医疗技术的提高，医学已经证明任何形式的吸烟，即使是在没有任何其他不良因素的前提下同样会使吸烟者的未来死亡率高于平均死亡率，而这种偏差程度足以引起保险公司的重视并在核保过程中对吸烟与否进行严格的分类。同时医学还证明，吸烟女性的死亡率高于同年龄不吸烟男性的平均死亡率。正因为吸烟可以引发身体健康方面的许多其他病症，大多数保险公司将吸烟与不吸烟者的费率分别计算，以实现风险管理的目的。⑥酗酒和吸毒是核保的重要因素之一。因为酗酒和吸毒会严重危害一个人的身体而导致死亡率的提高。同时，酗酒和吸毒往往比无此嗜好者更容易引起暴力。如果某人大量酗酒，他很可能被拒保或者被认为是次标准体，吸毒者通常都被拒保。过去曾根据吸毒者吸毒的时间长短来确定费率附加的大小，对于已经戒毒的人的有关规定，各保险公司的做法有所不同。⑦高风险运动和度假。生活水平的提高会使人们有很多闲暇时间从事一些较为危险的运动和度假活动，如赛车、爬山、竞技运动、潜水、跳伞、滑水、探险等都可能引起较大的附加风险，是核保过程不可忽视的内容。如果有这些附加风险的人申请保险且在一定基础上可承保，则这些人会被收取额外的保费。有些国家或地区对此规定了附加条款，将由于参与高风险活动而造成的死亡列为除外责任。⑧航空风险。在投保书中有一个问题是核定被保险人是否从事飞行活动。如果被保险人是正常航班的乘客则不会对核保产生太大影响，如果被保险人是飞行员，则飞行的形式是核保分类的重要因素。如果飞行员从事正常航班的飞行，则属于标准风险，如果是突然行动则不能属于标准风险。由于航空风险造成后果的严重性，不论被保险人飞行是因为商务的、军务的、体育的还是个人的其他原因，都应填写有关附录以说明此事，保险公司则会收取一定的附加保费，或者在合同中说明由此引起的死亡属于除外责任。如果航空作为除外责任且被保险人因航空危险死亡，则保险公司退还保险费收入，或保险准备金积累值，或者两者之中最大者。⑨居住环境。居住环境对于死亡率的影响是存在的，经验表明，发达国家的死亡率低于发展中国家的死亡率，主要是因为气候和一般居住环境。在核保中，要获得居住的全部信息是很困难的，因为获得被保险人在一定时期的居住调查报告、身体健康状况报告和其他核保信息是不容易的，特别是居住在其他地区或外国的被保险人。⑩保险利益。核保人员必须评估每个申请人在可能损失中的可保利益，即如果被保险人发生事故，保单持有人将遭受的感情和财务上的损失为多少。当被保险人和保单持有人不是同一个人时，保险利益问题尤为重要。为了能够保证合同保险利益存在，避免道德风险和逆选择，核保人员需要考虑的非死亡因素为：保险金额的大小；保险合同的种类；保费的交纳方式；受益人情况等。

3. 接受业务

保险核保人按照规定的业务范围和承保权限，在审核验险之后，有权做出拒保或承保的决定。如果投保金额或标的风险超出了保险核保人的承保权限，核保人只能向上一级主管部门提出建议，而无权决定是否承保。

4. 缮制单证

缮制单证是在接受业务后，填制保险单或保险凭证等手续的过程。保险单或保险凭证是载明保险合同双方当事人权利和义务的书面凭证，是被保险人向保险人索赔的主要依据。因此，保险单质量的好坏，往往影响保险合同能否顺利履行。填写保险单的要求有以下几点。

（1）单证相符。要把投保单、验险报告作为原始凭证，填制保险单。所谓单证相符是指投保单、保险单、保险凭证、财产清单、人身保险的体检报告及其他单证都要符合制单要求，其重要内容如保险标的名称、数量、地址等。

（2）保险合同要素明确。合同的要素是指保险合同的主体、客体和内容。保险合同的主体包括当事人和关系人，即保险人、投保人、被保险人和受益人等，他们是合同中权利的分享者和义务的承担者。因此，保险单中要正确填写被保险人的姓名、单位名称和负责人姓名及详细地址。若是人身保险合同，还需填上受益人姓名、地址及其与被保险人的关系。保险合同的客体是保险合同中权利义务所指向的对象，即保险标的的保险利益。因此，保险单中应标明保险标的的范围及地址、保险利益内容。保险合同的内容包括保险责任、保险金额、保险期限、保险费、被保险义务，以及其他特约事项。总之，明确保险合同要素是保证保险单质量的依据，否则将影响保险合同的法律效力和保险人的信誉，损害保险合同双方当事人的合法权益。

（3）数字准确。填制保险单时，每一个数字都代表着保险人和被保险人的利益。在这些数字上的微小疏忽，都可能给保险合同双方当事人造成重大损失，或导致不该发生的纠纷。

（4）复核签章，手续齐备。保险人签发的保险单是保险合同成立的依据，其他单证也是保险合同的重要组成部分。因此，每一种单证都应要求复核签章，如投保单上必须有投保人的签章；验险报告上必须有具体承办业务员的签章；保险单上必须有承保人、保险公司及负责人的签章；保险费收据上必须有财务部门及负责人的签章；批单上必须有制单人与复核人的签章等。

（三）续保

续保是在原有的保险合同即将期满时，投保人在原有保险合同的基础上向保险人提出续保申请，保险人根据投保人的实际情况，对原合同条款稍加修改而继续签约承保的行为。

续保是以特定合同和特定的被保险人为对象的。在保险合同的履行过程中，经常与被保险人保持联系，做好售后服务工作，增强他们对保险企业的信心，是提高续保率、保持业务稳步增长的关键。

续保的优越性表现在投保人这方面的是，通过及时续保，不仅可以从保险人那里得到连续不断的、可靠的保险保障与服务，而且作为公司的老客户，也可以在体检、服务项目及保险费率等方面得到公司的通融与优惠。对于保险人来说，续保的优越性不仅体现在可以稳定公司的业务量，而且还能利用与投保人建立起来的老关系，减少许多展业工作量与费用，因为续保比初次承保手续要简便一些。

保险人在续保时应注意的问题有：①及时对保险标的进行再次审核，以避免保险期间中断；②如果保险标的的危险程度有增加或减少，应对保险费率做出相应调整；③保险人应根据上一年的经营状况，对承保条件与费率进行适当调整；④保险人应考虑通货膨胀因素的影响，随着生活费用指数的变化而调整保险金额。

二、保险核保

（一）保险核保的含义

核保是寻求与标的风险状况相适应的承保条件的过程。其中，风险状况界定是在对各种来源的风险状况信息的全面分析与研究的基础上，利用大数法则，对风险的高低进行定性或定量描述的结果。

保险核保

核保实质是指审核承保条件，而承保条件主要指保险责任范围（包括基本条款、扩展条款、承保协议中有关的内容等）、保险金额（限额）、费率、交费方式、费用（经纪费用、服务成本等）。根据保险公司的有关政策、再保险安排能力与状况，承保条件是确定风险大小的主要因素之一。同时，承保条件的各要素之间可能呈现非线性关系。

有的保险企业倡导"必须确保公司承保的每笔业务都盈利"的策略，对核保工作提出了非常明确的工作目标与导向。

📁 知识文件夹

核保工作的重要性

在保险公司的风险管理环节中，核保岗位直接面对各种投保咨询资料，对于进入保险公司的各种风险进行判断和选择，处于控制风险入口的核心岗位和前沿地位。优秀的核保人员不但可以正确地对风险进行判断和选择，而且能够促进业务发展，提高公司经济效益，强化公司的专业形象，增强竞争能力。核保工作做不好，对公司的业务发展与风险控制都有很大的负面影响，既无法处理好业务发展速度与质量的矛盾，又不能有效控制风险。

（二）核保工作原则

核保工作的原则主要包括：

1. 实现长期的承保利润

这就要求核保人员全面、细致、谨慎地进行核保，争取最好的承保条件，保证保险公司具有长期的承保利润；避免片面追求规模的短期行为，这将破坏市场和客户的关系，不利于保险公司的长远发展。

2. 以风险控制为基础，实施科学决策

这就要求核保人员积极主动开展承保标的风险评估工作，为核保决策提供依据；并能够进一步收集、整理、分析与研究历史灾害数据，进一步细化业务政策。

3. 谨慎运用公司的承保能力

这就要求保险公司核保人员不要在条件不成熟的时候，盲目承保高风险项目，相反要研究巨灾风险，注意风险积累。

4. 实施规范的管理

这要求核保人员遵守国家、地方法规及公司的规章制度，并能够遵守行业协会规定和市场准则。

5. 有效利用再保支持

这要求核保人员慎重核保，准确划分危险单位，确定自留比例，合理分散风险，能够以确保公司利润为最大原则，最大限度利用而不是片面地依赖于再保险支持。

6. 提出风险改善建议

通过风险改善建议，降低损失发生率和严重程度，增强与客户的关系。

（三）核保工作的具体内容

保险企业是经营风险的特殊企业。在争取业务中，不能不重视业务的选择。随着我国经济的不断发展，科学技术的广泛运用和人民生活水平的提高，承保对象和承保内容越来越多样化，这就要求保险人在注意业务"量"的同时，重视业务"质"的选择，提高承保质量，减少赔款支出，保持自身财务的稳定。

保险核保工作的内容主要包括承保选择和核保控制两个方面。

1. 承保选择

承保选择主要包括对物的选择和对人的选择两个主要方面。

（1）对物的选择。指对保险标的的选择。保险标的状况如何，与可能发生风险的因素、性质以及导致损失的大小与范围有密切关系。承保时应对保险标的本身风险因素进行认真分析。

（2）对人的选择。指对被保险人的选择。在人身保险中，对被保险人的职业、年龄、健康状况、经济能力以及信誉、道德都需作全面的了解。在财产险和责任险中，被保险人是保险标的和保险利益的所有人或是代理人、受托人，他们对保险标的的管理、保存、处理的能力都会影响危险的频率和强度。

📁 知识文件夹

保险承保选择的目的与要求

保险业务的选择，不论是对人还是对物，选择的时机应放在承保之前。承保前发现问题，保险人处于主动地位。保险人可视风险状况，采取不保、少保或附加一定的条件加以限制。如事后发现问题，可向被保险人提出防损意见，或在保险期满后不再续保；在被保险人明显违反保险合同的情况下，保险人可中止原保险合同。进行业务选择的目的，在于控制承保风险。保险人应直接深入现场，逐项进行调查分析，发现潜在风险因素，了解防火安全设施，记录以往损失资料，估算其损失程度和损失机会，提出防险措施等。总之，业务选择要使保险人在有利条件下承担风险责任。

2. 核保控制

核保控制是指保险人对投保风险做出合理的核保选择后，对承保标的的具体风险状况，运用保险技术手段，控制自身的责任和风险，以合适的承保条件予以承保。核保控制的对象主要有两类：一是风险较大但保险人还是予以承保的标的，保险人为了避免承担较大的风险，必须通过核保控制来限制自己的保险责任；二是随着保险合同关系的成立而诱发的两种新的风险：道德风险和心理风险。

（四）保险核保的基本要求

1. 加强核保和业务选择

保险核保是指保险人对将要承保的新业务加以全面评价、估计和选择，以决定是否承保的过程。核保的必要性在于：核保有利于合理分散风险；核保是达成公正费率的有效手段；核保有利于促进被保险人防灾防损、减少实质性损失。

2. 注意承保控制，避免道德风险

承保控制就是适当控制保险责任，以避免心理风险和道德风险。承保控制的措施通常包括：适当控制保险金额；规定一定的免赔额；规定被保险人本人承担一部分损失；限定责任范围；控制承保风险；实行无赔款优待；多赔款加费政策等。

3. 严格制单手续，保证承保质量

制单质量的好坏，事关保险合同能否顺利履行。为此，要加强制单管理，以保证承保质量。制单工作的具体要求是：①单证齐全。②保险合同三要素明确，保险合同三要素是指保险合同的主体、客体和保险合同的内容。③数字要准确。保险制单过程中，每一个数字都代表着保险人和被保险人的利益。数字准确主要包括三个方面的内容：保险金额准确，适用费率准确，保证数计算准确。④字迹清楚、签单齐全。保险人签发的保险单是保险合同权利义务关系宣告成立的依据，其他各单证也是保险合同的重要组成部分。

（五）保险核保的一般程序

1. 财产保险核保

（1）接受投保单。投保人购买保险，首先要提出保险申请，即填写投保单，交给保险人。投保单是投保人向保险人申请订立保险合同的依据，也是保险人签发保单的凭证。投保单一般由保险人提供，其主要内容有：投保人名称；投保日期；被保险人名称；保险标的名称、种类和数量；保险金额；保险标的的具体位置和运输工具的名称；保险期限；受益人和赔付地点等八个方面。

（2）审核验险。①审核投保单。承保人收到投保单后，应详细审核投保单的各项内容，若发现问题，要及时指正。②验险。验险是对投保标的的风险情况进行检验，以识别、衡量风险程度，确定风险等级。验险是承保的重要工作，只有全面、认真、细致地检验，才能科学地进行承保选择和风险控制，才能以合理的适用费率做出承保决策。

（3）接受业务。接受业务是指保险公司内勤人员接受外勤人员交来的各种投保单、明细表、代办协议书和批改申请书，以及接待门市业务。内勤人员接到上述各种单证后，必须认真地进行全面审核，即继外勤人员检验之后，再次就投保人所填单证内容进行认真分析和复核。审核无误后，分险别进行投保登记，并在单证传递簿上签收。

（4）缮制单证。缮制单证就是在接受业务后，填制保险单或发放保险凭证以及办理批单手续。因此，缮制单证是承保工作的重要环节，其质量的好坏直接关系到保险合同当事人双方的义务和权利能否正常履行与实现。

（5）复核签单。单证复核是业务承保工作的一道重要程序，也是确保承保质量的关键环节，因此，必须配备具有较高政治和业务素质的人员担此重任。

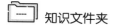 **知识文件夹**

复核时的注意事项

复核时应注意审查投保单、验险报告、保险单、批单、明细表及其他各种单证是否齐全，内容是否完整并符合要求，字迹是否清楚，计算是否正确，要与原始凭证相对照，力求无差错。一切复核无误后，要加盖公章，并由负责人、复核员签名，然后对外发送。

（6）清分发送。业务内勤将保单、批单正本、明细表、机动车辆和船舶保险证以及保费收据、填写发送单证和收付款项流转签收簿交外勤人员签收送交保户，并收取保险费。

（7）归档、装订、保管。各种保险单证和附属材料，均是重要的经济档案，必须按规定编号、登记、装订牢固，实行专柜专人管理，并符合防火、防盗、防潮和防蛀的要求。

2. 人身保险核保

（1）第一次危险选择——业务员选择。通常把销售人员在新契约拓展中的选择称为第一次危险选择。保单销售是一种承诺的销售，一种危险保障的销售，不同于有形的物品，如一台彩电、一件衣服、一套房子，可以给人们带来直接的感受。而中国民俗习惯，把危险的状态视为一种不吉利，人们对自身所面临的危险不愿去想，也不十分清楚，存有侥幸心理，很少主动参加保险，因此，销售人员上门展业成为寿险业务的主要销售方式。这样做既提能高公司效益，避免逆选择，又能减少合同纠纷，有利于市场开拓。

业务员选择的具体过程如下：①面晤。业务员必须与投保人、被保险人直接见面，交谈了解投保人和被保险人的投保动机，引导投保人如实填写投保单、健康报告及声明书。②观察。观察被保险人的健康状况、手脚缺损、运动障碍等，还要观察被保险人的生活环境，如生活习惯、居住条件、生活方式等，凡有异常、缺陷或不适当的、不协调的情况，应做进一步了解，并记录在案。③询问。了解其投保动机、是否有寿险投保史，对投保人、被保险人告知的既往症、现症、家庭史、职业、收入及资产情况进行询问，以确定投保的险种、保额的高低是否恰当。④报告。如实反映进行面晤、观察、询问的情况，对有疑问的地方应慎重予以调查，对告知内容或已判明事实者，应无隐瞒地向公司报告。

知识文件夹

业务员选择注意事项

- 排除逆选择，警惕道德危险；
- 投保单的填写要正确；
- 业务员应向投保人和被保险人详细说明保险条款的重要内容；
- 及时完成业务员报告书。

（2）第二次危险选择——体检医生选择。当寿险契约达到一定条件时，寿险公司将该保险契约确定为体检件，有以下三种情况：①达到某一规定保额；②对投保人的健康状况有疑点的；③定比例抽检。

体检医生选择的重要性体现在：①健康因素对危险选择有直接影响，在正常的生活环境中，意外死亡是少数，各国死因顺位中，排名第一和第二的分别是疾病死亡和自然死亡。而且我国社会医疗管理体系的电子化程度较低，没有建立个人的医疗和健康档案，没有个人健康状况的资料库，很难查阅客观的健康资料，即使进行逆选择也不易被察觉，故而体检医生的专项检查是极为重要的选择，是寿险公司做出正确的判断和决定的客观依据。②保险医学的要求，进行医务选择的目的，是通过体检，了解投保人、被保险人身体现有的健康状况对其寿命的影响，进而判断其是否符合预期死亡率或符合哪种预期死亡率（与临床医学有所不同）。③核保工作的需要，体检的目的是对健康危险不同的被保险人采用不同的费率承保，从而维护差别费率对每一被保险人的公平作用，保证公司长远稳定经营。

📁 知识文件夹

体检医师选择事项

- 查验受检人身份；
- 请受检人自行填写健康声明，并亲笔签名，以便事后核对；
- 体检应认真、细致，反映客观事实，不能因同情心或人情受他人左右，损害公司的利益；
- 体检结果直接送公司核保人处或由核保人来取，体检医师不能将体检结果告诉投保人或业务员，以免引起争议；
- 对体检结果要保密（因为涉及投保人的隐私）。

（3）第三次危险选择——核保人选择。核保人将投保单、业务员报告书、体检报告书、生存调查报告等被保险人的有关资料进行审核，判断是否可以承保，或以何种条件进行承保的过程，是核保人的危险选择，又称为第三次危险选择。

📁 知识文件夹

核保人选择主要事项

- 对免体检件也要按规定核保，免体检件不是免核保体，只是从成本和客观需要来考虑，不做体检，而不是不需核保；
- 核保人也要具备医学、保险学、法律基础知识、社会常识和心理学知识，要注意总结实践经验；
- 核保人在医务查定过程中，要从保险医学角度来对保险人的情况进行查定，对于次标准体，核保人员应依据其危险程度、额外死亡率数值做出加收特别保费、附加承保条件、削减保险金额、缩短保险期限等决定；
- 越权上报审批，核保人员一般按工作能力、公司权限分等级，根据资历、经验、职务而有不同等级，核保人员的等级决定核保的权限。

（4）第四次危险选择——生存调查。生存调查是核保的重要组成部分，是为了了解某被保险人可否被承保或以何种条件承保，或为排除具有道德风险及逆选择的投保者加入被保险人群体而实施的对生存中的被保险人或准被保险人的调查。出具生存调查的意义体现在三个方面：一是保证公司稳定经营、提高公司信誉的一种极为有效的手段。二是对业务员工作质量的检查，对从第一关口起控制劣质保单流入有着极为重要的作用。三是通过生存调查能够及时发现体检医生和核保人员的过失与错误。

📁 **知识文件夹**

生存调查的方法

- 直接调查方法（直接、经济且不易引起保户反感）；
- 间接调查方法（通过与投保人相关的生活圈如邻里、亲朋好友的接触、交谈来进行调查，缺点：时效差、成本高）。

第三节　保险防灾防损

防灾防损是保险经营过程中不容忽视的重要环节。实施防灾防损，维护人民生命和财产安全，减少社会财富损失，既是提高保险企业经济效益和实现社会管理功能的重要途径，又是强化社会风险管理和安全体系的必要措施。

一、保险防灾防损的概念

保险防灾防损，简称保险防灾，是指保险人与被保险人对所承保的保险标的采取措施，减少或消除风险发生的因素，防止或减少灾害事故所造成的损失，从而降低保险成本、增加经济效益的一种经营活动。

防灾防损，减少社会财富损失，是一项社会性活动。但是，保险防灾只是社会防灾工作的一部分，二者有着明显的区别。保险防灾与社会防灾的区别主要表现在以下几个方面：①防灾的主体不同。保险防灾的主体是保险企业，社会防灾的主体则是社会专门防灾部门或机构。②防灾的对象不同。保险防灾的对象是保险企业所承保的保险标的，社会防灾的对象则遍及社会所有团体和个人。可见，保险防灾的对象是特定的，与社会防灾相比，它的覆盖面要窄。③防灾的依据不同。保险公司是企业形式的经济组织，它是根据保险经营的特点，依据保险合同关于权利和义务对等关系的规定开展防灾工作的；社会防灾部门则是各级政府主管防灾工作的行政或事业单位，它可根据国家法令和有关规定，对防灾对象的防灾工作提出要求，督促检查。④防灾的手段不同。保险企业是向被保险人提出防灾建议，促使其采取措施进行风险防范，否则不予以承保或不承担赔付责任。社会防灾部门则在开展防灾活动时，可以运用行政手段促使单位和个人采取措施消除危险隐患，对不执行或违反规定的单位和个人可以给予一定的行政或经济处罚。

同时，保险防灾与社会防灾又密切相关，互为补充，其共同之处表现在：①两者都是处理风险的必要手段；②两者都是为了减少损失，达到保护社会已有的财富、保障社会安定的目的。可见，要使保险为社会生产提供全方位的服务，不仅要做好事后理赔，还要做好事前的防灾防损。

二、保险防灾防损的内容

1. 加强同各防灾部门的联系与合作

保险企业作为社会防灾防损组织体系中的重要一员，以其特有的经营性质和技术力量，受到社会各界的重视，发挥着越来越大的作用。因此，保险人一方面要注意保持和加强与各专业防灾部门的联系，并积极派人参加各种专业防灾部门的活动，如公安消防部门对危险建筑的防灾检查、防汛指挥部对防汛措施落实的检查、商检部门对进出口货物的商品检验等；另一方面，要充分利用保险企业的信息和技术优势，向社会提供各项防灾防损服务，如防灾技术咨询服务、风险评估服务、社会协调服务、事故调查服务、灾情信息服务和安全技术成果推广服务等。

2. 进行防灾宣传和检查

目前，人们对风险的防范意识还比较薄弱，保险人应运用各种宣传方式，向投保人和被保险人宣传防灾防损的重要性，提高安全意识，普及防灾防损知识。保险防灾宣传的内容包括：保险与防灾的关系，消防条例和有关法律规定，防灾防损的基本常识，如救火、抗洪、防震的常用措施。

保险防灾的检查应以所承保的单位和个人为主要对象，具体的做法有：①借助防灾主管部门的行政手段，对投保人提出切实可行的整改建议；②配合行业的主管部门，根据该行业的特点，进行针对性的风险防范检查；③聘请专家和技术人员对某些专业性强、技术要求高的投保单位进行重点防灾检查；④保险人在承保前和出险时应对投保单位进行风险查验，尤其是对一些重点防灾企业，例如，有些保险公司规定，保险金额在1亿元以上，保险费超过10万元以上，或是五六级工业险的企业都属于防灾检查的重点单位。

3. 及时处理不安全因素和事故隐患

通过防灾防损检查，发现不安全因素和事故隐患时，保险人要及时向被保险人提出整改意见，并在技术上予以指导和帮助，将事故隐患消灭在萌芽状态。同时，保险人在接到重大保险事故通知时，应立即赶赴事故现场，直接参与抢险救灾。抢险救灾的主要目的在于防止灾害蔓延并妥善处理好残余物质。

4. 提取防灾费用，建立防灾基金

保险企业每年要从保险费收入中提取一定比例的费用作防灾专项费用，建立防灾基金，主要用于增强社会防灾设施和保险公司应付突发性的重大灾害时急用。例如，用于

资助地方消防、交通、航运、医疗卫生部门，帮助它们添置公共防灾设备，奖励防灾部门和人员。这一内容充分体现了保险企业对社会防灾工作的积极参与。

5. 积累灾情资料，提供防灾技术服务

保险人除了搞好防灾工作，还要经常对各种灾情进行调查研究并积累丰富的灾情资料，掌握灾害发生的规律性，提高防灾工作的效果。例如，有的保险公司要求对资产在500万元以上的投保人建立防灾档案。此外，保险人还应开展防灾技术服务活动，帮助事故发生频繁、损失额度大的投保人开展防灾技术研究。

三、保险防灾防损的方法

1. 法律方法

法律是保险防灾管理的方法之一。它是指通过国家颁布有关的法律来实施保险防灾管理。例如，有些国家的法律规定，投保人如不加强防灾措施，保险人不仅不承担赔偿责任，而且还要追究其法律责任。我国《保险法》第五十七条规定："保险事故发生时，被保险人应当尽力采取必要的措施，防止或者减少损失。"

2. 经济方法

经济方法是当今世界普遍运用于保险防灾的重要方法。保险人在承保时，通常根据投保人采取的防灾措施情况来决定保险费率的高低，从而达到实施保险防灾管理的目的。换句话说，在相同的条件下，保险人通过调整保费来促进投保人从事防灾活动。对于那些防灾设施完备的投保人采用优惠费率，即少收保险费，以资鼓励；反之，对那些懈怠于防灾，缺乏必要防灾设施的投保人则采用较高的费率，即多收保险费，以促进其加强防灾。

3. 技术方法

保险防灾的技术方法可以从两个角度来理解：一是通过制定保险条款和保险责任等技术来体现保险防灾精神，二是运用科学技术成果从事保险防灾活动。前者表现在三方面：首先，在设计保险条款时明确被保险人防灾防损的义务。例如，我国现行的许多险种的保险条款中，均规定被保险人必须保证保险财产的安全。其次，在保险责任的制定上，也有防止道德风险的规定。例如，在现行的保险条款中规定，凡属被保险人的故意行为所造成的损失，保险人不负赔偿责任。再次，在保险理赔上提出了抢救和保护受灾财产的要求。例如，财产保险合同中规定，如果灾害事故发生在保险责任范围内，被保险人应尽可能采取必要的措施进行抢救，防止灾害蔓延，对未被破坏和损害的财产进行保护和妥善处理。因没有履行这一义务而加重损失的部分，保险人不负赔偿责任。后者通常是指保险企业专门设立防灾技术研究部门，对防灾进行有关的技术研究。防灾部门运用有关的技术和设备对承保风险进行预测，对保险标的进行监测，研制各种防灾技术和设

备并制定有关的安全技术标准。这些防灾活动不仅使保险企业获得良好的经济效益，而且在社会上也获得了良好声誉。由于这些保险防灾技术领先于社会防灾技术，从而又在一定程度上促进了社会防灾技术的发展。

第四节　保险理赔

在保险经营中，保险理赔是保险补偿职能的具体体现。理解保险理赔的含义，掌握理赔的本质和规律，可以帮助我们更好地掌握保险这个经济机制，充分发挥保险的作用。

保险理赔

一、保险理赔及其意义

保险理赔，即处理赔案，是指保险标的发生保险事故后，保险公司根据保险合同的规定，对被保险人提出的索赔进行处理的行为。通过保险理赔，可以使被保险人遭受的损失及时得到补偿，从而充分发挥保险的职能与作用。通过理赔，可以对承保业务质量进行检验，从中发现防灾防损工作中的问题和漏洞，为提高承保业务质量、加强防灾防损提供依据。通过理赔还可以提高保险企业的信誉，扩大保险在社会上的影响，促进保险业的发展。因此，保险理赔是保险经营的重要环节，做好理赔工作，对提高保险企业的经济效益和社会效益都有十分重大的意义。

二、保险理赔的基本原则

1. 重合同、守信用

由于保险公司与被保险人之间的权利义务关系都是通过保险合同来实现的，保险公司在处理各种赔案时，都按照保险合同中条款的规定来处理，既不能任意扩大保险责任范围，也不能惜赔，缩小保险责任范围，应恪守信用，严格遵守保险合同的规定。

2. 实事求是

保险合同条款对赔付责任做了原则性规定，但实际情况错综复杂，这就要求保险公司必须以实事求是的精神，运用保险条款的规定，并结合具体情况来处理赔案，既要有原则性，又要有一定的灵活性。

3. 主动、迅速、准确、合理

这是保险理赔工作的"八字方针"，也是理赔质量的重要标准。所谓主动、迅速，是要求理赔人员在处理赔案时要积极主动，及时深入现场，主动了解受损情况，迅速赔偿损失。所谓准确、合理，是要求理赔人员在审核赔案时要分清责任，合理定损，准确地核定赔款金额，做到不惜赔、不乱赔。

三、保险理赔的程序

保险理赔工作从接到损失通知时开始，理赔过程包括单证审核、现场勘查、赔付三个基本环节。

1. 损失通知

保险标的发生保险事故时，财产保险的被保险人、人身保险的被保险人或受益人应将事故发生的时间、地点、原因及其他有关情况及时通知保险公司或保险代理人。损失通知可采用书面形式，也可采用口头形式，但从备查角度考虑，采用书面形式更有利。损失通知可以使保险公司开展损失调查，避免因延误造成调查的困难，可以防止道德危险因素的产生，以使保险公司能及时采取施救措施，防止灾害事故的蔓延和损失的加重。

2. 单证审核

保险公司在接到损失通知后，要立即进行单证的审核，以决定是否有必要全面开展理赔工作。理赔人员首先要审核保险单的有效性，如果保单是无效的，就不必受理。其次，审核损失是否是由保险责任范围内的原因造成的，如果保险标的损失是由不保损失原因造成的，保险公司不承担保险责任，也就没有继续进行理赔工作的必要。最后，理赔人员还要审核有关单证的有效性。

在初步确定赔偿责任后，保险公司根据损失通知编号立案，对保单副本与出险通知单进行核对，为现场勘查做准备。

3. 现场勘查

现场勘查的具体内容包括以下几个方面。

（1）查明出险的时间和地点，检查其是否在保险合同规定的范围内。

（2）调查和核实出险的原因。保险理赔人员必须通过深入细致的调查研究才能确定出险的原因。对一些技术性问题，有时还要依靠专家提供咨询服务，或请有关部门做出技术鉴定。

（3）核定损失数额。在确定损失属于保险赔偿责任范围后，保险理赔人员要进一步核定损失数额和赔偿金额，编制赔款计算书。对损余物质一般协议作价给被保险人，并从赔款中扣除。对施救费用也予以赔付，但以其保险金额为限。

4. 赔付

保险公司完成审核和勘查工作后，就损失责任、赔偿金额与被保险人或受益人达成协议，即可支付赔款。

5. 结案

保险理赔人员在支付赔款后，清理有关赔案的所有文件和单证，以及现场的照片和录音，归档管理，以便日后查阅。在结案时，保险理赔人员还要注意追偿。如果损失应由第三者负赔偿责任，被保险人在取得赔偿后应填具权益转让书，把对第三者责任方的要求赔偿权利转让给保险人。

➤ **小案例**

出险莫忘及时报

李某出差回家后，发现家财被盗。于是，他迅速到派出所报案。经公安人员现场勘查，发现有 1 万多元的财物被盗走。10 多天后此案还没告破，这时李某才想起自己参加了家庭财产保险。于是，他急匆匆手持保单来到保险公司要求索赔。保险公司以在出险后未及时通知为由拒赔。

那么，为什么李某投保了家庭财产保险，却不能获得赔偿呢？这是因为李某在家庭财产被盗后，虽然及时向公安部门报了案，却忽视了向保险公司报出险通知，使本该履行的及时通知义务迟延履行。依照《保险法》第二十一条规定："投保人、被保险人或者受益人知道保险事故发生后，应当及时通知保险人。"这里的"及时通知"是指被保险人应尽快通知保险人，以便及时到现场勘查定损。通知的方式可以是口头方式，也可以是书面形式。"及时通知"是被保险人应尽的义务，同时，被保险人向保险公司索赔也是有时间限制的。如果被保险人没有履行此项义务，保险人可免除保险责任。家庭财产保险条款还专门就被保险人"及时通知"义务进行了明确规定，即被保险人必须在知道保险事故发生后，保护好现场，并在 24 小时内通知保险人。否则，保险人有权不予赔偿。

四、保险理赔的运用

（一）企业财产保险理赔

1. 赔偿方式

企业财产保险合同约定的保险赔偿方式通常有两种：一是保险人向被保险人支付赔偿款；二是保险人自担费用恢复原状或置换受损保险财产，即通常所说的重置赔偿方式。

（1）支付赔偿款。因为企业财产保险是不定值保险，保险人向被保险人支付赔偿款，首先要确定受损保险财产的价值，即确定受损财产的保险价值。受损财产的保险价值是保险财产在损失当时、当地的实际价值，此价值不包括因财产损失而造成的预期利润等间接损失，但在某些情况下也包括被保险人应交付的增值税。

（2）恢复原状或置换受损保险财产。恢复原状或置换受损保险财产，通常称为重置受损保险财产，其含义为将受损保险财产恢复到受损前的原有状态。

企业财产保险合同，是以保险人支付赔偿款履行赔偿义务为主的保险合同。如果保险人和被保险人在订立保险合同时，没有约定重置条款，保险人只能对被保险人进行赔款补偿，被保险人也不能强迫保险人重置受损保险财产。我国现行财产保险综合险条款就是这样规定的。如果保险合同中约定有重置条款，保险人就有权选择以重置受损保险财产的方式，履行赔偿义务。财产一切险条款就是如此。保险人在做出以重置方式履行赔偿义务前，保险合同仍是保险人支付赔偿款履行赔偿义务的合同，被保险人不能拒绝接受保险人的赔偿款。但是，一旦保险人选择重置方式履行赔偿义务，保险人就不能放弃他的选择而改为支付赔偿款，被保险人也不能拒绝接受保险人选择以重置方式履行赔偿义务。不过保险人也没有义务将受损保险财产重置得和原来完全相同，只能在条件允许的情况下最大限度地将受损保险财产重置到原来的状况，而且保险人的重置费用支出以保险合同约定的保险金额为限。

📁 **知识文件夹**

保险人在什么情况下会选择以重置方式履行赔款义务？

- 保险人难以就赔偿款和被保险人协商达成一致，而重置方式所需费用比被保险人主张的赔偿款少得多；
- 保险人怀疑造成保险财产损失的真正原因或怀疑被保险人巨大的索赔金额，但又没有证据证明被保险人的故意或欺诈行为；
- 保险财产损失较轻，重置受损财产方式比较快捷方便且节约费用。

2. 赔款分摊与免赔额

（1）赔款分摊。企业财产保险合同是经济赔偿合同。同一个被保险人可能为其财产向不同的保险人投保多个财产保险。保险财产发生损失，各有关保险人应当共同承担保险财产的损失，即分摊保险赔偿。

（2）免赔额。免赔额有相对免赔额和绝对免赔额之分。绝对免赔额可以视作被保险人的损失自担额。企业财产保险合同多采用绝对免赔额。保险财产发生损失，应当先扣除免赔额，再确定保险赔偿。我国现行财产保险综合险格式合同中没有免赔额规定，而财产一切险格式合同中有免赔额规定。

3. 残值与权益转让

《保险法》第五十九条规定："保险事故发生后，保险人已支付了全部保险金额，并且保险金额等于保险价值的，受损保险标的的全部权利归于保险人；保险金额低于保险价值的，保险人按照保险金额与保险价值的比例取得受损保险标的的部分权利。"保险财产发生部分损失，保险人赔偿保险财产的部分损失，保险人不能取得对受损保险标的的权利。

➤ **小案例**

某成衣厂于 2000 年 1 月 31 日与某保险公司签订了财产保险合同，保险期限从 2000

年 2 月 1 日起至 2001 年 2 月 1 日止，保险金额为 35 万元，并于当日交付了全部保险费。2000 年 2 月 7 日晚，因是春节期间，这个厂的值班人员钟某擅自离开工厂，到朋友家去吃晚饭，饭后又与朋友一起打麻将，直到第二天下午 3 时才回到成衣厂，发现成衣厂防盗门被人撬开，厂内的财产被盗。经现场勘查，该成衣厂的财产损失约 16 万元。由于此案一直未破案，成衣厂于 2000 年 5 月 11 日向保险公司提交书面索赔报告。同年 6 月 20 日，保险公司出示《拒赔通知书》，称依据该保险公司的《企业财产保险条款附加盗窃险特约条款》（以下简称《特约条款》）的约定，"由于保险地址无人看守而发生的被盗窃损失，保险人不负赔偿责任"。而成衣厂认为应该赔偿，遂引起纠纷。最后成衣厂向法院起诉保险公司，要求其承担财产赔偿损失。

本案的争议焦点是：财产保险附加盗窃险条款的除外责任是否对被保险人具有法律约束力？对此笔者持肯定的观点。理由如下：首先，本案中保险人在承保时，已向被保险人交付了加盖骑缝章的企业财产保险主险和附加险的条款。其次，《特约条款》中的除外责任对被保险人具有法律约束力。投保单是保险合同的重要组成部分，投保单上约定的内容是投保人真实的意思表示。最后，保险公司在印制投保单时，特意设置"投保人（签章）"栏，该栏中约定：投保人声明上述所填内容属实，对贵公司就财产保险基本险条款及附加险条款包括除外责任的内容及说明已经了解。一旦投保人在该栏中签名或者盖章，就证明保险人履行了保险条款的解释说明义务。本案中，保险人采用签名确认并声明的方式，证明其已履行了对免责条款的明确说明义务，而被保险人拿不出相反的证据来反证，所以，法院认定保险人已履行了免责条款的明确说明义务。

本案对我们的启示：

（1）投保人在签名前，应认真填写投保单，看清投保单中的有关事项及保险条款的内容，然后才可以在投保单上签名或盖章。若有不懂的问题，应及时要求保险公司的业务人员予以解释。因为一旦投保人在投保单上签名或盖章，将被视为保险人在承保时已履行了保险条款的解释说明义务，也意味着投保人已经知道保险条款中除外责任的内容。

（2）随着人们保险意识的加强，遵守保险合同条款以及保险法律的意识也要加强。保险合同签订后，被保险人应依据保险合同的约定认真履行自己的义务。购买保险是投保人分散风险的一种手段，但投保人切不可在投保后高枕无忧，对保险财产不管不顾。因为如果财产损失是由被保险人未履行义务原因引起的，保险公司依据保险合同条款可以拒绝赔偿。

（二）人身保险理赔实务

人身保险理赔是指人身保险公司根据保险合同的规定，在被保险人发生保险事故后，对被保险人或保单持有人或受益人的索赔受理立案，并对事故原因和损害程度进行确认且决定是否予以赔付的整个过程。

1. 确定保险事故是否发生

报案人员通常以索赔者报告的形式通知被保险人已经死亡，索赔者报告也称索赔申请单。收到索赔报告后，理赔人员便收集信息以证明保险事故是否发生。通常最有力的证明是死亡证明，死亡证明是公认的死亡证明文件。在我国，死亡证明指明了死亡的原因，由医院出具。除死亡证明和索赔申请单外，有时理赔人员还会向被保险人生前的主治医师索取主治医师报告。如果被保险人在可抗辩期内死亡或死于意外，还可能需要验尸报告。

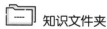 **知识文件夹**

确定保险事故时，特殊情况处理须知

在确认保险事故时，也可能遇到下列的疑难问题，需要理赔人员妥善解决：

（1）被保险人失踪。如果索赔涉及的死亡产生于可以解释被保险人失踪的特定风险事故，并且没有其他可怀疑的情况存在，则可以按被保险人已经死亡赔付。比如，4名大学生在寒假期间攀登珠穆朗玛峰，不幸遇上雪崩，两位同学目睹另外两位同学被大块滚下的积雪卷走。若两位登山者的尸体在一个合理的期限内未被找到，且没有发现欺诈的证据，则理赔人员可以同意赔付。但若被保险人失踪，且无特定的损害风险因素或确切的死亡证明，则必须按照一定程序，宣告其死亡之后，才能给付保险金。

公民下落不明达到法定年限，可经利害关系人申请，由人民法院宣告其死亡。宣告死亡必须具备的条件是：公民下落不明达法定年限；须由利害关系人向人民法院提出申请；须由人民法院的法定程序宣告。

（2）被保险人重新出现。已被法院宣告死亡且已经给付保险金的被保险人，日后重新出现，保险人通常有权收回保险金，因为这笔钱是在事实错评的情况下支付的。

（3）在居住地以外的国家或地区死亡。在人寿保单中，一般都不规定地区除外的条款，这就意味着在保险期限之内被保险人不论在哪一个国家和地区发生保险事故，保险人都会给予保障。但是由于不同的国家死亡登记手续不同，同时被保险人死于国外还增加了欺诈的可能性，所以，对这类索赔案通常需要额外的调查，以核实理赔的有效性。

2. 确定是否属于保险责任

（1）保险事故是否发生在保险期内。被保险人的死亡若发生在签发保单之前或保险合同结束之后，保险公司当然不负保险责任，依照保险条款和索赔材料对此进行判断是比较容易的，关键是看是否存在道德风险。

（2）被保险人的死亡是否属于除外责任。

 **知识文件夹**

死亡保险的除外责任

死亡保险的除外责任有：

（1）自杀除外责任。如果被保险人自杀身亡，又在免责期内，则保险人不给付死亡保险金。理赔人员在判定自杀时，必须证明这样一些行为（有自杀意图、有自杀行为、导致死亡）存在，并表明它们之间存在一种直接关系。

（2）航空除外责任。民用航空包括空中救护、乘气球飞行、商业性航空、播洒农药、救火、电线和管道勘测、邮寄业务、绘制地图、维护治安、比赛、观光旅游、气象、交通管制、娱乐性飞行、拍电影或电视剧。因民用航空具有额外风险，所以一些公司附加条件（收取额外保费）加以承保。另一些公司则将其作为除外责任，规定若被保险人在从事除外责任活动时死亡，只返还已交保费或保单现金价值的两者较大者。

（3）其他除外责任，如战争、核辐射造成的死亡属除外责任。

3. 计算给付金额

（1）基本死亡保险金。基本死亡保险金即保险单面额，通常保单面额等于基本死亡保险金。但当有年龄误告需调整、有贷款未偿还等情况时，死亡保险金的数额就会发生变化。

（2）对基本死亡保险金的扣除额。从基本死亡保险金中应扣除的有：宽限期内到期未交的保费、未偿还的贷款及利息等。

（3）附加于基本保险金之上的金额。附加于基本保险金之上的金额包括：意外死亡给付，它是通过意外死亡给付附约的形式，为被保险人提供一个在保单面额之上附加死亡给付，代价是支付给保险人意外死亡附加保费；未分红的保单红利；留置在保险公司的累积红利及利息。

（4）年龄误告调整。在核赔时，理赔人员要核实已故被保险人的年龄，以确定所交纳的保费是否准确地反映了保险人所承担的风险。核实的信息来源包括身份证、户口簿以及被保险人的子女的年龄、被保险人的退休日期等。发现年龄有误时，应根据所交的保费计算按其真实年龄所能购买的保险保障，即保险金额。

4. 给付保险金

在大多数情况下，将死亡保险金支付给被保险人指定的受益人，赔案即告结束。但也时常出现一些问题，需要理赔人员去解决。

（1）受益人的问题。如果未指定受益人，则应将保险金支付给被保险人的法定继承人；如果受益人死亡又未指定另一受益人，则视同未指定受益人；如果受益人丧失受益权，处理方法同上；如果受益人失踪，则通常以受益人所居住地区的法律处理；如果受益人变更，则以变更后的受益人为准。

（2）需要特别处理的赔案。①相冲突的索赔者。如果有来自两方或多方的索赔者领取保险金，理赔人员应该依保险条款办事，并向他们提供有关该赔案的完整信息，把道理讲清楚。假如索赔者不接受，则可以启用法庭裁定给付，即将保险金呈交给法庭，由法庭裁定恰当的保险金受益人。②共同财产。有关共同财产的法律规定，配偶任何一方都有权均分另一方在婚姻期间所得的收入和财产，若配偶一方在婚姻期间为自己购买了寿险，其以家庭收入支付保费，则该保单被认为是共同财产。所以，若该保单的受益人为保单所有人的配偶，则该保险金是该配偶的独立财产；若该保险金为被保险人的遗产，则应该视为共同财产。③离异。在世界上的大多数国家，夫妻离异并不改变其配偶作为受益人的指定，但在美国的一些州的离婚成文法，规定离异后自动撤销原配偶的受益人资格，除非在离异后或在离婚裁决中重新将原配偶指定为受益人。④同时死亡。被保险人与受益人同时死亡，且无法确定死亡的先后顺序时，保险人假定受益人先死。

5. 拒赔

如果死亡发生在保险期限之外，或死亡发生在可抗辩期内，而且在投保时有重大不实告知，或在免责期内自杀，或在意外伤害险中，死亡不属于意外等情况下，保险人可拒赔。

第五节　保险投资

在一个竞争且开放的保险市场上，保险人想要依靠直接保险业务获得预期收益显然是一件相当难的事情，然而很多保险公司不仅生存下来了，而且发展势头还很好，其原因就在于保险人从保险投资活动中获得了丰厚的回报，投资利润不仅弥补了直接业务的亏损，而且使绝大多数保险公司的财务扭亏为盈。当然，保险投资本身还是一项风险活动，对保险人而言是一柄可能利己也可能伤身的双刃剑，关键是在于保险人自己。

保险投资
业务管理

一、保险投资概述

保险投资，又称作保险资金运用，是指保险公司在组织经济补偿和给付过程中，将积聚的闲散资金合理运用，使资金增值的经济活动。保险投资的目的是通过保险资金的运作，创造最大的投资价值。

（一）保险投资资金的构成

保险投资资金的构成主要包括自有资本金和准备金等。

1. 自有资本金

保险公司的自有资本金包括实收资本（或股本）和公积金。实收资本一般由有关法律明确规定，在开业时可视作初始准备金，在经营期间又是保险公司偿付能力或承保能力的标志之一。公积金包括资本公积和盈余公积。资本公积主要是保险公司投资人投入的资本金超过法定资本的部分。盈余公积由保险公司按照规定从历年的利润中提存。公积金与实收资本一样，也体现着保险公司的偿付能力或承保能力。

2. 非寿险准备金

非寿险准备金包括保费准备金、赔款准备金和总准备金等。

（1）保费准备金。保费准备金又称为未到期责任准备金或未了责任准备金，是指在每个会计年度决算时，保险公司对于保险责任尚未满期的保单，将属于未到期责任部分的保险费提存出来而形成的责任准备金。保险公司在一个会计年度内，签发保单后入账的保费称为签单保费。在当年未满期的，其对应的签单保费则称未赚保费。如果保险期限起止时间与会计年度起止时间不一致，那么保险公司在某一会计年度内收取的保费，必然有一部分属于未赚保费，应作为以后会计年度的赔付。这部分未赚保费提取出来即是未到期责任准备金，一般由保险公司按照有关法律或保险监管部门规定的比例提取。

（2）赔款准备金。赔款准备金是指在会计年度末保险公司进行年终决算时，为本会计年度末之前发生的应付而未付的保险赔付所提存的准备金。赔款准备金具体包括未决赔款准备金、已发生未报告赔款准备金和已决未付赔款准备金。

①未决赔款准备金。在每一会计年度结束时，被保险人已向保险人提出索赔，但保险人对这些索赔案件尚未确定是否属于保险责任或者未确定保险赔付金额的，称为未决赔案。对这些未决赔案提取的责任准备金即未决赔款准备金。未决赔款准备金的提取方法有逐案估计法和统计方法。逐案估计法即对未决赔案逐个估计将来结案时需要支付的赔款数。这种方法比较适用于业务规模较小的保险公司。统计方法则是根据以往赔款发生的经验数据，来推测未决赔款准备金的提取数额。统计方法可分为链梯法、每案赔付额法、准备金进展法等。统计方法比较适用于业务规模较大、索赔案件较多的保险公司。②已发生未报告赔款准备金。一些保险损失在年内发生，但被保险人或受益人可能要等到下一年才向保险人提出索赔。这些赔案因为发生在本会计年度，仍属本年度支出，故称已发生未报告赔案，为其提取的责任准备金为已发生未报告赔款准备金。由于已发生未报告赔案的件数和金额都是未知的，因此只能由每家保险公司根据不同业务的不同经验来确定。最简单的办法是可用若干年内该项赔款额占同期发生并报告的索赔额的比例来确定提取数。③已决未付赔款准备金。保险人对索赔案件已经理算完结，应赔金额也已确定，但保险金尚未实际赔付给被保险人或受益人，或尚未向其支付全部款项的，称为已决未付赔案，为其提取的责任准备金即为已决未付赔款准备金。该项准备金是赔款准备金中最为确定的部分，只需逐笔计算即可。

（3）总准备金。总准备金是指保险公司为满足年度超常赔付、巨额损失赔付以及巨灾损失赔付的需要而提取的准备金。总准备金一般是按保险监管机构的规定，从税前利润中提取，逐年累积而成。总准备金不用于平时的小额赔付，只有在当年保险业务经营发生亏损并且当年投资收益也不足以弥补承保亏损时才可动用。一般来讲，总准备金是不断积累的，对于保障被保险人和受益人的合法权益，保障保险公司的财务稳定性，具有十分重要的意义。

3. 寿险准备金

人寿保险的各种准备金是经营寿险业务的保险公司为保障未来保险期间内的给付责任而提取的责任准备金。人寿保险的保险责任一般是长期性的，保险期间短则数年、长则数十年。保费或一次性趸交，或按月、季、年均衡交付。

（二）保险投资资金的特点

保险投资资金具有返还性、分散性、长期性和增值性的特点。

1. 返还性

保险投资资金的主体是各类准备金，而这些准备金大多属于保险公司的负债，需要在将来某一时刻返还给被保险人或受益人。因此，返还性是保险投资资金最重要的一个性质。正是保险投资资金返还性的特点，决定了保险投资活动必须始终把安全性放在首位。

2. 分散性

从保险投资资金的构成看，无论是自有资本金，还是各种责任准备金，其来源都十分分散。保险投资资金的来源既可能是自然人，也可能是各类法人。在地域分布上，这些法人、自然人也可能来自不同的区域甚至国家。从保险费的收取看，保险资金在空间和时间上也具有充分的分散性。因此，保险投资资金具有分散性的特点。

3. 长期性

保险投资资金中的资本金、公积金属于所有者权益，除非企业破产清算，否则一般是不会要求偿还的，因此这部分资金具有长期稳定的特点。对于寿险公司而言，中长期保单所形成的责任准备金也是十分稳定的。这意味着相对于其他金融机构的资金而言，保险投资资金的期限可能更长，资金量也更为稳定。

4. 增值性

保险投资资金是一种经营性的资金。这种经营性决定了其自身的增值性。许多人寿保险是在当年投保，几年、几十年后给付，给付大于保费的差额大多属于保险资金增值的部分。此外，有些险种或险别本身就具有投资性质（如投资联结型保险），客户投保的目的就是获得投资收益。因此，保险资金必须投资并增值，以满足客户的这种要求。

（三）保险投资原则

保险投资的原则主要为"三性"原则，即：安全性原则、流动性原则和收益性原则。

1. 安全性原则

所谓安全性原则是指保险投资必须保证资金安全返还，且投资收益率至少应等于同期银行存款利率。因为仅仅返还本金，就会造成资金的贬值，以致保险公司入不敷出，同样不符合安全性要求。安全性原则是保险投资的首要原则和最基本的要求。保险公司投资资金主要包括自有资本金和各项准备金。其中，准备金多为保险公司的负债，需要在将来某一时点约定事件发生时以赔款、到期给付或退保等方式归还给客户。因此，保险公司在保险投资中首先应该考虑的就是安全性，以保证自身足够的偿付能力。同时值得注意的是，安全性原则是针对保险投资总体而言的，如果要求各种投资项目都绝对安全，从实践来看绝非易事，也没有必要。

2. 流动性原则

流动性要求保险资金的投资项目具有及时的变现能力，保险公司在需要时可以抽回资金，用以满足被保险人或受益人的赔付或给付要求。保证保险公司资产的变现能力和一定的现金流量十分必要。流动性作为保险投资的原则是由保险经营的特点决定的，因为保险公司将随时承担保险责任，对于短期性较强的财产保险更是如此。

坚持流动性原则不是要求每一个投资项目都有高流动性，而是从可投资资金的性质出发，使得保险公司的资金来源和资金运用相互对称，注意资产与负债的匹配，包括总量、结构、期限、成本及货币等的匹配。一般来说，长期负债用于长期投资，短期负债作短期投资。如果短期负债用于长期投资，有可能会使资金周转不过来，从而产生流动性风险，影响保险公司的正常经营。如果长期负债作短期投资，那么投资收益将达不到预期目标，也会削弱偿付能力。

流动性是以机会成本为代价的，流动性越强，机会成本越高，资金的收益就越低。流动性与安全性具有正相关关系，流动性越强，安全性越大。

3. 收益性原则

保险投资追求风险和收益正确搭配下的投资收益最大化。保险公司的综合盈利水平主要来自承保收益率和投资收益率。就全球保险业来说，随着保险主体的增加，市场竞争日益激烈，承保利润变得微薄，投资收益成为公司弥补承保亏损和获得利润的主要来源。保险投资应在总体上符合安全性要求的前提下，尽可能地提高投资收益水平。

（四）保险投资的意义

保险公司投资的意义具体表现在以下几个方面。

1. 保证保险公司的偿付能力

保险公司偿付能力的高低对于保险公司的正常经营至关重要。保证保险公司偿付能力符合正常经营要求的手段有不少，比如增加资本金、进行再保险等，保险投资也是其中之一。保险公司通过保险投资，获得更多的收益，使保险资金得到保值和增值，就能增强保险公司自身发展的经济实力，提高偿付能力。保险公司偿付能力的提高，有利于进一步保护被保险人的合法权益，保证保险合同的履行，维护保险市场的正常秩序。

2. 缓解保险费率下降压力，增加保险公司利润

当保险公司的管理费用相对稳定时，保险公司的费率高低与利润成正相关关系。由于保险市场的激烈竞争可能会导致保险费率下降，其结果是保险公司承保业务的利润下降，甚至降到盈亏临界点以下。在这种情况下，保险公司只有通过其投资业务来弥补承保业务亏损，甚至在抵补承保业务亏损后还能获取合理利润。目前，投资收益已经成为各国保险公司利润的主要来源之一。

3. 增加社会积累，促进社会扩大再生产

规模庞大的保险资金投资于金融市场，不仅有利于金融市场的发展完善，而且为企业提供了大量的资金支持，部分解决了企业资金短缺的问题，有利于企业进一步扩大再生产。同时，保险资金也可以直接投资基础设施建设，为国民经济的健康、快速发展提供资金支持，促进市场经济的发展，从而充分体现保险投资的社会效益。

二、保险投资的主要形式

一般来讲，只要能满足保险投资原则的投资形式在理论上都可以采用。但是，基于保险资金的特殊性，为了保障被保险人和保险人的经济利益，各国政府都对保险业的投资形式进行了明确的规定。一般情况下，保险投资的形式主要有以下几种。

（一）银行存款

银行存款是指将保险资金存放于银行或其他金融机构。这种投资方式较好地满足了保险投资资金的安全性和流动性要求，但投资收益比较低。除非该国的金融市场非常落后，可供投资的选择很少，否则，银行存款一般不作为保险资金投资的主要形式。保险公司将少部分保险资金用于银行存款，主要是便于随时支付赔款。

需要指出的是，银行存款的一些具体形式，例如协议存款或者大额定期存单，其收益性优于其他类型的银行存款，也属于保险投资较常见的形式。

（二）债券

债券是指发行者为筹集资金而向债权人发行的，在约定时间支付一定比例的利息，到期偿还本金的一种有价证券。购买债券也是保险投资的主要方式之一。具体来讲，保险资金经常投资以下几类债券。

1. 政府债券

政府债券的发行者是政府，其信用等级很高。因此，投资政府债券是保险资金最安全的投资方式之一。政府债券的收益率一般高于同期银行存款利率，但比其他债券要低。

2. 企业债券

企业债券是企业为了筹措资金所发行的债权凭证。企业债券的信用度低于政府债券，但与同类的股票相比，企业债券的风险还是相对小一些。尽管企业债券和股票一样也面临着发行企业经营状况不善和市场利率风险，但由于债券持有人获得利息要优于股东分红，发行公司在支付股息前，必须先偿付债务利息和本金；在公司破产清偿股本和债务时，也要先偿还债务，后归还股本。因此，企业债券的收益率高于政府债券，但通常还是低于股票收益率。

3. 金融债券

金融债券通常是由信用度较高的金融机构发行的债券。一般来说，其信用度比政府债券低，比企业债券高，因此收益率也介于二者之间。金融债券由于有金融机构的信用担保，安全性也相对较高。

（三）股票

股票是股份公司发给股东的股权凭证。投资者购买公司的股票之后，便成为公司的股东，享有参与公司决策及分红派息的权利。股票投资具有高风险、高收益的特点，同时股票的流动性很好，因此它可以作为保险公司进行短期或长期投资的选择。但由于股票的系统风险很大程度上受到一国资本市场的成熟度的影响，因此，保险监管机构对于保险资金投资股票非常慎重。

股票可分为优先股和普通股。优先股股息固定，派息后于公司债务利息而先于普通股；当公司破产清盘时，优先股对公司剩余财产的要求权后于公司债务而先于普通股。一般而言，优先股的投资风险较债券大，较普通股小，相应地，优先股的预期收益也就较债券高，较普通股小。

（四）贷款

保险资金用作贷款主要表现为两种形式：一般贷款和保单质押贷款。一般贷款是指保险公司作为非银行金融机构向单位或个人提供贷款。保险公司的这种贷款非常注意限制风险，一般为抵押贷款，而不发放信用贷款。保单质押贷款是指保险公司以具有现金价值的寿险保单作为质押，向保单所有人提供的贷款。这种贷款的安全性很高，但收益较低。贷款额一般不超过保单现金价值的一定比例。

（五）不动产

不动产投资包括两种：一种是通过购买不动产的债券或股票来实现对不动产的间接投资；一种是直接购买不动产。保险资金一般是直接进行不动产投资。不动产投资的周期比较长，安全性较好，但是投资的流动性较差。因此，保险公司对于不动产的投资也比较谨慎。

（六）资金拆借

资金拆借是指具有法人资格的金融机构之间或具有法人资格的金融机构与经法人授权的非法人金融机构之间进行的短期资金融通。资金拆借包括资金拆入和资金拆出。作为保险公司投资渠道的资金拆借是指资金拆出，即资金多余的保险公司向资金不足者借出款项，收取利息。保险公司是同业拆借市场交易主体的主要组成部分之一。保险公司进入同业拆借市场参与资金拆出活动，有利于保险公司在满足当期发生的赔付需要的前提下，灵活调度多余的保险资金，增强保险资金的流动性。资金拆出的风险较小，收益高于银行存款利息。

随着保险业的不断发展、保险竞争的日益加剧、金融资产的丰富以及金融市场的发展和完善，满足保险投资原则的资金运用方式也日益增多，出现了许多保险资金可运用的新渠道，例如组建或参与组建投资基金、期货和期权交易、租赁业务、信托业务、资产收购、兼并和转让、担保业务，等等。

三、保险投资的发展

　　随着保险投资实践的发展，保险公司更加关注保险投资组织模式的选择，而保险投资监管也更注重对保险资金投资结构的要求。

（一）保险投资的组织模式

　　从发达国家保险投资的实践来看，保险投资的绩效与保险公司的投资组织模式有很大的关系。合理的投资组织模式往往更符合投资原则，也更有利于实现投资的目标。

1.保险投资的组织模式

　　保险投资的组织模式主要包括专业化控股投资模式、集中统一投资模式、内设投资部门投资模式和外部委托投资模式。

　　（1）专业化控股投资模式。该模式是指在一个保险集团或控股公司下设产险子公司、寿险子公司和投资子公司等，其中投资子公司专门接受产险子公司和寿险子公司的委托进行保险投资活动，从而可视为代产险子公司和寿险子公司理财，而集团或控股公司只负责日常资金安全与正常运作的计划、协调和风险控制。该模式的优点在于能够有效防范投资风险，有利于建立集团或控股公司总部的双重双层风险监控体系，同时，在投资经营方面的透明度也高，对市场变化的反应迅速，资金进出速度快，子公司之间独立运作亦可以防止内部交易。其缺点是对集团或控股公司总部的控制力度、管理水平要求较高，在这种模式下，保险公司与投资公司之间的关系相对较为松散。

　　（2）集中统一投资模式。该模式是指在一个保险集团或控股公司下设产险子公司、寿险子公司和投资子公司，其中产险子公司和寿险子公司均将保险资金统一上划至集团或控股公司，再由集团或控股公司将保险资金下拨到投资子公司，专业投资子公司将产、寿险子公司的资金分别设立账户，独立进行投资。该模式的优点与专业化控股投资模式有相似之处，且有利于形成较大的投资规模，有利于稳健经营；其不足是对技能、人才等要求过高，还要求有先进的信息系统等。

　　（3）内设投资部门投资模式。该模式是指在保险公司内部设立专门的投资管理部门，并具体负责本公司的保险投资活动。该模式的优点在于保险公司可以直接掌握并控制保险投资活动。其缺点是在内部设立投资部门，往往容易产生内部黑箱作业，风险较大。

　　（4）外部委托投资模式。该模式是指保险公司自己不进行投资和资产管理，而是将全部的保险资金委托给外部的专业投资公司进行管理，保险公司则按照保险资金的规模向接受委托的投资公司支付管理费用。该模式的优点是可以将保险资金交给专业的投资公司进行有偿运作，使保险公司能够集中力量开拓保险业务。其缺点是风险较大，因为保险公司选择外部委托不仅要承担投资失败的风险，还要承担第三者即外部投资公司的操作风险，包括交易作弊及非法挪用资产等风险。因此，这种投资组织模式容易使其他行业、其他性质的风险波及保险公司。

2. 保险投资组织模式的选择

各保险公司的资金规模不同，所处的经济环境、法律环境都各不相同，由此决定了各保险公司必须根据自身的情况选择适合自己的投资组织模式，进行投资活动。

从发达国家保险行业的投资组织模式来看，多数保险公司都是通过设置投资子公司来进行保险投资活动的。所以，专业化控股投资组织模式和集中统一投资组织模式，是欧美国家保险公司普遍选择的模式。我国不少保险公司成立资产管理公司也是基于此类考虑。

（二）保险资金投资结构

保险监管机构对保险公司资金结构的要求，主要包括投资方式比例限制和单一筹资主体比例限制两部分。

1. 投资方式比例限制

美国纽约州的法律规定，保险投资股票及公司债券的比例不得超过总资产的 20%，投资不动产的比例不得超过总资产的 10%，海外投资的比例不得超过总资产的 10%。

日本保险法规定，保险投资股票及公司债券的比例不得超过总资产的 30%，投资不动产的比例不得超过总资产的 20%，海外投资的比例不得超过总资产的 30%，贷款的比例不得超过总资产的 13%。

韩国保险法规定，保险投资股票及公司债券的比例不得超过总资产的 40%，投资不动产的比例不得超过总资产的 15%，海外投资的比例不得超过总资产的 10%，贷款的比例不得超过总资产的 35%。

2. 单一筹资主体比例限制

美国纽约州的法律规定，存放于同一金融机构的保险投资资金不得超过保险资金的 10%，购买同一公司的股票和债券不得超过总资产的 5%，对同一单位贷款不得超过总资产的 0.1% 等。

日本保险法规定，保险投资资金购买同一公司的股票和债券不得超过总资产的 10%，对同一单位贷款不得超过总资产的 10%。

韩国保险法规定，保险资金购买同一公司的股票和债券不得超过总资产的 10%，对同一单位贷款不得超过总资产的 3%，对同一物件为抵押品的贷款不得超过总资产的 5%。

（三）我国保险投资的现状

我国 2018 年 4 月 1 日起实施的《保险资金运用管理办法》第六条规定："保险资金运

用限于下列形式：（一）银行存款；（二）买卖债券、股票、证券投资基金份额等有价证券；（三）投资不动产；（四）投资股权；（五）国务院规定的其他资金运用形式。保险资金从事境外投资的，应当符合中国保监会、中国人民银行和国家外汇管理局的相关规定。"

本章小结

本章主要介绍了保险业务经营活动的销售、承保与核保、防灾、理赔和投资等环节。

保险销售，又称保险展业，是指以保险宣传开道，广泛组织和争取保险业务的过程。

保险核保是风险选择的过程，是实现保险经营中盈利目标的主要手段，是体现保险企业管理水平与状况的重要标志。保险核保工作的内容主要包括承保选择和核保控制两个方面。保险核保的基本要求包括以下三个方面：加强核保和业务选择，注意承保控制、避免道德风险，严格制单手续、保证承保质量。财产保险的核保程序一般包括：接受投保单—审核验险—接受业务—缮制单证—复核签单—清分发送—归档、装订、保管。人身保险的核保程序包括四次危险选择：业务员选择、体检医生选择、核保员选择、生存调查。

保险防灾，是指保险人与被保险人对所承保的保险标的采取措施，减少或消除风险发生的因素，防止或减少灾害事故所造成的损失，从而降低保险成本、增加经济效益的一种经营活动。

保险理赔，即处理赔案，是指保险标的发生保险事故后，保险公司根据保险合同的规定，对被保险人提出的索赔进行处理的行为。保险理赔应遵循以下原则：重合同、守信用；实事求是；主动、迅速、准确、合理。

思考与练习

保险投资，又称保险资金运用，是指保险公司在组织经济补偿和给付过程中，将积聚的闲散资金合理运用，使资金增值的经济活动。保险投资的目的是通过保险资金的运作，创造最大的投资价值。其资金来源主要包括自有资本金和各种准备金。

参考答案

第七章
保险市场与监管

1.了解保险市场的含义、特征、模式、机制和供求等相关知识。

2.了解保险市场供给主体特别是保险中介等相关知识。

3.掌握保险监管的含义、目标、监管体系和监管方式等。

4.理解保险组织、保险经营、保险财务、保险偿付能力和保险中介人的监管等。

保险是一种商品，凡是有商品的地方就必然有市场。保险市场的形成，对于促进保险交换的完成、提高保险服务的效率具有非常重要的意义。保险市场是保险供给与保险需求博弈的场所，供求双方的力量对比和相互关系决定着市场整体运行的状况。

第一节　保险市场概述

保险市场是商品经济发展到一定阶段的产物。与其他商品市场相比，保险市场有其自身的特点和类型。保险市场供求双方及中介方必须建立在充分了解和熟悉保险市场的基础上，才能进行保险交易活动。

一、保险市场及其分类

保险市场是保险商品交换关系的总和或是保险商品供给与需求关系的总和。它既可以指固定的交易场所如保险交易所，也可以是所有实现保险商品让渡的交换关系的总和。

（一）保险市场的构成要素

一个完整的保险市场必须具备如下要素：首先，是为保险交易活动提供各类保险商品的卖方或供给方；其次，是实现交易活动的各类保险商品的买方或需求方；再次，是具体的交易对象——各类保险商品即保险保障；最后，是为促成保险交易提供辅助作用的保险中介方，即保险市场的主体一般由投保人、保险人和保险中介人构成。保险商品是保险市场的客体。保险价格是被保险人为取得保险保障而由投保人向保险人支付的费用，它通过保险费率来体现。

1. 保险市场的供给方

保险市场的供给方是指在保险市场上，提供各类保险商品，承担、分散和转移他人风险的各类保险人。它们以各类保险组织形式出现在保险市场上，如国有保险人、私营保险人、合营保险人、合作保险人、个人保险人等。它们必须是经过国家有关部门审查认可并获准专门经营保险业务的组织。我国《保险法》第六条规定："保险业务由依照本法设立的保险公司以及法律、行政法规规定的其他保险组织经营，其他单位和个人不得经营保险业务。"

2. 保险市场的需求方

保险市场的需求方是指保险市场上所有现实的和潜在的保险商品的购买者，即各类投保人。他们有各自独特的保险保障需求，也有各自特有的消费行为。根据保险消费者不同的需求特征，可以把保险市场的需求方划分为个人投保人、团体投保人等；根据保险需求的层次还可以把保险市场需求方划分为当前的投保人与未来的投保人等。

3. 保险市场的中介方

保险市场的中介方既包括活动于保险人与投保人之间，充当保险供需双方的媒介，把保险人和投保人联系起来并建立保险合同关系的人，也包括独立于保险人与投保人之外，以第三者身份处理保险合同当事人委托办理的有关保险业务的公估、鉴定、理算、精算等事项的人。

4. 保险商品

（1）保险商品是一种无形商品。保险企业经营的是看不见、摸不着的风险，"生产"出来的商品仅仅是对保险消费者的"一纸承诺"，这种承诺的履行只能在约定的事件发生或约定的期限届满时，不像一般商品或服务可以立即实质性地感受其价值和使用价值，而需要较感观更高层次的思维去体验，需要通过推销人员的推销技巧去唤起人们的需求欲望，引起人们的投保兴趣，并促成人们实质性的购买。

（2）保险商品是一种"非渴求商品"。所谓非渴求商品，是指消费者一般不会想到要去主动购买的商品。保险商品属于典型非渴求商品，通常很少有人主动买保险，除非法律上有强制性的规定，因为人们总是在风险事故发生前存有侥幸心理，而在风险事故发生之后才知保险必要。

（3）保险商品是一种异质性商品。保险商品不可能像一般商品那样是标准化的、具有"同质性"。这是因为服务是一个复杂的动态过程，具有"异质性"即"易变性"，发生的时间、地点、方式等特定条件不同，差异性就会很大。不同的公司、不同的营销人员，即使提供同一种保险产品，消费者的感受也会不同，甚至是同一个营销人员提供服务，也不一定一成不变，会因时间、地点、准保户等具体情况不同而表现出相当大的差异。

（4）保险商品是一种复杂的商品。从一般形式上看，保险商品表现为一些法律文件，即保险人承诺在特定情况发生时提供保险保障的法律文件。尽管大多数保险公司都试图简化保险合同条款的措辞，但法律上的要求仍然使这些措辞难以理解。

（5）保险商品是一种隐形消费的商品。消费保险商品不可能像消费其他有形物质商品那样可以借助直观的感觉，其消费过程往往难以体察。

（二）保险市场的特征

保险市场的特征是由保险市场交易对象的特殊性决定的。保险市场的交易对象是一种特殊形态的商品——保险经济保障，因此，保险市场表现出其独有的特征。

1. 保险市场是直接的风险市场

这里所说的直接风险市场，是就交易对象与风险的关系而言。尽管任何市场都存在风险，交易双方都可能因市场风险的存在而遭受经济上的损失，但是，一般商品市场所交易的对象，其本身并不与风险联系，而保险市场所交易的对象是保险保障，即对投保人转嫁于保险人的各类风险提供保险保障，所以本身就直接与风险相关联。没有风险，投保人或者被保险人就没有通过保险市场购买保险保障的必要。"无风险，无保险"，可以说，保险市场是一个直接的风险市场。

2. 保险市场是非即时清结市场

所谓即时清结的市场是指市场交易一旦结束，供需双方立刻就能够确切知道交易结果的市场。无论是一般的商品市场，还是金融市场，都是能够即时清结的市场。而保险交易活动，风险的不确定性和保险的射幸性使得交易双方都不可能确切知道交易结果。因此，不能立刻结清。相反，还必须通过订立保险合同，来确立双方当事人的保险关系，并且依据保险合同履行各自的权利与义务。所以，保险市场是非即时清结市场。

3. 保险市场是特殊的"期货"交易市场

由于保险的射幸性，保险市场所成交的任何一笔交易，都是保险人对未来风险事件发生所致经济损失进行补偿的承诺。而保险人是否履约即是否对某一特定的对象进行经济补偿，则取决于保险合同约定时间内是否发生约定的风险事故以及这种风险事故造成的损失是否达到保险合同约定的补偿条件。只有在保险合同所约定的未来时间内发生保险事件，保险人才可能对被保险人进行经济补偿。这实际上交易的是一种"灾难期货"。因此，保险市场是一种特殊的"期货"市场。

（三）保险市场的分类

保险市场可以按不同的标准从不同的角度分类。

1. 按照承保方式分类

按照保险企业承保方式划分，可将保险市场分为原保险市场、再保险市场和自保市场。原保险市场是指保险公司或其他形式的承保人（如合作保险等），通过本身的从业人员或保险中介人经营直接保险业务的市场。原保险市场是保险市场基本的或主要的组成部分。再保险市场又称分保市场，是在保险同业之间办理分保业务的市场。再保险市场是在原保险市场的基础上形成和发展起来的，是原保险市场的延伸。自保市场是指由提供经济保障的自保公司所形成的保险市场。自保公司是指由工商企业设立的，主要承保或再保该工商企业本身业务的保险公司。建立自保公司的目的在于保险费的节省和不外流。因为承保自己的利益，有利于防灾防损，也不会出现道德风险；此外，保险经营具有灵活性，保险成本较低，并能享受税收上的优惠等。

2. 按业务性质分类

按照业务性质分类，可将保险市场分为财产保险市场和人身保险市场。

财产保险市场就是指提供各种财产保险商品的市场。财产保险市场主要是办理财产损失保险、责任保险、信用与保证保险等业务的市场。人身保险市场是指提供各种人身保险商品的市场。人身保险市场主要是办理人寿保险、意外伤害保险和健康保险业务的市场（我国将人身保险市场简称为"寿险市场"）。

3. 按照保险活动的空间分类

按照保险活动的空间分类，可将保险市场划分为国内保险市场和国际保险市场。

国内保险市场又有区域性保险市场和全国性保险市场之分，同样，国际保险市场也可分为地区性国际保险市场和全球性国际保险市场。不过，随着世界贸易组织（WTO）作用的加强和国际经济一体化，这种划分界限越来越模糊了。

二、保险市场机制

所谓市场机制，是指由价值规律、供求规律和竞争规律三者之间相互制约、相互作用的内在关系形成的一种客观机制。市场机制有一种不以人们的意志为转移的功能和力量，它像一只无形的手调节着经济活动。在保险经济活动中引入市场机制，是保险市场的核心内容。由于市场机制的作用，价值规律、供求规律和竞争规律势必在保险市场中发挥作用，并形成重要的调节力量。这种调节最主要的就是影响保险费率，打破高度垄断下费率受人为因素影响或控制的局面，使保险市场费率具有弹性，以增强保险市场的原动力。

（一）价值规律在保险市场上的作用

保险商品是一种特殊商品，这种商品的价值一方面体现为保险人提供的保险保障所对应的等价劳动的价值，另一方面体现为保险从业人员社会必要劳动时间的凝结。保险费率即保险商品的价格，投保人据此所交纳的保险费是为换取保险人的保险保障而付出的代价，从总体的角度表现为等价交换。但是，由于保险费率的主要构成部分是依据过去的、历史的经验测算出来的未来损失发生的概率，所以，价值规律对于保险费率的自发调节只能限于凝结在费率中的附加费率部分的社会必要劳动时间。因此，对于保险商品的价值形成方面具有一定的局限性，只能通过要求保险企业改进经营技术、提高服务效率，来降低附加费率成本。

（二）供求规律在保险市场上的作用

供求规律通过对供需双方的调节达到市场均衡，从而决定市场的均衡价格，即供求状况决定商品的价格。就一般商品市场而言，其价格形成直接取决于市场的供求状况，但在保险市场上保险商品的价格即保险费率不是完全由市场供求状况决定的，即保险费率并不完全取决于保险市场供求的力量对比。而保险市场上保险费率的形成，一方面取决于风险发生的频率，另一方面取决于保险商品的供求情况。如人寿保险的市场费率，是保险人根据预定死亡率、预定利率与预定营业费用率三要素事先确定的，而不能完全依据市场供求的情况由市场决定。尽管保险费率的确定需要考虑保险市场供求状况，但是，保险市场供求状况本身并不是确定保险费率的主要因素。

（三）竞争规律在保险市场上的作用

价格竞争是商品市场的重要特征。一般的商品市场竞争，就其手段而言，价格是最有利的竞争手段，然而在保险市场上，由于交易的对象与风险直接关联，保险商品的费率的形成并不完全取决于供求力量的对比，风险发生的频率即保额损失率等是决定费率的主要因素，供求仅仅是费率形成的一个次要因素，因此，一般商品市场价格竞争机制在保险市场上必然受到某种程度的限制。

三、保险市场模式

保险市场在不同的历史时期和不同的国家或地区存在四种发展模式，分别是：完全垄断型保险市场、寡头垄断型保险市场、垄断竞争型保险市场和完全竞争型保险市场。

（一）完全垄断型保险市场

完全垄断型保险市场是指保险市场仅由一家保险公司控制，市场机制受到极大限制，保险市场不存在竞争。完全垄断型保险市场有两种表现形式，一是专业型完全垄断保险市场，即在一个保险市场上同时存在两家或两家以上的保险公司，各垄断某一类保险业务，相互间业务不交叉。二是区域型完全垄断保险市场，指在一国保险市场上，同时存在两家或两家以上的保险公司，各垄断某一地区的保险业务，相互间业务没有交叉关系。目前，世界上采取完全垄断型的国家并不多，主要有罗马尼亚、越南、蒙古、缅甸、斯里兰卡、叙利亚等。

（二）寡头垄断型保险市场

寡头垄断型保险市场，是指在同一个保险市场上，只存在少数竞争的几家大保险公司。在这一市场模式下，保险公司的数量很难界定，主要与一国保险市场规模等因素有关。寡头垄断型保险市场的主要特点是，国家保险监管机关对市场规模控制得极为严格，进入市场极为困难，市场结构较为稳定，是为了发展本国保险业而采取的措施。如埃及、伊朗等国家采取的就是这种模式。

（三）垄断竞争型保险市场

垄断竞争型保险市场模式是完全竞争和完全垄断两种模式并存的一种市场形态，又称作"混合型保险市场模式"。在这种模式的保险市场上，保险供给者众多，大小保险公司并存，少数大公司在保险市场上取得垄断地位。在大垄断公司之间、垄断公司与非垄断公司之间，以及非垄断公司内部之间同时存在着激烈的市场竞争。当今世界保险市场以垄断竞争型模式为主，在今后相当长的一段时期内，此种模式仍将占据主要地位。

（四）完全竞争型保险市场

完全竞争型保险市场是指在一个市场上存在着数量众多的保险公司，外国保险公司可以比较自由地进入该市场，保险公司的数量基本上由市场自发地调节。价值规律、供求规律和竞争规律充分发挥作用，并自发地调节保险费率。国家保险监管机构对保险公司的监管相对宽松，保险行业协会在市场管理中发挥着重要的作用。完全竞争型保险市场主要存在于自由资本主义时期的西方国家，自垄断资本主义产生以后，完全竞争型保险市场已无现实性。

四、保险市场体系的组成要素

（一）保险市场供给

保险市场供给是指在一定的费率水平上，保险市场上各家保险公司愿意并且能够提供的保险商品的数量。保险市场供给可以用保险市场的承保能力来度量。承保能力具有多重含义，首先，它指的是能够提供的总保险金额；其次，它指的是能够提供的某些特定险种的保险金额；再次，它指的是可保风险的可保总金额。度量保险供给的意义在于反映全社会保险供给量增长的程度。

1. 制约保险市场供给的主要因素

在有保险需求的前提下，现实经济生活中所提供的保险市场供给的实际数量和质量，受多种因素制约。

（1）保险资本量。保险公司经营保险必须拥有一定数量的经营资本，因为保险公司开展保险经营时，不仅要为基本设备、人员等支出费用，还需要有一定数量的资本作为赔付准备金。

（2）偿付能力。由于保险经营的特殊性，各国法律对于保险公司都有最低偿付能力标准的规定，因而保险供给会受到偿付能力的制约。保险公司的业务容量比例也制约着公司不能随意、随时扩大保险供给。

（3）保险技术水平。保险业的经营是一种技术性和专业性都很强的业务活动，尤其是保险费率的厘定要运用复杂的保险精算技术。有些险种即使有较大的市场需求，但由于险种设计过于繁复，保险公司仍难以供给。可见，保险技术的难易程度制约了保险供给。

（4）经营管理水平。保险经营需要管理者在风险管理、人事管理、险种设计、法律框架、制度建立等方面都具有一定的水平，经营管理水平与保险供给成正比例关系。

（5）保险人才的数量和质量。保险人才的状况对保险供给有很大的影响。通常，保险人才的数量越多，意味着保险供给量越大。在现代社会中，保险供给不但要讲求数量，还要讲求质量，而质量的提高关键在于保险人才的素质。保险人才素质高，许多新险种就容易开发出来，推广得出去，从而扩大保险供给，促进保险需求。

（6）保险利润率。平均利润率是制约保险供给的基本因素，其他因素都围绕着这一因素发生作用。保险经营受平均利润率规律的制约，如果保险公司的平均利润率高，就会诱导人们投资保险公司，从而扩大保险供给；如果保险公司的平均利润率低，就会导致许多人退出保险行业，这样就缩小了保险供给。

（7）保险费率。在保险行业，一般来说，保险费率上升，所收保费越多，会刺激保险供给增加，此时社会有一部分资本流向保险行业，扩大了保险的供给；反之，保险费率降低，保险供给就会减少。因此，保险市场供给与保险费率呈正相关关系。保险公司还可根据保险市场费率的变化，从保险结构上调整业务经营，通过扩大或减少供给，调高或调低费率的办法来使险种的结构合理化。

（8）互补品、替代品的价格。互补品价格和保险供给呈正相关关系。互补品价格上升，引起保险需求减少，保险费率上升，使保险供给增加；互补品价格下降，引起保险需求增加，保险费率下降，使保险供给减少。替代品价格与保险供给成负相关关系。替代品价格下降，保险需求减少，保险费率上升，使保险供给增加。反之，则使保险供给减少。

（9）社会经济政策。政府制定有效的社会经济政策，引导保险经济的发展，对国民经济的运行意义重大。积极的或深化的社会经济政策可以对保险经营活动加以引导和疏通，从而增加保险供给；而采取消极的或抑制的社会经济政策会阻碍保险业的发展，其结果是减少保险供给。

（10）政策监管。保险业是一个极为特殊的行业，各国对其都有相对于其他行业的严格监管，有些甚至是极为苛刻的。因而，即使保险费率上升，由于政府的严格监管，保险供给也难以扩大。

2. 保险市场供给的组织形式

保险市场供给主体的组织形式，是指在一国或一地区的保险市场上，保险人采取何种组织形式经营保险。一般经营保险业务的组织，由于财产所有制关系不同，有以下几种组织形式。

（1）国营保险组织。国营保险组织是指由国家或政府投资设立的保险经营组织。它们可以由政府机构直接经营，也可以通过国家法令规定某个团体来经营，我们称该种组织形式为间接国营保险组织。如办理输出保险的日本输出银行就属于间接国营保险组织。

（2）私营保险组织。私营保险组织是由私人投资设立的保险经营组织。它多以股份有限公司的形式出现。保险股份有限公司是现代保险企业制度下最典型的一种组织形式。

（3）合营保险组织。合营保险组织包括两种形式：一种是政府与私人共同投资设立保险经营组织，属于公私合营保险组织形式；另一种是本国政府或组织与外商共同投资设立的合营保险组织，我国称之为中外合资保险经营组织形式。公私合营保险组织通常也是以股份有限公司的形式出现，并具有保险股份有限公司的一切特征。

（4）合作保险组织。合作保险组织是由社会上具有共同风险的个人或经济单位，为了获得保险保障，共同集资设立的保险组织形式。

（5）个人保险组织。个人保险组织是以个人名义承保保险业务的一种组织形式，迄今为止，采用这种组织形式的只有英国的劳合社。它是世界上最大的也是唯一的一家个人保险组织。但是，劳合社本身并不是承保风险的保险公司，它仅是个人承保商的集合体，是一个社团组织，其成员全部是个人，且各自独立，自负盈亏，进行单独承保，并以个人的全部财力对其承保的风险承担无限责任。

（6）行业自保组织。行业自保组织是指某一行业或企业为了向本企业或本系统提供保险保障而成立的一种组织形式。欧美国家的许多大企业集团，都有自己的自保保险公司。我国新疆生产建设兵团保险公司最初也属于这种性质的保险公司。

（二）保险市场需求

保险市场需求是指在特定的历史时期内，社会经济组织及个人对保险经济保障需要量的总和。狭义的保险需求，专指社会对以保险形式所提供的经济保障的需求，而非指企业自保形式的经济保障、个人储蓄形式的经济保障、国家后备形式的经济保障以及社会保险形式的经济保障。

保险市场需求包括三要素：有保险需求的人、为满足保险需求的购买能力和购买意愿。保险市场需求的这三个要素是相互制约、缺一不可的，只有三者结合起来才能形成现实的保险需求，才能决定需求的规模和容量。

1. 保险市场需求的分类

保险市场需求可以从很多不同的层次进行测量。某一地区或某一险种的需求规模是由购买人数决定的，有多少人将成为该地区或该险种的消费者，涉及其兴趣、收入和通路三个特性。据此，保险市场需求可以划分为以下几类。

（1）潜在的保险市场需求。潜在的保险市场需求是由一些对保险商品或某一具体险种有一定兴趣的消费者构成的。一般通过随机询问的调查方法取得有关信息。

（2）有效的保险市场需求。仅有兴趣还不足以确定保险市场需求。潜在的保险消费者还必须有足够的收入来供购买保险商品使用。一般而言，保险形式的有效需求应具备三个条件：一是保险需求者对保险保障这种特殊商品的需要。二是保险需求者对想购买的保险保障这种特殊商品的经济支付能力，即投保人必须有能力且有资格履行其义务，即交纳保险费。三是保险需求者即投保人所投保的标的物正好符合保险人的经济技术水平，即投保人想投保的险种正好和保险人所推出的险种或愿意推广的险种相吻合。

（3）合格有效的保险市场需求。在某些保险商品的供给中，保险公司可能会对一些消费者做出投保限制。例如，虽然所有的消费者都需要人寿保险，但是，只有那些付得起保费、身体健康、具有责任感的人才能成为合格的投保人或被保险人。因此，合格有效的保险需求，是指具有保险商品的购买兴趣、有足够的交费能力、能够接近保险商品的，同时还有资格成为投保人和被保险人的消费者的需求总和。

（4）已渗透的保险市场需求。一个保险公司应尽量满足全部有效保险需求，但是，在一定的时期内，它只能根据自己的资源选择其中某些部分作为服务的对象，即确定自己的目标市场，并与其他竞争者在此展开角逐。在其目标保险市场上，那些已经成为某家保险公司的投保人或被保险人就是该公司的"已渗透的保险需求"。

2. 影响保险需求的主要因素

（1）风险。风险的存在是产生保险需求的前提条件，保险商品服务的具体内容是各种客观风险，无风险，则无保险，当然，虽然客观世界存在着各种各样的风险，但并不是有了风险就一定有保险。有了风险，还需要具备人们对安全的追求。保险业的首要立足点是风险的存在和人们对安全的追求。现代社会以至将来社会，人类追求安全的心理不但不会减弱，反而会增强，利用保险这种经济形式是实现安全的有效途径。保险需求总量与风险因素存在的程度成正比例关系：风险因素存在的程度越大、范围越广，保险需求的总量也就越大；反之，保险需求量就越小。

（2）经济发展水平。保险是社会生产力发展到一定阶段的产物，并随着生产力的发展而发展。保险需求的程度取决于可用于保险的剩余产品的数量，因而，社会生产总值的增长程度，特别是可用于保险的剩余产品的价值增长幅度和居民收入增长速度，是保险需求的决定性因素。保险需求总量与国民生产总值的增长成正比，国民生产总值增长得越多，社会可用于保险补偿的货币量增长得也就越快，从而保险需求量也就越大；反之，则相反。

（3）居民收入水平。收入水平的提高会带来保险商品需求总量和结构的增加。衡量保险需求量变化对收入变化的反映程度的指标是保险需求收入弹性。它是需求变化的百分数与收入变化的百分数之比，表示收入变化对需求变化影响的程度。保险需求的收入弹性一般大于1，即收入的增长引起对保险需求更大比例的增长。但不同险种的收入弹性不尽相同。

（4）保险商品价格。保险商品的价格是保险费率。保险需求主要取决于可支付保险费的数量。保险费率与保险需求一般成反比，保险费率越高，则保险需求量越小，反之，则越大。当保险费率偏高时，由于个人的货币收入有限，无力支付昂贵的保险费而不得已削减自己的保险需求，企业若支付较高的保险费，就会增大产品的成本，抬高商品的定价，这于市场竞争不利，所以这时企业也会削减对保险的需求。反之，费率降低时，企业或个人能以较小的代价获取较高的经济保障，他们会扩大保险需求量。由此可见，保险需求与保险费率是呈反向变化的依存关系。保险需求量变化对保险商品价格变化反映程度的指标用保险需求的价格弹性表示，它是保险商品需求变化的百分数与保险商品价格变化的百分数之比，表示保险价格变化对保险商品需求变化影响的程度。不同险种有着不同的价格弹性。

（5）利率。现代保险中有相当大的一部分是投资型保险，特别是人寿保险。投资人是选择将其闲置资金投向保险公司还是投向商业银行，取决于投资收益率的高低。如果银行利率高于保险公司的获利水平，他们便会把资金投入银行，从而使保险经济需求减少。如果保险公司的获利水平高于银行利率，人们就会把资金由银行转向保险公司，从而扩大保险需求。

（6）习惯和社会环境。习惯和社会环境是影响保险需求的重要因素。我国的文化传统、伦理观念历来将互助、抚养、赡养视为一种高尚品德。因此，有人认为参加保险是多余的事，这种传统文化对保险需求的影响是很大的。社会环境诸如保险宣传环境，包括新闻工具（报纸、电视、广播、自媒体等）的运用，保险宣传广告等。此外，保险公司的选址、保险职员的服务质量等都在一定程度上影响着保险需求。

（7）强制保险的实施。强制保险是国家和政府以法律或行政手段强制实施的保险保障方式。凡是在规定的范围内，不论被保险人是否愿意，都必须参加保险，因此，强制保险的实施人为地扩大了保险需求。

（8）人口因素。人口因素是影响保险需求尤其是人身保险需求的重要因素。人口因素包括人口总量和人口结构。一个国家的人口总量是人身保险的潜在需求市场，它与人身保险的需求成正比，在其他因素一定的条件下，人口总量越大，对保险需求的总量也就越多，反之就越少。人口结构主要包括年龄结构、职业结构、文化结构、民族结构等，均对人身保险需求产生不同程度的影响。

（三）保险市场中介

1. 保险市场中介概述

保险市场中介是指介于保险经营机构之间或保险经营机构与投保人之间，专门从事保险业务咨询与招揽、风险管理与安排、价值衡量与评估、损失鉴定与理算等中介服务活动，并从中依法获取佣金或手续费的单位或个人。保险中介体系的建设对保险市场的发展具有极为深远的影响。为了保证保险中介市场的健康运行，保险中介行为应遵循以下四项原则：①合法性原则；②公平竞争原则；③资格认证原则；④独立性原则。

2. 我国保险市场中介类型

（1）保险代理人。保险代理人是指根据保险人的委托，向保险人收取代理手续费，并在保险人授权的范围内代为办理保险业务的单位或者个人。

保险代理人属于代理人的一种，是专门为发展保险业务服务的。保险代理人起源和依附于保险人，保险人利用和依靠保险代理人来发展和扩大自身的保险业务。二者相辅相成，互相促进，共同发展。在现代保险市场上，保险代理人已成为世界各国保险公司开展保险业务的主要形式和途径。

保险代理人可分为专业代理人、兼业代理人和个人代理人三种。专业代理人亦称"保险代理机构"，它是指专门从事保险代理业务的保险代理公司。在保险代理中，它是唯一具有独立法人资格的保险代理人。兼业代理人是指受保险人委托，在从事自身业务的同时，为保险人代办保险业务的单位。兼业保险代理人的主要优势在于，可以通过代理与其主业相关的保险产品方便投保人投保，因此经常为保险人所采用。个人代理人是指根据保险人的委托，在保险人授权的范围内代为办理保险业务，并向保险人收取代理手续费的个人。个人代理人的展业方式比较灵活，可以深入街道乡村，提供上门服务，因此为众多寿险公司广泛采用。目前我国保险市场上的个人代理人已达几十万人。

 知识文件夹

怎样选择保险代理人？

选择一个优秀的保险代理人很重要。一个优秀的保险代理人，可以在宣传保险知识、解释保险条款、点评产品、分析个人财务需要、传播专业概念等方面为消费者提供一系列迅捷而专业的服务，如签约、保全、理赔等。在选择代理人方面，应注意以下几个方面。

第一，要看代理人是否持有《保险代理人展业证书》和工作证，以确定代理人是不是一位合法的代理人。

第二，要看代理人是否诚实可靠和有责任心。

第三，要看代理人是否专业。

第四，要看代理人的售后服务。

第五，不要因为回扣来选择代理人，不要因为情面而匆匆投保。

（2）保险经纪人。保险经纪人亦称保险经纪公司，它包括直接保险经纪和再保险经纪两种类型。直接保险经纪是指保险经纪公司与投保人签订委托合同，基于投保人或被保险人的利益，为投保人与保险人订立保险合同提供中介服务，并按约定收取中介费用的经纪行为。再保险经纪是指保险经纪公司与原保险人签订委托合同，基于原保险人的利益，为原保险人与再保险人安排再保险业务提供中介服务，并按约定收取中介费用的经纪行为。

作为保险经纪人，无论办理哪类业务，都必须进行以下业务操作：选择市场，接受委托，寻找业务接受人，准备必要的文件和资料；监督保险合同的执行情况，协助索赔。

 知识文件夹

怎样选择保险经纪人？

投保人在选择保险经纪公司和保险经纪人时，要进行一番考察，选择合适的保险经纪人，这也是作为保险商品消费者理性消费和成熟的表现。客户在选择保险经纪人时通常可以从以下几个方面考虑。

第一，专业知识水平和从业经验。

第二，服务质量。

第三，挑选值得信任的经纪人。

第四，从各种渠道了解经纪人的真实情况。

（3）保险公估人。保险公估人是指依照《保险法》等有关法律、行政法规规定，经国家金融监督管理总局批准设立的，接受保险当事人委托，专门从事保险标的的评估、勘验、鉴定、估损、理算等业务的单位或者个人。

保险公估人的主要职能是按照委托人的要求，对保险标的承保前的检验、估价及评估；对保险标的的出险后的查勘、检验、估损及理算，并出具保险公估报告。保险公估人的作用体现在其工作的公平、公正、公开、合理性方面。保险公估人及其工作人员在对保险标的的进行评估时，主要通过查勘、检验（包括必要的检测及分析）、鉴定与估损几个步骤，再通过综合汇总，最后提出一个完整的保险公估报告。保险公估必须基于公开、公正、合理的原则做出，不能偏袒任何一方当事人。因此，保险公估报告可以作为保险合同各方当事人处理保险理赔的重要依据。保险公估制度的确立，有助于协调保险合同当事人的理赔分歧，促使各方统一意见。虽然保险公估人出具的保险公估报告在解决保险合同的争议或诉讼过程中具有一定的权威性，但是并不具有法律约束力。

（4）其他保险中介人。除了以上提及的保险代理人、保险经纪人和保险公估人之外，保险中介人还存在于其他许多领域，如保险精算、事故调查、法规服务等。例如以中介形式存在的保险精算，主要是保险精算师事务所。保险精算师事务所的主要从业人员是注册精算师。

五、世界保险市场

（一）世界保险市场的发展现状

从全球化的视角分析，世界保险业在近十年的发展中呈现出一些重要的特征，主要表现在以下几个方面：第一，在全球经济增长的带动下，世界保险业发展迅速，在经济和社会中的地位和作用日益突出；第二，新兴市场自由化进程加速，成为全球保险新的增长极，但从世界范围内看，保险业的空间格局并未改变；第三，资本市场日益成为保险业创新发展的重要依托，它不仅为保险产品创新提供了现实条件，而且已经成为保险业重要的创新型风险的转移渠道；第四，全球保险业的经营方式分化，国际范围内的资本运营成为发达市场的主流；第五，世界各国、地区的监管重点都更为突出，保险监管的国际合作也得到了进一步加强。

📁 知识文件夹

世界保险业现状

瑞再研究院发布的 2018 年世界保险业报告显示，2017 年，全球保险业直接保费总收入实际增长 1.5%，比 2016 年 2.2% 的增幅下降了 0.7 个百分点。2017 年，美元计价名义总保费从 2016 年的 47030 亿美元增长到 48920 亿美元。

近几十年来，新兴国家保险市场的表现始终明显优于发达国家保险市场的表现，这主要是其较低的保险深度为其提供了发展空间。2017年全球寿险保费仅略微增长0.5%，其主要原因是发达国家保险市场保费减少。与发达国家保险市场相比，新兴国家保险市场在中国市场的带动下表现强劲，寿险保费增幅高达14%，远高于过去10年年均8.3%的增幅。中国依然是新兴国家保险市场的主要增长引擎。从贡献率看，2017年对全球寿险市场贡献最大的是中国，贡献率为2.1%。

2017年，世界第一保险大国美国的保险密度（人均保费支出）为4216美元，其中寿险1674美元，非寿险2542美元；保险深度（保费占GDP的比重）为7.1%，其中寿险2.82%，非寿险4.28%。与之相比，中国作为世界第二保险大国，保险密度为384美元，其中寿险225美元，非寿险159美元；保险深度为4.57%，其中寿险2.68%，非寿险1.89%。

从历年各国保险密度数据来看，我国目前的保险密度仅相当于美国、英国、德国、法国、日本等国20世纪70年代或韩国80年代的水平，落后了40余年。仅与美国这一世界第一保险大国相比，从与之相差3800多美元的保险密度中可以看出，中国在保险密度与深度方面与发达国家还有着巨大差距，虽然目前中国已成为保险大国，但距成为保险强国还有很长的一段距离。换一角度看，这一差距也是中国保险市场发展的巨大空间。

2017年，发达市场人均保险支出为3517美元，较2016年增加1.1%。虽然寿险人均支出减少1.1%至1899美元，但非寿险人均支出增长3.8%至1618美元；新兴市场人均保费支出增加13%至166美元，其中92美元为寿险支出，73美元为非寿险支出。2017年，新兴市场的平均保险深度从2016年的3.2%上升至3.3%，保费增长率继续超过GDP增速。

在全球经济中，保险行业有着重要地位。2018年度世界500强排行榜中，全球共有58家保险企业上榜，行业排名第一；其次是银行业，为51家；车辆与零部件类企业占34家，位居第三。

58家上榜保险企业主要分布在12个国家，美国上榜保险企业数最多，达21家，占36.21%；中国上榜保险企业9家，占15.52%，位居第二；日本为8家，位居第三；英国、德国、瑞士均为3家。

2018年世界前五大保险公司分别是：第一名美国伯克希尔—哈撒韦，500强排名第10位；第二名法国安盛，500强排名第27位；第三名中国平安，500强排名第29位；第四名德国安联，500强排名第38位；第五名中国人寿，500强排名第42位。

世界前五大保险公司中有两家是中国的，这标志着中国作为人口大国，保险业正在超速发展；巨大的人口基数形成的巨大的保险需求，构建起广袤的保险发展空间。

（资料来源：http://www.sohu.com/a/258620154_479770）

（二）世界保险业的发展趋势

1. 保险供给的组织形式及其创新

保险供给组织通常要求以公司的形式存在，这是由保险合同的法律性、保险基金的公共信托性等特征决定的。考虑到从事保险经营的策略和灵活性的不同，保险公司具体的组织形式更多地表现为股份公司与相互公司两大类。在这两大组织的具体形式中，以股份保险有限公司的形式居多，而相互形式相对较少。21 世纪以来，保险经济需要的增长，拉动保险供给的发展；保险供给主体的增加与扩张，对资金有强烈的需要。股份公司筹集资金相对容易，使得股份保险公司有了较快发展。

除传统的股份与相互保险公司外，国际上还出现了从属保险公司供给保险业务。从属保险公司指所有权属于自己的投保人或投保人团体的一种保险公司。通常这种所有权以拥有专业自保公司的普通股的方式获得。从属保险公司一方面具有传统保险公司的有效控制风险损失的功能，即可以使得母公司或集团成员的保险需求得到满足；另一方面，超越了传统保险公司的风险控制与损失补偿的功能。

2. 保险供给险种的发展与创新

一些发达国家利率的波动与自由倾向以及保险需求的变化，使寿险产品在构成与内容上发生了根本的变化，最明显的特点是寿险产品作为投资型产品的出现。投资型寿险产品的特点或是将保费的一部分用于购买投资单位，或是将趸交保费直接投资与股票或其他金融资产相关的基金。投资型产品的保障性与收益性多数情况与所投资的金融产品有关系，其收益具有不确定或最低的保证（视保单的不同规定而定），相应地，投保人或保单持有人承担较大或全部投资风险。目前欧美寿险市场上新一代寿险产品主要是变额寿险与万能寿险，或联结型寿险与单位联结型寿险。前两类投资性的寿险商品是美国寿险公司在高通货膨胀、储蓄账户与消费者利率激增，而使得保单持有人意识到现金价值获得较低的利率的情况下，适应快速变化的经济形势以及在更好地与其他金融机构竞争中实现保险创新的结果。联结型寿险与单位联结型寿险在欧洲尤其英国较为流行，这类寿险产品是将保费的一部分或一次性的保费投资于股票或者财产单位或者基金。

📂 **知识文件夹**

保险产品证券化

国际上巨灾风险的增加、再保险陷入困境等，已使得财产保险公司将金融自由化和金融创新的金融工具运用到保险风险的转移和安排上，出现了保险产品证券化趋势。财产保险领域，保险险种与资本市场对接，出现以下新的"险种"：①巨灾债券。迄今为止，国际上约有一半的保险证券化交易涉及巨灾债券。②巨灾互换。巨灾互换交易是将一系列固定的、事先确定的给付与一系列浮动给付相交换，而后者的价值与投保事件的发生相关联。③应急资本。应急资本的购买者有权在某一事先议定的事件发生后，在固定的时间内以固定的价格发行或出售证券。④在交易所交易的期权。交易所交易期权指将保险风险转移到资本市场上去的办法。

3. 保险供给主体的组织形式互相转化与跨国保险集团的运动

国际上尤其是发达国家的保险市场上，已出现股份保险公司与相互保险公司的相互转化。股份保险公司向相互保险公司的转化，主要基于两点理由：一是避免其他公司的收购或控制；二是获得没有股票持有者各种需求的自由。相互保险公司向股份保险公司转化，可以使公司具有更灵活的组织结构，更容易进入资本市场，更容易吸收高层管理者，公司所有者对公司有更积极的内在和外在利益。

除股份公司与相互公司的转化趋势外，保险公司之间或保险公司与其他公司之间的并购、收购和战略联盟等也是当今世界保险市场中不应忽视的事实与潮流。保险公司之间合并的基本目的是通过合并使合并后的公司较充分地运用合并前各公司的优势。保险公司之间或保险公司与其他公司之间的合并，还可以使合并后的公司发挥经济规模效益，增进客户的信赖。当保险公司与外界的有独立经营目标的公司有长期、深远的且共同承担风险和分享利益的关系时，保险公司与这家或这些公司之间便形成了战略联盟。目前，全球信息技术的高速发展，保险产品在形式与内容上的变化，来自传统和新的竞争者的激烈竞争，以及金融市场的全球化等，已使战略联盟深受保险公司的青睐，通过战略联盟可以使保险公司增加适应变化的经济金融环境的能力。

为提高保险公司经营效率，增加公司综合绩效，节约保险交易成本，增强市场势力，通过保险公司之间的重组、兼并或收购等途径，形式了很多跨国保险集团和控股保险集团。随着保险市场的国际化和多边、双边交易的逐步实现，这些跨国保险集团将在保险服务国际化上提供境外保险服务，在第三国以商业形式存在，并在自由人流动以及资本技术的跨国运动上表现出较强的全球化态势。

4. 保险供给经营模式与方式的创新与发展

一些发达国家保险业经历了从分业经营、分业管理到兼营和兼业模式的转化，亦即同一保险公司不仅经营人寿保险业务，而且经营财产保险业务；保险业不仅从事传统和现代的保险业务，而且还渗透证券业、银行业及其他金融业务。目前，个别发达国家适应混业经营制度的出现，使得保险公司经营模式发生了变化。保险公司不再是一个传统意义上的保险公司，它逐步向着全功能的金融主体过渡。一方面，多元化的经营增强了其竞争力；另一方面，系统风险一定程度上可以在内部得以分散和分担。此外，保险公司经营方式新的发展，还在于电子商务在保险领域的广泛应用。

第二节　保险监管概述

保险业作为经济损失补偿体系的一个重要组成部分，对社会经济的发展和人民生活的安定具有不可替代的作用，素有社会的"稳定器"和经济的"助

保险监管

推器"之称，因此，世界各国包括那些实行自由经济的国家，无一不对保险业实施监管。

一、保险监管的含义

保险监管是指对保险业的监督和管理。有广义保险监管和狭义保险监管之分。广义保险监管，是指在一个国家范围内为达到一定的目标，从政府、社会、保险行业各个层次对保险企业、保险经营活动及保险市场进行监督和管理。狭义保险监管是指政府通过法律和行政手段对保险企业、保险经营活动和保险市场进行监督和管理。从世界保险监管的实践来看，各国一般都建立广义层次的保险监管体系，其中，政府对保险业的监督和管理构成保险监管的基础，保险行业自律是保险监管的补充。

保险法规是实行保险监督和管理的根本依据。作为保险监管手段的法律，一般是指有关经济方面的法律和保险法规。保险法规包括保险法律、规定、条例等多种形式。国家通过保险法规对保险公司的注册资本金、管理人员、保险公司经营范围、保险费率、保险条款等保险经营中的基本问题做出明确规定。保险监管部门据此得出自己的监管范围并实施监管。

二、保险监管的目标

由于保险是经营风险的特殊行业，所以，保险监管目标与一般行业监管目标相比，还有很多特殊之处。主要表现在：

（一）保证保险人的偿付能力，防止保险经营的失败

保险人的偿付能力是指保险人对其责任范围内的赔偿或给付所具有的经济偿付能力。企业或人们购买保险最主要的目的就是在保险事故发生并造成损失时，能够得到经济上的补偿。如果保险人不具备这种能力，保险就失去其存在的意义。正因于此，许多国家都把偿付能力监管列为第一目标。许多监管措施，如资本金、保证金、各种准备金、最低偿付能力、承保限额、法定再保险等方面的规定、财务报告与检查制度等，都是为了实现这一目标而制定的。

（二）保证保险交易的公平性和公正性，防止利用保险进行欺诈

保险是以风险为经营对象，投保人自愿交纳保险费，保险人对保险风险损失进行赔偿或给付等行为都是在遵循最大诚信原则的前提下进行的，保证保险交易中的公平性和公正性对保险交易各方来讲尤其重要和必要。但现实生活中，利用保险进行欺诈以获得不当得利相当普遍，主要有保险人方面的欺诈、投保人（被保险人）方面的欺诈和社会各方面的欺诈。来自这三方面的道德风险阻碍了保险人、投保人、被保险人、受益人和第三方索赔者、债权人、股东和所有其他与保险交易有关的当事人平等地参与市场交易，为此，许多国家都利用监管来规范和约束保险交易各方行为，并对保险欺诈行为进行处罚。

（三）保证保险经营的效率性，提高被保险人的利益

商业保险以营利性为经营目标，保险人为了追求更多利润，存在不断扩大经营规模的内在动力，保险人之间也存在恶意竞争的可能，从而容易造成保险资源的不合理配置。保险监管部门通过干预、管理和协调等方式，在全行业内合理引导保险资源流向和配置保险资源，促进保险人适度的规模经营，保证保险经营的效率性。只有提高保险人的经营效率，投保人才有可能得到合理的、优惠的保险费率，其利益才能得到提高。

三、保险监管体系

保险监管体系是指控制保险市场参与者市场行为的完整的体系。这个系统由保险监管者和被监管者及其行为构成，由于保险监管体系有广义和狭义之分，因此，狭义的保险监管者常常为政府部门，即保险监管机关；广义的则包括政府保险监管机关、保险行业自律组织和保险评级机构；被监管者即监管对象，则包括保险人和保险中介人。

（一）政府保险监管

从世界各国保险实践来看，保险监管职能主要由依法设立的保险监管机关行使。由于各国保险监管历史进程的差异，由政府的哪一个部门作为保险监管机关，不同的国家各不相同。

📁 知识文件夹

世界主要国家的保险监管机关

英国的保险监管机关是金融服务局，由金融服务局颁发保险营业许可证，监管保险公司偿付能力，管理保险公司资金事务。

美国的保险监管机关是各州政府的保险监理署，州保险监理署的工作由州保险监督官负责，全国设立保险监督官协会，负责协调各州保险立法与监管行动，并有权对保险公司进行检查。

法国的保险监管机构不止一个，根据业务性质的不同，保险监管职能划归不同的政府部门，直接保险业务由商业部负责，再保险业务由财政部负责。

日本的保险监管机构近年来有所变化。原来一直由大藏省负责，大藏省银行局下设保险部，具体负责对私营保险公司的行政监督管理工作。大藏省的保险审议会是保险咨询机构。1998年，日本成立金融监督厅，接管了大藏省部分保险监管职能。

瑞士的保险监管机构是联邦司法警务部和联邦保险管理局。

1998年11月18日之前，中国人民银行是我国商业保险的监管机关，之后，中国保险监督管理委员会（简称"中国保监会"）成立，是国务院直属事业单位。2003年，国务院决定，将中国保监会由国务院直属副部级事业单位改为国务院直属正部级事业单位。2023年3月，中共中央、国务院印发了《党和国家机构改革方案》。决定在中国银行保险

监督管理委员会基础上组建国家金融监督管理总局。不再保留中国银行保险监督管理委员会。至此，中国金融监管体系从"一行两会"迈入"一行一总局一会"新格局。

（二）保险行业自律

以保险同业公会或保险行业协会的形式出现的保险行业自律组织，是保险人或保险中介人自身的社团组织，具有非官方性。保险行业自律组织对规范保险市场发挥着政府监管机构所不具备的横向协调作用。良好、健全的保险行业自律机制不仅可以维护保险市场正常的竞争秩序，还可以避免国家对保险业的过分干预。

与政府保险监管机关相比，保险行业自律组织的作用是有限的。一是因为政府保险监管机关是依据法律和法规进行监管，其监管决定具有法律的强制性，而保险行业自律只能出于保险同行的自愿而无法达到强制效果。二是因为政府保险监管机关的管理范围涵盖整个保险市场，而保险行业自律管理的范围只涉及保险市场的一部分。

　知识文件夹

保险行业自律组织的形式与地位

在发达国家或地区的保险市场上，保险行业自律组织比较普遍。如英国有英国保险协会、劳合社承保人协会、伦敦承保人协会、人寿保险协会；美国有人寿保险协会、保险公司协会等。保险行业自律组织的地位因国而异。大致可分为两种情况：一种是充当政府与保险人、被保险人及社会大众之间的桥梁，保险人通过保险行业自律组织与政府保险监管机关进行沟通；另一种是保险自律组织不具有约束力，只是提供同业沟通的场所，本身不具有管理职能。中国保险行业协会，简称"中保协"，成立于 2001 年 2 月 23 日，是经中国保险监督管理委员会审查同意并在民政部登记注册的中国保险业的全国性自律组织，是自愿结成的非营利性社会团体法人。中保协的基本职责为：自律、维权、服务、交流、宣传。

（三）保险信用评级

保险信用评级是由独立的社会信用评级机构，采用一定的评级办法对保险人的信用等级进行评定，并用一定的符号予以表示。保险信用评级也具有非官方性。

信用评级的优势在于，将保险人复杂的业务与财务信息转变成既反映其经济实力又通俗易懂的符号或级别。信用评级机构通过提供评级信息来影响保险监管机关、保险行业本身。在当今信息发达的社会里，信用评级进一步增强了保险行业的透明度，对保险行业的监督作用也更加明显。

与政府监管、保险行业自律相比，保险信用评级也有无法克服的缺陷。因为保险业是经营风险的特殊行业，风险是变化莫测的。一个好的信用级别只是表明保险公司安全性较高，并不能保证它会长久生存下去。相对较低的信用级别也只是表明该保险公司倒闭的可能性较大。

四、保险监管方式

各国都根据自身的经济环境和法律环境的特点选择适合国情特点的保险监管方式。通常使用的有以下三种。

（一）公示方式

公示方式又称公告管理方式，是指政府对保险业的经营不作直接监督，只是规定保险人按照政府规定的格式和内容，将营业结果定期报送有关主管部门或机关，并予以公布。保险业的组织形式、保单格式的设计、资金运用方向和规模等都由保险人自行决定和自我管理，政府不对其多加干预。保险人经营的好坏，是由被保险人及一般大众进行评判。这种监管方式是政府对保险市场进行监管的各种方式中最为宽松的一种。

公示监管的内容包括：公告财务报表，规定最低资本金与保证金，订立边际偿付能力标准。这种监管方式将政府与大众结合起来，重视公众监督的力量。因此，采用这种监管方式必须具备一定的条件，如保险人具有相当的自律性，国民有较高的文化水平，社会各界对保险有相当的了解并对保险业的经营有正确的判断。历史上英国曾采用过这种监管方式，到 20 世纪 80 年代就不再使用。

（二）准则方式

准则方式又称规范监管方式或形式监管方式，是指由政府制定一系列有关保险经营的基本准则，要求保险人共同遵守，并对执行情况进行监督。这些基本准则仅涉及重大事项，如保险公司的最低资本额、资产负债表的审查、法定公布事项的主要内容、监管机构的制裁方式等。这种监管方式注重保险经营形式上的合法性，较公示监管严格，但仍未触及保险业经营管理的实体。加上保险技术性强，涉及的情况复杂多变，所以仅以某些基本准则，实际上很难起到监督管理保险人经营的作用。因此，该方式在现实中逐渐被淘汰。

（三）实体方式

实体方式又称严格监管方式或许可监管方式，指国家通过立法，明确规定保险人的设立、经营、破产清算等各项监管制度，保险监管部门根据法律赋予的权力，对保险市场，尤其是保险人进行全面的监管。该监管方式赋予了政府的保险监管机构以较高的权威，保证了监管的严肃性、强制性和一贯性，从而易于实现监管的有效性。它始创于瑞士，现已被世界上许多国家所采用。

第三节　保险监管的内容

一、保险组织的监管

保险组织监管是对保险组织市场准入与退出的监管。保险监管部门对保险组织设立进行监管的目的在于：一是规定和落实保险机构开业资本金；二是限制和选择保险机构的组织形式；三是规定保险机构营业范围；四是保证保险机构高级管理人员的水平。保险组织监管包括对保险机构设立、整顿、接管、分立、合并以及破产清算等方面。

（一）保险组织形式的监管

保险组织是依法设立、登记，并以经营保险为主业的机构。保险人以何种组织形式开展经营，各国可根据国情做出不同的规定。从目前情况看，主要有股份有限公司、有限责任公司、相互保险公司、保险合作社、个人保险组织。

（二）保险组织的设立、变更和终止

1. 保险组织的设立

它是创办保险公司的一系列法律行为及其法律程序的总称，是对保险人资格的认定过程。这些资格主要包括一定的设立条件和程序。

（1）保险组织的设立条件。设立保险组织，必须具备比一般工商企业设立更为严格的条件，这是各国保险法的普遍规定。

📁 知识文件夹

我国保险公司的设立条件

我国《保险法》明确规定了设立保险公司应具备的条件：（一）主要股东具有持续盈利能力，信誉良好，最近 3 年内无重大违法违规记录，净资产不低于人民币 2 亿元；（二）有符合本法和《中华人民共和国公司法》规定的章程；（三）有符合本法规定的注册资本；（四）有具备任职专业知识和业务工作经验的董事、监事和高级管理人员；（五）有健全的组织机构和管理制度；（六）有符合要求的营业场所和与经营业务有关的其他设施；（七）法律、行政法规和国务院保险监督管理机构规定的其他条件。

（2）保险组织的设立程序。依照《中华人民共和国公司法》（简称《公司法》）、《保险法》和《保险公司管理规定》的要求，设立保险公司的一般程序为：初步申请、正式申请、筹建和开业四个阶段。一是初步申请筹建，即申请人向保险监管部门提出要求筹建保险组织的书面请求；二是正式申请筹建，即经过筹备，申请人认为条件已基本成熟，向保险监管部门提交正式申请表和有关文件、资料；三是申请开业，即申请人提出开业申请，并提交有关资料，经保险监管部门审查批准后，认为符合条件的，颁发《经营保险业务许可

证》；四是保险公司到工商行政管理机关办理登记，领取营业执照并缴存保证金之后，正式营业。

2. 保险组织的变更

保险组织的变更是保险机构依法对其组织形式、注册资本、法人代表及其他高级管理人员、营业场所等重要事项进行的变更。当需要对这些重要事项进行变更时，保险机构必须报保险监管部门批准或备案。

🗂 **知识文件夹**

我国《保险法》对保险组织变更的规定

我国《保险法》第八十四条规定："保险公司有下列情形之一的，应当经保险监督管理机构批准：（一）变更名称；（二）变更注册资本；（三）变更公司或者分支机构的营业场所；（四）撤销分支机构；（五）公司分立或者合并；（六）修改公司章程；（七）变更出资额占有限责任公司资本总额百分之五以上的股东，或者变更持有股份有限公司股份百分之五以上的股东；（八）国务院保险监督管理机构规定的其他情形。"另外，保险公司变更董事长、总经理，应当报保险监督管理机构审查其任职资格。

3. 保险组织的终止

保险组织的终止分为保险机构的解散、撤销和破产三种形式。根据我国《保险法》的规定，保险公司的解散和撤销都要经保险监督管理机构批准。但由于人寿保险合同具有储蓄性质、涉及的社会面广，所以经营人寿保险业务的保险公司不得解散。当保险公司不能支付到期债务时，经保险监督管理机构同意，由人民法院宣告破产。但对经营有人寿保险业务的保险公司被依法撤销或者被依法宣告破产的，其持有的人寿保险合同及责任准备金，必须转让给其他经营有人寿保险业务的保险公司；不能同其他保险公司达成转让协议的，由国务院保险监督管理机构指定经营有人寿保险业务的保险公司接受转让。

（三）保险从业人员的监管

保险从业人员包括保险公司的高级管理人员和业务人员。保险经营的专业化程度高，技术性强，从业人员的业务水平高低对保险企业的经营业绩和财务管理有着直接和重大的影响。所以，对保险从业人员的监管成为保险组织监管的重要内容。

1. 保险企业的高级管理人员的任职资格

对此，世界各国都有较高的要求，并进行严格的资格审查：不符合法律规定的任职条件，不能担任公司的高级管理职务；合格管理人员没有达到法定数量，公司不能营业。在保险企业担任领导职务的任职条件包括文化程度、保险实践经验和道德素质等。

➤ **知识文件夹**

保险企业高级管理人员任职资格的相关规定

我国《保险法》第六十八条规定了设立保险公司的条件，其中第三款为"有具备任职专业知识和业务工作经验的董事、监事和高级管理人员"；第七十五条规定：保险公司申请设立分支机构，要提交"拟任高级管理人员的简历及相关证明材料"。《保险公司董事、监事和高级管理人员任职资格管理规定》又对保险公司高级管理人员的任职资格做出特别规定：保险公司董事长应当具有金融工作 5 年以上或者经济工作 10 年以上工作经历。保险公司董事和监事应当具有 5 年以上与其履行职责相适应的工作经历。保险公司总经理应当从事金融工作 8 年以上或者经济工作 10 年以上，并且具有下列任职经历之一：（一）担任保险公司省级分公司总经理以上职务高级管理人员 5 年以上；（二）担任保险公司部门负责人 5 年以上；（三）担任金融监管机构相当管理职务 5 年以上；（四）具备其他足以证明其具有拟任职务所需知识、能力、经验的职业资历。保险公司副总经理、总经理助理应当从事金融工作 8 年以上或者经济工作 10 年以上。同时，规定了有经济犯罪等 10 个方面的人员不得担任保险机构高级管理人员。

2. 保险公司的各种业务人员

对于保险公司的各种业务人员的任职，如核保员、理赔员、精算人员、会计师等的配备，各国法律都有相应的规定。我国《保险法》第八十五条规定："保险公司应当聘用专业人员，建立精算报告制度和合规报告制度。"

（四）对外资保险组织的监管

外资保险组织是指外国保险公司在本国设立的分公司、代表处或合资设立的保险公司。现阶段，外资保险公司在我国主要存在形式是设立营业性的分支机构或非营业性的代表处。

1. 对外资保险公司分支机构设立的监管

外资保险公司的分支机构在我国没有独立的财产，但是它的负债主要在国内，而且直接参与我国部分保险市场的竞争，因此必须加强监管，防止其利用再保险或其他保险方式转移资产或利润。同时，为保护我国被保险人的合法权益，应适当对外资保险公司在我国境内的资产加以限制和管理。

2. 对外资保险公司代表机构设立的监管

外资保险公司代表机构不是独立的机构，只是外资保险公司的附属机构和派出机构，它在我国境内的所有活动由其所代表的外资保险公司负最终责任，所以，适用于母国监管原则。

📁 **知识文件夹**

外资保险公司在我国设立的条件

《中华人民共和国外资保险公司管理条例（2016修订）》规定，申请设立外资保险公司的外国保险公司，应当具备下列条件：（一）经营保险业务30年以上；（二）在中国境内已经设立代表机构2年以上；（三）提出设立申请前1年年末总资产不少于50亿美元；（四）所在国家或者地区有完善的保险监管制度，并且该外国保险公司已经受到所在国家或者地区有关主管当局的有效监管；（五）符合所在国家或者地区偿付能力标准；（六）所在国家或者地区有关主管当局同意其申请；（七）中国保监会规定的其他审慎性条件。

二、保险经营的监管

保险经营的监管一般侧重于对保险业务种类和范围、保险条款、保险费率和保险合同格式进行监管。

（一）保险业务种类和范围的监管

对保险经营种类和范围的监管实际上包括两方面的内容。

1. 关于兼业问题

即可否同时经营保险业务和其他业务。可从两方面来看：一方面，非保险企业或个人可否经营保险业务。由于保险是经营风险的特殊行业，不论是保险费率、保险条款、保险理赔，还是保险风险防范，都要求运用专门技术，专业化程度相对于其他行业要高得多，非一般行业或企业所能担当，为了保障被保险人的利益，绝大多数国家均通过立法确立商业保险专营原则，未经国家保险监管机关批准，擅自开办保险业务的法人或个人都属非法经营，国家保险监管机关可勒令其停业并给予经济上乃至刑事上的处罚。另一方面，保险企业可否经营其他非保险业务。为了防止保险企业经营的失败和保证保险基金的专用性，保险企业也不得经营非保险业务，甚至不得从事未经核准的其他性质的保险业务。

但是在兼业问题上，也有例外的规定。如英国的法律规定，以经营商业业务为主的公司，经过批准也可以从事与其有关的保险业务，作为对顾客提供的额外服务，但在保险财务会计方面必须独立核算。

2. 关于兼营问题

即保险人可否同时经营财产保险和人身保险业务。由于财产保险和人身保险在经营技术基础、承保手段、保险费计算方式、保险期限、准备金计提方式以及保险赔偿或保险金给付条件和方法等方面存在很大的差别，尤其是人寿保险带有长期性和储蓄性，将二者兼营，很有可能将人寿保险的保险基金挪作财产保险赔付，所以，一般各国保险经营都遵循"产寿险分业经营"的原则，即同一保险人一般不得同时经营财产保险和人身保险业务。与此同步，在监管上也确立了"产寿险分业监管"制度。

（二）保险条款的监管

1. 保险条款监管的重要性

保险条款是保险合同的核心内容，是保险人与投保人关于各自权利与义务的有效约定。由于保险合同是一种附和性合同，投保人、被保险人和受益人处于被动地位，保险人很容易利用保险合同的这一特点加大投保人和被保险人的责任，减少自己的责任，在无形中迫使被保险人接受不公平的条件，侵犯对方当事人的利益。所以，对保险条款的监管成为保险经营监管的主要部分。

2. 保险条款监管的主要方式

对于保险条款的监管主要是通过保险条款的审批和备案进行操作。具体方式有以下几种：①由保险监督管理机构制定，保险公司必须执行的条款；②由保险公司自行拟定，报经保险监督管理机构审批或备案后的条款；③由保险拟定并使用，但在使用后的一定时间内，需报保险监督管理机构备案的条款；④法律允许的由保险同业公会依法制定的条款。随着保险业的发展，逐渐出现对保险合同内容和格式标准化的趋势。与此相应，很多国家都有本国通用的保险条款，如英国主要通用"伦敦协会条款"，美国主要通用"美国协会条款"。通用条款基本上已规范化，一般都不再列入监管的范畴。

（三）费率的监管

保险费率是保险人用以计算保险费的标准，是保险商品的价格。公平、合理对于保险经营和保险市场会产生积极的效应。如对保险人来说，合理的费率可以保证保险人有充足的偿付能力，也可以保证保险人实现自身的经济利益。对投保人来说，合理的费率才能使风险成本合理。对保险市场来说，合理的费率可以防止保险经营出现暴利，促进资源在保险市场的平衡流动和有序分配，有效调节保险市场参与者数量和保险产品的数量。所以，各国一般都将费率监管作为保险经营监管的又一主要内容。

（四）再保险业务的监管

再保险人提供的是一种无形的商品，对原保险人的保险责任予以保障，在承担风险责任方面共同协作，它的价值体现在再保险人承担未来义务时的能力和意愿上。如果再保险人不能履行赔付责任，将会严重影响原保险人的偿付能力，从而影响生产的稳定和生活的安定。所以，国家在加强保险监管的同时必然加强对再保险业的监管。发展中国家对再保险的监管还有另一个原因，那就是出于保护本国保险市场，限制外国再保险力量进入的需要。

1. 对兼营再保险业务实行宽松式管理

再保险是保险人之间的一种业务经营活动，再保险人与投保人和被保险人之间不发生任何业务关系，所以，各国对同一保险人兼营再保险业务和原保险业务问题态度明确，一般不加以限制。

2. 再保险监管的方法

国家对再保险的监管可通过多种途径实施。其中一个重要的途径就是直接干预，即采用各种方式和措施直接参与再保险市场活动，以调控再保险市场。如，建立国家再保险公司，强制再保险分出，建立地区再保险集团等。

3. 再保险监管的内容

国家对再保险公司进行监管的核心是偿付能力管理，保证赔偿义务的履行。主要集中在以下四个方面：①审批再保险公司的设立和变更事项。再保险公司设立、变更时都必须向监管当局提出申请并提供有关情况，如注册资本金、承保风险的性质、每种业务的费率条款、普通保单和特殊保单的条件、再保险和转分保的原则等。② 检查和监督再保险公司的经营。再保险公司营业之后，监管当局要对公司的偿付能力以及公司是否遵守有关法规进行检查和监督，再保险公司要按时递交年度报告。③ 干预再保险公司活动。在例行检查过程中一旦发现再保险公司经营处于困境，不符合有关规定的要求，监管当局可以干预其经营活动，对问题较大的再保险公司则收回营业执照。④ 清算再保险公司。当再保险公司不能履行其应负的责任，或者其财务状况变坏，或已经出现损害公众利益的情况，监管当局有权做出清算决定。

📁 **知识文件夹**

我国对再保险业务管理的相关规定

我国《保险法》第一百零三条规定："保险公司对每一危险单位，即对一次保险事故可能造成的最大损失范围所承担的责任，不得超过其实有资本金加公积金总和的10%；超过的部分应当办理再保险。"第一百零五条规定："保险公司应当按照国务院保险监督管理机构的规定办理再保险，并审慎选择再保险接受人。"我国《保险公司管理规定（2015年修订）》第七十二条规定："再保险公司，包括外国再保险公司分公司，可以直接在全国开展再保险业务。"

三、保险财务监管

（一）监管资本金与公积金

1. 监管资本金

资本金是保险公司所有者对公司的投资，代表着所有者对保险公司承担法律责任的最高限额。对资本金进行严格监管的积极作用在于：增加保险人承保、再保险和投资的能力，避免偿付能力不足的情况发生；增加对承保及投资预期与非预期损失的弥补能力；调节责任准备金、投资准备金或资金变动所产生的影响。其最终目的就是保证资本金的真实性与合法性，促进保险人履行社会责任。我国《保险法》第六十九条规定："设立保险公司，其注册资本的最低限额为人民币 2 亿元。国务院保险监督管理机构根据保险公司的业务范围、经营规模，可以调整其注册资本的最低限额，但不得低于本条第一款规定的限额。保险公司的注册资本必须为实缴货币资本。"

2. 监管公积金

保险公司提取公积金是为了用于弥补公司亏损和增加公司资本金。我国《公司法》和《金融保险企业财务制度》规定，保险公司应在税后利润中提取 10% 的法定盈余公积金；当法定盈余公积金累计达到注册资本的 50% 时，可不再提取。

（二）监管保险公司负债

保险公司的负债主要体现在保险责任准备金，包括未到期责任准备金、未决赔款责任准备金、人身险长期责任准备金、保险保障基金等。监管保险公司的负债主要是监管保险公司准备金的充足性。另外，揭示和纠正保险公司负债的低估或漏列，保证负债的真实性；检查负债内控制度的建立情况等也是保险公司负债监管的内容。

我国《保险法》第九十八条规定："保险公司应当根据保障被保险人利益、保证偿付能力的原则，提取各项责任准备金。保险公司提取和结转责任准备金的具体办法，由国务院保险监督管理机构制定。"

保险保障基金是指为保护保单持有人的合法权益，弥补被保险人因保险公司破产而遭受的经济损失，维护经济发展与促进社会稳定而依法建立的专门保护基金。从各国保险实践看，保险保障基金主要来源于整个保险行业。可以按保险费收入提取，也可以按保险公司资产或债务提取。我国《保险法》第一百条规定："保险公司应当交纳保险保障基金。保险保障基金应当集中管理，并在下列情形下统筹使用：（一）在保险公司被撤销或者被宣告破产时，向投保人、被保险人或者受益人提供救济；（二）在保险公司被撤销或者被宣告破产时，向依法接受其人寿保险合同的保险公司提供救济；（三）国务院规定的其他情形。保险保障基金筹集、管理和使用的具体办法，由国务院制定。"

（三）监管保险公司资产

保险公司资产是指保险公司拥有或能够控制的、能以货币计量的经济资源，包括各种财产、债权和其他权利，也包括固定资产、流动资产、长期投资、无形资产、递延资产和其他资产。保险资产是保险公司可运用的资金，是保险公司收入的主要来源。对于不同形式和性质的资产，监管方法和手段各不相同。

四、保险偿付能力的监管

（一）保险偿付能力监管是保险监管的核心

保险公司的认可资产减去认可负债的差额必须大于保险法规规定的金额，否则保险公司即被认定偿付能力不足。由于保险合同双方权利和义务在时间上的不对称性，例如保险人先收保险费后支付保险赔款或给付，而投保人是先交纳保险费，保险事故发生后再享受获得赔款或保险金的权利，所以，一旦保险人在经营过程中失去偿付能力，而大部分保险合同又尚未到期，被保险人将失去经济保障。因此，各国都把偿付能力监管作为保险监管的核心内容。

（二）偿付能力监管的手段

主要有保险公司资本充足性监管、现场检查与非现场检查。

1. 资本充足性的监管

保持适当的资本是保险公司偿付能力监管的核心之一。对资本的要求一般有两种：一种是规定保险公司的最低资本限额，又称静态资本管理，这是传统的资本管理方式；另一种是风险资本管理，又称动态资本管理，是一种新的资本管理模式。

（1）最低资本限额管理是指法律或法规规定任何公司要经营保险业务都必须具有一定金额的资本金的资本管理方式。保险公司不管是要进行投资还是经营保险业务，其资本金额都必须符合这一要求，否则将被认为偿付能力不足而被保险监管机构依法予以清理。保险公司的最低资本金金额一般按保险公司的组织形式、业务种类和经营区域来规定。

（2）风险资本管理。它是指按照保险公司经营管理中的实际风险，要求保险公司保持与其所承担的风险相一致的认可资产。风险资本管理最初由美国联邦保险监管机构为了克服最低资本限额的缺陷，保证保险公司的偿付能力，提出并运用于保险监管实践的。这种管理的优势在于充分考虑了保险公司的组织形式、业务种类及规模、资产与负债的风险程度等因素。

2. 对保险公司的检查

主要有两种方式：一种是非现场检查，主要是根据保险公司上报的各种报告、报表和文件，检查保险公司经营活动是否合法、合规；另一种是现场检查，主要是保险监管人员根据需要对保险公司进行实地现场检查，以判断保险公司所提供数据的准确性，检查保险公司的各项财务指标是否符合有关法规的规定。这两种方式各有优势，相互配合，使监管更为有效。

五、保险中介人的监管

对保险中介人的监管，我国《保险法》《保险专业代理机构监管规定》《保险经纪机构监管规定》《保险公估机构监管规定》等法律和规定分别对保险代理机构、保险经纪公司和保险公估机构的定义、职责、设立、变更和终止、从业资格、经营管理、监督检查、处罚等作了详尽规定，是对保险中介人实施监管的主要法律依据。其监管包括保险中介人执业资格的监管、执业监管、财务监管。

本章小结

本章主要介绍了保险市场的含义、特征、模式、机制和供求等相关知识，保险监管的含义、目标、监管体系、监管方式和监管内容等。

保险市场是保险商品交换关系的总和或是保险商品供给与需求关系的总和。它既可以指固定的交易场所，如保险交易所，也可以是所有实现保险商品让渡的交换关系的总和。在保险市场上，交易的对象是保险人为消费者所面临的风险提供的各种保险保障。一个完整的保险市场必须具备如下要素：保险市场的供给方、保险市场的需求方、保险市场的中介方和保险商品。

保险市场的特征是由保险市场交易对象的特殊性决定的。保险市场的交易对象是一种特殊形态的商品——保险经济保障，因此，保险市场表现出其独有的特征：保险市场是直接的风险市场、是非即时清结市场、是特殊的"期货"交易市场。

市场机制，是指由价值规律、供求规律和竞争规律三者之间相互制约、相互作用的内在关系形成的一种客观机制。市场机制有一种不以人的意志为转移的功能和力量，它像一只无形的手调节着经济活动。在保险经济活动中引入市场机制，是保险市场的核心内容。

保险市场在不同的历史时期和不同的国家或地区存在四种发展模式，分别是：完全垄断型保险市场、寡头垄断型保险市场、完全竞争型保险市场和垄断竞争型保险市场。

保险市场供给主体的组织形式，是指在一国或一地区的保险市场上，保险人采取何种组织形式经营保险。一般经营保险业务的组织，由于财产所有制关系不同，有以下几种组织形式：国营保险组织、私营保险组织、合营保险组织、合作保险组织、个人保险组织和行业自保组织。

保险监管是指政府对本国保险业的监督和管理。保险监管的目标是保证保险人的偿付能力，防止保险经营的失败，保证保险交易的公平性和公正性，防止利用保险进行欺诈，保证保险经营的效率性，提高被保险人的利益。

保险监管体系是指控制保险市场参与者市场行为的完整的体系。狭义的保险监管者常常指政府部门，即保险监管机关；广义的则包括政府保险监管机关、保险行业自律组织和保险评级机构。

思考与练习

各国所信奉的管理哲学不同，保险监管的宽严程度也有不同，主要方式有公示方式、准则方式和实体方式。

保险监管的内容主要包括组织监管、经营监管、财务监管、偿付能力监管和中介监管。

参考答案

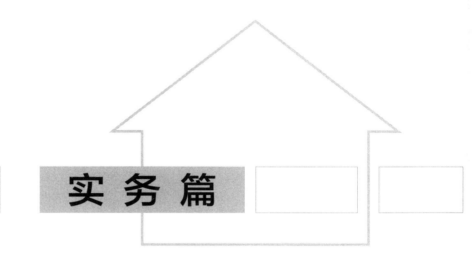

实务篇

第八章
财产损失保险实务

➤ **学习目标**

1.理解财产保险的基本知识与实务技能。
2.掌握火灾保险的基本内容及主要险种。
3.了解家庭财产保险的基本知识点和具体内容。
4.掌握运输工具保险的内容及主要险种。
5.掌握货物等运输保险的基本内容及主要险种。
6.了解工程保险的实务操作技能。

第一节　运输工具保险

运输工具保险是指以各种运输工具为保险标的的保险。包括船舶保险、机动车辆保险、飞机保险等。保险责任往往不仅承担运输工具在意外事故中造成的财产损失，也承保运输工具在营运过程中发生的第三者责任。在国内业务中保险的运输工具不包括各种非机动运输工具，如木船、自行车、畜力车等。

一、机动车辆保险

机动车辆保险是财产保险的一种，也称为汽车保险，是以机动车本身及第三者责任为保险标的的一种运输工具保险。这里的机动车是指在中华人民共和国境内（不含港、澳、台地区）行驶，以动力装置驱动或者牵引，上道路行驶的供人员乘用或者用于运送物品以及进行专项作业的轮式车辆（含挂车）、履带式车辆和其他运载工具。

机动车辆保险

（一）机动车辆保险的特点

机动车辆保险是我国财产保险市场的主要业务种类，主要承保各种机动交通运输车辆因遭受自然灾害和意外事故造成车辆本身的损失和施救保护所支出的合理费用，以及对第三者的人身伤害和财产损失依法应负的经济赔偿责任。其特点是：第一，保险标的的风险多发生于运动状态，危险责任多而复杂，且往往涉及对第三者的民事赔偿责任；第二，保险标的的损失以部分损失居多，保险人可选择修理恢复、置换缺损部分或给付现金等方式赔偿。第三，第三者责任险以法定的形式实施，以保护受害人的利益。

（二）机动车辆保险的标的

机动车辆保险的保险标的包括燃油车、新能源车、电瓶车、摩托车、拖拉机、各种专用机械车和特种车。这些车辆须有交通管理部门核发的行驶证和牌号，并经检验合格。

（三）机动车辆保险的种类

本书只对燃油车和新能源车进行介绍。机动车辆除交通事故责任强制保险外，商业保险基本险分为机动车损失保险、第三者责任保险、车上人员责任保险。以下分燃油车和新能源车两类车型进行介绍。

（四）燃油车车辆保险的保险责任与责任免除

1. 保险责任

（1）机动车交通事故责任强制保险的保险责任简称交强险，是指保险公司对被保险机动车发生道路交通事故造成受害人（不包括本车人员和被保险人）的人身伤亡、财产损失，在责任限额内予以赔偿的强制性责任保险。交强险主要是承担覆盖面极为广泛的基本保障，对于更多样、更高额、更广泛的保障需求，消费者可以在购买交强险的同时，自愿购买车损险和第三者责任保险等商业车险，使自己具有更充分的保险保障。

（2）车辆损失险的保险责任具体包括：①自然灾害、意外事故造成被保险机动车直接损失；②被保险机动车被盗窃、抢劫、抢夺，经出险地县级以上公安刑侦部门立案证明，满60天未查明下落的全车损失，以及因被盗窃、抢劫、抢夺受到损害造成的直接损失。

发生保险事故时，被保险人或驾驶人为防止或者减少被保险机动车的损失所支付的必要的、合理的施救费用，保险公司可在与保险金额相等的限额内进行赔偿。在具体掌握时，应按照实际情况，根据"必要、合理"的原则来处理。

（3）第三者责任险的保险责任，是指被保险人允许的合格驾驶人员在使用保险车辆的过程中发生意外事故，致使第三者遭受人身伤亡或财产的直接损毁，依法应当由被保险人支付的赔偿金额，保险人依照保险合同的规定给予赔偿。但因事故产生的善后工作，应由被保险人负责处理。

（4）车上人员责任险的保险责任，是指投保了本保险的机动车辆在使用过程中，发生意外事故致使保险车辆车上人员遭受人身伤亡，依法应由被保险人承担的经济赔偿责任，保险人依照《道路交通事故处理办法》和保险合同的规定给予赔偿。

（5）附加险。燃油车机动车的附加险包括玻璃单独破碎险、自燃损失险、发动机涉水损失险、不计免赔率险、无法找到第三方特约险、指定修理厂险、附加新增加设备损失险、附加车身划痕损失险、附加维修期间费用补偿险、附加车上货物责任险、附加精神损害抚慰金责任险、附加法定节假日限额翻倍险示范条款。

2. 除外责任

（1）交强险的除外责任。交强险的除外责任包括：①受害人故意造成的交通事故的损失；②被保险人所有的财产及被保险机动车上的财产遭受的损失；③被保险人机动车发生交通事故，致使受害人停业、停驶、停电、停水、停气、停产、通信或者网络中断、数据丢失、电压变化等造成的损失以及受害人财产因市场价格变动造成的贬值、修理后因价值降低造成的损失等其他各种间接损失；④因交通事故产生的仲裁或者诉讼费用以及其他相关费用。

（2）车辆损失险、第三者责任险与车上人员责任险的除外责任见表8-1。

表8-1　车辆损失险、第三者责任险与车上人员责任险的除外责任

	车辆损失险	第三者责任险	车上人员责任险
免除责任	事故发生后，被保险人或驾驶人故意破坏、伪造现场，毁灭证据		
驾驶人有下列情形之一者：	①交通肇事逃逸		
	②饮酒、吸食或注射毒品、服用国家管制的精神药品或者麻醉药品		
	③无驾驶证，驾驶证被依法扣留、暂扣、吊销、注销期间		
	④驾驶与驾驶证载明的准驾车型不相符合的机动车		
	—	⑤非被保险人允许的驾驶人	
被保险机动车有下列情形之一者：	①发生保险事故时被保险机动车行驶证、号牌被注销		
	②被扣留、收缴、没收期间		
	③竞赛、测试期间，在营业性场所维修、保养、改装期间		
	④被保险人或驾驶人故意或重大过失，导致被保险机动车被利用从事犯罪行为	④全车被盗窃、被抢劫、被抢夺、下落不明期间	
下列原因导致的人身伤亡/被保险机动车的损失和费用	①战争、军事冲突、恐怖活动、暴乱、污染（含放射性污染）、核反应、核辐射；		
	②被保险机动车被转让、改装、加装或改变使用性质等，导致被保险机动车危险程度显著增加，且未及时通知保险人，因危险程度显著增加而发生保险事故的		
	③违反安全装载规定	③第三者、被保险人或驾驶人故意制造保险事故、犯罪行为，第三者与被保险人或其他致害人恶意串通的行为	—
	④投保人、被保险人或驾驶人故意制造保险事故	—	③投保人、被保险人或驾驶人故意制造保险事故

续表

车辆损失险	第三者责任险	车上人员责任险
下列人身伤亡、财产损失和费用	①投保人、被保险人或驾驶人知道保险事故发生后，故意或者因重大过失未及时通知，致使保险事故的性质、原因、损失程度等难以确定的，保险人对无法确定的部分，不承担赔偿责任，但保险人通过其他途径已经知道或者应当及时知道保险事故发生的除外	
②因市场价格变动造成的贬值、修理后因价值降低引起的减值损失	②第三者财产因市场价格变动造成的贬值，修理后因价值降低引起的减值损失	②被保险人及驾驶人以外的其他车上人员的故意行为造成的自身伤亡
③自然磨损、朽蚀、腐蚀、故障、本身质量缺陷	③被保险人及其家庭成员、驾驶人及其家庭成员所有、承租、使用、管理、运输或代管的财产的损失，以及本车车上财产的损失	③车上人员因疾病、分娩、自残、斗殴、自杀、犯罪行为造成的自身伤亡
④因被保险人违反本条款第十五条约定，导致无法确定的损失	④被保险机动车发生意外事故，致使任何单位或个人停业、停驶、停电、停水、停气、停产、通信或网络中断、电压变化、数据丢失造成的损失以及其他各种间接损失	④罚款、罚金或惩罚性赔款
⑤车轮单独损失，无明显碰撞痕迹的车身划痕，以及新增加设备的损失	⑤被保险人、驾驶人、本车车上人员的人身伤亡	⑤超出《道路交通事故受伤人员临床诊疗指南》和国家基本医疗保险同类医疗费用标准的费用部分
⑥非全车盗抢、仅车上零部件或附属设备被盗窃	⑥停车费、保管费、扣车费、罚款、罚金或惩罚性赔款	⑥律师费，未经保险人事先书面同意的诉讼费、仲裁费
	⑦超出《道路交通事故受伤人员临床诊疗指南》和国家基本医疗保险同类医疗费用标准的费用部分	⑦精神损害抚慰金
	⑧律师费，未经保险人事先书面同意的诉讼费、仲裁费	⑧应当由机动车交通事故责任强制保险赔付的损失和费用
	⑨因被保险人违反本条款第二十八条约定，导致无法确定的损失	
	⑩精神损害抚慰金	
	⑪应当由机动车交通事故责任强制保险赔偿的损失和费用	

（五）新能源车辆保险的保险责任与责任免除

新能源汽车商业保险主险包括新能源汽车损失保险、新能源汽车第三者责任保险、新能源汽车车上人员责任保险三个独立的险种，投保人可以选择投保全部险种，也可以选择投保其中部分险种。保险人依照保险合同的约定，按照承保险种分别承担保险责任。

1. 车辆损失险

新能源汽车损失保险保障被保险人或被保险新能源汽车驾驶人在使用被保险新能源汽车过程中，因自然灾害、意外事故（含起火燃烧）造成被保险新能源汽车相关设备的直接损失，包括车身、电池及储能系统、电机及驱动系统、其他控制系统及其他所有出厂时的设备。

对于保险期间被保险新能源汽车被盗窃、抢劫、抢夺，经出险地县级以上公安刑侦部门立案证明，满 60 天未查明下落的全车损失，以及因被盗窃、抢劫、抢夺受到损坏造成的直接损失，且不属于免除保险人责任的范围，保险人依照合同约定负责赔偿。

表 8-2　新能源汽车损失保险的除外责任

责任免除项目	责任免除
一、合同条款规定的不论任何原因造成被保险新能源汽车的任何损失和费用，保险人均不负责赔偿	（一）事故发生后，被保险人或驾驶人故意破坏、伪造现场，毁灭证据； （二）驾驶人有下列情形之一者： 1. 交通肇事逃逸； 2. 饮酒、吸食或注射毒品、服用国家管制的精神药品或者麻醉药品； 3. 无驾驶证，驾驶证被依法扣留、暂扣、吊销、注销期间； 4. 驾驶与驾驶证载明的准驾车型不相符合的新能源汽车。 （三）被保险新能源汽车有下列情形之一者： 1. 发生保险事故时被保险新能源汽车行驶证、号牌被注销； 2. 被扣留、收缴、没收期间； 3. 竞赛、测试期间，在营业性场所维修、保养、改装期间； 4. 被保险人或驾驶人故意或重大过失，导致被保险新能源汽车被利用从事犯罪行为。
二、合同条款规定的被保险新能源汽车的损失和费用，保险人不负责赔偿	（一）战争、军事冲突、恐怖活动、暴乱、污染（含放射性污染）、核反应、核辐射； （二）违反安全装载规定； （三）被保险新能源汽车被转让、改装、加装或改变使用性质等，导致被保险新能源汽车危险程度显著增加，且未及时通知保险人，因危险程度显著增加而发生保险事故的； （四）投保人、被保险人或驾驶人故意制造保险事故。
三、合同条款规定的下列损失和费用，保险人不负责赔偿	（一）因市场价格变动造成的贬值、修理后因价值降低引起的减值损失； （二）自然磨损、电池衰减、朽蚀、腐蚀、故障、本身质量缺陷； （三）投保人、被保险人或驾驶人知道保险事故发生后，故意或者因重大过失未及时通知，致使保险事故的性质、原因、损失程度等难以确定的，保险人对无法确定的部分不承担赔偿责任，但保险人通过其他途径已经知道或者应当及时知道保险事故发生的除外； （四）因被保险人违反本条款第十五条约定，导致无法确定的损失； （五）车轮单独损失，无明显碰撞痕迹的车身划痕，以及新增加设备的损失； （六）非全车盗抢、仅车上零部件或附属设备被盗窃； （七）充电期间因外部电网故障导致被保险新能源汽车的损失。

2. 第三者责任险

保险期间内，被保险人或其允许的驾驶人在使用被保险新能源汽车过程中发生意外事故（含起火燃烧），致使第三者遭受人身伤亡或财产直接损毁，依法应当对第三者承担的损害赔偿责任，且不属于免除保险人责任的范围，保险人依照合同约定，对于超过机动车交通事故责任强制保险各分项赔偿限额的部分负责赔偿。

3. 车上人员责任险

保险期间，被保险人或其允许的驾驶人在使用被保险新能源汽车过程中发生意外事故（含起火燃烧），致使车上人员遭受人身伤亡，且不属于免除保险人责任的范围，依法应当对车上人员承担的损害赔偿责任，保险人依照合同约定负责赔偿。

4. 附加险

附加险条款的法律效力优于主险条款。附加险条款未尽事宜，以主险条款为准。除附加险条款另有约定外，主险中的责任免除、双方义务同样适用于附加险。主险保险责任终止的，其相应的附加险保险责任同时终止。新能源车辆附加险包括附加外部电网故障损失险、附加自用充电桩损失保险、附加自用充电桩责任保险、附加绝对免赔率特约条款、附加车轮单独损失险、附加新增加设备损失险、附加车身划痕损失险、附加修理期间费用补偿险、附加车上货物责任险、附加精神损害抚慰金责任险、附加法定节假日限额翻倍险、附加医保外医疗费用责任险、附加新能源汽车增值服务特约条款。

（六）机动车辆的保险金额和赔偿限额

1. 交强险的责任限额

交强险责任限额是指被保险机动车发生道路交通事故，保险公司对每次保险事故所有受害人的人身伤亡和财产损失所承担的最高赔偿金额。具体分为以下两种情况：

被保险机动车在道路交通事故中有责任的赔偿限额为：死亡伤残赔偿限额180000元人民币；医疗费用赔偿限额18000元人民币；财产损失赔偿限额2000元人民币。

被保险机动车在道路交通事故中无责任的赔偿限额为：死亡伤残赔偿限额18000元人民币；医疗费用赔偿限额1800元人民币；财产损失赔偿限额100元人民币。

2. 车辆损失险的保险金额

其确定方式有三种：

（1）根据保险价值确定。保险价值是保险合同签订地购置与投保车辆同类型新车的价格。

（2）根据实际价值确定。实际价值是投保车辆在保险合同签订地的市场价格。

（3）根据协商价值确定。保险金额由保险双方约定，但不应超过保险价值，如有超过，超过部分无效，保险人不负赔偿责任。

3. 第三者责任险的赔偿限额

包含 10 万— 1000 万元档次，被保险人可以自愿选择投保。

在保险合同有效期内，被保险人可根据需要调整保险金额或赔偿限额，但须事先在保险公司办理批改手续。

4. 车上人员责任险的赔偿限额

车上责任险的保险金额由被保险人和保险公司协商确定，一般每个座位保额按 1 万—20 万元确定。司机和乘客的投保人数一般不超过保险车辆行驶本的核定座位数。

（七）机动车辆无赔款优待系数

无赔款优待系数又称作 NCD 系数，是根据车险信息平台反馈的被保险车辆三年出险记录来确定 NCD 系数的浮动范围，主要用于识别客户风险和进行风险管理，充分体现车辆使用过程的奖优罚劣机制，是行业的共性系数指标。其中，新车购买保险或车辆前后两年不在同一家保险公司内续保，默认为新保系数。被保险人投保车辆不止一辆的，无赔款优待分别从车计算。

无赔款优待方案根据客户近三年投保及出险情况确定无赔款优待等级和系数，共划分为 10 个等级，系数范围为 0.5 ～ 2.0。无赔款优待等级系数对照见表 8-3：

表 8-3　NCD 系数

等级	系数
−4	0.5
−3	0.6
−2	0.7
−1	0.8
0	1
1	1.2
2	1.4
3	1.6
4	1.8
5	2

无赔款优待等级计算规则为：

（1）首年投保，等级为 0；

（2）非首年投保，考虑最近三年及以上连续投保和出险情况进行计算，计算规则如下：

①连续四年及以上投保且没有发生赔款，等级为 -4；

②按照最近三年连续投保年数计算降级数，每连续投保 1 年降 1 级。按照最近三年出险情况计算升级数，每发生 1 次赔款升 1 级。最终等级为升级数减去降级数，最高为5 级。

（八）机动车辆的保险赔偿

1. 车辆损失险的保险赔偿

（1）全部损失。全部损失计算方式：赔款＝（保险金额－被保险人已从第三方获得的赔偿金额）×（1－事故责任免赔率）×（1－绝对免赔率之和）

（2）部分损失。被保险机动车发生部分损失，保险人按实际修复费用在保险金额内计算赔偿：

赔款＝（实际修复费用－被保险人已从第三方获得的赔偿金额）×（1－事故责任免赔率）×（1－绝对免赔率之和）

（3）施救费用。施救的财产中，含有本保险合同未保险的财产，应按保险合同保险财产的实际价值占总施救财产的实际价值比例分摊施救费用。

（4）免赔率。被保险机动车一方负次要事故责任的，实行5%的事故责任免赔率；负同等事故责任的，实行10%的事故责任免赔率；负主要事故责任的，实行15%的事故责任免赔率；负全部事故责任或单方肇事事故的，实行20%的事故责任免赔率。

2. 第三者责任保险的赔偿计算

当保险车辆发生第三者责任事故时，按《道路交通事故处理办法》确定的赔偿范围项目和标准以及保险合同的规定，在保险单载明的赔偿限额内核定赔偿数额。对被保险人自行承诺或支付的赔偿金额，保险人有权重新核定或拒绝赔偿。

保险人依据被保险机动车一方在事故中所负的事故责任比例，承担相应的赔偿责任。

被保险人或被保险机动车一方根据有关法律法规规定选择自行协商或由公安机关交通管理部门处理事故未确定事故责任比例的，按照下列规定确定事故责任比例：

被保险机动车一方负主要事故责任的，事故责任比例为70%；

被保险机动车一方负同等事故责任的，事故责任比例为50%；

被保险机动车一方负次要事故责任的，事故责任比例为30%。

涉及司法或仲裁程序的，以法院或仲裁机构最终生效的法律文书为准。

（1）当（依合同约定核定的第三者损失金额－机动车交通事故责任强制保险的分项赔偿限额）× 事故责任比例 等于或高于每次事故赔偿限额时：

赔款 = 每次事故赔偿限额 ×（1－事故责任免赔率）×（1－绝对免赔率之和）

（2）当（依合同约定核定的第三者损失金额－机动车交通事故责任强制保险的分项赔偿限额）× 事故责任比例 低于每次事故赔偿限额时：

赔款＝（依合同约定核定的第三者损失金额－机动车交通事故责任强制保险的分项赔偿限额）× 事故责任比例 ×（1－事故责任免赔率）×（1－绝对免赔率之和）

例8-1：某单位将一辆大货车投保了交强险、车损险、第三者责任险及车上人员责任险，未投保不计免赔责任险，车损险按新车购置价的8万元投保，第三者责任险责任限额为10万元。在保险期限内与一辆轿车相撞，货车修复费用为10000元，货车司机医疗费为500元，轿车修复费用为15000元，轿车司机的治疗费为12000元。经交警队认定，货车负事故主要责任，承担此次事故责任的 70%；轿车负次要责任，承担此次事故责任的 30%。双方保险公司应该如何赔付？

2018 版《道路交通事故处理办法》

人伤部分：

（1）货车车主所需医疗费 500 元，由轿车交强险赔付 500 元；

（2）轿车车主所需治疗费 12000 元，由货车交强险赔付医疗费 10000 元。

货车商业险三者险赔付为：

（12000–10000）×70%×（1–15%）=1190 元

轿车的车上人员责任险赔付：

（12000–10000）×30%×（1–5%）=570 元

车损部分：

（1）货车修复费用 10000 元；

货车修复费用 10000 元中，接受轿车交强险赔付 2000 元

货车车损险赔付（10000–2000）×70%×（1–15%）=4760 元

轿车三者险赔付（10000–2000）×30%×（1–5%）=2280 元

（2）轿车修复费用 15000 元；

轿车修复费用 15000 元中，接受货车交强险赔付 2000 元

轿车车损险赔付（13000–2000）×70%×（1–15%）=6545 元

货车三者险赔付（13000–2000）×30%×（1–5%）=3135 元

综上所述：

货车的保险公司赔付为 10000+1190+4760+2000+3135=21085 元

轿车的保险公司赔付为 500+570+2000+2280+6545=11895 元

2020 版《道路交通事故处理办法》

人伤部分：

（1）货车车主所需医疗费 500 元，由轿车交强险赔付 500 元；

（2）轿车车主所需治疗费 12000 元，护工护理等 12000 元，由货车交强险赔付医疗费 12000 元。

车损部分：

（1）货车修复费用 10000 元；

货车修复费用 10000 元中，接受轿车交强险赔付 2000 元

货车车损险赔付（10000–2000）×70%×（1–15%）=4760 元

轿车三者险赔付（10000–2000）×30%×（1–5%）=2280 元

（2）轿车修复费用 15000 元。

轿车修复费用 15000 元中，接受货车交强险赔付 2000 元

轿车车损险赔付（13000–2000）×70%×（1–15%）=6545 元

货车三者险赔付（13000–2000）×30%×（1–5%）=3135 元

综上所述：

货车的保险公司赔付为 12000+4760+2000+3135=21895 元

轿车的保险公司赔付为 500+2000+2280+6545=11325 元

3. 车上人员责任险的赔偿计算

保险人依据被保险机动车一方在事故中所负的事故责任比例，承担相应的赔偿责任。

被保险人或被保险机动车一方根据有关法律法规规定选择自行协商或由公安机关交通管理部门处理事故未确定事故责任比例的，按照下列规定确定事故责任比例：

被保险机动车一方负主要事故责任的，事故责任比例为 70%；

被保险机动车一方负同等事故责任的，事故责任比例为 50%；

被保险机动车一方负次要事故责任的，事故责任比例为 30%。

涉及司法或仲裁程序的，以法院或仲裁机构最终生效的法律文书为准。

保险人在依据保险合同约定计算赔款的基础上，在保险单载明的责任限额内，按照下列方式免赔：

被保险机动车一方负次要事故责任的，实行 5% 的事故责任免赔率；负同等事故责任的，实行 10% 的事故责任免赔率；负主要事故责任的，实行 15% 的事故责任免赔率；负全部事故责任或单方肇事事故的，实行 20% 的事故责任免赔率。赔款计算如下：

对每座的受害人，当（依合同约定核定的每座车上人员人身伤亡损失金额—应由机动车交通事故责任强制保险赔偿的金额）× 事故责任比例 高于或等于每次事故每座赔偿限额时：

赔款 = 每次事故每座赔偿限额 ×（1—事故责任免赔率）

对每座的受害人，当（依合同约定核定的每座车上人员人身伤亡损失金额—应由机动车交通事故责任强制保险赔偿的金额）× 事故责任比例 低于每次事故每座赔偿限额时：

赔款 =（依合同约定核定的每座车上人员人身伤亡损失金额—应由机动车交通事故责任强制保险赔偿的金额）× 事故责任比例 ×（1—事故责任免赔率）

4. 交强险的赔偿计算

相对于第三者责任险二十多条的免责条款，交强险的免责条款仅为"受害人故意行为造成损失""被保险人自身财产损失""相关仲裁及诉讼费用"和事故造成的某些间接损失，其保障范围要大许多。而且，无论事故中被保险车辆有没有责任，交强险在责任限额范围内都予以赔偿，并且没有免赔额和免赔率。

根据相关规定，交强险是对第三者的损失的赔偿，在事故发生过程中，将实行交强险先行、第三者责任险补充的原则。

商业车险在扣除交强险赔偿金额后，对剩余理赔金额按照事故责任比例计算免赔率，最终确定相应理赔金额，但商业车险的理赔原则是有责赔付，无责不赔。

5. 其他

（1）修复原则。保险车辆发生保险事故遭受损失或致使第三者的财产损坏，如修复费用估计不会达到或接近损失车辆实际价值，应根据"交通肇事以修为主"的原则尽量修复。修理前，被保险人要会同保险公司检验受损保险车辆或第三者财产，明确修理项目、修理方式和修复费用。否则，保险人有权重新核定修理费用或拒绝赔偿。

（2）残余处理。保险车辆、第三者的财产遭受损失后的残余部分，应协商作价折归被保险人，并在计算赔款时直接扣除。

（3）赔偿期限和索赔时效。被保险人向保险公司索赔时，应提供必要的单证，包括保险单、事故证明、事故责任认定书、事故调解书、判决书、损失清单和有关费用单据。单证齐全后，保险公司应当迅速审查，核实赔款，按规定履行理赔审批手续。审批后的赔款金额经被保险人认定后，保险公司应在十天内一次赔偿结案。但如果被保险人自保险车辆修复或交通事故处理结案之日起三个月内不提交各种必要单证，或自保险人书面通知被保险人领取赔款之日起一年内不领取应得的赔偿，即视作自愿放弃权益。

（4）三方赔偿。保险车辆发生保险责任范围内的损失应当由第三方负责赔偿的，被保险人必须向第三方索赔。

如第三方不予支付，被保险人应提起诉讼。后续保险人根据被保险人提出的赔偿请求按保险合同予以赔偿，但被保险人必须将向第三方追偿的权利转让给保险人，并协助保险人向第三方追偿。

二、船舶保险

船舶保险是指以各种船舶、水上装置及其碰撞责任为保险标的的保险。包括沿海及内河船舶保险业务。不包括远洋船舶保险，其属于海上保险的范畴。

（一）船舶保险的基本特征

（1）船舶保险承保的是整个承保期间的风险，其中既有水上风险，也有港口风险，还有碰撞风险等。

（2）船舶保险可以同时承保被保险人的船舶本身损失、碰撞责任（即第三者责任）和有关费用等。

（3）船舶行于水上，不仅具有机动车辆的流动性特点，而且一旦发生事故，无法保留痕迹，保险人很难介入，风险控制较为复杂。

（4）船舶自身的特性，如浮性、稳性、快速性、适航性、抗沉性等，这些都是其他保险标的所不完全具备的。

（二）船舶保险的分类

1. 根据保险责任期限

可以分为定期船舶险和航次船舶险。定期船舶险期限为一年，最短不能少于3个月；航次船舶险则以一个航次为一个保险期限，最多不得超过30天，任何情况下的最长保期限不得超过 90 天。超出 90 天的，双方应以特约形式加费承保。

2. 根据保险责任范围

分为船舶保险全损险和船舶保险一切险。另外还有根据保险标的状态和种类的分类，这里就不再一一介绍了。

（三）船舶保险的适用范围及保险标的

船舶保险适用于经过合法登记注册从事沿海、内河航运业务的各种团体单位和个人的机动船舶与非机动船舶。承保的主要标的是在中华人民共和国境内从事水上运输业务的各种民用船舶及水上装置。包括其船壳、救生艇、机器、设备、仪器、索具、燃料及钻井平台等。

（四）船舶保险责任范围

1. 全损险

八级以上（含八级）大风、洪水、地震、海啸、雷击、崖崩、滑坡、泥石流、冰凌；火灾、爆炸；碰撞、触碰；搁浅、触礁；由上述灾害或事故引起的倾覆、沉没；船舶失踪；来自船外的暴力盗窃或海盗行为；抛弃货物等。

2. 一切险

除承保船舶保险全损险的全部责任外，还包括碰撞责任、共同海损和救助责任和施救等。

（五）船舶保险的除外责任

本保险不负责下列原因所致的损失、责任或费用：

（1）战争、军事行动或武装冲突、罢工和政府没收、征用等；

（2）不适航，包括人员配备不当、装备或装载不妥；

（3）被保险人及其代表的疏忽或故意行为；被保险人恪尽职责应予发现的正常磨损、锈蚀、腐烂；保养不周或材料缺陷（包括不良状态部件的更换或修理）；清理航道、清除污泥的费用及其他不属于保险责任范围内的损失。

（六）船舶保险的保险期限

1. 定期保险

期限最长一年，起止时间以保险单上注明的日期为准。保险船舶在延长时间内发生全损，需加交 6 个月保险费。

2. 航次保险

以保单订明的航次为准。起止时间按下列规定办理：

（1）不载货船舶：自起运港解缆或起锚时开始至目的港抛锚或系缆完毕时终止。

（2）载货船舶：自起运港装货时开始至目的港卸货完毕时终止。但自船舶抵达目的港当日午夜零点起最多不得超过 30 天。

（七）船舶保险的保险金额及保险费率

船龄在 3 年（含）以内的船舶视为新船，新船的保险价值按重置价值确定，船龄在 3 年以上的船舶视为旧船，旧船的保险价值按实际价值确定；保险金额可以按保险价值确定，也可以由保险双方协商确定，但保险金额不得超过保险价值。重置价值是指市场新船购置价；实际价值是指船舶市场价或出险时的市场价。

制定船舶保险的费率，必须考虑如下因素：船舶的种类结构；船舶的新旧程度；船舶的航行区域；船舶的吨位大小；船舶的使用性质等。

（八）船舶保险的赔偿

保险有效期内，保险船舶发生保险事故的损失或费用支出，保险人均按以下规定赔偿。

1. 全损险

船舶全损按照保险金额赔偿。但保险金额高于保险价值时，以不超过出险当时的保险价值计算赔偿。

2. 一切险

（1）全损。被保险船舶发生完全毁损或者严重损坏不能恢复原状，作为实际全损；被保险船舶预计到达目的港日期，超过两个月尚未得到它的行踪消息，视为实际全损；当被保险船舶实际全损已不能避免，或者恢复、修理、救助的费用，或者这些费用的总和超过保险价值时，在向保险人发出委付通知后，可视为推定全损。

（2）部分损失。新船按实际发生的损失、费用赔偿，但保险金额低于保险价值时，按保险金额与该保险价值的比例计算赔偿；旧船按保险金额与投保时或出险时的新船重置价的比例计算赔偿，两者以价高的为准；部分损失的赔偿金额以不超过保险金额或实际价值为限，两者以价低的为准。当一次或多次累计的赔款等于保险金额的全数时（含免赔额），保险责任即行终止。

（3）保险船舶发生保险事故的损失时，被保险人必须与保险人商定后方可进行修理或支付费用，否则保险人有权重新核定或拒绝赔偿。

（4）保险船舶发生海损事故时，凡涉及船舶、货物和运费方共同安全的，对施救、救助费用、救助报酬的赔偿，保险人只负责获救船舶价值与获救的船、货、运费总价值的比例分摊部分。

（5）船舶失踪，本保险自船舶在合理时间内从获知最后消息的地点到达目的地时起6个月后立案受理。

（6）保险人对每次赔款均按保险单中的约定扣除免赔额（全损、碰撞、触碰责任除外）。

（7）保险船舶遭受全损或部分损失后的残余部分应协商作价折归被保险人，并在赔款中扣除。

（8）保险船舶发生保险责任范围内的损失应由第三方负责赔偿的，被保险人应当向第三方索赔。如果第三方不予支付，被保险人应提起诉讼。在被保险人提起诉讼后，保险人根据被保险人提出的书面赔偿请求，按照保险合同予以赔偿，同时被保险人必须将向第三方追偿的权利转让给保险人，并协助保险人向第三方追偿。

三、飞机保险

（一）概念及险种

飞机保险是以飞机及其有关利益、责任为保险标的的运输保险。飞机保险按性质不同分为机身保险、航空责任保险、航空货运保险、其他航空保险。其中，航空责任保险分为旅客法定责任保险、第三者责任保险、货物责任保险、产品责任保险、机场责任保险等。在飞机保险中，机身保险、旅客法定责任保险、第三者责任保险属于基本险即主险，其余为附加险。

（二）基本特征

飞机保险作为运输保险中的重要险种，有其自身的特点：

（1）风险分布具有时效性。飞机保险中事故发生率最高的是在起飞与着陆阶段。其中75%的飞行事故是由飞行员的判断错误引起的。

（2）飞机保险险种多、价格高、损失大，共同保险和分保尤为重要。

（3）飞机保险的条款具有国际性。

（三）机身保险

机身保险是航空保险中的主险，其他险种都是在机身保险的基础上派生并不断扩展而来的。

1. 机身保险的保险标的和保险金额

机身保险的标的是各种民用飞机。包括客机、货机、客货两用飞机等，不包括军用飞机。飞机机身包括机壳、推进器、机器及设备，这也属于机身保险的标的。

目前机身险采取定值保险的方式，其保险金额可以按照净值确定，也可以由被保险人和保险人协商确定；新购买的飞机可按原值确定。赔偿方式选择现金赔付或置换相同的飞机。

2.机身险的责任范围

我国国内航线的飞机机身险承保责任采用列举法。保险人一般对下列原因造成的损失和费用负责赔偿：飞机在飞行或滑行中以及在地面上因自然灾害或意外事故造成飞机及其附件的意外损失或损坏；飞机起飞后超过规定时间（一般为15天）尚未得到其消息所构成的失踪损失；因意外事故引起的飞机拆卸重装和运输的费用；清除残骸的合理费用；飞机发生自然灾害或意外事故时，采取施救、保护措施所支出的合理费用，但最高不超过该飞机机身保险金额的10%。

3.机身险的除外责任

飞机不符合适航条件而飞行；被保险人的故意行为；飞机任何部件的自然磨损、制造及机械缺陷（但因此对飞机造成的损失和损坏，本保险仍予负责）；飞机受损后引起被保险人停航、停运等间接损失；飞机战争、劫持险条款规定的承保和除外责任。

4.机身险的保险费及费率

机身险的保险费为保险金额与相应费率的乘积。我国目前喷气式飞机、螺旋桨式飞机、直升飞机机身险的费率分别为1.5%、2.5%、5%。

5.机身险的其他规定

（1）停航退费。飞机飞行时和在地面上的风险是不一样的，因此飞机进行修理或连续停航超过10天时，此期间的保险费可以按日计算退回50%；但如果飞机是保险事故等原因停航的，则对修理期间的停航不退费。

（2）声明价值附加费。凡承保飞机上载运的行李或货物，托运人向航空公司声明价值的，航空公司应将所收附加保险费的80%交给保险公司。此项保险费每年结算一次。

第二节　企业财产保险

一、企业财产保险的概念

企业财产保险是指以投保人存放在固定地点的财产和物资作为保险标的的一种保险，保险标的的存放地点相对固定，处于相对静止状态。企业财产保险是我国财产保险业务中的主要险种之一，其适用范围很广，一切工商、建筑、交通、服务企业、国家机关、社会团体等均可投保企业财产保险，即对一切独立核算的法人单位均适用。

企业财产保险

二、企业财产保险的承保范围

（一）可保财产

由被保险人所有或与他人共有而由被保险人负责的财产；由被保险人经营管理或替他人保管的财产；其他具有法律上承认的与被保险人有经济利益关系的财产。其表现形式有：房屋及其他建筑物和附属设备、机器及设备、工具、仪器、其他生产资料和生活资料。

（二）特约可保财产

必须经保险双方当事人特别约定，并在保险单上载明才能成为保险标的的财产。

特约可保财产大致可分为三类：①市场价格变化大，保险金额难以确定的财产，如金银、珠宝、钻石、玉器、首饰、古币、古书、古玩、古画、邮票、艺术品等。②价值高、风险较特别的财产，如铁路、道路、桥梁、涵洞、码头等。③风险较大，需提高费率的财产，如矿井、矿坑内的设备物资等。

（三）不保财产

指保险人不予承保的财产，主要包括：不能用货币衡量其价值的财产或利益，如土地、矿藏、森林、水产、资源、文件、账册、技术资料及电脑资料等，以及其他不属团体火灾保险承保范围，应投其他险种的财产。

三、火灾保险的保险金额及保险价值

团体火灾保险的保险金额一般分项确定，主要分为固定资产和流动资产两大类。

（一）固定资产的保险金额与保险价值

固定资产是指企业事业单位、机关团体或其他经济组织中可供长期使用，并在其使用过程中保持原有物质形态的劳动资料和消费资料。确定固定资产保险金额一般有以下几种方式：

（1）按账面原值确定。账面原值是指建造或购置固定资产时所支出的货币总额。一般以保险客户的固定资产明细账卡为依据。

（2）按重置价值确定。重置价值即重新购置或重建某项财产所需支付的全部费用。

（3）按账面原值加成数确定。即保险双方协商一致，在固定资产账面原值的基础上再附加一定的成数。

（4）按其他方式确定。团体火灾保险中，可根据公估价或评估后市价由被保险人确定。

固定资产的保险价值一般是按出险时的重置价值确定。

（二）流动资产的保险金额与保险价值

流动资产是指在企业的经营过程中，经常改变其存在状态的那些资产项目。流动资产保险金额的确定方式有两种：

（1）由被保险人按最近 12 个月的账面平均余额确定。

（2）由被保险人自行确定。可以按最近 12 个月任意月份的账面余额确定保额。

流动资产的保险价值一般是按出险时的账面余额确定。

四、保险费率及保险赔偿

（一）保险费率

保险费率根据保险标的的风险程度与损失概率、保险责任范围、保险期限和经营管理费用等确定。团体火灾保险的保险费率，采用分类级差费率制。它可以分为工业险、仓储险、普通险三大类。团体火灾保险一般以一年为期，标准费率是年费率表，按照不同投保对象的风险大小确定不同的等级。投保期限不足一年的火灾保险业务参照财险公司的短期费率表。

（二）保险赔偿

若发生保险责任范围内的损失，按照保险金额与保险价值的比例赔偿。

1. 全部损失

受损财产的保险金额等于或高于出险时固定资产的重置价值或流动资产的账面余额的，其赔偿金额以不超过重置价值或账面余额为限；若受损财产的保险金额低于出险时的重置价值或账面余额的，其赔款不得超过该财产的保险金额或账面余额（即就低不就高）。

2. 部分损失

受损保险标的的保险金额等于或高于出险时的重置价值或账面余额的，按实际损失计算赔偿金；若受损保险标的的保险金额低于出险时的重置价值或账面余额的，按保险金额占重置价值或账面余额的比例计算赔偿金。即：

固定资产赔偿金额 = 实际损失 × 保险金额 / 出险时重置价值

流动资产赔偿金额 = 实际损失 × 保险金额 / 出险时账面余额

例 8-1：现有已超过 100 万元以后的 900 万元的火险险位超赔分保合同，表示为"超过 100 万元以后的 900 万元"，用英文表示为"9,000,000 in excess of 1,000,000"或"9M XS 1M"。在一次事故中有 3 个危险单位遭受损失，则赔款的分摊如表 8-4 所示。

表 8-4　险位超赔的赔款分摊

单位：万元

危险单位	发生赔款	分出公司承担赔款	接受公司承担赔款
A	150	100	50
B	400	100	300
C	800	100	700
总计	1350	300	1050

五、企业财产保险的主要险种

国内企财险市场上，主要险种包括财产保险基本险种（基本险和综合险）及其附加险（机器损坏险、利润损失险等），在涉外业务中，财产保险一切险。

（一）财产保险基本险

财产保险基本险一般以一年为期，其基本责任是承保火灾、爆炸、雷击、飞行物体及其他空中运行物体坠落造成保险财产的直接损失以及为施救保险财产而造成的损失和支出的合理费用。在基本险的基础上，保险人可根据投保人的需要，在投保人另外交费的情况下，以附加条款或特约条款的形式承保其他各种灾害事故。因此，财产保险基本险具有较强的灵活性，能够减轻投保人的保费负担，满足投保人不同的保障需求。

1. 财产保险基本险标的范围

财产保险基本险的保险标的是各类有物质实体的财产。下列财产可在保险标的的范围内：

（1）属于被保险人所有或与他人共有而由被保险人负责的财产。

（2）由被保险人经营管理或替他人保管的财产。

（3）其他法律上承认的与被保险人有经济利害关系的财产。

综上所述，只要投保人或被保险人对某项财产具有经济上的利害关系或可保利益均可投保财产保险基本险。但客观上财产种类繁多，性质各异，根据保险的原理，有的可以保险，有的不能保险，有的需经特别约定才能保险。

2. 财产保险基本险保险金额与保险价值

（1）固定资产的保险金额与保险价值。固定资产的保险金额可由被保险人按以下方法确定：①按照账面原值确定；②按照账面原值加减确定，使其趋于重置价值；③按照重置价值确定；④按照其他方式，如可依据公估价或评估后的市价确定。固定资产的保险价值是出险时的重置价值。

（2）流动资产的保险金额与保险价值。流动资产的保险金额由被保险人按最近 12 个月任意月份的账面余额确定或由被保险人自行确定。流动资产的保险价值是出险时的账面余额。

（3）账外财产和代保管财产的保险金额可以由被保险人自行估价或按重置价值确定。其保险价值是出险时的重置价值或账面余额。

3. 财产保险基本险保险赔偿

被保险人发生保险事故后向保险公司提出索赔，必须提供真实可靠的单证和证明，如保险单、财产损失清单、事故报告书、技术鉴定证明、救护费用发票以及必要的账簿、单据和有关部门的证明等。单证齐全后，保险人应当迅速审定核实，认真履行保险赔偿的义务。

（1）财产损失赔偿。保险标的发生保险责任范围内的损失，不论按照哪种方法确定保险金额，赔偿原则都是一致的，即应按以下方式确定保险赔偿：①全部损失。按照保险金额赔偿。如保险金额高于保险价值，赔偿金额以不超过保险价值为限。②部分损失。按照保险金额与保险价值的比例赔偿。计算公式为：保险赔偿＝实际损失 × 保险金额／保险价值。如保险金额等于或高于保险价值，按照实际损失赔偿。

各种财产损失的赔偿应根据会计明细账卡分项计算。对每项财产的赔偿都不得超过其保险价值。

（2）施救费用赔偿。发生保险事故时，被保险人所支付的施救、保护、整理费用，其保险赔偿应与财产损失分别计算，最高不超过保险金额。若受损财产按比例赔偿时，则该项费用也按相同的比例赔偿。

4. 财产保险基本险保险费率

财产保险基本险的保险费率主要是根据财产占用性质的不同危险程度确定的，分工业险、仓储险和普通险三大类十三级。工业险费率适用于从事各类物质生产的企业，按其危险程度分为六级（费率号次1—6）；仓储险费率适用于储存各类物质的仓库，共分四级（费率号次7—10）；普通险费率适用于工业险、仓储险以外的单位，分为三级（费率号次11—13）。

（二）财产保险综合险

财产保险综合险是财产保险基本险的姊妹险种，有关单位或企业可以选择其中一种投保。

综合险的适用范围、保险标的范围、保险金额与保险价值及保险赔偿的确定方法、被保险人的义务与基本险完全相同。但保险责任范围比基本险大，它把各种自然灾害、意外事故综合在一起，能够满足投保人广泛的保险需求，保险手续更为简化。在投保综合险的基础上，投保人也可加保某些风险，或投保特约保险。

（三）财产保险基本险、综合险特约保险

为了适应被保险人的某些特殊需要，经投保人提出，保险人同意，可在财产保险基本险、综合险的基础上，特约承保各种附加危险。特约保险扩大了保险责任，都须加收一定的保险费。对于不符合投保条件的，保险公司也不予承保。

财产保险基本险保险责任范围小于综合险，凡是综合险承保而基本险除外不保的危险，一般都可作为基本险的附加责任，如洪水特约保险、暴风雨特约保险等。这里仅列举几种基本险和综合险共同的特约保险。

1. 附加盗窃险

保险条款通常规定：存放在保险单注明地点加保盗窃险的保险财产，由外来的、明显的盗窃行为所致的损失，经公安部门立案的，可由保险公司负责赔偿。

2. 露堆财产暴风雨特约保险

本保险承保的露堆财产（即露天堆放或堆放在简易罩棚下的财产），因暴风、暴雨所致的损失，由保险人负责赔偿。但被保险人对其露堆财产的存放，必须符合仓储及有关部门的规定，并采取相应的安全防护措施。

3. 地震特约保险

经保险双方特别约定，由破坏性地震造成保险财产的损失，可由保险人负责赔偿。破坏性地震系指震级在 4.75 级以上，且烈度在 6 度以上的地震。此外，财产保险基本险、综合险还可附加承保水管爆裂意外损失险、橱窗玻璃意外险等特约保险。

（四）机器损害保险

机器损害保险主要承保工厂、矿山等保险客户的机器本身的损失，保险人对各类安装完毕并已进入运行的机器设备因人为的、意外的或物理性原因造成的物质损失负责。该险种既可单独投保，也可作为财产保险基本险或综合险的附加险投保。

在这种保险下，保险人需要承担的责任为：

（1）设计、制造或安装错误，铸造或原材料缺陷；

（2）工人、技术人员的操作错误以及缺乏经验、技术不善、疏忽、过失、恶意行为；

（3）离心力引起的断裂，电气短路或其他电气原因；

（4）锅炉缺水、物理性爆炸。

（五）利润损失保险

利润损失保险是对基本财产保险如财产保险基本险或综合险、机器损坏保险不保的间接损失或利润损失提供补偿的保险。企业投保了基本财产保险，再投保这一保险，那么企业的财产和利润均可得到保障。利润损失保险只能作为基本财产保险的附加险，即在投保利润损失保险时，企业必须先将其财产投保基本财产保险。

1. 保险责任

利润损失保险又称为营业中断保险，它赔偿企业遭受灾害事故并导致正常生产或营业中断造成的利润损失。在国际保险市场上，利润损失保险既有使用单独保单承保的（如英国），又有作为前述财产保险的附属保单承保的（如美国）。我国保险人一般将利润损失保险作为财产保险的一项附加险承保。

在这种保险下，保险人需要承担的保险责任为：保险责任事故引起的利润损失及营业中断期间仍需支付的必要费用等间接损失；利润损失保险是依附在基本财产保险基础上的一种扩大责任的保险，其所承保的危险与基本财产保险相同，如企业基本财产保险承保的危险是火灾、爆炸、雷击及其他事故，则利润损失保险也同样承保上述危险。

因其他相关单位（如供应商、销售商等）遭受同样风险使被保险人停业、停产造成的损失。如被保险企业生产的产品，其零件由另一家工厂供应，生产零件的工厂发生火灾，致使零件供应中断，造成被保险企业的利润损失，可作为扩展责任加保。但零件供应工厂本身的损失不属保险承保范围。

2. 保险金额和保险费率

利润损失保险的保险金额通常由以下两部分组成：

（1）毛利润保额。毛利润保额与赔偿期有关。所谓赔偿期，是指保险公司对受损财产恢复到正常营业水平这一段时间，即利润损失的赔偿期限。赔偿期为一年或一年以下，保险金额以上一年毛利润为基础，并结合生产趋势、通货膨胀率等因素确定；超过一年的，保险金额相应提高；新建企业投保，以预计的毛利润为基础。

（2）会计师费用保额。按一般习惯，在出险赔付时，被保险人的账册要经会计师审查，审查费用亦可以投保。

利润损失保险费率的确定方法是：以基本财产保险的费率为基础；根据承保财产的不同种类调整标准进行增减；加上各种附加险及扩展责任的费率；考虑其他影响发生的因素，如承保财产有无特殊危险，被保险企业的技术管理水平等。

3. 保险赔偿

利润损失保险的保险期限应与基本财产保险保持一致。对保险期限内的原因引起的利润损失，保险公司在赔偿时应首先确定实际赔偿期。实际赔偿期不能超过保单规定的赔偿期，如果超过了，以保单规定的赔偿期为准。实际赔偿期确定后，就要核定实际赔偿期内的营业总额，然后乘以毛利润率再减去实际赔偿期内非正常营业的利润收入即为赔偿额。会计师费用以及为缩短实际赔偿期或增加实际赔偿期内的营业额而花费的额外费用按实际支出赔偿。另外，利润损失保险单一般都规定免赔额。免赔额多以时间来计算，一般为5天、7天、10天不等，即保险事故发生后5天、7天、10天内的利润损失不属保险责任。

第三节　家庭财产保险

一、家庭财产保险的概念

所谓家财险，是面向城乡居民家庭并以其住宅及存放在固定场所的物质财产为保险标的的保险。它属于火灾保险的范畴，强调保险标的的实体性和保险地址的固定性。

家庭财产保险

二、家财险的分类及责任范围

（一）家财险的分类

在实务中，家财险主要可以分为四类：一是房屋保险，面向城镇、乡村居民的房屋（申请个人住房贷款必须办理房屋保险）等；二是室内财产保险，如普通家财险、家用电器保险等；三是家庭或个人责任保险，如住宅责任保险、运动责任保险等；四是其他专用财产保险如私人汽车保险、农作物保险等。家财险属于火灾保险，它在保险标的、责任范围、除外责任、责任期限等方面跟火灾保险相似，但个别地方有所不同。

（二）保险责任范围

1. 保险人直接承保的保险责任

火灾、爆炸、雷击；空中运行物体坠落、有明显撬窃痕迹的盗窃行为，以及临近建筑物和其他固定物体的倒塌。但保险公司对建筑物未发生灾害事故的条件下自行倒塌所致的损失不负赔偿责任。这里需要说明的是，只有当房屋的外墙、屋顶、屋架这些主要结构有一个倒塌时，保险公司才负责赔偿。

2. 保险人附加或扩展承保的保险责任

雪灾、暴风、龙卷风、暴雨、洪水、地震及地面突然下陷、下沉等。因防止灾害蔓延或因必要的施救、保护措施而造成财产的损失和支付的合理费用。

3. 除外责任

（1）战争、军事行动、暴力行为、核子污染、被保险人的故意行为。

（2）电器、电机（包括属于电器性质的文化娱乐用品）、电气设备因使用过度和超负荷、碰线、弧花、走电、自身发热等原因造成本身的损毁。

（3）露天堆放的财产，以及用芦席、稻草、油毡、麦秆、芦苇、布等材料为外墙、屋顶、屋架的简陋屋棚，由暴风、暴雨、雪灾造成的损失。

（4）虫蛀、鼠咬、霉烂、变质、家禽、家畜的走失和死亡等不属于保险责任范围内的损失。

（5）被保险人及其家庭成员、服务人员、寄居人员的故意行为、或勾结纵容他人盗窃、或被外来人员顺手偷摸及其他不属于保险责任范围内的损失。

三、家财险的保险金额与保险费率

由于家庭财产一般都无账可查，而且财产的品种、质量、新旧程度千差万别，所以保险金额一般由投保人根据财产的实际价值自行估价确定。可以先从大件、贵重物品算起，再算一般的财物，最后估计零星财物。保险金额应分项列明。关于分项的方法，各地保险公司有不同的规定。对于集体投保的家庭财产保险，其保险金额一般由单位统一确定。如被保险人认为集体投保的保险金额太低，可另外单独投保。在同一家庭中，往往有几个成员有单位集体投保的家庭财产保单，其保险金额可以合计，只要总额符合家庭财产的实际情况。

普通家庭财产保险的保险费率根据各地具体条件制定，一般为1‰～3‰，对于集体投保的，应使用优惠费率。

四、家财险的保险期限与保险赔偿

普通家庭财产保险的保险期限为一年，期满续保，另办手续。对保险期限内发生的保险事故，保险人按照第一危险赔偿方式补偿损失，即在保险金额限度内按实际损失赔付，不采取比例赔偿方式。赔偿的计价标准是保险财产损失当天的实际价值或市场购置价格，对于旧的财产应考虑折旧，赔偿的原则是恢复原状。

五、家财险的具体险种介绍

（一）普通家财险

普通家财险是保险人专门为城乡居民开设的一种通用型家财险，它是家财险险种中的一个主要险种，其他家财险险种都是在普通家财险的基础上衍生出来的业务。普通家财险的期限一般为一年，也有二年、三年等多年期业务。家财险保险金额的确定一般有两种方式：一是由投保人根据其财产的实际价值自行估价确定；二是以千元为单位设置保险金额档次，如5000元、10000元、20000元等。家财险的保险费率通常按房屋结构等级分为不同的档次，如果将盗窃风险列入基本保险责任范围，保险费率从3‰到5‰不等。

在普通家财险的基础上，保险人还推出了定额保险业务，如每张保险单定额5000

元，保费固定为 20 元；保险单定额 10000 元，保费 40 元；保险单定额 20000 元，保费 70 元。定额家财险的保险标的较普通家财险剔除了房屋及其附属设施，对家庭内的财产也不分项。保险责任还是主要承保火灾、爆炸、雷击和其他各种自然灾害，空中运行物体的坠落，外在建筑物和其他固定物体的倒塌及合理必要的施救费用。盗窃风险是家财险的主要风险，在实务中对盗窃风险有两种处理方法：一是将其作为家财险的基本责任予以承保；二是作为附加责任或特约风险，由投保人选择投保。

（二）定期还本家财险

又称家财两全险，是兼具家财保险和期满还本双重性质的业务。定期还本家财险的特点主要有：

1. 定期还本

被保险人在参加保险时交纳保险储金，当保险期满时，无论是否发生过保险赔款，该保险储金如数退还给被保险人，从而体现了其他财产保险所没有的期满还本性质。

2. 利息抵充保险费

这项业务的保险人并不直接向投保人收取保险费，而是以被保险人所交纳的保险储金所生利息充当保险费，并按保险单期满后的应得利息的贴现值记账。

3. 保险期限多样化

既有一年期业务，也有 3 年、5 年、8 年期业务，有的保险人为方便客户，规定只要被保险人不取回保险储金，保险合同便持续有效，这也叫长效还本家财，赔偿责任与普通家财险相同。

（三）团体家财险

团体家财险是以团体为投保单位，以该团体的职工为被保险人并承保其家庭财产的家财险业务。它是为了适应企事业单位和其他法人团体为职工统一办理家财险及附加盗窃险的需要而实行的一种承保方式。

团体家财险的特点有：

（1）投保人既可以是职工所在单位，也可以是职工个人，而被保险人却只能是职工本人及其家庭，保险关系仍然存在于保险人与被保险人之间。投保人与被保险人在形式上发生了分离。

（2）团体家财险要求投保单位的职工全部统一投保。

（3）在保险金额确定方面，由投保单位统一确定，所有被保险人的保险金额都是一致的。

（4）团体家财险有利于节约经营成本，适用优惠费率。

团体家财险的开办，可能导致一户多保的现象，如一户有多人参加工作，或单位投保的同时职工个人也投保了，在理赔时，对于重复保险则坚持重复保险分摊原则。

（四）家庭财产两全保险

家庭财产两全保险具有经济补偿和到期还本双重性质，是家庭财产保险的一种特殊形式。保险公司用被保险人所交储金产生的利息作为保费收入，以补偿保险财产的损失。

家庭财产两全保险的保险财产、保险责任、赔偿办法与普通家庭财产保险相同，只是保险金额采取定额方式，即保险金额按份计算，每份 1000 元或 2000 元，可保多份。保险份数根据家庭财产的实际价值估计。

家庭财产两全保险的保险期限分三年、五年两种。保险储金按每千元保险金额计算，在投保时一次交清。保险期满时，不论被保险人有无获得赔款，保险人均如数退还保险储金。如果办理续保手续，可将应退储金作为应交储金。

（五）家庭财产保险附加盗窃险

附加盗窃险与作为主险的家庭财产保险期限相同（一年、三年、五年）。凡存放于保险地址室内的保险财产，遭受外来的、有明显痕迹的盗窃损失而产生损失，保险公司按实际损失负赔偿责任。对被保险人及其家庭成员、服务人员、寄居人员的盗窃或纵容他人盗窃所致损失，保险公司不予负责。该附加险的费率一般为 1‰～ 2‰。

被保险人在遭受盗窃损失后应当保护现场，向当地公安部门如实报案，并在 24 小时内通知保险公司，否则保险公司有权拒赔。破案后被追回的财产，如被保险人愿意收回，应将领取的赔款退还，对被追回财产的损毁部分，保险公司可按其实际损失给予补偿。

（六）农民房屋保险

农民房屋保险是家庭财产保险的专项险种，凡乡镇居民和农民的自用房屋均可投保。替他人保管或与他人共有而由投保人承担经济责任的房屋，须特约承保。违章建筑物、常年坐落在警戒水位线以下的房屋、行洪区房屋、某些附属建筑、无人看管的房屋和简易屋棚等均为不保财产。

农民房屋保险的保险责任范围与普通家庭财产保险基本相同，保险人对火灾及其他灾害事故造成房屋的损失以及为防止损失扩大采取必要措施而造成的损失和支出的费用进行补偿。但由于不同地区灾害事故和致害程度有别，各地保险公司规定的保险责任和除外责任亦有差异。

农民房屋保险的保险期限一般是一年。保险金额主要有定额式和估价式两种，前者按建筑结构或固定金额确定，后者按房屋实际价值自行估价确定。保险费率一般为 1‰～ 2‰，有的省市根据建筑结构厘定费率。

六、家财险的创新险种介绍

（一）安邦"共赢 3 号"

保险价格：本保险以缴纳保险保障金的形式购买，1 万元 / 份

保险期间：1–3 年期

产品名称：安邦共赢 3 号（火灾家庭财产保险）

产品属性：理财型保险

发行公司：安邦财产保险股份有限公司

适用人群：适合具有稳健投资和保险保障双重需求的人群

注意事项：产品自合同生效日起有 15 日犹豫期，犹豫期内退保则无息返还保险保障金，犹豫期后解除合同将有损失。

安邦"共赢 3 号"火灾家庭财产保险产品特色：①产品形态简单明了，易于客户判断需求。②产品期限一至三年，方便客户灵活选择。③投资收益预定稳健，满期增值承诺底线。

（二）太保"安居稳盈"家财险

"安居稳盈"是针对广大稳健投资者推出的一种新型保险理财产品，保险期为 1 年，共分 ABC 三款，每款每份 1 万元，投保即可享受最高 8 万元的家庭财产保险保障，还能获得比央行一年期定期存款利率高 0.75% 的投资收益。保险期限内，如果央行一年定期存款利率发生变化，则本保险的收益率也会随之同向浮动，分段计算增值金。保险期满后保证兑付保险投资金和预定收益。保险期内无论是否发放赔付，都不影响最终的满期给付金。

📁 知识文件夹

家庭财产保险市场创新趋势

众所周知，最近几年新车的销售量逐年下降，车险市场机会越来越少，不少财险公司将非车险领域作为主攻方向，那么，未来我国的财险市场会走向哪里？我国非车业务市场又面临哪些大发展的机遇？美国家财险的发展情况或许能提供一个参考。

2018 年美国财险业务结构

险种	英文名	保费 / 亿美元	市场份额 /%
全险种		6748	100
私家车险	Personal Auto	2461	36.47
其他险种	All Other Lines	1493	22.13
家财险	Homeowners	987	14.63
其他责任险	Liability	730	10.82
职工失业保险	Workers Compensation	580	8.60
商业车险	Commercial Auto	405	6.00
医疗责任保险	Medical Professional Liability	92	1.36

上表是美国保险监督官协会（NAIC）发布的数据（2018 Property and Casualty Insurance Industry Market Share by line of Business As of 3/25/2019）。数据显示，2018 年美国财险市场上私家车险（Personal Auto）占比 36.5%，加上商用车险（Commercial Auto）占比 6%，整个车险合计占比仅 42.5%，不足一半。而美国财险市场的半数以上业务都是非车险业务，其中，非车险中份额最大的是家财险，占比达到了 15% 左右。

与美国家财险相比，我国家财险份额较低，其中很重要的一个原因就是当前家财险产品与市场需求脱节，销售方式单一，严重制约了家财险的发展。随着人们保险意识的提升和行业科技的进步，产品创新加快，家财险在国内的发展潜力巨大，未来数年家财险将迎来快速发展期，必将成为财险的重要险种之一。

2018 年国内财险业务结构

险种	保费 / 亿元	同比增速 /%	市场份额 /%
全险种	11739.6	11.6	100
企业财产保险	419.2	7.9	3.57
家庭财产保险	76.8	24.1	0.65
机动车辆保险	7833.8	4.2	66.73
责任保险	589	31.1	5.02
健康险	569	46.0	4.85
意外伤害保险	413	35.2	3.52

从上表可以看出，2018 年我国财险市场上整个车险合计占比高达 66.73%，占三分之二；而非车险业务则占比 33.27%，仅占行业市场三分之一。其中，非车险中占比最高的是意健险（意外险＋健康险），达到了 8.37%，而家财险市场占比仅为 0.65%，尚不足 1%。

▶家财险未来的可能发展方向

（一）车险＋家财险，提升车险客户的黏性

目前，汽车已成为家庭财产和生活必需品。汽车保险也是财产保险的龙头老大。长期以来，占据中国财产险市场主导地位的是机动车辆保险，在财险公司中举足轻重，至少占据保费的半壁江山。而家财险属于财产保险范畴，依据保险法，只有财险公司可以经营，寿险公司是不能开展的，这就为家财险发展打开了空间，所以将家财险和车险组合一起销售的策略，也已在国内很多财险公司展开。

美国前进（Progressive）保险公司根据人口统计学特征、购买行为等信息，将客户细分分析后得出，拥有自住房的客户如其家财险没有与车险捆绑购买，客户与保险公司的生命周期一般为"2—3 年"；而拥有自住房的客户，其家庭财产险与车险捆绑购买，则客户与保险公司的生命周期可达"5—7 年"。

（二）家财险＋家庭成员保险，实现"一张保单保全家"

在产品设计上，以"家庭经济"为主打方向的家庭保险系列产品，将是下一步的发展重点之一。

保险公司特别是财险公司，针对家庭类型以及家庭群体（家庭支柱、女性、少儿等），可以设计一款综合险产品，将家庭成员健康险如重大疾病保险、抗癌险、医疗住院险及老年人意外险、少儿险、账户安全险、电子产品意外险等产品整合，并借鉴国外家财险经验，将家庭和个人责任如监护人责任、宠物责任等保险责任打包，附在家庭财产保险中，统一开发成一张保单，既覆盖家庭成员的健康、医疗、意外等保障，又覆盖了家庭财产、责任等各种风险的家庭综合保障计划，再配上私家车险（而这正是财险公司的优势所在），就真正实现了"一张保单保全家"——保障整个家庭财产、责任等财物风险以及家庭成员的健康、意外等重大人生风险，提供了多样化保障类保险产品组合，会极大地满足广大客户的保险需求。

（三）家财险＋智能家居，拓展家财险市场空间

家庭燃气爆炸和火灾事故，往往造成人员伤亡和财产重大损失，是家财险保险事故的主要发生原因之一。保险公司可以针对当前家庭安全防护技能较弱的特点，联系智能家防型科技公司合作研发、提供与家财险产品销售配套服务的智能家居和安防设备，再通过物联网技术与家庭住户手机 App 相连，实现实时监控家居安全状况，第一时间发现危险并报警，及时处理险情，可大大降低家庭财产的火灾、爆炸、盗窃等风险事故的发生概率，也极大地降低了家财险的承保风险。

这种"家财险＋智能家居"的承保方式，不仅加大了家庭财产保险的保障功能，也使保险"灾后补偿"的主要功能转向"灾前预防"，有效降低风险和损失程度，满足城乡居民对家庭财产保障的不同需求，提升了保险公司的经营效益。一旦形成规模化、产业化，家财险必将迎来快速发展的爆发期。

目前，不少保险科技型公司已将目光投向了家财险领域，并获得了风投的青睐。

……

资料来源：张卢阳．我国家财险现状及产品创新方向探析，《上海保险》2019年第5期。

第四节　货物运输保险

一、货物运输保险的概念及特点

货物运输保险是以运输途中的货物作为保险标的，保险人对由自然灾害和意外事故造成的货物损失负赔偿责任的保险。在国际上，货物运输保险是随着国际贸易的发展而不断发展并很早走向成熟的险种。因为无论是对内贸易还是对外贸易，商品使用价值的转移均离不开运输。在运输过程中，货物遭受自然灾害或意外事故的损失总是难免的，而根据各国有关运输法律、法规的规定，

货物运输保险

承运人仅对因为自己的过错造成的货物损失负责，对于不可抗力造成的货物损失则不负责任。

狭义的运输保险仅指货物运输保险，即以运输的货物作为保险标的的保险；广义的运输保险，除货物运输保险外，也包括运输工具保险。

其中，货物运输保险的基本特点如下：

（1）被保险人的多变性。承保的运输货物在运送保险期限内可能会经过多次转卖，因此最终保险合同保障的受益人不是保险单注明的被保险人，而是保单持有人。

（2）保险利益的转移性。保险标的转移时，保险利益也随之转移。

（3）保险标的的流动性。货物运输保险所承保的标的，通常是具有商品性质的动产。

（4）承保风险的广泛性。货物运输保险承保的风险，包括海上、陆上和空中风险，自然灾害和意外事故风险，动态和静态风险等。

（5）承保价值的定值性。承保货物在各个不同地点出现的价格有差异，因此货物的保险金额可由保险双方按约定的保险价值来确定。

（6）货物运输保险的保险合同通常随着保险标的、保险利益的转移而转移，无须通知保险人，也无须征得保险人的同意。保险单可以用背书或其他习惯方式加以转让。

（7）保险利益的特殊性。货物运输的特殊性决定了货运险通常采用"不论灭失与否条款"，即投保人事先不知情，也没有任何隐瞒，即使在保险合同订立之前或订立之时，保险标的已经灭失，订立之后发现承保风险造成保险标的的灭失，保险人也同样给予补偿。

（8）合同解除的严格性。货物运输保险属于航次保险，《保险法》《中华人民共和国海商法》规定，货物运输保险从保险责任开始后，合同当事人不得解除合同。

二、海上货物运输保险

作为我国涉外保险最重要的业务险种，海上货物运输保险承保海上运输的进出口货物遭受的意外损失。其特点是：第一，保险标的主要处在运动状态，风险种类多，保险责任广泛。第二，保险事故的发生往往涉及多方（收货人、发货人、承运人等）利益和责任，保险关系复杂，责任追偿工作很重要。第三，主要采用定值保险的方式。

（一）海上货运险的险别及风险

在海上货物运输保险中，我国根据自己的需要，在参照过去"学会条款"的基础上，制定了海上货物运输保险条款，保险险别有平安险、水渍险、一切险三种。

1. 保障的风险

保障的风险分两大类：

（1）海上风险。包括自然灾害、意外事故。例如，搁浅、触礁、碰撞、沉没和失踪等。

（2）外来风险。外来风险指上述自然灾害、意外事故之外的、事先难以预料的外来因素导致的风险。

2. 保障的损失

按损失程度来划分，可分为全部损失和部分损失；按损失性质来划分，可分为单独海损和共同海损。

3. 保障的费用

保障的费用主要包括施救费用、救助费用和特别费用。

（二）海上货物运输保险责任范围

我国海上货物运输保险的险别分平安险、水渍险、一切险三种，承保的责任分述如下。

1. 平安险

英文原意是不负责单独海损，即不负责部分损失。它只负责由自然灾害、意外事故造成的全部损失。经过长期不断的修订补充，当前平安险的责任范围已突破只赔全损的限制。

2. 水渍险

负责单独海损或部分损失。它除包括平安险的各项责任外，还负责被保险货物由恶劣气候、雷电、海啸、地震、洪水等自然灾害所造成的部分损失。

3. 一切险

除包括平安险和水渍险的各项责任外，还负责被保险货物在运输途中由一般的外来原因所致的全部损失或部分损失。

（三）海上货物运输保险附加险

海上货物运输保险的附加险，是在基本险别，即平安险、水渍险和一切险上加保的险别。可分为两大类，即一般附加险与特别、特殊附加险。

1. 一般附加险

承保一般外来风险的附加险。由于一切险负责一般外来风险，因此，只有在保平安险和水渍险时，才需加保一般附加险。我国海上货物运输保险的附加险有十一种：①偷窃提货不着险；②淡水雨淋险；③短量险；④混杂沾污险；⑤渗漏险；⑥碰损破碎险；⑦串味险；⑧受潮受热险；⑨钩损险；⑩包装破裂险；锈损险。

2. 特别、特殊附加险

特别、特殊附加险与一般附加险的区别在于，其承保责任超出了一般外来风险或一切险责任的范围，往往同政治、战争及其他特殊风险相关联。投保人即使保了一切险，也要逐一加保，才能获得此类风险损失的保障。

（1）特别附加险。有关的险别有：①交货不到险；②进口关税险；③舱面险；④拒收险；⑤黄曲霉素险；⑥出口货物到香港（包括九龙）或澳门存仓火险。

（2）特殊附加险。有战争险和罢工险两种险别。

（四）海上货物运输的保险期限

海上运输货物保险的保险期限主要是以"仓至仓"条款为依据的。该条款规定：保险责任自被保险货物运离本保险单所载地点发货人的仓库或储存处所时开始生效，于正常运输途中继续有效，并于以下三种情况下终止：

（1）被保险货物运达保险单所载明的目的地收货人最后的仓库或储存处所。

（2）被保险货物运达保险单所载明的目的地或中途的任何其他仓库或储存处所。这些仓库或储存处所由被保险人用作：①正常运输过程以外的储存场所；②分派或分配货物的场所。

（3）被保险货物自海轮在最终卸货港卸载完毕后算起 60 天为止。如在此期间将货物运往本保险单规定以外的其他目的地，则以货物开始运往其他目的地时终止。值得说明的是，保险人承担风险损失，是以被保险人对保险标的拥有可保利益为条件的。

（五）海上货物运输保险金额

保险金额一般按照保险标的的实际价值确定，但海上运输货物具有流动性和价格经常变动的特点，很难为其确定一个合理的实际价值。因此，保险双方订立合同时，要约定一个价值作为保险价值（即定值保险）。按照该约定价值办理投保，应视为足额保险，不受市价涨落和不同地区市场价格的影响。

（六）海上货物运输保险赔偿

1. 损失的检验及责任审定

海上货物运输保险的检验范围涉及被保险货物因海上风险或外来风险造成的破坏或灭失。检验的目的是确定损失的性质、范围、程度和数量，查明事故的原因等。这对保险公司来说至关重要，它确定责任归属，决定着保险公司是否对该项损失负责。

2. 赔款计算

损失经检验分析，确认属于保险责任后，保险公司对该赔案需要进行具体计算，以确定保险赔款。不同的案情有不同的赔款计算方法。现将常用的赔款计算公式介绍如下：

（1）单价相同货物数量损失的赔款计算公式：

赔款＝保额 × 受损货物件数（或重量）/ 承保货物总件数（或总重量）

（2）单价不同货物数量损失的赔款计算公式：

赔款＝保额 × 按发票价计算的损失金额 / 发票金额

（3）质量损失的赔款计算公式：

赔款＝受损货物的保险金额 ×（货物完好价值－受损后的价值）/ 货物完好的价值

（4）同舱散装货物不同货主短重赔款的计算公式：

赔款＝（保额 / 同船散装货物原装运总重量）×（该货主原装运重量－散装货物实际卸货总重量 × 该货主原装运重量 / 同舱散装货物原装运总重量）

3. 第三者责任追偿

如被保险货物发生的保险事故是由第三者责任引起的，保险人在支付赔款后可取得代位追偿权。首先，追偿的对象主要是承运人。追偿的依据主要是提单条款，而提单条款都是以《统一提单的若干法律规定的国际公约》（又称《海牙规则》）为基础的。因此，根据《海牙规则》，船方责任有两种情况：一是违约；二是船方被证实未按《海牙规则》尽到承运人应尽的职责，如短卸、船舶不适航等。两种情况的区别是：前者船东必须无条件地承担赔偿责任；后者船东也须承担赔偿责任，但可享受最高赔偿金额的限制。其次，保险人行使代位追偿权，必须以船东对被保险货物的损失负有赔偿责任为条件。最后，追偿的时效，保险人如需通过法规解决追偿问题，就决不能错过诉讼时效。

（七）海上货物运输保险费率

我国的出口货物费率表由"一般货物费率表"和"指明货物加费费率表"两部分组成。指明货物除按一般货物费率表收费外，承保一切险时，还得加上指明货物费率表的费率计收保险费。另外，如在平安险、水渍险、一切险的基础上，加保某种附加险，尚须根据该附加险别的费率另行加收保险费。

三、国内水路、陆路货物运输保险

（一）保险标的

国内水路、陆路货物运输保险是财产保险中的重要险种。保险标的是在运输过程中的各种货物。该保险是为了保障货物在水路、铁路、公路和联合运输过程中，因遭受保险事故所造成的损失能够得到及时的经济补偿，以利于各企事业单位或个人的生产发展和商品流通的稳定。

（二）保险责任

保险责任分基本险和综合险两种险别，其责任范围是：

1. 基本险责任

包括以下几个方面：

（1）因火灾、爆炸、雷电、冰雹、暴风、暴雨、洪水、地震、海啸、地陷、崖崩、滑坡、泥石流造成的损失。

（2）因运输工具发生碰撞、搁浅、触礁、沉没、出轨，或隧道、码头坍塌所造成的损失。

（3）在装货、卸货或转载时，因遭受非包装不善、装卸人员违反操作规程所造成的损失。

（4）按国家规定或一般惯例应分摊的共同海损费用。

（5）在发生上述灾害事故时，因纷乱造成货物散失，以及因施救或保护货物所支付的直接、合理的费用。

2. 综合险责任

除负责基本险的一切责任外，还负有以下责任：

（1）凡固体货物，因受震动、碰撞、挤压而造成破碎、弯曲、凹瘪、折断、开裂，以及包装破裂造成货物散失的损失。

（2）液体货物因受震动、碰撞或挤压致使所用容器损坏而渗漏的损失；用液体保藏的货物因液体渗漏而腐烂变质的损失。

（3）货物遭受盗窃或整件提货不着造成的损失。其中，盗窃包括抢劫，不限于整体货物被盗，但要有明显痕迹足以证明。

（4）符合安全运输部门规定而遭受雨淋所致的损失。

（5）铁路承运人过失致使保险货物灭失、短少、污染、变质、损坏的损失，保险人均予负责。

（三）除外责任

国内水路、陆路货物运输保险的除外责任是由下列原因造成的损失：战争、军事行动、核事件、核爆炸；保险货物本身的缺陷或自然损耗、包装不善、被保险人的故意或过失行为；全程公路运输货物被盗、整件提货不着的损失；其他不属于保险责任范围的损失。

（四）保险期限

1. 责任开始

自签发保险凭证和保险货物运离起运地发货人的最后一个仓库或储存处所时责任开始。

2. 责任终止

以下各项以先发生者为准：（1）保险货物运至目的地收货人在当地的第一个仓库或储存处所，卸下，经搬运入库或储存处所（包括露堆）时终止。（2）保险货物运抵目的地后，如果收货人未及时提货，则保险责任终止期最多延长至收货人接到《到货通知单》（以邮戳为准）后的 15 天为限。（3）保险货物在车站、码头的仓库或储存处所，就地调拨给其他单位或再转运其他地区，则一经提出，责任即行终止。（4）分批提货，保险公司对所留的那部分货物，也只负 15 天的责任。

（五）保险金额与赔偿处理

1. 保险金额

可以根据起运地的成本价或目的地的成本价确定。前者是指起运地的购进价，即发货票或调拨单上所列的价格；后者是指起运地的购进价加运杂费，如运输费、包装费、搬运费等。

2. 赔偿处理

（1）保险货物运抵收货人在当地的第一个仓库或储存处所时，收货人应于 10 日内向当地保险机构申请，并会同保险公司验收受损货物。被保险人索赔时，必须提供保险凭证、运单、发货票、货运记录、损失清单等有关凭证。

（2）赔款计算。按什么价承保，按什么价赔偿，全部损失按保险金额赔，部分损失按损失程度赔，最高以保险金额为限。如被保险人投保不足，保险金额低于起运地或目的地的成本价时，对损失金额和支付的施救费用，均按保险金额与货物成本价的比例计算赔偿。

（3）承运人或第三者应负责一部分或全部货物损失时，保险人于赔偿后可取得代位追偿权。货物残值应作价折归被保险人并从赔款中扣除。

（4）索赔时效。在获知或应当获知货物遭受损失的次日起 180 天内，被保险人必须提出索赔申请，并提交规定的证明文件。

（六）保险费率

费率的调整因素是：险别、货物档次、运输工具、运输方式和运输途程。

第五节　工程保险

一、工程保险的概念

（一）工程保险及其特征

工程保险是指以各种工程项目为主要承保对象的保险。一般而言，传统的工程保险仅指建筑工程保险和安装工程保险，进入 20 世纪以后，许多科技活动获得了迅速的发展，又逐渐形成了科技工程保险。

工程保险与传统的财产保险相比较，具有如下特征：

工程保险

（1）承保风险责任广泛而集中。工程保险的许多险种都冠以"一切险"，即除条款列明的责任免除外，保险人对保险期间工程项目因一切突然和不可预料的外来原因造成的财产损失、费用和责任，均予赔偿，其责任范围十分广泛。同时，工程项目本身就是高价值、高技术的集合体，从而使工程保险承保的风险基本上是巨额风险。

（2）涉及较多的利益关系人。在工程保险中，保险标的涉及多个利益关系人，如项目所有人、承包人、分承包人、技术顾问甚至贷款银行等，各方均对保险标的具有保险利益，从而使保险关系较其他财产保险更为复杂化，保险人对此需要采取交叉责任条款来规范和制约。

（3）不同工程保险险种的内容相互交叉。在建筑工程保险中，通常包含着安装项目，而在安装工程保险中一般又包含着建筑工程项目。因此，工程保险业务虽然有险种差异，相互独立，但内容多有交叉，经营上也有相通性。

（4）工程保险承保的主要是技术风险。现代工程项目的技术含量很高，专业性极强，可能涉及多种专业学科或尖端科学技术，它们对于一般的自然风险通常具备相应的抵御能力，许多工程事故的发生往往是技术不良或未按照技术规程操作所酿致的。因此，从承保的角度分析，工程保险对于保险的承保技术、承保手段和承保能力比其他财产保险有着更高要求。

（二）工程保险的类型

按照保险市场上的承保惯例，工程保险一般分为建筑工程保险、安装工程保险、科技工程保险和机器损坏保险。

二、建筑工程保险

建筑工程保险承保的是各类建筑工程，即适用于各种民用、工业用及公共事业用的建筑工程，如房屋、道路、桥梁、港口、机场、水坝、道路、娱乐场所、管道以及各种市政工程项目等，均可以投保。建筑工程保险的保险标的范围广泛，既有物质财产部分，也有第三者责任部分。

建筑工程保险的保险责任可以分为物质部分的保险责任和第三者责任两大部分。其中物质部分的保险责任主要有保险单上列明的各种自然灾害和意外事故，如洪水、风暴、水灾、暴雨、地陷、冰雹、雷电、火灾、爆炸等多项，同时还承保盗窃、工人或技术人员过失等人为风险，并可以在基本保险责任项下附加特别风险保险条款，以利被保险人全面转嫁自己的风险。不过，对于错误设计引起的损失、费用或责任，换置、修理或矫正标的本身原材料缺陷或工艺不善所支付的费用，引起的机械或电器装置的损坏或建筑用机器、设备损坏，以及停工引起的损失等，保险人不负责任。对于被保险人所有或使用的车辆、船舶、飞机、摩托车等交通运输工具，亦需要另行投保相关运输工具保险。与一般财产保险不同的是，建筑工程保险采用的是工期保险单，即保险责任的起讫通常以建筑工程的开工到竣工为期。

三、安装工程保险

安装工程保险是指以各种大型机器、设备的安装工程项目为保险标的的工程保险，保险人承保安装期间因自然灾害或意外事故造成的物质损失及有关法律赔偿责任。安装工程保险是同建筑工程保险一起发展起来的保险业务，与建筑工程保险不仅存在着业务内容上的交叉，而且在业务经营方式上亦具相通性。安装工程保险的适用范围亦包括安装工程项目的所有人、承包人、分承包人、供货人、制造商等，即上述各方均可成为安装工程保险的投保人，但实际情形往往是一方投保，其他各方可以通过交叉责任条款获得相应的保险保障。

安装工程保险的可保标的，通常也包括物质损失、特别风险赔偿和第三者责任三个部分，其中物质损失部分即分为安装项目、土木建筑工程项目、场地清理费、承包人的机器设备、所有人或承包人在安装工地上的其他财产等五项，各项标的均需明确保险金额；特别风险赔偿和第三者责任保险项目与建筑工程保险相似。

四、科技工程保险

科技工程保险业务主要有海洋石油开发保险、卫星保险和核电站保险等。在本书"责任、特殊风险保险实务"一章中，将针对部分险种展开详细介绍。

海洋石油开发保险面向的是现代海洋石油工业，它承保从勘探到建成、生产整个开发过程中的风险，海洋石油开发工程的所有人或承包人均可投保该险种。该险种一般被划分为四个阶段：普查勘探阶段、钻探阶段、建设阶段、生产阶段。每一阶段均有若干具体的险种供投保人选择投保。每一阶段均以工期为保险责任起讫期。当前一阶段完成，并证明有石油或有开采价值时，后一阶段才得以延续，被保险人亦需要投保后一阶段的保险。因此，海洋石油开发保险作为一项工程保险业务，是分阶段进行的。其主要的险种有勘探作业工具保险、钻探设备保险、费用保险、责任保险、建筑安装工程保险。在承保、防损和理赔方面，均与其他工程保险业务具有相通性。

卫星保险是以卫星为保险标的的科技工程保险，它属于航天工程保险范畴，包括发射前保险、发射保险和寿命保险，主要业务是卫星发射保险，即保险人承保卫星发射阶段的各种风险。卫星保险的投保与承保手续与其他工程保险并无区别。

核电站保险以核电站及其责任风险为保险对象，是核能民用工业发展的必要风险保障措施，也是对其他各种保险均将核子风险除外不保的一种补充。作为一类新兴的科技工程保险业务，核电站保险起源于 20 世纪 50 年代，其特点是因风险具有特殊性而需要有政府作为后盾。核电站保险的险种主要有财产损毁保险、核电站安装工程保险、核责任保险和核原料运输保险等，其中财产损毁保险与核责任保险是主要业务。在保险经营方面，保险人一般按照核电站的选址勘测、建设、生产等不同阶段提供相应的保险，从而在总体上仍然具有工期性。当核电站正常运转后，则可以采用定期保险单承保。

五、机器损坏保险

机器损坏保险主要承保工厂、矿山等保险客户的机器本身的损失，保险人对各类安装完毕并已进入运行的机器设备因人为的、意外的或物理性原因造成的物质损失负责。该险种既可单独投保，也可作为财产保险基本险或综合险的附加险投保。

与其他火灾保险险种相比，机器损坏保险产品具有如下特点：

（1）承保的基本上是人为风险损失；

（2）所保的机器设备，不论新旧，一般均按重置价值投保，即按投保时重新换置同一厂牌或类似型号、规格、性能的新机器的价格；

（3）一般要求一个工厂、一个车间的机器全部投保；

（4）机器损坏险因机器运行期间的事故多、风险大，费率高于普通财产保险；

（5）有停工退费的规定。

本章小结

本章主要介绍了财产保险相关内容，包括运输工具保险、火灾保险、家庭财产保险、货物运输保险。

财产保险是以各种财产物质和有关经济利益及损害赔偿责任为保险对象的保险，用来补偿投保人或被保险人的经济损失，是一种经济补偿制度。财产保险的范围很广泛，除人身保险以外的各种保险均可归为财产保险。

运输工具保险的主要业务种类，主要承保各种机动交通运输车辆因遭受自然灾害和意外事故造成车辆本身的损失和施救保护所支出的合理费用，以及对第三者的人身伤害和财产损失依法应负的经济赔偿责任。目前，我国办理的运输工具保险主要有：机动车辆保险、船舶保险和飞机保险。

火灾保险简称"火险"。是指以存放在固定场所并处于相对静止状态的财产及其有关利益为保险标的的保险。火灾保险主要有四个险种：财产保险基本险、财产保险综合险、利润损失保险和家庭财产保险。家财险是指面向城乡居民家庭并以其住宅及存放在固定场所的物质财产为保险标的的保险。它属于火灾保险的范畴，强调保险标的的实体性和保险地址的固定性。

货物运输保险是以处于流动状态的财产为保险标的的一种保险。狭义的运输保险仅指货物运输保险；广义的运输保险，除货物运输保险外，也包括运输工具保险。目前，我国办理的运输保险主要有：海上货物运输保险、国内水路陆路货物运输保险。

思考与练习

工程保险是指以各种工程项目为主要承保对象的保险。具有承保风险责任广泛而集中、涉及较多的利益关系人、不同工程保险险种的内容相互交叉、工程保险承保的主要是技术风险的特点，一般分为建筑工程保险、安装工程保险、科技工程保险和机器损坏保险。

参考答案

第九章
责任、特殊风险保险实务

► **学习目标**

1. 掌握责任保险的基本内容。
2. 了解特殊风险保险的主要险种等。

第一节　责任保险

知识文件夹

责任保险的作用

　　责任保险对保险业来说非常重要，对社会的作用和影响也很大。具体表现在以下两个方面：一是对受害人来说，由于在事故救助、善后处理等方面有保险公司的介入，可以尽快通过保险赔偿，恢复正常的生活秩序。特别是在事故责任人无力赔偿的情况下，赔偿能有保障。二是对责任人来说，能够有效转嫁责任风险，避免因责任事故的发生而导致破产或生产生活秩序受到严重影响。同时，通过建立责任保险制度，也可以减轻政府在处理突发性责任事故中的负担。

　　近年各类事故频繁发生但市场化保障机制迟迟未到位，责任险市场发展严重滞后。国内保险公司责任险收入占财险收入比例仅为 4%，而发达国家则高达 40%。正是由于公众责任保险发展滞后，每当发生重大灾害和安全、意外事故，本应在处理应急措施中充分发挥具有社会管理功能的保险公司，理应在事故救助、善后处理、经济补偿等方面大显身手，现在却显得非常尴尬和无奈。

► **小案例**

　　1999 年 1 月 13 日，美国华盛顿州一栋崭新的木制别墅突然着火，整幢屋子被烧坏。屋主认为火灾是由一盏开着的卤素落地灯短路着火直接导致的，并通过律师将美国一家大超市告上法庭。经核实，该灯是由中国某家灯厂制造并出口到美国超市的。

　　幸运的是，卤素落地灯已投保了出口产品责任险，该厂得以把风险转嫁给了保险公司。

　　对于国内企业来说，出口产品责任风险是一个较为陌生的名词。当出口产品在设计、生产、包装等环节存在缺陷或警示不足，并且在用户使用过程中因为上述缺陷造成人身伤亡或财产损失时，出口厂商将被追究法律责任。对于出口厂商来说，一旦发生产品责任事故，他们将可能面临消费者巨额的索赔以及没完没了的法律诉讼。更严重的是，出口产品的声誉将会受损，海外市场的开拓将会受阻。

一、责任保险的概念

责任保险是指以被保险人对第三者依法应承担的赔偿责任为保险标的的一种保险。企业、团体、家庭和个人在各种生产活动或日常生活中，由于疏忽、过失等行为对他人造成人身伤亡或财产损失依法应承担的经济赔偿责任，可以通过投保相关责任保险转移给保险人。责任保险的最终目的是保护受到被保险人行为损害的第三者的利益，使受害的第三者得到及时有效的经济补偿。

责任保险

作为一类自成体系的保险业务，责任保险的适用范围是十分广泛的。具体而言，责任保险的承保对象包括：各种公众活动场所的所有者、经营管理者，各种产品的生产者、销售者、维修者，各种运输工具的所有参与经营管理者或驾驶员，各种需要雇用员工的单位，各种提供职业技术服务的单位或个人，城乡居民家庭或个人。此外，建设工程的所有者、承包者等也对相关责任事故风险具有保险利益；非公众活动场所也存在着公众责任风险等。

因此，责任保险具有很强的社会公益性，与人民群众的生活密切相关。责任保险的投保人多为企业，一旦发生责任保险事故，则由保险公司向受害者提供赔偿。

二、责任保险的责任

责任保险承保的责任风险主要包括侵权的民事责任（侵权责任）和违反合同的民事责任（合同责任或违约责任）两种。

（一）责任保险的法律责任：过失责任和绝对责任

1. 过失责任

过失责任是指被保险人因疏忽或过失违反法律应尽的义务或违背社会公共准则而导致他人财产或人身损害时，对受害人应负的赔偿责任，即民事损害赔偿责任。其责任的构成须同时具备以下四个条件：第一，损害事实的存在；第二，行为的违法性；第三，违法行为与损害事实之间存在因果关系；第四，行为人的过错。损害赔偿在各国民法和单行法中都有规定。

2. 绝对责任

绝对责任是指不论被保险人有无过失，根据法律规定，均须对他人受到的损害负赔偿责任。如一些国家的劳工法规定，雇员在工作中受到意外伤害，不论雇主有无过失，均应承担赔偿责任。还有一些国家对产品给消费者造成损害事故，或汽车给第三者造成财产损失、人身伤亡等实行绝对责任制。

（二）责任保险的契约责任：直接责任和间接责任

责任保险承保契约责任，一般需经保险双方事先特别约定。

1. 直接责任

直接责任是指根据契约规定，订约的一方违约造成对方的损害时应负的赔偿责任。

2. 间接责任

间接责任是指契约一方根据契约规定对另一方造成他人（第三者）损害应负的赔偿责任。例如，有些工程合同规定因承包人的过失在施工期间造成他人财产损失和人身伤亡时，工程所有人应负赔偿责任。

三、责任保险的分类

责任保险种类繁多，从承保的方式看，可把责任保险分成两大类：一是作为主要险种的附加险或附属险种，如汽车玻璃单独破碎险等，或作为该险种的责任范围之一，如船舶险的碰撞责任等；二是单独承保的责任保险，其险种主要有公众责任保险、产品责任保险、雇主责任保险和职业责任保险四种。

责任保险有代替致害人承担经济赔偿责任的特点，但最终是为无辜受害人提供经济保障的保险，是当前国际上广泛受到重视并发展迅速的一项保险业务。我国的责任保险刚刚起步，全国各地虽开办了一些责任保险，但大都属于试行办法。随着我国保险行业的迅速发展和法律制度的日趋健全，责任保险有不可低估的发展潜力和广阔的发展前景。

（一）公众责任保险

公众责任保险也被称为普通责任保险或综合责任保险。它是指保险人对法人或公民因疏忽、过失行为致使公众利益受到损害而承担赔偿责任提供保障的一项保险业务。

公众责任保险保障被保险人或其雇员在从事所保业务活动时，因意外事故对第三者造成的人身伤害（疾病、残疾或死亡）和财产的损害或灭失所引起的法律赔偿责任。公众责任保险还可以保障妨碍通行、阻塞道路、失去舒适环境和非法侵入等原因造成的第三者责任。

公众责任保险适用范围极其广泛，既可以承保不同行业的企业团体在生产、经营活动中因意外事故造成他人人身伤害和财产损失应承担的赔偿责任，也可以承保家庭或个人在日常生活中因意外事故造成他人人身伤害和财产的损失应承担的赔偿责任（这种责任保险又称为个人责任保险）。凡是被保险人对他人造成的人身伤害和财产损失，都可以在公众责任保险中得到赔偿。

1. 公众责任保险的种类

公众责任保险种类繁多，主要有：

（1）场所责任保险。承保固定场所（包括建筑物及其设备、装置）因存在结构上的缺陷或管理不善，或被保险人在该场所内进行生产经营活动时因疏忽发生意外事故给他人造成损害的经济赔偿责任，如旅馆责任保险、电梯责任保险、展览会责任保险、车库责任保险、游乐场责任保险等。

（2）承包人责任保险。适用于建筑、安装、修理工程等承包人。承保被保险人在进行合同项下的工程或其他作业时造成他人损害的赔偿责任。

（3）承运人责任保险。承保承运人在进行客货运输中所造成的损害赔偿责任。

（4）个人责任保险。承保私人住宅及个人在日常生活中造成的损害赔偿责任。

2. 保险责任

保险责任主要包括两大项：

（1）被保险人在保险单列明地点和保险有效期内发生意外事故引起他人的人身伤亡、财产损失在法律上应承担的赔偿责任；

（2）经保险公司事先同意的被保险人发生损害事故引起的诉讼、抗辩费用。

3. 除外责任

一般公众责任保险的除外责任有：

（1）被保险人故意行为引起的损害事故；

（2）战争、内战、叛乱、暴动、骚乱、罢工或封闭工厂引起的损害事故；

（3）人力不可抗拒的原因，如洪水、地震等自然灾害引起的损害事故；

（4）任何与被保险人一起居住的亲属引起的损害事故；

（5）有缺陷的卫生装置，以及除一般食物中毒以外的任何中毒引起的损害事故；

（6）震动、移动或减弱支撑引起的任何土地、财产或房屋的损坏责任；

（7）正在为被保险人服务的任何人遭受伤害的责任；

（8）被保险人及其雇用人员、代理人所有的财产，或由其照管、控制的财产损害；

（9）被保险人及其雇用人员、代理人从事工作的任何物品、土地、房屋或建筑的损坏；

（10）核放射污染以及排除污水、污气引起的损害事故；

（11）被保险人所有的或以其名义使用的各种车船、飞机等引起的损害事故，以及建筑、安装工程所有人的责任风险；

（12）食物或饮料产品导致的损害事故；

（13）被保险人根据合同或协议应承担的赔偿责任；

（14）公共场所归被保险人占有或以其名义使用的电梯、升降梯、起重机、吊车或其他升降装置导致的损害事故；

（15）火灾、爆炸等导致的损害事故；

（16）精神损害责任；

以上各项损害赔偿责任之所以不保，有些属于必然事件，有些属于巨灾风险，有些不属于第三者的财产损失和人身伤亡，有些应由普通财产保险或其他责任保险予以承保，但最后五项（12～16）除外责任在某些情况下可作为公众责任险的附加险，由保险人扩展承保。

4. 赔偿限额和免赔额

赔偿限额由保险双方根据可能发生赔偿责任的风险大小协商制定，可分为财产损失限额和人身伤亡限额两部分，也可将它们合并为一个限额。有的保险单仅规定每次事故的责任限额，无累计限额的规定；有的保险单既规定每次事故的责任限额，又规定保险期限内的累计限额。但采用累计赔偿限额的不多。公众责任保险项下人身伤亡无免赔额规定，但对财产损失都规定有每次事故的免赔额。

5. 保险期限和保险费率

保险期限一般为一年或短于一年。确定保险费率应依据被保险人危险损失的可能性大小，具体考虑以下几个主要因素：①被保险人的业务性质、种类、产品等产生意外赔偿责任可能性的大小；②赔偿限额和免赔额的高低；③当地法律对损害赔偿的规定；④承担风险区域的大小；⑤被保险人以往事故记录；⑥被保险人经营管理水平。

（二）产品责任保险

产品责任保险承保被保险人生产、销售的产品缺陷，造成使用者或其他人的财产损失和人身伤害应负的经济赔偿责任。现阶段我国办理的产品责任保险主要有电热毯、电视机、洗衣机、电冰箱、空调、防盗门、食品、药品等产品责任保险。

1. 投保人和被保险人

制造商、出口商、进口商、批发商、零售商以及修理商等一切可能对产品事故造成损害负有赔偿责任的人，都可投保产品责任保险，但以制造商投保的居多。其被保险人除投保人本身外，经投保人申请和保险人同意，也可将其他有关各方作为被保险人（必要时须加费），并规定各被保险人之间的责任互不追偿。

2. 保险责任

（1）在保险有效期内，被保险人生产、销售、分配或修理的产品发生事故，造成用户、消费者或其他任何人的人身伤害或财产损失，依法应由被保险人承担的赔偿责任。

（2）被保险人为产品事故所支付的诉讼、抗辩费用及其他经保险人事先同意支付的费用。

3. 除外责任

（1）被保险人根据合同或协议应承担的责任。

（2）被保险人根据劳工法或雇佣合同对其雇员及有关人员应承担的责任。

（3）被保险人所有或照管或控制的财产的损失。

（4）被保险人故意违法生产、销售的产品发生事故，造成用户或其他人的人身伤害或财产损失。

（5）被保险产品本身的损失以及回收有缺陷产品造成的费用及损失。

4.赔偿限额

产品责任保险单通常规定两项限额，即每次事故的限额和保单累计限额。这两种限额下还分别划分为人身伤害限额和财产损失限额。赔偿限额应根据不同产品、不同地区发生事故后可能引起赔偿责任的大小确定。保险人所负责的诉讼抗辩费用，可在限额以外偿付。

5.保险期限

产品责任保险的保险期限通常为一年，期满可以续保。保险公司对产品责任险项下承担的责任，一般均以事故发生的时间为界限，而不论是否在保险期限内生产或销售。

6.承保地区范围

由保险双方根据具体需要确定，并在保险单中列明，可以某一国家或地区为承保范围，保险人仅对产品在规定地区范围内发生的产品事故引起的责任负责。在投保时，被保险人要考虑产品的流通和使用范围，以获得较全面的保障。

7.承保方式

通常按照制造商、销售商生产或销售的全部产品承保，并按当年的生产、销售总额或营业收入总额及规定的费率计算保险费。经保险公司同意，也可按指定的某一产品甚至某一批产品投保，或仅仅投保销往某个地区或国家的产品。

8.保险费率

不同产品以及不同的承保条件应确定不同的费率。具体来说，应根据以下因素决定费率的高低：①产品的特点和可能对人身或财产造成损害的风险大小；②赔偿限额的高低；③适用地区的范围大小；④产品数量和产品价格的区别；⑤保险人以往经营该项业务的损失赔付统计资料。

（三）雇主责任保险

雇主责任保险又称劳工保险，它承保雇主对所雇员工在受雇期间，因发生意外事故或因职业病而造成人身伤残或死亡时，依法应承担的经济赔偿责任。在国外，雇主责任保险一般以法定的方式实施。我国的雇主责任保险属自愿性质，是适应对外开放的需要而举办的一种保险。

1.适用范围

雇主责任保险主要适用于：①外国在我国独资或与我国合作设立的各类工商企业所

雇用的人员；②中外合资经营企业所雇用的人员；③外国驻华外交、经济机构所雇用的人员；④出国劳务人员。

2. 承保方式

雇主责任保险是由各行各业的雇主作为保险单的被保险人，被保险人必须将法律规定属于雇员范围内的全体员工，即根据服务合同或学徒合同雇用的全体员工投保，不能挑选一部分人投保，以尽可能避免逆选择因素影响保险核算。

3. 保险责任

可分为基本责任和附加责任。

（1）基本责任。包括两项：①赔偿金。被保险人所雇用的员工在受雇过程中，从事规定的与被保险人业务有关的工作时，遭受意外而致受伤、死亡或患有与业务有关的职业性疾病所致伤残或死亡，被保险人根据雇佣合同应承担的医疗费及经济赔偿。②诉讼费用。是指在处理保险责任范围内的索赔纠纷或诉讼案件时合理支出的法律费用。

（2）附加责任。在投保雇主责任险的基础上，可加保：①附加医疗费保险。本保险扩展承保被雇人员不论遭受意外伤害与否，因患疾病（包括传染病、分娩、流产）所需医疗费用。②附加第三者责任险。本保险扩展承保被雇人员从事规定的与被保险人业务有关工作时，由于意外或疏忽，造成第三者的抚恤、医疗和赔偿费用，依法应由被保险人赔付的金额。

4. 除外责任

保险人对由下列原因引起雇员的伤亡，不负保险金给付责任：①战争、类似战争行为、叛乱、罢工、暴动或由核子辐射所致被雇人员的伤残、死亡或疾病；②被雇人员由疾病、传染病、分娩、流产以及因这些疾病而施行内外科治疗手术所致的伤残或死亡；③由被雇人员自加伤害、自杀、犯罪行为、酗酒及无照驾驶各种机动车辆所致的伤残或死亡；④被保险人的故意行为或重大过失；⑤被保险人对其承包商雇用员工的责任。

5. 赔偿标准

由于该保险无法律规定的固定赔偿标准，需由被保险人根据雇佣合同的要求，提出一个以雇员若干个月的工资数计算的最高赔偿额度，作为保险人的赔偿依据。发生保险事故造成受雇人员死亡或永久丧失全部工作能力的，按最高赔偿额度给付；永久丧失部分工作能力的，根据受伤部位和程度，按规定的比例乘以最高赔偿额度给付；暂时丧失工作能力超过5天的，经医生证明，按受雇人员的工资给予赔偿。如加保疾病医药费，按实际支出赔偿，但每人累计不得超过每人医疗费的赔偿限额。加保雇员第三者责任险时，在保险单拟定的每次事故赔偿限额内赔付。

6. 保险费

雇主责任及加保疾病医药费的保费，按企业各个工种雇员全年工资总数及规定的不同工种的费率计算。投保时按估计各类雇员人数及其工资总额计算预交保费，保险期满后再按实际人数及工资总数调整。加保雇员第三者责任险，按规定的每人每次事故赔偿限额及费率表规定的不同工种人员的固定费率计算。雇主责任保险的保险期限通常是一年，但也可根据雇佣合同期限投保不足一年或一年以上的保险。保险期限在两年或两年以上的，保险费仍按年收取。

（四）职业责任保险

职业责任保险承保各种专业技术人员因工作上的疏忽或过失造成合同对方或其他人的人身伤害或财产损失的经济赔偿责任。在国外较为普遍的有医生、设计师、工程师、会计师、律师等职业责任保险，保险公司对不同专业技术人员的保险，确定不同的保险内容和条件，用专门设计的保险单和条款承保。

职业责任保险一般由提供专业技术服务的单位投保，如医院、设计院、律师事务所等。如果是个体专业技术人员如私人医生等，则由其本人投保个人职业责任保险。

1. 保险责任

在国外，职业责任保险并无统一的条款以及保单格式，由保险人根据不同种类的职业责任设计制订专门的保单承保。关于其保险责任，需说明以下三个问题：

（1）保险单只负责专业人员由职业上的疏忽行为、错误或失职造成的损失，而不负责与该职业无关的原因，如被保险人在场所以外或其他行为造成的损失。

（2）保险单负责的被保险人的职业疏忽行为，不仅包括被保险人自身，还包括被保险人从事该业务的前任、被保险人的雇员及从事该业务的雇员的前任的职业疏忽行为。在被保险人为一个单位的情况下，对应由个人承担的职业责任不予负责。有时个人责任和单位责任不易划分，所以，该两种保险最好在同一保险公司投保。

（3）职业责任保险项下的赔偿责任，包括被保险人因责任事故的发生依法应承担的赔偿金和法律诉讼费用。

2. 除外责任

职业责任保险的除外责任除一般责任险共有的规定外，还有以下几项特有的除外责任：①因被保险人及其从事该业务的前任，被保险人的任何雇员及从事该业务雇员的前任不诚实、欺骗、犯罪或恶意行为所引起的任何索赔；②因文件的灭失或损失引起的任何索赔；③被保险人隐瞒或欺诈行为，或在保险期间不如实报告情况而引起的任何责任；④被保险人被指控有对他人诽谤或恶意中伤而引起的索赔。

3. 承保条件

承保条件有两种：①职业责任保险通常采取以索赔为基础的条件承保，即保险公司仅对保单有效期内提出的索赔负责，而不管导致索赔的事故是否发生在该保单的有效期内；②在某些国家，有的保险公司也按事故发生为基础的条件承保，保险公司仅对保险有效期内发生事故引起的损失负责，而不问是否在有效期内提出索赔。采取这种条件承保，其赔偿责任的确定往往要拖很长时间，而且因为货币贬值等因素，最终索赔数额可能大大超过疏忽行为发生当时的水平。

4. 赔偿限额

职业责任保险的赔偿限额一般为累计限额，而不规定每次事故的限额；但也有些保险人采用每次索赔或每次事故的限额，并不规定累计赔偿限额。法律诉讼费用，则在限额以外另行赔付。

5. 保险费率

职业责任保险费率的确定需要考虑许多因素，例如：①被保险人及其雇员从事的职业种类；②被保险人每年提供专业技术服务的业务数量；③被保险人及其雇员的专业技术水平、工作责任心和个人品质；④被保险人的职业责任事故记录；⑤赔偿限额和免赔额的高低。

第二节　航天保险

![图标]知识文件夹

中国保险助力航天新时代

航天保险是指保险人对火箭和各种航天器在制造、发射和在轨运行中可能出现的各种风险造成的财产损失和人身伤亡给予保险赔付的一种保险。航天项目的保险根据航天项目进展的时间划分为：火箭和卫星的制造阶段的保险、发射前保险、发射保险和卫星在轨寿命保险。

制造阶段

火箭和卫星制造保险，保险方式与其他财产险相类似，主要承保的风险包括火箭和卫星制造和安装过程的风险以及各零部件的测试风险。保险期限通常从火箭和卫星吊装至运输工具上准备运往发射基地时终止。

发射前

火箭和卫星的发射前保险，主要承保包括火箭和卫星从制造场地运送到发射基地阶段、二者在基地暂时的储存阶段、火箭和卫星的对接阶段、火箭和卫星的燃料加注阶段以及意向点火后发动机紧急关机或意向点火后火箭未脱离发射架臂的风险。

发射

主要承保从火箭点火起飞开始将卫星送入预定轨道和卫星定点后实现在轨道测试直至交付使用为止阶段的风险。根据被保险人的要求，保单通常规定保险期限可以从起飞开始至180天或365天或更长的时间。

卫星在轨寿命

承保卫星在轨道运营期间的风险直至卫星寿命结束。保单通常规定保险期限为1年，根据卫星在轨道运行的情况逐年续转保单。

"发展航天事业，建设航天强国"，是新时代对中国航天的使命召唤。中国航天保险发展 30 余年一直伴随着我国的航天事业。在我国迈入航天强国的进程中，中国保险一直都在。

（资料来源：中国保险学会）

一、航天保险的保障范围

航天保险是指为航天产品包括卫星、航天飞机、运载火箭等提供风险保障的保险。它承保的是航天产品进入太空遇挫或遭受灾害事故而导致的经济损失，目前国际保险市场上经营的航天保险业务主要是卫星保险。在某种意义上说，航天保险是一种综合性的财产保险。

二、航天保险的分类

（一）卫星及火箭的工程安装保险

该险种同常规的工程安装保险一样，主要承保卫星与运载工具及其附属备件在生产厂房制造安装中的物质损失风险，包括卫星及运载火箭的组装过程及相应的静态试车，在模拟发射环境下的各种试验过程，以及其他意外原因所导致的卫星与火箭的损失。由于这些损失通常属于常规工程保险承保的范围，因此卫星及火箭工程安装保险一般由卫星或火箭的制造商投保。

（二）发射前的卫星及火箭保险

发射前保险的保险期限，一般从卫星和火箭在制造厂房吊装开始，至意向点火时终止。在发射前这一阶段，卫星及火箭都要从生产厂房运送到发射工地，并经历运输、仓储、装配、准备发射等环节。发射前保险的保障可按不同阶段分为运输保险、仓储保险及装配保险，不同阶段的保险金额会有所差别，并相应地适用各自不同的费率，该保险的主要保险责任是因意外事故致使卫星或火箭以及相关的发射设备在保险期内的物质损失，或因其物质损失导致不能按期发射而造成的费用损失。发射前保险根据保险市场惯例承保，其除外责任主要有核辐射或核泄漏、战争、自然磨损、设计缺陷、机械故障等风险。

（三）卫星发射保险

卫星发射保险是航天保险的最主要部分，航天保险的高科技、高风险、高投资及高收益的特点都集中体现在这一阶段。卫星发射保险主要提供卫星及火箭物质损失的一切风险保障。除此之外，卫星发射保险还可承保卫星在发射前后遭受的部分损失，如火箭发射使卫星偏离轨道或轨道高度等。卫星发射保险有全损险和一切险两个险别，被保险人可以根据自己的需求进行投保选择。卫星发射保险的除外责任与飞机保险的除外责任基本相同。

卫星发射保险的保险金额通常由发射服务费、卫星的成本、保险费和额外费用构成。卫星发射保险的费率通常受火箭的可靠性、卫星的设计和型号、保障范围和市场承保能力等因素的影响。此外，保险安排方式也会对卫星发射保险的费率产生影响。

（四）卫星寿命保险

卫星寿命保险是指卫星在运行轨道上运行期间的保险。卫星寿命保险以卫星发射保险终止时为起点，通常一年续保一次，最长保险期限不超过卫星的设计寿命。卫星寿命保险的费率一般根据承保范围和卫星健康状况考虑。例如，因卫星的原部件已损坏而使用了备用部件，但因使用了备用部件会降低卫星的可靠性，因此保险人可以提高费率。

（五）卫星经营者收入损失保险

经营卫星发射和商业卫星通信服务具有高科技、高风险、高投资和高收益的特点，因此卫星经营人可以获得很高的利润收入。

（六）卫星发射责任保险（第三者责任保险）

空间物体所产生的第三者责任风险与普通航空责任风险有所不同。该保险责任通常从卫星发射点火开始生效，可以根据投保人的要求承保一年或发射后几年内的责任损失。该保险的责任限额可以在 6000 万美元到 5 亿美元之间浮动，由被保险人自己确定，费率则可根据市场承保能力上下波动。

三、航天保险的保险责任

航天保险合同是在发射合同和卫星合同的基础上，经各方充分协议后签订的。下面以同步轨道通信卫星的发射保险为例，介绍航天保险的保险责任。根据发射服务合同要求，在保险有效期内，保险人承担从火箭意向点火开始，卫星与火箭运行过程中的全部损失和部分损失。

（一）全部损失

由于运载火箭的设计错误，元器件、零备件、原材料故障发生的错误操作，运载火箭环境条件超出了发射服务合同规定的环境偏差，卫星有效载荷本身的故障等，运载火箭发射的卫星不能按预定设计轨道入轨，造成发射全部失败，保险人负责按保险金额赔付。

（二）部分损失

保险人可承担的部分损失主要有：

（1）卫星转发器的损失超过免赔额所规定的金额，但不足以构成全部损失。

（2）卫星推进剂减少导致的损失超过免赔额规定的金额，但未达到构成全损的程度。

（3）卫星电能损耗导致的损失，但未能达到全部损失的程度。

四、航天保险的除外责任

由下列原因造成的损失和费用，保险人不承担保险赔偿责任：

（1）保险单列明的保险责任之外的损失和费用。

（2）保险单列明的运载火箭保险金额以外的一切费用。

（3）在运载火箭飞行阶段，外来电磁和频率的干扰引起的损失和有关费用。

（4）外来搭载卫星引起的损失和费用。

（5）因战争、敌对行为或武装冲突及政府拘留、扣押、没收等行为所致的损失和费用。

（6）原子弹、氢弹或其他核武器爆炸及核辐射和各类物质的辐射污染所造成的一切损失及费用。

五、航天保险的保险金额

航天保险的保险金额通常分阶段、按险种确定。具体地说，发射前保险是以制造、安装卫星及火箭的总成本为依据确定保险金额；发射保险是以卫星及火箭的市场价格加上发射等费用之和为依据确定保险金额；卫星寿命保险是以将卫星送上轨道的成本及有关费用并参照卫星的工作效率为依据来确定保险金额，其保险金额数量按年限递减。

六、航天保险的保险费率

航天保险费率通常高于其他财产保险或工程保险的保险费率。一般来说，保险人在确定费率时主要考虑因素包括：产品质量、损失率、恶劣气候及意外事故等。例如，卫星发射保险的费率通常受到火箭的可靠性、卫星的设计和型号、保险保障范围和航空保险市场承保能力等因素的影响。

七、航天保险的保险期限

航天保险的保险期限关键在于确定保险责任的开始时间和终止时间。航天保险的保险责任的开始时间有两种情况：一是以火箭在指定发射场所意向点火为起始时间；二是如果发射点火终止，则从火箭在指定发射场重新点火为起始时间。

航天保险的保险责任的终止时间有五种情况：一是卫星交付客户使用，卫星在轨道正常工作并运行时；二是保险单载明的保险期限届满；三是卫星发生全部损失；四是卫星在发射过程中宣布发射失败；五是发射点火终止，火箭发动机熄灭，火箭未脱离发射台。以上情形以先发生者为准。

八、航天保险的赔偿处理

（一）航天保险理赔的特征

航天保险的损失理赔与其他财产险业务相比，不同之处在于：

1. 损失金额的计算方法必须承保前确定

由于卫星在太空中运行，人们无法直接接近受损的保险标的，损失程度和损失金额的分析和计算要在承保前加以明确。保险人与被保险人往往根据以往的经验，对发生损失的各种可能性和情况加以评估。这个阶段发生损失的定损和理赔工作相对而言比较简单。

2. 保险经纪人参与理赔工作

卫星在轨测试和运行期间发生故障，根据保险单规定，被保险人获知卫星出现故障后，应立即通知经纪人，经纪人通知各保险人，随后由保险人展开进一步的调查工作。

3. 被保险人应尽快提交损失证明

卫星在保险期限内发生部分损失或全损，根据保险单规定，被保险人应尽快提交一份损失证明，其格式和内容应根据保险人的要求做出，损失证明中至少应列明事故发生的日期、时间、性质、可能的原因及提出索赔的依据和索赔金额的计算基础。损失证明须经被保险人的代表签字盖章方为生效。损失证明的提交日期不得晚于事故通知后的180天，或保单承保的风险终止后的210天，两个时间以先发生的为准。

保险经纪人将损失证明通知保险人，保险人对损失证明进行分析和对卫星的损失进行评估，一旦保险人同意支付赔款，保险经纪人负责根据保险人各自承保的比例收集赔款，并最终支付给被保险人。保险单中对赔款支付的时间一般规定为"赔款在保险人同意被保险人提交的损失证明后60天内支付"。

4. 保险人对残值享有绝对权利

在支付赔款方面，根据法律及有关规定，保险人享有对卫星残值的绝对权利，包括全损情况下对卫星产权的拥有，以及部分损失情况下对卫星所赔偿部分的产权的拥有。在双方事先同意的情况下，保险人将承担维护上述残值而产生的费用。在实务中，处理航天保险的赔偿案件时，如果出现卫星残值，对于残值的处理方案往往十分复杂，需要被保险人、经纪人和保险人多次协调和谈判，方能最终达成一致意见。

（二）航天保险的赔偿金额计算

不同型号和不同用途的卫星保险，适用不同赔偿金额结算方法。以卫星发射保险为例，其赔偿规定和计算方法如下。

1. 全部损失的赔偿处理

全部损失是指卫星完全损毁，或无法满足卫星运营能力标准，不能实现其预定的目的，具体损失达到以下程度：

（1）在保险期限内，有50%以上的转发器发生故障。

（2）由于推进剂减少，卫星范围寿命降低50%。

（3）由于卫星电能的缺少，卫星运行能力相比正常减少50%。

对于上述情况，被保险人可以选择按全部损失索赔，也可以选择按部分损失索赔。如果被保险人是按全部损失索赔，保险人可以按保险金额全部赔付。

2. 部分损失的赔偿处理

对于部分损失，保险人通常按推进剂减少导致的部分损失、转发器损失导致的部分损失和电能损失导致的部分损失等三种方式加以计算赔偿金额。

第三节　核电站保险

📁 **知识文件夹**

《中国保险报》记者在山东海阳核电站现场了解到，全球先进的三代技术核能发电站——山东海阳核电站一期工程的1号机组已通过装料前审查，具备装料条件。据估计，待1号、2号机组全部投产发电后，年发电量约为175亿度，对保障地方能源安全，改善能源结构和区域生态环境，促进山东经济新旧动能转换将起到积极的作用。

作为首席承保公司，人保财险先后承保了海阳核电站一期工程和二期工程建筑安装工程一切险。人保财险独家承保一期工程首炉核燃料运输保险及第三者责任险，并成为装料首年提供核保险的首席出单公司，优质的保险服务得到核电建设单位山东核电有限公司的信任和赞誉。

人保财险烟台市分公司总经理黄海介绍，"山东核电有限公司自成立以来，即与人保财险开展保险业务合作，工程险、企财险、车险等均在人保财险投保"。作为海阳核电的保险落地服务机构，人保财险烟台市分公司及海阳市支公司为海阳核电的服务最早可以追溯到项目的立项、筹建之初。公司积极配合、参与当地政府的动员拆迁工作，被海阳市委、市政府记"山东海阳核电建设集体一等功"。2009年、2013年，人保财险连续获得海阳核电一期、二期工程保险的首席承保权;2016 年又获得了海阳核电一期运营期保险的首席出单公司。截至 2017 年底,保险机构为一期工程提供建筑安装工程风险保障 220 亿元人民币、核燃料运输风险保障 1.8 亿美元,二期工程保险承担保险金额 200 亿元人民币。

以核电项目保险业务为依托,山东核电有限公司与人保财险山东省分公司及烟台市分公司建立了共同发展的战略合作伙伴关系。2009 年 7 月 8 日,山东核电一期建工险保险签字仪式在济南山东大厦举办后,人保财险即与相关保险经纪公司共同编写了《海阳核电一期工程保险服务手册》,为一期工程开工后海阳核电工作人员了解工程风险和保险提供了帮助;2010 年 3 月底,人保财险聘请上海美技商务咨询有限公司的风险专家对核电站核岛、常规岛施工现场、辅助设施施工现场等进行了风险检验,并及时向海阳核电站提供了风险检验的总结反馈和风险管理培训;2016 年 9 月 27 日至 29 日,人保财险总公司邀请来自中国、美国、德国、加拿大核共体的 7 位专家,对山东核电有限公司开展了为期 3 天的运营期保险风险检验,为项目运营提供良好的风险防范服务。这些尽职服务体现了人保财险"国际范儿"的专业技术水平和职业道德水准。

据悉,自 1986 年承保国内第一座商业核电站——大亚湾核电站的工程险以来,人保财险在核电保险领域与核电企业紧密合作,不断前行。目前,中国国内已安排运营期保险的 43 台核电机组中,有 41 台是由人保财险首席承保,占比达到 95.3%。同时,人保财险还积极参与到中国核电企业"走出去"事业中去,向中国核电"走出去"的巴基斯坦卡拉奇核电项目与英国欣克利角核电项目的建设工程提供保险支持,为核电企业的"一带一路"发展保驾护航。

一、核电站保险及其特点

核电站保险是以核电站建造、营运过程中的风险为保险标的的保险。核电站的出现是高科技的产物,核电站本身具有的高科技、高风险的特点,使得核电站保险与其他财产保险区别开来。

(1)核电站保险的主要承保责任是核风险。在所有的财产保险中,保险人都将核风险列为除外责任,而核电站保险恰恰相反,不仅承保核风险造成的财产损失,而且还承保核风险所致的第三者责任。

(2)核电站保险承保的主要手段是控制风险。由于核电站风险太高,保险人特别注重风险控制。为了控制风险,保险人在承保时往往以低于保险标的实际价值的标准来确定保险金额和责任限额,并采用集团共保或再保险方式,将风险转嫁到国际保险市场,以保证经营的稳定性。

(3)核电站保险是一种政策性很强的保险。世界上许多国家都通过立法规定核损害的赔偿方式。因此,保险人开办的核能保险在发生保险赔款不足时,可以根据法律的有关规定获得政府财政的补贴,以保证被保险人的利益。此外,各国的核能保险集团在相互分保时,也将分保手续费降得比其他财产保险要低,以减轻被保险人的负担。世界上有 20 多个国家成立了核能保险集团。中国核保险共同体于 1999 年 5 月正式成立，专门经营核风险，为民用核能的发展提供保障。

二、核电站保险的分类

核电站保险的险种分为以下几种。

（一）核电站建筑安装工程保险

该险种的保险标的是在核电站安装的各种机器设备。保险人主要承保保险标的在安装过程中因自然灾害和意外事故导致的损失。在核电站的建设时期，核电站建安险与常规的建安险没有什么不同。但从试车期开始，与核电站发电密切相关的风险就开始了。同时在此阶段，还承保反应装置部分损失及特殊费用。

（二）核电站海运险

除继续承保前一阶段的风险责任外，如清除核污染费用、重置费用等，该险种主要承保有辐射和无辐射的核燃料物料的运输，包括运输中的临时仓储。投保人一般为业主，并以业主、主承包商、分承包商和其他合作方为共同保险人。该险种的其他规定与海上运输货物保险基本相同，但第三者责任险通常由核能保险集团承保，并经由核能保险集团安排分保。

（三）核电站机器损坏保险

该险种承保核电站所有设备，不同的是对于核反应堆压力容器及其内部设备只能以第一危险方式承保。对于核燃料、冷却水、化学药剂等易消耗物质一般不予承保。此外，该保险通常作为核电站财产保险的附加险予以承保，有时也可按主险承保，单独签订保险单。

（四）核电站物质损失保险

该险种的保险标的是核电站的反应装置、核燃料、发电设备、办公场所等项目。其保险责任分为两部分：第一部分主要对核风险和常规风险提供保障；第二部分是对其他设备的常规风险提供保障。常规风险包括火灾、雷电、爆炸等。核风险包括核裂变过程中超常规释放以及核污染和核辐射等。此外，保险人还负责清除核污染费用和损失。

（五）核电站责任保险

凡有核电站的国家均颁布了有关核设施的法律，因此，核电站责任险主要承保核电站所有人依照本国法律规定，因发生一般保险事故或核事故，包括运输中的核事故造成第三者的财产损失和人身伤亡时依法应承担的赔偿责任。如果核电站所在国家法律规定，操作核电站设施的员工也属第三者责任险的范围，保险人一般也要将他们作为第三者承保。在保险实务中，保险人通常按一般事故和核事故分别拟定赔偿限额。

三、核电站保险的保险责任

（一）物质损失保险的保险责任

核电站保险的主要保险责任是承保核风险。核风险是指核燃料、核废物或核产品引发的辐射的、有毒的、爆炸性的物质，容易造成其他财产的损失的风险。

核保险集团提供的核物质损失保险一般将保险责任分为两个部分：一是对核岛设备的核风险和常规风险提供保障。它以财产保险为基础，增加对核裂变过程中超常规的热能释放，核污染、核辐射以及保险财产受到核辐射失去功用情况的保障，并对清除核污染的费用，采用第一危险方式承保。二是对常规岛所遭受的常规风险提供保障，任何核风险引起的损失，保险人不予负责。

（二）核电站责任险的保险责任

核电站责任险由核责任和第三者责任两部分组成，不同的责任险承担不同的保险责任。

核责任保险是根据各国核电站运营的有关法律规定，主要承保由核辐射和核放射致使第三方人身或财产遭受的伤害或损失，被保险人对第三方应承担的责任。具体地说，核责任保险的保险责任为：

（1）在规定的工作区域里，或在中国境内运输的核燃料或放射性核废料在移交其他方之前，或从其他地方接收之后发生核事故，被保险人应对第三方承担的损害赔偿责任，包括人身伤亡和财产损失。

（2）被保险人因发生损害事故而需要承担的诉讼费用。

核电站第三者责任保险与其他第三者责任险承保的保险责任内容基本相同。

四、核电站保险的除外责任

（一）核电站物质损失保险的除外责任

核电站物质损失保险的除外责任有：

（1）由被保险人及其代表或原主任工程师的故意行为或重大过失引起的损失、费用或责任。

（2）战争、类似战争行为、敌对行为、武装冲突、没收、征用、罢工、暴动引起的损失、费用或责任。

（3）因自然磨损、氧化、锈蚀而造成的损失或在正常操作中造成放射性污染而产生的清污费用。

（4）全部停工或部分停工引起的损失、费用或责任。

（5）领有公共运输执照的车辆、船舶和飞机的损失。

（6）第三者责任险条款规定的责任范围。

（7）伴随正常运转的放射能污染造成的损失。

（8）由地震或火山爆发引起的损失。

（9）由暴风、暴雨、台风、洪水、滑坡、地面下沉或塌陷引起的损失、费用或责任。

（二）核电站责任保险的除外责任

核电站责任保险的除外责任主要包括：合同责任、被保险人所有的财产损失、特大自然灾害导致的人员伤亡和财产损失；战争、暴乱、恐怖行为、内战、革命等政治风险；大气、土地、水污染等污染风险和正常损耗等。

此外，保险人对保险单中规定的免赔额部分不承担赔偿责任。

五、核电站保险的保险金额

在核电站保险中，保险人对核电站物质损失保险与核电站责任分别确定保险金额与赔偿限额。保险人在确定保险金额时，通常根据核保险市场的承保能力，由保险人和被保险人协商确定保险金额。此外，对于核电站责任险，保险人也按常规风险和核风险两类不同风险分别确定不同的赔偿限额。

六、核电站保险的赔偿处理

在对核风险造成的核电站责任进行赔偿时，保险人一般都按法律规定处理，按照绝对责任负责承担赔偿责任，而不是按照过失责任来承担。因此，当保险人的赔偿金额超过保险单规定的赔偿限额时，政府会给予财政补贴，特别是对于核电站的核爆炸事故，政府必定从各方面给予保险人支持。

第四节　海洋石油开发保险

一、海洋石油开发保险及其种类

海洋石油开发保险是以海上石油开发过程中的财产、责任、费用为保险标的的一种保险。海洋石油开发行业是一个投资巨大、技术性强、风险集中的行业。从世界上第一张海洋石油开发保险单即英国劳合社海洋石油开发保险单问世以来，海洋石油开发保险已经在国际保险市场上得到广泛应用。海洋石油开发一般要经过钻前普查勘探、钻探、建设和生产四个阶段。不同阶段具有不同的风险，而不同的风险适用不同的保险险种。现阶段我国开办的海洋石油开发保险的险种如下。

（一）钻井平台保险

钻井平台保险承保被保险财产的一切物质损失。其保险标的为固定平台装置，包括平台本身、人行道、登陆斜梯（系缆机除外），以及置放在平台上的为被保险人所有的或由被保险人负责经营或保管的各种财产。钻井平台因设计不当引起的损失，经保险人同意并加收保险费可予以承保。钻井平台保险一般采用定值保险方式承保，保险金额以重置价值方式确定。

（二）移动式钻探设备保险

该险种通常由钻井平台或钻井船所有人或承包人负责投保。被保险财产为保险单列明的钻井平台和钻井船体及有关装置设备，包括钻井机及设备、自升机、起重设备及其他备用物、附属物，甚至包括装载在钻井船附近有关的其他船舶（船舶本身除外）上的设备、工具、机械、沉箱、起立架、材料、供应物、配件、钻井机和设备、井架、钻柱、套管、钻杆以及正在钻井中的钻柱等配套项目，适应实际全损或推定全损。

（三）平台钻井机保险

该保险的保险标的包括钻井平台设施和被保险人所拥有、保管或控制的有关设备等。保险人对于在保险单列明的作业区域作业的平台钻井机所遭受的直接损失负责赔偿，同时对保险标的在岸上储存或在港口与平台之间的往返运输过程中引起的直接损失也予负责。由于平台钻井机发生小额损失的机会较多，保险人在承保时通常对平台钻井机保险规定较高的免赔率，如保险金额的3%等。这种免赔率不适用于全部损失的赔偿。

（四）海洋石油开发管道保险

管道保险可分为管道铺设保险和管道作业保险两种。前者一般按工程保险承保，有时也可附加在海洋石油开发工程建造保险中作为整个工程的一部分。后者一般按钻井平台保险承保。管道保险的保险责任和除外责任与钻井平台保险基本相同，只是增加了一些有关输油管线特殊风险的内容。管道保险一般采取第一危险方式承保。这类保险的险种主要有保赔保险、承租人责任保险和第三者责任险。

（五）海洋石油开发工程建造、安装保险

国际上通常采用近海工程一切险来承保海洋石油开发工程建造、安装险。该险种的保险责任一般以建筑、安装工程一切险为基础，然后根据海洋石油开发工程的特点附加船舶的碰撞责任、特约保险责任等，使之适应近海石油工程和水上作业以及拖船过程中需要的风险保障。保险期限通常从被保险物资、器材卸到工程地点时开始，一直到建筑、

安装工程完毕，试车、交付时为止，并可根据协议包括一般维修期。保险价值以工程完成时的完工价值或估计价值（成本加费用）计算。该保险的除外责任以一般建筑、安装工程保险的除外责任为主，再加上海洋石油开发工程的一些特点，如海上平台或设施被建造在错误地点；或因未完工及延迟完工、未达到合同标准而导致的罚款等。

（六）海洋石油开发费用保险

费用保险包括井喷控制费用保险、重钻费用保险、控制污染及清理费用保险三部分内容。井喷控制费用保险承保海洋石油开发工程作业中因突然发生井喷，为控制井喷并使之恢复正常钻探所产生的费用损失，并规定，在油井完全恢复控制以后，保险人承担的井喷费用责任立即停止。重钻费用保险是指由保险人负责对因井喷、井塌和火灾造成的可恢复的钻井的丧失，支付重钻或恢复受损井眼的费用的一种保险，对于不能恢复的井眼进行重钻的费用，保险责任以重钻井达到被保险井眼受损前的深度和状态为限。这种保险一般作为井喷控制费用保险的附加责任。井喷造成的控制污染和清理费用，可以在原保险单上批注后予以承保，但保险人对因井喷引起的任何罚款、精神损害等损失不负责赔偿。

二、海洋石油钻井平台保险

海洋石油钻井平台分为生产平台和生活平台。这些建筑在海上的庞大的平台，容易受到海上旋风、飓风和台风的袭击。海洋钻井平台保险既承保生产平台，也承保生活平台。平台装置本身、平台上为被保险人所有（保管或控制）的设备、工具、机械、材料、供应物、配件、钻井架、底层结构、钻柱和其他财产均可作为本保险的保险标的。

（一）钻井平台保险的保险责任

本保险的保险责任是保险标的在保险单载明的地区范围之内，由外来风险所致的直接物质损失，包括保险标的离开平台设施时在其储存期间或往返港口和平台设施之间的运输中所导致的直接物质损失；包括保险标的发生保险事故后，保险人对于被保险人为减少损失所支付的施救费用。

（二）钻井平台保险的除外责任

按照该保险合同规定，下列原因所致的损失，保险人不予承担保险赔偿责任。

（1）地震、火山爆发或由此引起的损失。

（2）内战、革命、造反、叛变、内讧、海盗行为，敌对或战争行为，任何带有政治或恐怖目的的行为。

（3）任何使用核子或核聚变及其他放射物质的武器、炸药或任何战争武器、地雷、炸弹、鱼雷及其他战争武器的行为。

（4）捕获、扣留、扣押、禁止、征用等行为。

（5）有关搬移财产、清理场地或障碍物的清除残骸费用。

（6）钻井中使用的钻掘泥浆、水泥、化学品等消耗材料损失。

（7）第三者责任险的保险责任。

（8）各类油井和井眼的损失。

（9）由于井喷而发生的控制井喷费用和损耗的财产。

（10）由延迟或丧失使用所引起的损失或费用。

（11）正常磨损、金属疲劳、机器损坏和腐蚀生锈等引起的损失。

（12）电器设备毛病引起的损失。

（13）设备图纸、计划或记录、被雇用人员或其他人的个人物品的损失。

（14）潜在缺陷引起的损失部件本身的损失或置换费用。

（15）除钻井平台本身储用燃料外的其他油、汽燃料损失。

（16）钻机的损失，包括钻杆与钻铤以及其他钻机部件的损失。

（17）错误设计本身以及错误设计引起的损失。

（三）钻井平台保险的保险金额

钻井平台保险的保险金额按被保险人的财产在不低于重置价值基础上，扣除合理的折旧费用后确定。如果被保险人不按这种方式确定保险金额，其差额部分视为被保险人自保。当发生保险责任范围内的损失时，保险人按保险金额与保险价值的比例进行赔偿。

（四）钻井平台保险的保险费率和免赔额

影响钻井平台保险的保险费率的因素有：保险金额的高低、免赔额的高低、平台建造年限、平台用途（分为生产、生活或加工处理等）、作业区的自然环境（是否为地震带、台风区、结冰区以及浪高、水深、海床状况等）、历年损失记录（包括平台、作业人）。此外，保险人还应了解有关海上设施的近期状况、油气的储量、预计开发年限、油气质量、用途、开发前景等。

钻井平台保险的免赔额是根据承保风险的大小、保险费率的高低等因素，由保险双方协商确定。在钻井平台保险中，免赔额按每次事故扣除，最低为每次事故 10 万美元。在计算每一事故的损失时，应将每一事故引起的一系列损失作为一个事故考虑。值得注意的是，免赔额不适用于实际全损和推定全损，这点与船舶保险、飞机保险的做法一样。

三、井喷控制费用保险

井喷是海洋石油开发作业中一种常见的巨大风险。井喷是指井中的液体、油、气和水等不可控制地不断地流到地面上的现象。井喷控制费用保险的保险标的包括正在钻探的井、评价井、开发井、已完成的钻井、生产井、关闭井、封堵井或暂放弃的井眼等。

（一）井喷控制费用保险的保险责任

该保险承保保险标的在钻探、完工、重建、试验、清洗、修理、整理或其他井上操作过程中所产生的费用。

（二）井喷控制费用保险的除外责任

（1）保险人对人身伤亡、疾病、死亡、社会保险赔偿范围内的损失。
（2）油（气）井眼的灭失及钻井工具灭失和丧失使用。
（3）承包人钻机和设备的任何部分损失。
（4）财产的损失，地下油、气藏的损失，一切打捞费用。
（5）战争、恐怖活动引起的损失。
（6）地震、火山爆发以及由此引起的海啸造成的损失。
（7）罚款等。

（三）井喷控制费用保险的责任限额和保险费率

在井喷控制费用保险中，保险人对每一事故的赔偿限额是与被保险人约定的，并在保险单上列明。发生保险事故时，保险人按照责任限额与被保险人承担的部分比例赔偿井喷费用。目前，责任限额的确定，一般按照国际惯例规定，每次事故责任限额为 500 万～ 5000 万美元不等。

保险人在厘定保险费率时主要考虑的因素有：根据国际惯例，井喷控制费用保险的保险费是采用英尺／金额制为计算基础的，一般可以分为三个档次；此外，根据油气井的类型，费率也有高低之分，如钻探井、试探井和鉴定井费率较高；封闭井或临时放弃的井眼费率则较低。

（四）井喷控制费用保险的保险期限

井喷控制费用保险的保险期限，可以按以下两种情况分别确定：一是已进入生产的井、封闭井、关闭井、放弃井，保险期限通常为 1 年，到期续保；二是钻探中的井自开钻时开始，至完钻时为止。所谓"完钻"，是指井眼完全放弃或完成，油泵装置、油井钻头从作业位置取下或彻底撤除设备。

本章小结

本章主要介绍了责任保险、航天保险、核电站保险和海洋石油开发保险等险种，对其保险责任、免除责任、保险费率和理赔等内容进行详述。

责任保险是以被保险人的民事损害赔偿责任作为保险标的的保险。责任保险具有很强的社会公益性，与人民群众的生活密切相关。责任保险的投保人多为企业，一旦发生保险责任事故，则由保险公司向受害者提供赔偿。

航天保险是指为航天产品包括卫星、航天飞机、运载火箭等提供风险保障的保险。

它承保的是航天产品进入太空遇挫或遭受灾害事故而导致的经济损失，目前国际保险市场上经营的航天保险业务主要是卫星保险。在某种意义上说，航天保险是一种综合性的财产保险。

核电站保险是以核电站建造、营运过程中的风险为保险标的的保险。核电站的出现是高科技的产物。核电站本身具有的高科技、高风险的特点，使得核电站保险与其他财产保险区别开来。第一，核电站保险的主要承保责任是核风险。第二，核电站保险承保的主要手段是控制风险。第三，核电站保险是一种政策性很强的保险。

海洋石油开发保险是以海上石油开发过程中的财产、责任、费用为保险标的的一种保险。海洋石油开发行业是一个投资巨大、技术性强、风险集中的行业。从世界上第一张海洋石油开发保险单即英国劳合社海洋石油开发保险单问世以来，海洋石油开发保险已经在国际保险市场上得到广泛应用。海洋石油开发一般要经过钻前普查勘探、钻探、建设和生产四个阶段。不同阶段具有不同的风险，而不同的风险适用不同的保险险种。

思考与练习

参考答案

第十章
人身保险实务

➤ **学习目标**

1. 了解人身保险的基本概念、特征、分类和作用。
2. 理解人寿保险的概念、分类及保险责任。
3. 掌握意外伤害保险的构成条件和主要特点。
4. 了解健康保险的保险责任和保险金额等。

第一节　人身保险

📁 **知识文件夹**

寿险产品新渠道——互联网寿险

我国寿险业起步较晚，传统的销售模式销售成本较高。随着互联网技术的发展和我国人民保险意识的增强，互联网保险成为未来的发展趋势。

（一）互联网寿险产品现状

2016年寿险业务原保险保费收入17442.22亿元，互联网人寿保险实现保费收入1494.1亿元，后者占前者9.98%；健康险业务原保险保费收入4042.50亿元，互联网健康保险保费收入为31.8亿元，后者占前者0.79%；意外险业务原保险保费收入749.89亿元，互联网意外伤害保险保费收入为23.3亿元，后者占前者3.11%。从该统计数据可以看出，2016年互联网人寿保险销售情况优于健康保险和意外伤害保险。

（二）互联网寿险由投资理财型产品向传统型产品转变的趋势

第一，产品供给端，新增产品开始由投资理财型产品向传统型产品转变。2015年新增的互联网寿险产品中，传统型产品有8款，投资理财型产品有49款。2016年和2017年，新增的互联网寿险产品中，传统型产品有34款，投资理财型产品仅有5个。

第二，产品需求端，传统型产品保费规模呈上升趋势。2015年前三季度互联网人身保险年化规模保费中，万能险占比达42%，投连险占比达45.9%，两者合计96.7%，传统型必然不到3.3%。2016年在人寿保险年化规模保费中，投连险占比高达59.56%，万能险占比 19.19%，两者合计为 78.75%，两全保险占比 10.62%，分红保险、定期寿险和终身寿险占比约为 10.63%，传统型占比必然高于 10.62%。不难看出，传统型产品保费规模呈上升趋势。

在当前互联网发展过程中，我们可以清晰地感受到生活与网络的紧密结合。因此，我们也要更多地关注到信息技术发展所带来的转变。人寿保险行业由来已久，并且在社会发展中切实地找到了其存在的意义，随着信息技术的发展，只有加速互联网行业与信息技术的联合，才能真正地实现寿保行业的成熟与发展，提高人寿保险行业的服务质量，方便公众生活。对于人寿保险的互联网营销，仍然需要在实践中不断摸索。

一、人身保险的概念和特征

人身保险是以人的身体和生命为保险标的，保险人向投保人收取一定的保险费后，当人们遭受不幸事故或因疾病、年老以致丧失工作能力、伤残、死亡或年老退休时，根据保险合同的约定，保险人对被保险人或受益人给付保险金或年金，以解决其因病、残、老、死所造成的经济困难。

互联网保险
产品创新

人身保险包括以下内容：

（1）人身保险的保险标的是人的身体或生命。

（2）人身保险的保险责任包括生、老、病、死、残等各个方面。这些保险责任不仅包括人们在日常生活中可能遭受的意外伤害、疾病、衰老、死亡等各种不幸事故，而且包括与保险人约定的生存期满等事件。

（3）人身保险的给付条件。一是保险期限内保险事故发生，造成人的伤残、死亡等；二是保险期满，被保险人生存。

（4）人身保险的给付形式。大多是定额给付，即保险责任事故发生，按事先约定金额进行给付。

📁 知识文件夹

人身保险的特殊性

★ 保险金额确定的特殊性

财产保险无论是有形的财产或利益，还是无形的财产或利益，也无论是广义的财产还是狭义的财产，其保险价值或保险金额都可以用货币加以计量。而在人身保险中，人的寿命和身体无法用货币来衡量，因此有特殊的确定方法。人身保险保险金额的确定方法有生命价值法、收入置换法和需要法三种。

★ 人身保险的储蓄性

大多数人身保险是长期性的保险业务，是一个很长的经营过程，并且人身保险业务中的人寿保险是以均衡保费的交费模式，也就是说，保费通过数学的计算，所交纳的保险费在各个年度都是相等的，而根据自然保费的确定，年龄较小的时候，死亡率较低，则所交纳的保费也较少，相反，年龄增大，死亡率增加，所交保费也逐年增长，通过均衡保费的交费机制，投保人在前面年度交纳的保费"偏高"，对于这一部分保费，保险人要利用其进行投资，最终按一定的利息返还给保险人，因此被保险人将来领到的保险金要大于投保人缴纳的保险费。如图 10-1 所示。

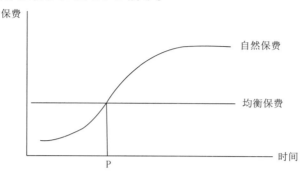

图 10-1　自然保费与均衡保险

二、人身保险的分类

按照不同的分类标准，人身保险可以分为不同的种类。

（一）按照保障范围分类

按保障范围，可将人身保险分为人寿保险、人身意外伤害保险和健康保险三大类。

1. 人寿保险

人寿保险是以人的生死为保险对象的保险，是指被保险人在保险责任期内生存或死亡，由保险人根据契约规定给付保险金的一种保险。传统上有三种基本形式：生存保险、死亡保险和两全保险。

2. 健康保险

健康保险是以非意外伤害而由被保险人本身疾病导致的伤残、死亡为保险条件的保险。

3. 人身意外伤害保险

人身意外伤害保险是以人的身体遭受意外伤害为保险条件的保险。

（二）按照保障对象分类

按保险保障的对象，可将人身保险分为个人保险和团体保险，人寿保险、人身意外伤害保险、健康保险可能是个人保险，也可能是团体保险。个人保险是为满足个人和家庭需要，以个人作为承保单位的保险。团体保险是指以一张总的保险单为某一团体的所有成员或其中的大部分成员（一般要求 75% 以上）提供保障的保险，费率相对较低。

📁 知识文件夹

团体保险单的特点

1. 简化了保险关系。把保险人与无数个被保险人的保险关系，简化为一个保险人与投保人的关系。

2. 简化了保险手续。团体持有保单，负责契约管理，统一收费，并负责事故的审核与索赔，领取发放保险金，从而大大简化保险手续。

3. 品种单一。全体投保同一险种，享受同样的保险保障，既有利于均衡收费，也有利于团体对职工实行贡献性保险。

（三）按有无分红分类

按有无分红，可将人身保险分为分红保险和不分红保险。

分红保险最早是相互人寿保险公司提供的保险产品，购买分红保险后，投保人不仅可以获得保障，而且可以获得人寿保险公司的经营利润。分红保险的费率通常高于不分红保险。

不分红保险是指不能带来红利的人寿保险，购买不分红保险，投保人只能获得保险保障。

（四）按投保的动因分类

按投保动因，可将人身保险分为自愿保险和强制保险两大类。

（1）强制保险，又叫法定保险，根据法律规定开办的保险业务。是依据法律法规自动生效，无论投保人是否愿意投保，都依法成立的保险关系，如政府开办的社会保险。

（2）自愿保险是投保人与保险人在公平自愿的基础上，通过签订保险合同而形成的保险关系，自愿保险的投保人可以自由选择险种、保险期限和保险金额。

（五）按保险期限分类

按保险期限分，可将人身保险分为长期保险、一年期保险和短期保险。

（1）长期保险是指保险期限超过一年的人身保险业务。人寿保险、年金保险大多数为长期人身保险。

（2）一年期保险是指期限为一年的业务。如人身意外伤害保险。

（3）短期保险是指保险期限不足一年的保险业务。如旅游人身意外伤害保险、公共场所游客人身意外伤害保险。

➤ **小案例**

在欧美一些国家，很多具有独特技能的名人，不惜花费巨资，为自己感觉最珍贵的头发、嘴唇、鼻子等身体的某一部分投保，以确保其安全。美国歌星约翰·丹华为防止秀发脱落，为自己的头发投保，每年交纳保险费 19 万美元，如果出现"谢顶"，他将获得巨额赔付；世界著名的小号演奏家利斯·代维斯为自己的双唇购买了 50 万美元的保险；英国著名的香水配制家为自己的鼻子购买了高达 500 万美元的保险。以上可以说是保险界的趣闻，同时，也让我们了解到保险的分类是五花八门的。

三、人身保险与社会保险

（一）社会保险及其产生

社会保险是国家通过立法手段，对国民收入进行分配和再分配，形成专门的消费基金，对劳动者因为年老、患病、生育、伤残、死亡等，丧失劳动能力和失业而中断劳动，导致本人及其家庭生活失去生活来源时，由国家或社会提供物质帮助的一种经济制度。

社会生产力的发展水平和客观历史条件，决定人们采取何种保障形式，或采取哪几种保障形式，以解决社会成员所面临的各种灾害事故。在小生产条件下，与自给自足的自然经济相适应的是家庭保障方式；而在社会化大生产条件下，与现代商品经济相适应的则是"社会保障"方式，即通过"社会"的力量来解决社会成员的基本生活需要问题。

📁 知识文件夹

社会保险的由来

社会保险产生于 1883 年，由德国奥托·范·俾斯麦政府首创。当时德国遭受产业革命冲击，使得传统的社会经济结构解体，产生了诸如失业人数增加、工厂倒闭严重、工人罢工不断发生等一系列新的社会问题，德国工人阶级和资本家的矛盾对立激化，于是，德国国会制定了压制工人阶级，不允许工人结社和罢工的法案。事与愿违，此法案起了火上浇油的作用，使本来已经激化的阶级矛盾发展到一触即发的状态。俾斯麦深感恐惧，他废止了国会的法案。随后制定了社会保险法送交国会，这个社会保险法提出，在遇到困难或不幸时可以领取基本生活费用，保障基本生活水平，在一定程度上稳定劳工生活，缓和阶级矛盾，获得了较好的社会反响。由于世界经济危机，美国于 1935 年实行了社会保险制度，此后英、法、日等国也纷纷建立了自己的社会保险制度。目前，社会保险已遍及世界各国，到现在已经有 165 个国家建立了有关的社会保险制度。

（二）社会保险与商业人身保险的关系

社会保险与人身保险有许多相似之处，二者的目的都是保障人们生活安定、社会稳定和促进社会的发展，但是二者的性质有较大的区别，正确认识社会保险与一般人身保险的关系，对于充分发挥其安定社会经济生活的作用很有必要。

1. 原则与基本属性不同

社会保险是国家强制实行的社会保障，凡是法律规定范围内的劳动者和全部企业必须参加，并且不以营利为目的，具有社会福利性。

商业人身保险是一种商业性的经营活动，通过双方按自愿原则签订契约来实现，是否参加完全取决于投保人的意愿。

2. 保险的对象和作用不同

社会保险主要以劳动者及其供养的直系亲属为对象，其作用在于保障劳动者在丧失劳动能力或失去劳动机会时的基本生活需要。

商业人身保险则以自然人为对象，其作用是在投保人发生人身事故后给予一定的经济补偿。

3. 权利和义务关系不同

社会保险强调劳动者必须履行为社会做贡献的劳动义务，而后获得享受社会保险待遇的权利，实现权利和义务基本对等。

商业人身保险是以投保人所交保险金多寡决定危险发生后领取补偿金额多少，权利和义务的对等关系表现为多投多保，不投不保。

4. 管理体制不同

社会保险由中央及地方政府集中领导，社会保险机构专门负责管理，并实行社会保险业务工作与群众工作、思想政治工作三位一体，属于行政领导体制，并接受全体公民监督。

商业人身保险则是由自主经营的各级人民保险公司自行经营，属于金融体制，它只负责补偿经济损失，不涉及补偿后的社会服务。

5. 保障水平不同

社会保险从保障生活、安定社会出发，着眼于长期性生活保障。保障水平的确定，既要考虑劳动者原有生产水平，社会平均消费水平以及国家财政的承受能力，还要随着社会平均工资的提高和物价指数的变动而调整。

商业人身保险则着眼于一次性补偿，给付水平的确定只考虑被保险人交费额的多少，不考虑其他因素。

6. 立法范畴不同

社会保险是由国家规定，用立法形式加以推行，属于社会劳动立法范畴。社会保险是劳动者在年老、患病、生育、伤残、待业、死亡等情况下，暂时或永久丧失劳动能力或中断劳动而不能获得劳动报酬，本人及供养直系亲属失去生活收入时，从国家和社会获得物质帮助的一种由国家立法建立的社会保险制度。

商业人身保险则是以合同为基础，合同双方的权利义务由《民法典》来调整。

第二节　人寿保险

一、人寿保险的概述

人寿保险是以被保险人的生命为保险标的，以被保险人的生存或死亡作为保险事故，并在保险期间内发生保险事故时，依照保险合同给付一定保险金额的一种人身保险形式。人寿保险单大多是长期性的合同，短则几年，长则十几年、几十年或一个人的一生。而这种保险期限的长短，是根据个人对保险保障的需要由投保人自行决定的。人寿保险主要是为保障"活得太久"和"死得太早"所带来的不良作用而建立的保险机制，人寿保险单上的保险金额也是由投保人根据保险保障的需要和个人支付保险费的能力决定的。

人寿保险

二、人寿保险的分类

寿险发展到今天，已经出现了许许多多个不同的险种（见表10-1）。但这些五花八门的新险种都是根据死亡保险、生存保险、两全保险等几个基本险种及其原理设计出来的。

表10-1　人寿产品分类表

类型	险种
传统型	死亡保险
	生存保险
	年金保险
	两全保险
特殊型	儿童保险
	简易人身保险
	信用人寿保险
创新型	分红保险
	变额保险
	万能保险

（一）死亡保险

死亡保险是以被保险人的死亡为给付保险金条件的保险。死亡保险包括下列几个主要种类。

1. 定期寿险

定期寿险是指如果被保险人在保单规定的期间发生死亡，身故受益人有权领取保险金，如果在保险期间内被保险人未死亡，保险人无须支付保险金也不返还保险费。该类保险大都是对被保险人在短期内从事较危险的工作提供保障。定期死亡保险是寿险业务中最简单的，其具有下列特点：

（1）保险期限可以从很短到很长。如有的几个月，有的一年、五年甚至更长。

（2）保险费率很低。和相同保险期限的其他险种相比，定期寿险的费率最低，这是因为在比险种中保险人承担的保险责任只有"死亡"一种。

（3）定期寿险的保险金，只能由其受益人领取。这是因为此保险是以被保险人的死亡为给付保险金的条件的。因此，定期寿险是一种为他人利益投保的险种。

（4）定期寿险契约期满被保险人仍然生存，则保费不退还；定期寿险中途退保，保费也不退还。

📁 **知识文件夹**

定期寿险适合哪些人群？

（1）收入不多，而经济负担又比较重的人。如：有父母需要赡养，有妻子依靠其生活，有孩子需要抚养等。

（2）急需得到短期保障的人。如某人将出门旅游或出差。

（3）公司中的重要人员。因为他们若不幸身亡，会给公司带来巨大的损失。所以，很多公司会给重要人员投保长期定期寿险，一旦不幸身亡，公司可以从保险公司得到保险金，不至于严重影响公司的经营。

（4）债务人。被保险人在向债权人借款或分期付款购货时，债权人往往要求被保险人投保保额递减的定期寿险，这样可以避免因债务人的死亡而导致的债权人损失。

2. 终身寿险

终身寿险是一种不定期的死亡保险。保险责任从保险合同生效后一直到被保险人死亡之时为止。由于人的死亡是必然的，因而终身保险的保险金必然要支付给被保险人。由于终身寿险保险期长，故其费率高于定期保险，并有储蓄功能。

➤ **知识文件夹**

终身寿险的分类

★趸交终身寿险

即投保人于投保时一次性交足终身寿险的全部保费。这种方式一般一次性交的保费比分期交付的总量要少，另外，这种方式不会因日后经济困难交不起保险费而使保险中断。

★一般终身寿险

即保险费终身按期交付，这种保险的保险费比其他任何险种（除定期寿险之外）的保费都低。但投保人只要活着，就要按时交费。不过近年来，随着保险业的竞争加剧，不少公司都规定终身寿险的被保险人超过一定年龄时免交保费，如有的规定82岁，有的规定85岁。

★限期交费的终身寿险

即规定投保人在某个期间内分期交付保险费。例如5年、10年、15年、20年或30年等，也有的规定交到某个年龄为止。这种方式每次所交的保费比一般终身寿险高，但可以避免投保人因年老而交费困难的情况发生。这种保险的责任准备金和解约金也高于终身寿险。

终身死亡保险有如下特点：

（1）保险费率较低。终身寿险的保险费率比除定期寿险之外的其他寿险费率都低，受益人的保障具有确定性。终身寿险是以被保险人的死亡为给付保险金的条件，因此受益人获得保险金是无疑的，不过现在有些保险公司就规定：如果被保险人生存到终极年龄（比如90岁），被保险人本人就可以提前领取保险金。

（2）被保险人有权享用保单上的现金价值。终身寿险具有储蓄性，因此，保单经过一定时期之后就产生了现金价值，被保险人享有现金价值的方式有：①要求退保，领取退保金。退保金一般为现金价值的80%～90%。②要求借贷。③将终身寿险改为交清保险，即保险期限不变，而将保险金额减少。④将终身寿险改为展期保险，即保险金额不变，而将保险期限缩短。

📁 **知识文件夹**

什么是联合寿险？

联合终身寿险，即由二人或二人以上为被保险人投保终身寿险，若其中有一人死亡，则生存的人就可以领取全部保险金。这里要求共同投保的人之间必须在经济利益上有密切关系。通常的情形有：（1）夫妻两人联合投保，一旦一方身故，另一方就可以获得保险金，这样就不至于使生存方的生活面临困难。（2）合伙人联合投保，这样就可以消除某一合伙人死亡给公司经营带来的损害。（3）公司中主要干部联合投保，保险费由公司交付，公司为受益人，若某个干部死亡，公司就可以从保险人处获得保险金，从而在一定程度上弥补个人死亡给公司带来的影响。另外，还有一种叫最后生存者保险，即被保险人为两个或两个以上，当被保险人中最后一个生存的人死亡时，保险人才给付保险金。

3. 可转换定期寿险

可转换定期寿险，即在定期寿险的保单内规定于某个特定的时期内，投保人可将保单变更为长期寿险。此种保险原为投保人早期无法负担较高的保险费而设计，目的是让投保人先购买保费低廉而保障较大的定期寿险，等到有能力交付较高保险费时，再将其变为其他种类的储蓄保险，以获得更大的保障。可转换定期寿险在下列情况下将自动终止：①已将保单改为交清保单；②因欠交保费而失效；③被保险人已生存到可转换定期寿险的满期日；④保险人的义务已履行而失效。

对有效的可转换定期寿险保单，投保人有权要求保险人取消本保单的全部或部分，而将其改变成为另一种储蓄性保险，保单变更时，投保人无须出示被保险人的任何健康证明，新的保单从签发日起生效。

➤　**知识文件夹**

可转换定期寿险的具体规定

（1）被保险人若与保单持有人不是同一人，则保单持有人在要求保险人转换保单时必须对被保险人具有合法的可保利益。

（2）拟转换的保单保额，不得超过原保单的保额，也不得低于拟转换保单时保险人规定的最低投保金额。

（3）在保单持有人申请转换时，必须交清原保单的已到期保费。

（4）原保单只能转换成下列其中一项：①终身寿险。此种情况要求投保人的保费须一直交到被保险人身亡或年满85岁时止。②定期两全保险。此种情况要求新保单的满期日必须在被保险人85岁之前，而保费必须一直交至保单满期或被保险人身亡时为止。

（5）自新保单生效之日起，原保单的相应部分随即失效，保险人并不退还投保人已交的保险费。

（6）一般要求申请转换保单的人书面通知保险人，并需提前1～2个月，同时交付第一期保险费。

（7）保单只能转换一次，即一经保险人同意转换后，则不能再改。可转换定期寿险对投保人的好处有：①在保险有效期内获得死亡保障的权利；②在保险有效期内有权要求改保，改保时对被保险人身体状况不作任何要求，且按改保时的年龄、标准体计收保险费。

4. 抵押寿险

抵押寿险，也叫保额递减定期寿险，是为了保证分期偿还的贷款合同或分期付款的购货合同而设计的。债务人或购货人在向债权人签订借贷合同或分期付款购货合同后，到全部款项付清需要很长一段时间。如果债务人或购货人发生意外死亡，就会造成还款中断，从而使债权人或销货人的利益受损。债权人或购货人在这段时间里为了防止这种情况发生，就要求债务人或购货人投保定期寿险作为还债期的保证。在这个寿险中，保额随债务数额的减少而相应减少，保单中的受益人是债权人。如果债务人在还款期内死亡，债权人就可以从保险人处获得债务人未还的金额。

这种保险与定期寿险的最大区别仅在于保险金额的不同。它的保险金额是随债务金额的变化规律变化的，一般呈递减趋势。当债务人的债务还清时，保险契约效力也随之终止。

（二）生存保险

生存保险是指被保险人必须生存到保单规定的保险期满时才能够领取保险金。若被保险人在保险期间死亡，则不能主张收回保险金，亦不能收回已交保险费。例如，某投保人投保 10 年定期生存保险，保险金额为 10 万元。如果被保险人在 10 年内死亡，保险人不给付保险金，也不退还已交的保费；如果被保险人生存到第 10 年末，保险人就给付保险金 10 万元。

（三）年金保险

年金保险是按年金的方法支付保险金的一种生存保险，即按合同规定，在被保险人生存期间，固定周期支付一定的保险金给被保险人。在年金保险中，领取年金额的人称年金受领人，保险人定期给付的金额称年金领取额（或称年金收入），投保人交付的保险费称年金购进额（或称年金现价）。

年金保险的保险费采取按月交费的方式，可以缓解支付压力，保证生活需要。基于上述优势，参加年金保险的主要作用就是为老年生活提供保障，为未成年人成长、学习、创业、婚嫁积累资金，年金保险也可以作为一种安全的投资方式，获得税收上的优惠。

📁 **知识文件夹**

华夏福临门年金保险（智慧版）

保险利益	生存年金：自第五个保单周年日零时起至终身，若被保险人在任一保单周年日零时仍生存，每年给付基本保额的 30%；60 ～ 74 周岁，按已交保费 6% 额外给付关爱金；75 周岁领取已交保费 10%。
	身故 / 全残：给付已交保费与合同现金价值的最大值。若投保人身故 / 全残时未满 60 周岁，且投保人与被保险人不为同一人，则免交后续各期保费。
附加险	可灵活附加定期寿险、个人意外保险、重大疾病保险、防癌保险和伤残豁免保险费等保障。

投保说明：

30 岁的福爸爸为自己投保华夏福临门年金保险（智慧版），年交 2 万元，交 10 年，累计保费 20 万元。

保障利益：

福爸爸从 35 周岁起，每年可收到 4512 元；

福爸爸 60 周岁至 75 周岁，每年可收到定额年金以外的 12000 元关爱金；

福爸爸 75 周岁时，可收到 20000 元关爱金，75 周岁时已累计收入全部已交保费；

福爸爸 80 周岁时，共收到给付金：$4512 \times 46 + 12000 \times 15 + 20000 = 407552$（元）

（四）两全保险

两全保险是指被保险人不论是在保险期内死亡还是生存到保险期届满，保险人都给付保险金的保险。

两全保险有如下特点：

（1）具有保障性和储蓄性双重性质。所谓保障性，是指被保险人不论何时死亡，保险人都给付其受益人全额保险金。所谓储蓄性，是指若被保险人生存至保险期满可以从保险人处获得类似于储蓄的一笔保险金。

（2）保险费率较高。在定期死亡保险和定期生存保险中，保险责任都只有一项——死亡或生存。然而在两全保险中，保险责任有两项，即生存和死亡。因此，两全保险比其他寿险的费率要高。

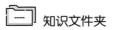 知识文件夹

两全保险的种类

1. 普通两全保险。即不论被保险人在保险有效期内死亡还是生存到保险期满，保险人都给付保险金的保险。这是两全保险中最基本、最简单的一种。

2. 期满双倍两全保险。即被保险人如在保险期满时仍生存，保险人将给付两倍于保险金额的保险金；被保险人若在保险有效期内死亡，保险人只给付原保险金额的保险金。这一险种的设计重点是考虑期满生存比期内死亡更需要钱，它适合那些有经济负担的人投保。对有经济负担的人来说，死亡后需要支出的只是一次性的丧葬费，而继续生存的生活费却是长期的。

3. 养老附加定期保险。即被保险人如果期满生存，保险人给付一个保险金额的保险金；被保险人如果期内死亡，保险人则按照生存保险金的若干倍，如 10 倍或 20 倍给付保险金。这个险种保障的侧重点放在被保险人死后，它使被保险人的家属在被保险人死亡后可以得到高额的经济保障。

这个险种与普通两全保险相比，保费低，保障大。因此，在不少国家都很受人们的欢迎。尤其在日本已成为寿险业务中最重要的业务之一。

4. 联合两全保险，是指由几个人联合投保的两全保险，在保险期内，联合被保险人中的任何一人死亡时，保险人给付全部保险金，保单即失效；如果在保险期内，联合被保险人中无一人死亡，保险期届满时保险人也给付保险金，保险金由全体被保险人共同受领。

联合终身寿险和联合两全保险有相同之处，也有不同之处。相同之处：（1）被保险人是两个或两个以上的人；（2）当联合被保险人中任何一人死亡时保险人即给付保险金。

不同之处：（1）联合终身寿险的保险责任只有一项——死亡，而联合两全保险的保险责任是两项——期内死亡和期满生存；（2）联合终身寿险中享受保险金的不可能是全体联合被保险人，而联合两全保险中享受保险金的就可能是全体联合被保险人，除上述情况之外，在两全保险中还有早期减费保险单即允许两全保险的投保人在投保的最初几年按比较低的费率交费，以后再逐步按正常费率交费。

人寿保险除了上述的基本险种，还有更新的特种人寿保险。和基本险种相比，有许多产生比较晚、性质较为特殊的人寿保险，列举如下。

1. 简易人寿保险

简易人寿保险是为低收入阶层获得保险保障而开办的险种。它是一种小额的、免体验的两全性质的人寿保险，具有保障性和储蓄性双重作用。它始于英国，在 20 世纪三四十年代，简易人寿保险发展达到了鼎盛时期，曾一度成为英、美等保险业发达国家的主要险种之一。由于简易人寿保险具有低保额的特点，它通常是各国寿险公司创业初期广泛开办的险种，当寿险业务发展到一定水平和规模时，业务量就会逐渐减少，最后被其他寿险业务淘汰。

2. 团体人寿保险

团体人寿保险是以团体作为保险对象，保险人签发一张总的保单，为这个团体的成员提供保障的保险，团体保险通常以团体为选择对象，而不是以个人为选择对象。因此，保险人为了经营的稳定，必须对承保团体进行一一选择。团体寿险有下列特征：

（1）对团体的选择标准。保险人为了防止团体的逆选择，对投保团体有较严格的规定：①投保团体必须是依法成立的组织，且要有自身的专业活动，投保团体寿险只是这个组织的附带工作。这样规定可以避免专门为了投保团体寿险而专门成立组织的事发生。为了保险的目的而专门成立组织必然集中一些"最愿意投保的人"，这些人多数可能是危险较大的人，这样势必造成死亡率过高。②投保团体中参加保险的人数必须达到规定的标准。投保团体人寿保险并不意味着团体内人人都参加保险。一般应遵循自愿的原则。正常情况下，投保团体内的大部分或全部都会参加保险，但也有可能出现团体内只有少部分愿意参加保险的情况。如果是后一种情况，那少部分愿意参加保险的人很可能就是老弱病残或处于危险之中。这样就会造成团体的死亡率超过正常水平。因此，几乎所有的寿险公司都规定团寿险的投保人数必须达到团体总人数的一定比例。例如，有的规定75%，有的规定 80%，有的甚至规定 100%。

（2）免体检。为了简化手续，团体人寿保险不要求对每个被保险人进行体检。

（3）保险金额分等级制定。团体人寿保险的被保险人不能自由选择投保金额，一个团体内可以实行单一标准或划分不同等级标准。这样做是为了防止体质差、危险大的人选择较高的保险金额。

（4）费率较低。团体人寿保险的费率是人寿保险中最低的。这是因为：①手续简化。团体人寿保险用一张保单承保成百上千的被保险人，节约了展业、签单费用；另外，团体人寿保险是免体检的，节省了体检费。这些都会使得团体人寿保险的附加费降低，从而使毛保费也降低。②团体人寿保险的被保险人的平均年龄可以经常保持稳定，从而使死亡率保持稳定。团体中的成员是在经常变动的，整个团体呈现出年龄相对稳定的特征。

（5）费率的制定。团体人寿保险的费率制定一般有两个特点：①实行统一费率，即一个团体实行一个费率，不对每一个被保险人区别对待；②实行经验费率制，即根据团体人寿保险的理赔情况制定费率。

寿险以团体的方式来办理体现了它费率低、手续简便等优越性。因此，在世界各国发展都比较快，出现了很多新的险种，如团体定期人寿保险、团体长期人寿保险、团体信用人寿保险。

3. 弱体保险

又叫非标准体保险或次健体保险。即以身体有缺陷或从事危险职业的人作为被保险人的保险。显然这样的被保险人的死亡率较高，因此，不能按标准的人寿保险费率来承保。须附以增加年龄、加收特别保险费或限制保险金额等特别条件。

一般情况下，寿险公司大多承保弱体保险。但首先保险人要对被保险人进行审查，审查包括个人病史、职业、居住环境、道德危险等。保险人将根据这些因素对被保险人进行评分，计算被保险人的死亡指数。被保险人的死亡指数在保险人规定的标准内则可作为弱体承保。如果超出标准很多，根本无法承保，则称为"拒保体"或"谢绝体"。为了分散危险，弱体保险的自留额和最高保险金额都定得比强体保险低，或加收特别保险费，或保险金削减给付。

 知识文件夹

关于弱体保险的相关规定

（1）保险金削减给付。此种条件常适用于递减性危险者（如受外伤的人等）。对这样的被保险人按标准体的正常费率收取保险费，但在一定期间内按一定比例削减保险金的给付，若干年之后逐渐趋于正常。

（2）年龄增加法。这种方法适用于递增性危险者（如糖尿病人等）。这种方法是将弱体保险人——被保险人的实际年龄提高，从而提高保险费率。

（3）征收特别保险法。这种方法适用于有固定性额外危险的被保险人（如有职业性危险的人等）。它是按照被保险人额外死亡率的高低，征收一定的额外保险费。

4. 指数保险

指数保险是为币值变动而设计的险种。人寿保险是长期性的契约，在通货膨胀情况下，保险金加速贬值，这严重影响人寿保险业务的发展。为了克服这一缺点，保险公司设计了指数保险，使其保险金和未交保费都不是固定的，而是随着物价指数的变动而不断调整。

5. 变额保险

变额保险也是为了克服通货膨胀的冲击而设计的。它是将本保险的资产另立账户予

以运用，不与一般寿险资产账户混合，并随着本保险资产运用的实际结果对保险金额作适当的调整。变额保险包括变额人寿保险和变额年金保险。

与传统寿险产品相比，变额寿险产品具有以下特点：

（1）其保费的交纳与传统寿险产品相同，是固定的，但保单的保险金额在保证一个最低限额的条件下，是可以变动的。变额寿险产品因此得名。其保险金额的变动取决于投保人所选择的投资分立账户的投资收益。

（2）变额寿险产品开设分立账户，对应于传统终身寿险的保单责任准备金的资产都记入保险公司的综合投资账户，为得到较为稳定的资产回报率，其被投资于一系列较为安全的项目。而对应于变额寿险的保单责任准备金的资产则单独开立一个或多个分立账户，由投保人或保单所有人自由选择，由保险公司本身或委托基金公司专业经营。投保人交纳的保费，在减去费用及死亡给付分摊额后被存入选择的投资分立账户。在该种保单的死亡给付中，一部分是保单约定的固定最低死亡给付额，一部分是其分立账户的投资收益额。保险人根据资产运用状况，对投资分立账户的资产组合不断调整；保单所有人也可以至少每年一次在各种投资产品中自由选择调整组合。所选择的投资分立账户的投资收益高则保单的现金价值高，死亡保险金即保险金额高；反之，则保单的现金价值低，死亡保险金即保险金额低。

（3）变额寿险保单的现金价值随着所选择的投资组合中投资业绩的状况而变动，某一时刻保单的现金价值决定于该时刻其投资组合中分立账户资产的市场价值。

6. 家庭收入保险

家庭收入保险是一种保额递减的定期寿险。它可以作为基本险单独投保，也可以作为附加险投保，一般作为附加险投保的情况比较多。这种保险的保险责任是被保险人在保险期内死亡时，保险人将按期（如按月、按季等）给付保险金额的一定比例（如1%、5%等）于被保险人的家属，直到约定保险期满为止。如果被保险人生存到保险期满，保险人不负任何给付责任，保险责任终止。

这种保险的保险责任比较单一，即保险人只对保险期内的死亡负责。故对投保人单独投保的吸引力不大，多数情况下投保人都把它作为附加险投保，通常附在终身寿险和两全保险上较多。如终身寿险附加10年定期家庭收入保险。

通常家庭收入保险作为附加保险的保额，是基本保险的保额时特别约定，也可规定保额为基本保险金额的若干倍。家庭收入保险的保险期限为10～20年，通常根据被保险人子女距成年的时间来确定。

家庭收入保险中，保险人所承担的给付责任在期初最大，随着保险期限的缩短逐渐变小，到期末变为零。与家庭收入保险相似的，还有家庭保障保险和家族保险。家庭保障保险与家庭收入保险的区别仅在于，家庭保障保险的保险金额是保持不变的。家庭保障保险的投保人在投保时与保险人约定一个期间作为保险期限，同时约定另外一个期间作为给付期限。如果被保险人在保险期内死亡，保险人则要以年金方式在给付期限内给付。因为年金给付年数固定，所以，家庭保障保险的保险金额是不变的。这种保险作为附加险投保的居多。家族保险是以一张保单保障家庭全体成员，包括丈夫、妻子、子女以及订约后才出生的子女。

连生人寿保险

此险种早在 1956 年产生于美国，现已在世界许多国家开展。各公司在具体形式上各不相同，但均具有下列共同特点：（1）以丈夫的生命为保险标的，以规定的金额为单位的储蓄性保险；（2）以妻子的生命为保险标的，但金额要比丈夫的小些，且到 65 岁为止的可变更定期寿险；（3）每一子女则投保以规定金额为单位，21 岁满期的可变更定期寿险；（4）投保后出生的子女自出生 15 天后也获得同样的保障；（5）当丈夫年龄为 65 岁时，妻子与子女的定期寿险则终止，只剩丈夫的储蓄性保险，保险费也随之减少；（6）如果主被保险人（丈夫）在 65 岁以前死亡，妻子与子女的保险变更为交清定期寿险；（7）保险费以丈夫的年龄计算，与家庭的其他人员及人数无关。

三、人寿保险的常用条款

（一）不可抗辩条款

不可抗辩条款是寿险特有的条款，这一条款规定：在被保险人生存期间，从保单签发之日起满 2 年后，除非投保人停止交纳续期保险费，保险人不得以投保人投保时的误告、漏告、隐瞒等为理由，否定保单的有效性。

特别提示

在我国不可抗辩条款仅限用于年龄误告。

该条款是为了保护被保险人的正当权益。保险合同作为诚信合同，要求投保人在投保时根据实际情况如实告知，如果投保人没有如实告知，保险人有权宣布保单无效。这是为了保障保险人的正当权益。但在实际业务中，由于人寿保险大多是长期性合同，有时确实是被保险人在投保时因为种种原因，遗忘、错漏导致填报的情况不够准确详尽，而保险人又没有及时指出，而当被保险人已经衰老或保险事故发生时，保险人强调告知不当而拒绝给付，这就极大损害了被保险人的利益。

（二）宽限期条款

该条款规定：对于没有按时交纳续期保费的投保人给予一定期限的宽限期。投保人只要在宽限期内续交保费，保单就继续生效。若投保人到期没有续交保费，在宽限期内发生了保险事故，保险人仍给付保险金，并从中扣除当期应交保费及利息。若宽限期满仍未续交保费，保单自宽限期终止次日起停止效力。

特别提示

在我国，宽限期的时间一般规定为 60 天。

一般到期没有续交保费，保单应立即失效，但考虑到人寿保险是长期性保单，可能会因为一些意外事件影响投保人准时交费，如生病、出差或经济上一时难以周转等，故给投保人一个宽限期，使其能弥补过失或从容筹款；另外，使投保人得到方便，避免保单失效，对保险人来说也可以避免业务损失。

（三）复效条款

该条款规定：保险单因投保人未能按期交费而失效之后，自失效之日起的一定时间内（一般为 2 年），投保人可以申请复效，经保险人审核同意后，投保人补交失效期间的保险费及利息，保险合同即恢复效力。保险合同复效后，保险人对失效期间发生的保险事故仍不负责。

复效和重新投保不同，复效时原来的保险合同中权利、义务保留不变，如保险责任、保险期限、交费标准、满期给付的日期都按原合同规定办理。而重新投保则一切都重新开始，对于投保人来说，由于被保险人年龄的增大，相应费率也要增加，所以复效对被保险人比较有利。

（四）年龄误告条款

该条款规定：投保人在投保时如果错误地申报被保险人的年龄，保险合同并不因此而无效。但保险事故发生时，保险人可以按照投保人实际交纳的保险费和被保险人的真实年龄，调整给付保险金的数额。调整的方法一般为按应交保险费与实交保险费的比例给付保险金。

在人寿保险中，被保险人的年龄是计算费率的一个重要依据。不同年龄的人由于死亡率的不同，即使他们投保的险种、保险期限以及保险金额都相同，所交纳的保险费也是不同的。如果投保人误报年龄，所报年龄大于或小于投保时被保险人的实际年龄，所交纳的保险费必然多于或少于实际应交保费，造成保险双方权利、义务的不平等，这时就需要对保险余额加以调整。当由于年龄误告而多交保费时，可以由保险人增付保险金或退还多交部分保费，当由于年龄误告而少交保费时，一般都由保险人减少保险金额。

（五）贷款条款

该条款规定：投保人交纳保险费满一定期限后（一般为 1 年），可以将保险单作为抵押向保险人申请贷款。

贷款金额以不超过保险单当时的现金价值或现金价值的一定比例为限。借款本息超过或等于保单的现金价值时，被保险方应在保险人发出通知后的 1 个月内还清款项，否则保单失效。当被保险人或受益人领取保险金时，如果保单上的借款本息尚未还清，应从保险金内扣除。

（六）自杀条款

该条款规定：在签发保单后 2 年内，被保险人因自杀而死亡，保险人不给付保险金，并退还所交保险费。如果保单生效 2 年后被保险人自杀死亡，保险人要承担保险责任，按约定金额给付保险金。

在人寿保险业务中，过去曾一度完全拒绝承担自杀责任。但从保险业务角度考虑，确定保险费的死亡率中包括各种死亡因素，其中也有自杀，因而保险人不应该对自杀完全不负责；同时由于领取死亡保险金的是受益人，对自杀完全不负责会影响受益人的利益。为限制有人蓄意自杀以获取保险金，有必要加以一定期限的约束，一般为2年。在实践中，基本上没有人在投保时就计划好2年后自杀。

📁 知识文件夹

实务中，被保险人自杀应解释为"故意自杀"，即被保险人能够认识自杀行为导致的死亡后果，且在主观上追求或放任自杀行为所致后果的发生。对于非出于被保险人主观故意的过失致死结果，如误服毒药或失足溺水而亡等，均应认为属于保险事故，保险人不得免责。由于无民事行为能力人缺乏认知能力，完全不能辨认自杀行为及其法律后果，自然无从产生自杀的"故意"，因此，作为无民事行为能力人的被保险人"自杀"，保险人应给付死亡保险金。

（七）不丧失价值任选条款

该条款规定：当投保人无力或不愿继续交纳保险费时，保险单上已经积存的责任准备金可以作为退保金以现金形式返还给投保人，也可以作为趸交保险费将原保单改为交清保险或展期保险，究竟采用哪种形式由投保人任意选择。人寿保险单中所积存的责任准备金是保险人对投保人的负债，是投保人交纳保费积存而来的，投保人有权任意支配。即使保单失效，投保人享用保单责任准备金的权利也不受影响。此时，投保人可以选择退保，领取退保金；也可以把责任准备金作为趸交保费，维持原保单的保险期限和保险责任不变，改变原保单的保险金额，而无须再交纳保费，这就是交清保险；还可以维持原保单的保险余额和保险责任不变，缩短保险期限，这就是展期保险。

（八）受益人条款

受益人是人身保险中一个非常重要的概念，因此在很多国家的保险条款中都有受益人条款。许多国家在受益人条款中都规定，"如果受益人在被保险人之前死亡，这个受益人的权利将转回给被保险人，被保险人可以另再指定受益人"。这个再指定受益人就是后继受益人。当被保险人没有遗嘱指定受益人时，则被保险人的法定继承人就成为受益人，这时保险金就变成被保险人的遗产。

📁 知识文件夹

受益人的分类

1.原始受益人、后继受益人和遗产继承人

（1）原始受益人。原始受益人是投保人或被保险人在订立契约时约定，当被保险人死亡时有权领取保险金的人。比如投保时约定，被保险人死亡后由他的儿子领取保险金，那么被保险人的儿子就是原始受益人。

（2）后继受益人。后继受益人是在被保险人死亡，原始受益人也已死亡的情况下，有权领取保险金的人。许多国家在受益人条款中都这样规定："如果受益人在被保险之前死亡，这个受益人的权利将转回给被保险人，被保险人可以再另行指定受益人。"也就是说如果原始受益人先于被保险人死亡，被保险人有权再指定受益人，这就是后继受益人。当被保险人死亡时，由后继受益人来领取保险金。比如前面的这个例子，原始受益人是儿子，他先于被保险人死亡，这时指定被保险人的孙子作为受益人，被保险人的孙子就是后继受益人。

（3）遗产继承人。如果被保险人没有指定受益人，或者指定的受益人先于被保险人死亡后没再指定受益人时，被保险人的继承人就成为受益人。这时保险金作为被保险人的遗产，由法定继承人享受其利益。这里讲没有指定包括投保时就没指定；也包括投保时指定了，后来受益人死亡了，没再指定；也可以是指定了两个或三个受益人，都死亡了，以后没再指定。只要有指定的受益人存活，保险金就不能作为被保险的遗产，只能由指定的受益人领取，而不能由有继承权的亲属来领取。当然在很多时候，指定的受益人就是有继承权的亲属，但是作为受益人领取保险金和作为继承人享受遗产，其法律地位是不同的。

2.可变更的受益人和不可变更的受益人

大多数受益人是可变更的。可变更的受益人意味着保单所有人保留更换受益人的权利，无须征得受益人的同意。而且，保单所有人不必征得可变更受益人的同意就能行使合同中的所有权利。相反，不可变更的受益人是指未征得受益人的同意就不能更换受益人。

3.特定受益人和成员受益人

特定受益人是指指名的受益人，而成员受益人则是不指名的，只是指定某单位的成员为受益人。

（九）自动垫交保险费条款

本条款规定：投保人按期交费满一定时期后，因故未能在宽限期内交付保险费，保险人要把保单上的现金价值作为借款，自动贷给被保险人抵交保费，使保单继续有效。如果垫交后保费投保人仍未交付，垫交须继续进行，直到累计的贷款本息达到保单的现金价值的数额为止。此时投保人若再不交费，保单将失去效力。在垫交期间如果发生保险事故，保险人应从保险金内扣除保险费的本息后再给付。

第三节 健康保险

现代社会发展迅猛、瞬息万变，尽管科技水平的大幅度提高使得大部分疾病的治疗不成问题，但不断恶化的生活环境威胁着人类健康，人们身体的抗病能力变得脆弱，更实际的问题是高额的医药医疗费用支出不但超出老百姓的正常收入，而且在很大程度上对家庭的财务收支平衡和财务计划的制订造成了巨大的冲击。人们对商业健康医疗类保险的需求越来越高。

📁 知识文件夹

我国重大疾病最新死亡率及治疗费用见表 10-2、表 10-3。

表 10-2　2017 年我国部分地区疾病死亡率及其构成

疾病名称	合计		男		女	
	死亡率（1/10 万）	构成（%）	死亡率（1/10 万）	构成（%）	死亡率（1/10 万）	构成（%）
恶性肿瘤	160.72	26.11	201.53	28.76	118.68	22.48
心脏病	141.61	23.00	144.81	20.66	138.32	26.20
脑血管病	126.58	20.56	139.11	19.85	113.68	21.53
呼吸系统疾病	67.20	10.92	78.75	11.24	55.30	10.48
损伤和中毒外部原因	36.34	5.90	46.51	6.64	25.87	4.90
内分泌、营养和代谢疾病	20.52	3.33	19.61	2.80	21.46	4.07
消化系统疾病	14.53	2.36	18.04	2.57	10.92	2.07
神经系统疾病	7.84	1.27	8.00	1.14	7.67	1.45
泌尿生殖系统疾病	6.72	1.09	7.70	1.10	5.70	1.08
传染病（含呼吸道结核）	6.16	1.00	8.71	1.24	3.54	0.67
精神障碍	2.71	0.44	2.60	0.37	2.83	0.54
血液、造血器官及免疫疾病	1.30	0.21	1.39	0.20	1.21	0.23
肌肉骨骼和结缔组织疾病	2.34	0.38	1.83	0.26	2.87	0.54
诊断不明	2.16	0.35	2.88	0.41	1.41	0.27
围生期疾病	1.59	0.26	1.93	0.27	1.25	0.24
先天畸形\变形和染色体异常	1.45	0.24	1.54	0.22	1.36	0.26
妊娠\分娩产褥期并发症	0.08	0.01			0.16	0.03
寄生虫病	0.03	0.00	0.04	0.01	0.02	0.00
其他疾病	6.00	0.97	4.84	0.69	7.19	1.36

（数据来源：2018 中国统计年鉴）

表 10-3　保监会规定的 25 种重大疾病治疗康复费用一览

序号	大病种类	治疗康复费用（元）	备注
1	恶性肿瘤（癌症）	12 万～50 万	CT、伽马刀、核磁共振等治疗项目为社保不报销或部分报销项目，同时 80% 以上进口特效药不在社保医疗报销范围内。
2	急性心肌梗死	10 万～30 万	需要长期的药物治疗和康复治疗。
3	脑中风后遗症	10 万～40 万	需要长期护理和药物治疗。
4	重大器官移植术或造血干细胞移植术	20 万～50 万	心脏移植、肺移植不属于社保报销项目，器官移植后均需终身服用抗排斥药物。
5	冠状动脉搭桥术（冠状动脉旁路移植术）	10 万～30 万	冠状动脉造影属于社保部分费用报销项目，搭桥每条桥 4 万元，需长期药物治疗和康复治疗。
6	终末期肾病	10 万/年	换肾或长期依赖透析疗法，透析费用属于社保部分报销项目。
7	多个肢体缺失	10 万～40 万	假肢 3～5 年需更换一次，并需要长期康复治疗。
8	急性或亚急性重型肝炎	4 万～5 万/年	该病并发症多，并且需要长期药物治疗。
9	良性脑肿瘤	5 万～25 万	需要长期的诊疗及药物治疗。
10	慢性肝功能衰竭失代偿期	3 万～7 万/年	需要长期药物治疗和护理。
11	脑炎后遗症或脑膜炎后遗症	3 万～5 万/年	需要长期药物治疗和护理。
12	深度昏迷	8 万～12 万	需要长期药物治疗和护理。
13	双耳失聪	20 万～40 万	安装电子耳蜗 15 万～30 万元，还需每年 1.5 万元维护费。
14	双目失明	8 万～20 万	移植角膜费用 2 万～4 万元左右。
15	瘫痪	5 万～8 万/年	需长期护理及药物、康复治疗。
16	心脏瓣膜手术	10 万～25 万	需终身抗凝药治疗。
17	严重阿尔茨海默病	5 万～8 万/年	需终身护理及药物治疗。
18	严重脑损伤	4 万～10 万/年	需终身护理及药物治疗。
19	严重帕金森病	5 万～10 万/年	需终身护理及药物治疗，进口特效药不是社保报销产品。
20	严重Ⅲ度烧伤	8 万～20 万	需多次手术整形。
21	严重原发性肺动脉高压	10 万～20 万/年	心肺移植及终身药物治疗。
22	严重运动神经元病	6 万～15 万/年	需长期护理及药物治疗。
23	语言能力丧失	8 万～15 万	不同病因，治疗费不同。

续表

序号	大病种类	治疗康复 费用（元）	备注
24	重型再生障碍性贫血	15 万～40 万	骨髓移植及长期药物治疗。
25	主动脉手术	8 万～20 万	

一、健康保险的概念与特征

健康保险

（一）概念

健康保险亦称医疗和疾病保险。它是在被保险人因疾病不能从事工作，以及因病致残时，由保险公司提供一次给付或定期给付保险金的各种保险的总称。

本书将健康保险定义为一种以人的身体为保险标的，当被保险人在保险期限内因疾病、生育或意外事故而发生医疗费用支出和收入损失时，由保险人给付保险金的人身保险。

（二）条件

由健康保险的定义可知，疾病是构成健康保险偿付的触发条件，构成健康保险所指的疾病必须具备以下三个条件：

（1）疾病须是由后天原因所引起。有先天就存在于体内的疾病，比如先天性心脏病，则不属于健康保险范围。

（2）疾病须是由人身内部原因所致。某些最初诱因来自外部的疾病，如传染病或流行性感冒等，若外来诱因侵入体内后使疾病的形成需要一定的时间，则应视为内部原因所引起。

（3）疾病须是偶然性原因造成。人生以健康为常态，疾病的发生必须出于偶然的原因，并且以药物、手术等手段治疗，换而言之，必须有病因，才能治疗。年老衰弱等自然现象，人虽然呈现出病状，可以通过打针、吃药来维持健康，但若没有病因，则不属于疾病。

（三）特征

健康保险与人寿保险有许多不同之处，不能将二者混淆起来，其差异主要表现在：

1. 性质不同

健康保险是对因身体伤残、疾病或支付医疗费用而造成的损失所提供的一次给付或定期给付的各种保险的统称，包括疾病保险、医疗费用保险、残疾收入补偿保险等；人寿保险则是以人的生死为保险事故，由保险人按契约规定给付保险金的保险，它包括生存保险、死亡保险和两全保险，所谓"死亡"是指自然灭亡。

2. 保费要素不同

影响健康保险保费的因素是残疾率、利率和费用率。健康保险保费的多少与残疾率、费用率的高低成正比，而与利率成反比。影响人寿保险保费的因素也有三个：利率、费用率和死亡率。

3. 保险期限不同

健康保险多为短期保险，通常为一年。人寿保险大多是长期保险，一般都在一年以上，有的甚至长达二三十年，乃至死亡。

4. 给付保险金的基础不同

健康保险金给付要视医疗实际情况而定，不能约定一有病就给付，但仍以保险金额为基础，约定就医时每天给付保险金额的若干百分比，且订有最高给付额数。常见的有三种给付基础：一是定额基础，即不管保险事故造成的损失大小，均按当初约定的给付金额担负赔偿责任；二是实际给付基础，保险人按被保险人实际付出的费用给付保险金，对此有最高额的限制；三是预付服务基础，即由保险人直接支付住院及其医疗费用，而人寿保险承保的是人的生命，一旦发生人寿保险的责任事件，一律按照当初约定的数额给付保险金。

二、健康保险的分类

健康保险的发展历史虽然大大短于人寿保险及财产保险，但自20世纪以来，健康保险在世界各国都得到了较大的发展，承保范围日益扩大，险种日益增多，它已经成为各国福利制度不可或缺的组成部分。按照不同标准，健康保险可以分为以下不同种类。

（一）按照损失原因分类

按照损失原因，健康保险可以分为意外伤害保险和疾病保险两大类。

1. 意外伤害保险

意外伤害保险可以单独承保，也可以并入疾病保险单中。除了承保某些绝症外或仅承保医疗费用的保险单外，疾病保险一般都与意外伤害保险一起提供。意外伤害保险对被保险人因发生意外事故所致死亡或残废给付保险金，其中包括住院、医药、手术、护理等费用，对丧失工作能力的收入补偿，以及对特定的意外伤害的多倍赔付。

2. 疾病保险

疾病保险并不包括意外伤害，但包括精神疾病。疾病保险是可以补偿因疾病、分娩引起的收入损失、费用支出或因疾病、分娩所致死亡或残废，保险人按照保险合同规定承担给付保险金责任的保险。疾病保险可以补偿某些疾病的预防和诊断费用，如视力保护和牙科检查费用。疾病保险除了对被保险人因患疾病而发生的住院、医药、手术、护理等费用给予补偿外，还对被保险人因患病而完全丧失工作能力给付收入保险金。

📁 知识文件夹

疾病保险的特殊形式

重大疾病保险于 1983 年在南非问世，是由外科医生马里优斯·巴纳德最先提出这一产品创意的。他的哥哥克里斯汀·巴纳德是世界上首位成功实施心脏移植手术的医生。马里优斯医生发现，在实施心脏移植手术后，部分患者及其家庭的财务状况已经陷入困境，无法维持后续康复治疗。

为了缓解被保险人患上重大疾病或实施重大手术后所承受的经济压力，他与南非一家保险公司合作开发了重大疾病保险。

1986 年后，重大疾病保险被陆续引入英国、加拿大、澳大利亚、东南亚等国家和地区，并得到了迅速发展。

1995 年，我国内地市场引入了重大疾病保险，现已发展成人身保险市场上重要的保障型产品。

重大疾病保险在发展过程中，保障范围逐渐扩大，保障功能日趋完善，但该类产品的设计理念一直延续至今。

（二）按照损失种类分类

按照损失种类，健康保险可以分为收入保险、死亡和残疾保险、费用保险三大类。

1. 收入保险

意外伤害保险和疾病保险分别规定，当被保险人因遭受意外伤害或患病而丧失工作能力时，由保险公司定期给付收入保险金。

2. 死亡和残疾保险

意外伤害保险在被保险人因意外死亡情况下向指定受益人给付一次性保险金，也对意外丧失肢体、视力等残疾给付一次性保险金。疾病保险不给付保险金。

3. 费用保险

健康保险的费用保险的种类很多，有住院费用保险、普通医疗费用保险、大额医疗费用保险等。

（三）按照承保标准分类

除了常规的承保标准严格的健康保险外，还有一些承保标准不严格的健康保险。

（1）简易健康保险。类似于简易人寿险，由保险代理人上门收取保险费，保险人提供低额的保险金。

（2）老年健康保险。老年健康保险是对超过正常投保年龄的老年人提供的一种健康保险，以补充社会保险中的医疗保险金的不足。

（3）特种风险健康保险。特种风险健康保险承保一般保险健康保险单中被列为除外责任的风险。

（4）弱体健康保险。弱体健康保险是指专门承保身体有残疾或患有严重疾病的人的健康保险。弱体健康保险收取的保险费较高，或者要求被保险人放弃一些医疗条件等。

📁 知识文件夹

健康保险的费率制定

健康保险的保费计算，主要考虑残疾发生率、利息率及费用率三个因素。

（一）利率

人身保险是以人的生命和身体为保险对象的一种保险形式。保险人通过人身保险合同，向投保人收取一定保险费，在被保险人因疾病或遭遇意外事故而致伤或死亡或保险期满时，给付医疗费用或保险金。

首先，投保人交纳的人身保险费，一般以货币形态支付。保险费货币形态具有货币时间价值，主要表现在：当投保人一次性交清保险费时，给付额通常发生在未来，由于保费交付与保额给付或不给付之间存在时间差，作为货币的保费固有的随保险期限增长而存在时间价值，必须在保费中体现出来，否则保险费必然提高，影响保险人的有效承保率；或者剥夺投保人的时间价值，有失公平。当投保人分期支付保费时，同样地，货币形态保费已经过和将要经过的时间产生的价值，必须考虑在保费中。另外等额保费只有在相同时点才能相比，在其他相同条件下，获得保障高低与保费高低成正比。不同时点保费的大与小，绝不能简单判断保障水平高低，这与保费货币时间价值大小相联系。

其次，保额给付作为人身保险被保险人财务负担的"补偿"，通常保额也以货币形态支付，而不是给付物质或生命。这不仅要求保险人维持保险责任准备金的价值，而且还要使责任准备金增值，以良好的投资收益来弥补保费固有的货币价值，同时不断壮大保险公司偿付能力。由于人身保险责任准备金与保险费有密切联系，保险费的多少影响着保费变化的因素，也在影响保险责任准备金，因此，保险责任准备金随时间推移，也反映出一定的货币价值。

人身保险中，凡以货币表示的项目，在不同程度上考虑货币时间价值。正因为如此，货币时间价值及其度量是人身保险计算必须考虑的一大基础。

1.利息和利率

利息是指已用某种资本的代价或借出某种资本的报酬，即借债人除了支付借来的资本，还要支付一个附加的补偿，这个补偿叫作利息。

单位本金在单位时间（一个计息期）所获得的利息及实际利率，简称为利率。利率常用百分比表示。根据单位时间长短的不同，利率可分为年利率、月利率、日利率，通常说的利率为年利率。

2.单利和复利

单利是指投入本金经过一定时期以后，按照一定的利率在本金上计算利息，但在下期结算利息时上期所结算的利息并不随同本金计算，也就是利上无利。

复利是指投入一定本金经过一定时期，按照一定的利率在本金上计算利息，并将年结算的利息并入本金，在下期结算利息时随同本金一并计算，也就是利上加利。

3.实际利率和名义利率

实际利率，简而言之，即一年计息和结算的年利息率，或全年利息额与投入之初本金之比率。

名义利息，依利息率计算利息额时，若计息的单位时间不满一年，而按单纯的比例关系将它换算为一年的利息率，则称为名义利息率。

（二）费用率

寿险费用指的是寿险经营过程中所发生的除保险责任之外的一切支出。寿险经营的对象是风险，风险的发生是一个不确定事件，发生在未来，这决定寿险经营费用成本。因此保险公司为了经营的稳定性，就必须对将发生的费用进行预估，其预估的准确与否，直接决定和影响用以补偿实际发生费用的计算。这足以说明费用分析的重要性，同样，对毛保费的分析也非常重要。

寿险的附加费用可以按照不同的分类来划分，我们这里主要按照经营环节的各个过程进行分类。可以分为：承保费用，为促成保单出售而发生的费用，主要包括外勤人员的津贴、代办费或代理人佣金，广告费、保单印刷费以及危险选择、验体费等；维持费用，维持保单有效而发生的费用，主要包括日常保费收取费用、会计费用，保单管理费用，保单内容变更费用，保险人与保户沟通所耗费用等；一般费用，一般指科研费用、税金、营业执照税、精算费用等；理赔费用，理赔过程中发生的费用，如死亡调查费、法律纠纷费、给付手续费用等；投资费用，寿险投资所耗费用，主要有投资评估费、投资调查费用等。

这一部分费用就是我们通常所说的附加保费，所发生的费用必须采取一定的方式进行补偿，在实务中，其中的一些费用主要通过毛保费的一定比例来表示，从而将这种毛保费分解成纯保费和附加保费，然后从等式两端求解附加保费。

（三）残疾发生率

在健康险保费计算中，利率和费用率较易确定，关键是残疾发生率，只有确定了合适的残疾发生率，才能制定出相应的保险费率。健康保险的费率确定主要是根据被保险人的职业、性别、年龄、保险金额及给付种类，其中最为关键的因素是职业。健康险一般按职业危险的大小划分等级、规定费率，而不像人寿保险那样以年龄为标准。

我国某财险公司意外险职业等级分类（部分）参见表10-4。

表 10-4　我国某财险公司意外险职业等级分类表的一部分

行业		工种代码	工种名称	风险等级
机关	机关团体 公司行号	0001001	内勤人员	1
		0001002	外勤人员	2
		0001003	企事业单位负责人	1
		0001004	私营企业主（不亲自作业）	1
		0001005	企事业单位部门经理、主管（不亲自作业）	1
		0001006	村委会、居委会人员	2
		0001007	工商、税务、城管人员	3
农、副、牧、 渔业	农、副业	0101001	农场经营者（不亲自作业）	1
		0101002	农夫	2
		0101003	长短工	3
		0101004	果农	3
		0101005	苗圃栽培人员	2
		0101006	花圃栽培人员	2
		0101007	饲养家禽家畜人员	2
		0101008	农业技术人员	2
		0101009	农业机械操作、修理人员	3
		0101010	农具商	2
		0101011	农业试验人员	2
		0101012	天然橡胶、剑麻种植人员	2
		0101013	割胶工人	3
		0101014	采茶工人	2
		0101015	茶叶、蔬菜加工人员	2
		0101016	竹、藤、麻、棕、草制品原料加工人员	3
		0101017	特种植物原料加工人员	3
		0101018	棉花加工人员	4
		0101019	特种养殖（蜂、蛇、鳄鱼）人员	4
		0101020	山核桃采摘人员	5
		0101021	沼气生产管理人员	2
		0101022	沼气工程施工人员	5
		0101023	沼气设备安装、调试、检修人员	4
		0101024	农用太阳能设施人员	4

续表

行业		工种代码	工种名称	风险等级
农、副、牧、渔业	牧业	0102001	畜牧场经营者（不亲自作业）	1
		0102002	畜牧工作人员	3
		0102003	实验动物饲养人员	2
		0102004	兽医	2
		0102005	动物检疫、检验、化验人员	2
		0102006	牧草培育、加工人员	3
农、副、牧、渔业	内陆渔业	0201001	渔场经营者（不亲自作业）	1
		0201002	渔场经营者（亲自作业）	3
		0201003	养殖工人（内陆）	3
		0201004	养殖工人（沿海）	4
		0201005	水族馆经营者	2
		0201006	捕鱼人（内陆）	4
		0201008	水产实验人员（室内）	1
		0201013	水产实验人员（室外）	3
		0201009	沿海作业渔民	6
		0201010	水（海）产品加工人员	3
		0201011	水生动植物采集人员	3
		0201012	渔网具装配人员	2
	海上渔业	0202001	远洋渔船船员	6
		0202002	近海渔船船员	6

第四节　人身意外伤害保险

➤ 小案例

案情一

拥有意外险的黄女士在公交车上突然晕倒，当时正值下班高峰期，车厢里人多拥挤，又闷又热。黄女士随即被救护车送到医院，进行诊断。黄女士被送到医院时，心电图正常，血压较低，小便失禁，初步诊断为中暑。通过抢救，黄女士的神志逐渐恢复清醒，血压恢复了正常。

在申请理赔时，保险公司认为这位不慎中暑的黄女士，并不能算是遭到意外伤害。因此，即使她购买了意外伤害保险，也不能得到赔付。

案情二

林先生是某广场大楼保洁员，经常在高空作业。由于他不属于正式员工，没有社会保障。在保险代理人的建议下，林先生为自己投保了意外伤害保险，出于自己工作性质的特殊，林先生还特意投保了"附加意外伤害医疗险"。

有一年7月，林先生在太阳下工作了一天，被晒得头晕眼花，同伴看出他脸色不对，提醒他可能是中暑了。林先生也自觉支撑不住，正准备收工时突然就从二楼半坠下，造成脊椎骨折，经鉴定属于二级伤残。单位与保险公司联系，林某顺利地获得赔偿。

请思考：

1. 中暑是意外吗？

2. 为什么同样是中暑引发的事故，黄女士遭到了拒赔，而林先生顺利地得到了赔偿？

一、人身意外伤害保险的含义与特点

（一）人身意外伤害保险的含义

人身意外伤害保险是指被保险人在保险有效期间，遭遇非本意的、外来的、突然的意外事故，致使其身体蒙受伤害而残疾或死亡时，保险人依照合同规定给付保险金的保险。这里意外事故的构成必须具备以下条件。

人身意外伤害
保险

1. 非本意的

"非本意的"是指偶然的、非所预见、非能预料的事故。它一般有三种形态：

（1）事故的发生为偶然的。

（2）发生的结果为偶然的。

（3）原因与结果均为偶然的。

📁 **知识文件夹**

什么是非本意？

工人在操作中不慎触电致残，这虽然是由他自己的行为所致，但不是故意的，而是非本意的。又比如，在公共汽车将要启动时，乘客不顾售票员的一再劝说而强行扒车，以致坠地造成重伤，这种结果就不是不可预料的，而是可以事先防止的、扰乱社会公共秩序的行为，这就不能称为非本意。再比如，某人由于服用大量安眠药而死亡，这就是故意行为造成的，它的结果可以预料，因此也不属于非本意。

2. 外来的

"外来的"是指伤害是由被保险人自身以外的原因所造成的。比如，在交通事故中被车撞伤，行走时被楼上人随手扔下来的东西砸伤等，都是由外来的原因引起的伤害。又如抬举重物时，由于用力过猛，造成关节挫伤，也属于外来原因引起的伤害。但如果是因脑溢血摔倒受伤，则应当属于健康保险的范畴，而不属于伤害保险的范畴。

3. 突然的

"突然的"是指意外伤害的直接原因是突然出现的，而不是早已存在的，这一点强调的是在事故的原因和伤害的结果之间有着直接的因果关系，而不是经年累月形成的。像交通事故、天空坠落物体引起的伤亡，都是突然发生、瞬息造成的伤害。吸入剧毒气体立即使身体遭受损伤，也可作为伤害事故。但如果是长期在有毒气体的车间工作，逐渐形成职业病，就不属于伤害保险的范畴。

（二）人身意外伤害保险的特点

人身意外伤害保险是介于财产保险与人寿保险之间的一种保险，与它们既有相同之处，也有不同之处。由于意外伤害保险只承担意外伤害责任，因而具有较为明显的特点。

（1）意外伤害保险的保险期限较短，一般不超过1年，这与财产保险相似；而人寿保险的期限往往较长，甚至可达终身。

（2）意外伤害保险的保险费率是依据保险金额损失率来计算的。这与财产保险类似，它主要考虑被保险人的职业、工种或从事活动的危险程度，一般不需要考虑被保险人的年龄、性别等因素。

（3）意外伤害保险的承保条件较宽，免体检。这个险种不受年龄、被保险人身体状况等条件的限制。

（4）意外伤害保险有90天或180天的责任期限规定。也就是说，在意外伤害事故发生后，保险人承担赔偿责任的期限为90天或180天，超过这一期限，保险人可以不再承担赔偿责任。

➤ **小案例**

被保险人张某在过马路时被车撞，造成股骨骨折，住院医疗，后病情恶化，不得不施行人工股骨置换手术。张某术后不久出院，行走正常。此前，张某投保了人寿保险并附加意外伤害保险，两种都有因意外事故残疾，按残疾程度给付保险金的约定。因此，张某请求保险公司给付约定保险金，但是保险公司拒绝赔付。双方诉至法院。

问：该案应如何处理？

本案例考察的知识点就是意外伤害保险特有的概念责任期限，意外伤害保险中有关责任期限的规定，是指被保险人在自遭受意外伤害起多长时间内造成死亡或残疾才构成保险责任。如被保险人先受到伤害，然后死亡，这种以伤害为直接原因的被保险人死亡，必须发生于受伤害之日起的180天内，这种情况下，即使被保险人死亡的时间已经超出保险期限，保险人仍应当进行死亡保险金给付。

二、人身意外伤害保险的分类

（一）基本型意外伤害保险

➤ **小案例**

平安一年期意外保险：某男性 30 岁，从事机关外勤工作，为二类职业，投保金额 5 万元，年交保费 54.3 元。

保险利益：若被保险人因意外事故而于 180 天内以此为直接原因导致身故，公司给付身故保险金 5 万元；被保险人因意外事故而于 180 天内以此为直接原因导致伤残及机能丧失，根据残疾程度及保险金给付比例乘以保险金额，给付相应保险金。

产品特色：保期一年；保费按职业风险划分；无须体检，手续简单。

（二）长期意外伤害保障

通常人们对意外伤害保障需求呈正态分布，即婚前一般不承担家庭责任；婚后，尤其是子女出生后，家庭责任日益突出，直至子女就业，老人辞世。

出于对老年生活的担忧，长期意外险不仅可以提供更长的保障期限，同时还会保证即使在老年也可以获得高额的保障（见表 10-5）。

表 10-5　短期意外险 VS 长期意外险

保险产品	小米综合意外险	金刚长期意外险	平安福附加长期意外险
保险公司	安心保险	昆仑健康保险	平安人寿
保障期间	1 年	10/20/30 年、至 70/80 岁，终身	至 70 岁
投保职业	1～3 类	1～3 类	未知
一般意外身故 / 残疾	100 万元	100 万元	100 万元
交通意外身故 / 残疾	基本保额	额外 50 万元	额外 100 万元
猝死	50 万元	50 万元	/
残疾豁免保费	/	有	/
意外医疗	5 万元	/	/
保费	40 年交费	30 岁，男，保障至 70 岁，交费 20 年	
年交	299 元 / 年	1580 元 / 年	5000 元 / 年
累计保费	10465 元（至 65 岁）	316000 元	100000 元

（三）人身意外伤害保险衍生产品

一般而言，人身意外伤害保险的保险责任范围只有两大类：因意外引起的死亡或残疾。但随着社会的发展和人们对保险产品需求的扩大，目前市场上除了这类最普通的、最原始的意外伤害保险外，还衍生出旅行保险（包括境外旅行保险）、航空意外保险、含有骨折保险责任的意外保险、意外伤害医疗费用类保险、意外伤害门急诊费用类保险，以及意外伤害收入补贴（住院津贴）类保险。而意外伤害引起的门急诊、医疗费用、住院补贴等保险其实是意外险与健康医疗险的交叉产品。

➤ **小案例**

【产品】平安安途全球旅游保险

该险种保险利益：

（1）旅游期间因意外事故导致身故或肢体残疾、失明、失聪等，按比例获得保险金补偿。

（2）医疗费用：旅游期间因意外事故导致医疗费用，保险人按照本附加险合同的约定赔偿医疗费用保险金，按实际支付金额减去免赔额给付赔偿。

（3）运送和送返附加合同：救援服务机构的授权医生从医疗角度判断被保险人病情需要，且当地医院条件不能保证被保险人得到充分的救治时，将被保险人转运至授权医生认为更合适的医院接受治疗，救援公司将承担相应的运送费用。

认为有运送回国必要的，救援服务机构将安排被保险人运送回境内其常住地或距离其常住地最近的医院，救援公司将承担相应的运送费用。在此情况下，救援公司将尽量使用被保险人原先购买的返程票；返程票失效的，救援公司将收回处理。

（4）身故遗体送返附加合同：旅游期间被保险人不幸身故，安排遗体或骨灰送返至永久居留地，遗体、骨灰送返服务所需费用包括尸体防腐、保存、火化、运输及骨灰盒等材料和服务费用，救援公司承担的此项费用总数最高以合同上载明的相应的服务限额为限。

三、人身意外伤害保险的保险责任构成

人身意外伤害保险的保障项目主要包括死亡给付和残疾给付。前者是指被保险人因遭受意外伤害造成死亡时，保险人给付死亡保险金。后者是指被保险人因遭受意外伤害造成残疾时，保险人给付残疾保险金。意外死亡给付和意外残疾给付是意外伤害保险的基本责任，其派生责任包括丧葬给付、遗嘱生活费给付、医疗给付、误工给付等责任。

意外伤害保险承保的风险是意外伤害，但是并非一切意外伤害都是意外伤害保险所能承保的。按照是否可保划分，意外伤害可以分为不可承保意外伤害、特约承保意外伤害和一般可保意外伤害三种。

（一）不可保意外伤害

（1）被保险人在犯罪活动中所受的意外伤害。意外伤害保险不承保被保险人在犯罪

活动中受到的意外伤害，是出于两个原因：第一，保险只能为合法的行为提供经济保障，只有这样，保险合同才具有法律效力。一切犯罪行为都是违法行为，所以，被保险人在犯罪活动中所受的意外伤害不予承保。第二，犯罪活动具有社会危害性，如果承保被保险人在犯罪活动中遭受意外伤害，即使该意外伤害不是由犯罪行为直接造成的，也违反了社会公共利益。

（2）被保险人在寻衅斗殴中所受的意外伤害。寻衅斗殴指被保险人故意制造事端挑起的斗殴。寻衅斗殴不一定构成犯罪，但具有社会危害性，属于违法行为，因而不能承保。

（3）被保险人在酒醉、吸食（或注射）毒品（如海洛因、鸦片、大麻、吗啡等麻醉剂、兴奋剂、致幻剂）后发生的意外伤害。酒醉或吸食毒品对被保险人身体的损害，是被保险人的故意行为所致，当然不属意外伤害。

（4）由被保险人的自杀行为造成的伤害等。

对于不可保意外伤害，在意外伤害保险条款中应明确列为除外责任。

（二）特约承保意外伤害

特约承保意外伤害，是指只有经过投保人与保险人特别约定，有时还要另外加收保险费后才予承保的意外伤害。特约承保意外伤害包括：

（1）战争使被保险人遭受的意外伤害。由于战争使被保险人遭受意外伤害的风险过大，保险公司一般没有能力承保。

（2）被保险人在从事高风险的体育运动和比赛中遭受意外伤害。

（3）核辐射造成的意外伤害。

（4）医疗事故造成的意外伤害。

对于上述特约承保意外伤害，在保险条款中一般列为除外责任，经投保人与保险人特别约定承保后，由保险人在保险单上签注特别约定或出具批单，对该项除外责任予以剔除。

（三）一般可保意外伤害

一般可保意外伤害，即在一般情况下可以承保的意外伤害。除不可承保意外伤害、特约承保意外伤害以外，均属一般可保意外伤害。

四、人身意外伤害保险的给付标准

在意外伤害保险中，当构成保险责任时，保险人应按照保险合同约定的方式给付保险金。

1. 死亡保险金的给付

保险事故发生时，死亡保险金按照保险合同约定的身故保险金额给付。

2. 残疾保险金的给付

残疾保险金通常按保险金额的一定百分比给付，即伤残保险金＝保险金额×伤残程度百分率。通常，各保险公司都有"人身意外伤害保险残疾给付标准"，在实践中比照执行。

➤ **小案例**

黄女士轻度中暑很难获得赔偿，这是因为中暑是由自身身体素质引起的，并非外来突发的事故，所以购买了意外伤害保险，也不能得到赔付。

若林先生仅仅是中暑，则不属于意外伤害事故，不能获赔。但如果他从楼上坠落就属于意外事故了，只有达到相应的伤残标准，才可以获得相应的意外险赔付。

另外，意外伤害医疗险相对于住院保险在价格上更为经济，如果投保人仅仅是考虑防范中暑可能导致的意外而非疾病，不妨参考购买这个附加险种。

本章小结

本章主要介绍了人身保险、人寿保险、健康保险、人身意外伤害保险实务。

人身保险是以人的身体和生命为保险标的，以被保险人的生死、伤害、疾病作为保险事故的保险。人身保险的保险标的的特殊性，决定了人身保险的特征的特殊性。由于保险标的的特殊性，人身保险和财产保险相比又呈现出许多重要的差异，人身保险的保险金额是双方约定的，具有约定给付的性质，保单具有长期性和储蓄性。

人身保险险种从不同角度可以有不同的划分方法，目前主要有下列几种分类方法：按保障范围，可分为人寿保险、人身意外伤害保险和健康保险；按投保方式，可分为个人人身保险和团体人身保险；按有无分红，可分为分红保险和不分红保险；按投保动因，可分为自愿保险和强制保险；按保险期限，可分为长期保险、一年期保险和短期保险。

人寿保险是以人的生命为保险标的、以人的生存或死亡为给付保险金条件的保险。人寿保险单大多是长期性的合同。传统的寿险包括死亡保险、生存保险和两全保险。

人寿保险的常用条款主要有不可抗辩条款、宽限期条款、复效条款、年龄误告条款、自贷款条款、自杀条款、不丧失价值任选条款、受益人条款和自动垫交保险费条款等。

健康保险亦称医疗和疾病保险。它是保障被保险人因疾病不能从事工作，以及因病致残时，由保险公司提供一次给付或定期给付保险金的各种保险的总称。

人身意外伤害保险是指被保险人在保险有效期间，遭遇非本意的、外来的、突然的意外事故，致使其身体蒙受伤害而残疾或死亡时，保险人依照合同规定给付保险金的保险。人身意外伤害保险具有保险期限短，保险费率依据保险金额损失率计算，承保条件较宽，免体检，有90天或180天的责任期限等特点。

思考与练习

参考答案

第十一章
政策保险实务

➤ **学习目标**

1. 了解人身保险的基本概念、特征、分类和作用。
2. 理解人寿保险的概念、分类及保险责任。
3. 掌握意外伤害保险的构成条件和主要特点。
4. 了解健康保险的保险责任和保险金额等。

➤ **小案例**

武安市大同镇马会村种粮大户王海兴是当地有名的种粮能手，2014 年他成立武安市富农种植有限公司，返租农户耕地 1512 亩，主要从事粮食种植及加工生产。在 2016 年"7·19"特大暴雨洪水灾害中，王海兴经营的农田大面积被淹，过水田地里狼藉一片，直接经济损失将近 70 万元，可谓损失惨重。

可是等到秋后一算账，王海兴逢人便讲："70 万等于 0。"这究竟是怎么回事呢？原来，政府免费为公司种植的玉米投了农业保险，农业保险能理赔 30 万元。灾害发生后，武安市农牧局第一时间派出农技专家指导改种、补种，并免费提供救灾种子。王海兴粗略一估算，通过补种、改种、抢种和加强玉米田间管理，能减少损失 40 万元。通过紧急补救措施和保险理赔，基本上能挽回所有损失，等于又把损失从洪水血口里抢了回来。

政策性农业保险极大地抵消了农民种粮的自然风险，也大大提升了农民种粮的积极性，保护了农民的切身利益。

与纯粹的商业保险或社会保险相比，有一些保险业务因性质特殊，既不便并入社会保险体系，也无法完全按照商业保险方式来经营，而是需要在国家有关政策的具体支持下才能获得长足的发展，如农业保险、出口保险等，我们把这一类保险业务统称为政策保险。在各国的保险体系中，政策保险的业务并不太大，却是各国保险体系的必要部分，它的存在和发展，对国家有关产业政策的实施及特定产业的发展起着重要的促进作用。

第一节　政策保险概述

一、政策保险的含义

政策保险，是政府为实现某项政策目的，对于商业保险公司难以经营的险种予以一定政府补贴而实施的保险。目前世界各国的政策保险一般分为三大类：一是为促进本国农业生产的发展而提供的农业保险；二是为促进本国对外贸易和对外投资发展而开办的出口信用保险和海外投资保险；三是为应付洪水、地震等巨灾给国民带来的灾难而开办的巨灾保险。

📁 知识文件夹

在国外，由国家财政直接投资成立的公司或国家委托独家代办的商业保险机构，为了体现一定的国家政策，如产业政策、国际贸易等，通常会以国家财政为后盾，举办一些不以营利为目的的保险。这类保险所投保的风险一般损失程度较高，但出于种种考虑而收取较低保费，若经营者发生亏损，国家财政将给予补偿。这类保险被称为"政策保险"，常见的政策保险有出口信用保险、投资保险等。

与此相比，商业保险由以营利为目的的商业保险公司举办，它们自主经营、独立核算、自负盈亏，出于利润最大化的考虑，通常不会经营政策保险。虽然政策保险经营的内容是一种非人身保险业务，但在政策保险的具体经营中，它通常与商业性财产与责任保险构成不同层次的交叉关系。

二、政策保险的特征

政策保险不能归入商业保险或社会保险，主要是因为它具有自身的特征。

（一）政策保险的经营性质具有政策性

政策保险是介于商业保险与社会保险之间的一种保险，它既不具有商业保险的完全自愿性，也不同于社会保险的完全强制性，而是在政策范围内实行半强制性。一方面，政策保险通常不受各国商业保险法的制约，也与社会保险法规没有关系，而是由另行制定的专门政策法规来规范的；另一方面，将何种保险业务列为政策保险，并享受国家直接的政策支持和财政补贴，也是国家在商业保险和社会保险制度安排之外另行安排的，这种安排突出地表现在相关政策对政策保险经营内容、费率、承保金额和赔偿方式等的统一范式上，保险双方缺乏自主权。

（二）政策保险的经营目标是非营利性

政策保险所经营的险种，大多是危险极大或危险特殊、利润很低甚至亏损，一般商业保险公司不愿开办，但国家为了促进相关产业的发展，通常会对其危险保障机制加以特殊考虑，即对政策保险给予相应的政策支持。因此，政策保险的基本出发点在于为实施特定的产业政策服务，营利并非其目的。

（三）政策保险的业务内容具有特殊性

政策保险的业务经营特殊性表现在以下四个方面：

（1）经验主体的特殊性。经营政策保险的主体，一般是国家或由国家确定的特定的保险机构。

（2）经营方式的特殊性。在通常情况下，政策保险并不强制投保人的投保行为，但对承保方加以强制。

（3）保险金额的特殊性。政策保险的保险金额通常根据保险标的价值的一定比例来确定，得不到足额保险。

（4）保险费率的特殊性。由于政策保险的保险责任范围、保险赔偿方式等方面的统一规定，保险费率也采取单一费率制。

第二节　农业保险

农业保险是保险人对于从事农业生产的单位或个人在进行种植业、养殖业生产过程中遭受自然灾害和意外事故所造成的损失，在保险责任范围内承担赔偿保险金责任的保险，是财产保险的一种。

农业保险有狭义和广义之分，狭义的农业保险特指种植业和养殖业保险，而广义的农业保险范围则涵盖农业产业的整个过程及相关财产和人员。

一、农业保险的特征

农业保险虽属财产保险，但又具有许多不同于一般财产保险的特性，主要有：

（1）农业保险的主要承保标的具有生命的特性。

（2）农业保险承保的责任一般是影响动物、植物生长的条件，如疾病、虫害、干旱、水涝等灾害，这些灾害对一般财产保险标的通常不构成危害，是一般财产保险的不保责任。

（3）农业利用植物、动物生长机能进行生产，具有很强的季节性和地域性。农业保险也同样具有这一特性。

（4）农业生产对自然条件的依赖决定了农业保险风险大，经营极不稳定，且农业保险的标的种类繁多，出险责任不易划分，投保人的逆选择严重。

（5）农业生产利润低，同时赔付率较高，保险公司经常出现亏损，这使许多经营者无力负担全额的保险费。

二、农业保险的运行

由于农业保险具有上述特点，为保障农业再生产的稳定，促进农村经济发展，许多国家和地区都把农业保险作为政策性保险业务。具体做法是：

（1）政府对农业保险经办单位给予经济上的优惠、法律上的支持和行政上的保护。也就是说，政府对农业保险实行减免税政策，给予分保支持，承担部分费用支出，予以超赔补偿和保费补贴等，并对部分险种实行强制保险。

（2）坚持收支平衡原则。作为政策性保险业务，农业保险不以营利为目的。不少国家采取合作方式或政府分保方式经营农业保险。

三、种植业保险

种植业保险是指以各种农作物、林木为保险标的，以生产过程中可能遭遇的某些风险为保险责任的农业保险。在我国，种植业保险主要包括农作物保险和林木保险两类。

（一）农作物保险

农作物是指人工栽培的植物，包括粮食作物、经济作物、绿肥和饲料作物等。

农作物保险是以各种粮食作物、经济作物为保险标的，以各种农作物在生长期间因自然灾害或意外事故造成的经济损失为保险责任的保险。农作物保险按照标的的不同，分为粮食作物保险和经济作物保险；按农作物生长阶段的不同，分为生长期农作物保险和收获期农作物保险。

1. 生长期农作物保险

生长期农作物保险是以粮食作物、经济作物等为保险标的，以各种作物在生长期间因农业风险造成价值或生产费用损失为保险责任的保险。生长期农作物保险通常采取农作物成本保险和农作物收获量保险两种方式，并实行不足额承保。

现阶段我国开办的生长期农作物保险有：小麦种植保险、水稻种植保险、玉米种植保险、棉花种植保险、烟叶种植保险等。保险的主要内容有：

（1）保险责任。生长期农作物保险标的面临的主要风险是自然灾害，例如旱灾、涝灾、风灾、雹灾、冻灾、病虫害等。这些灾害的发生，从时间上和空间上看，具有普遍性、区域性、季节性、持续性等特点。我国生长期农作物保险条款中，一般将雹灾、台风、暴雨、洪水、霜冻等突发性强、难以预防、常常造成局部地区毁灭性损失的灾害作为保险责任。

（2）保险期限。一般可确定为从定苗或返青期开始，至成熟收获期止。对于分期采摘收获的作物，如棉花、烟草等，可根据收获末期确定一个具体终止日期。瓜果保险期限可定为坐果后开始，至成熟采摘时为止。

（3）保险金额。通常不超过正常年景下收获量或保险标的实际价值的 7 成。确定的方法有：第一，按平均收获量的一定成数确定，即，亩保险金额 = 平均销售价格 × 前三年亩平均产量 × 承保成数（4 ～ 7 成）；第二，按生产成本确定，生产成本包括种子、肥料、农药、作业费、排灌费、运输费等直接费用，一般以亩平均成本计算。

（4）保险费率。根据保险责任大小、保险农作物发生损失的概率及业务管理费用率确定。

（5）保险赔偿。农作物遭灾后，保险人要进行科学定损，充分掌握作物的受损情况。定损的方法有很多，如经验估算法、抽样测损法等。在计算保险赔偿时，应根据保险金额的不同确定方法采用不同的赔偿方式。保产量的赔偿方式是在出险查勘记录的基础上，根据收获时获得的产量实行差额赔付；保成本的赔偿方式是按照受灾时已投入的成本量计算赔付。

2. 收获期农作物保险

收获期农作物保险是以农作物成熟后的初级产品价值为保险标的的保险。它是生长期农作物保险的后续保险，承保农作物收获以后，在进行晾晒、轧打、脱粒和烘烤等初加工过程中，因遭受保险责任范围内的灾害事故所造成的损失。例如，麦场火灾保险、烤烟火灾保险等。保险的主要内容包括：

（1）保险责任。一般分为两种：单项责任和综合责任。单项责任保险在我国发展较快，它只承保一项责任，如火灾。综合责任保险则同时承保数种责任，如火灾、冰雹、水灾等。

（2）保险期限。收获期农作物保险属短期保险，保险期限一般为一个月左右。如烤烟火灾保险从烤烟入炕房起到出炕房止。

（3）保险金额。一般以测定的当年平均亩产量为依据。承保单项责任的，可以足额投保；承保综合责任的，一般只允许投保测定的当年平均亩产量的 5 ～ 7 成。

（4）保险费率。收获期农作物保险费率，一般比生长期农作物保险低。保险费要以亩为单位或按保险金额的比例计收。

（二）林木保险

林木保险是以具有经济价值的天然原始林和各类人工林为保险标的，以其在生长过程中因约定的、人力不可抗拒的自然灾害和意外事故造成的经济损失为保险责任的保险，分为森林保险和果树保险。

由于果木林保险主要是承保林副产品的收获量，在保险条款和办法上类似于农作物保险，因此，这里仅介绍森林保险。

1. 森林保险的保险责任

森林保险是以不同的经济实体所营造的人工林和自然林为保险标的，以林木生长期间因农业风险造成林木价值或营林造林生产费用损失为保险责任的保险。其主要承保责任是火灾造成的损失，保险金额通常以造林成本或林木蓄积量等为依据确定。

森林在生长期遇到的主要灾害有火灾、虫灾、风灾、雪灾、洪水等，其中火灾是森林的最大灾害。从理论上讲，森林的各种自然灾害和意外事故都是可以承保的。但在我国，此项业务开办时间不长，缺乏经验和技术手段，因此目前只承保单一火灾责任，今后将会逐步扩大保险责任范围。

2. 森林保险的保险期限

森林的生长过程较长，可以根据保险标的未来的生长期确定保险期限，也可按一年期承保，到期续保。

3. 森林保险的保险金额

保险金额的确定方式通常有三种：

（1）按蓄积量确定保险金额。该方式适用于中成林投保，可使被保险人获得基本保障。

林木蓄积量 = 单位面积上立木蓄积量 × 总面积

保额 = 总蓄积量 × 木材价格

按蓄积量确定保额时，其木材价格应使用国家收购的最低价格，赔款时应扣除残值。

（2）按成本确定保险金额。即按照造林、育林过程中投入的物化劳动和活劳动计算保险金额，一般包括：树种费，整地、移栽费，材料、运输费，设备、防护、管理费等。由于森林是多年生长的，其成本也是逐年增加的，所以可根据其生长期分若干档确定保险金额。

（3）按造林费确定保险金额。即根据不同林种在造林时一次投入的基本费用计算保险金额，不考虑育林费用的逐年增加和森林的生长价值。该办法只是为了保障森林受灾后能及时更新造林、消除迹地。

4. 森林保险的保险赔偿

按蓄积量保险的，根据实际损失和投保的比例赔付，林木残值应折价从保险赔款中扣除；按成本保险的，根据保险金额和损失程度赔付；按造林费保险的，依保险金额赔付，不考虑林木的损失程度和残值。另外，在计算森林保险的赔款时，要注意免赔额的规定。

5. 森林保险的保险费率

厘定的基本资料包括：标的资源数，灾害的种类、频率、强度，被保险人经营管理及防灾能力，可保范围的预测及最大损失的评估等。

四、养殖业保险

养殖业保险是指以有生命的陆生动物和水生生物为保险标的，对被保险人因保险标的在被饲养期间遭受保险责任范围内的自然灾害、意外事故和疾病引起的经济损失给予补偿的一种保险，包括畜禽保险（家畜保险、畜牧保险、家禽保险）、水产养殖保险（淡水养殖保险、海水养殖保险）和特种养殖保险。

（一）畜禽保险

畜禽保险是以人工养殖的畜禽为保险对象的保险。

（1）保险责任。一般可分为单项责任和综合责任两种。我国目前的畜禽保险多属综合责任保险，主要承保疾病、自然灾害和意外事故三方面原因造成牲畜死亡的损失。此外，为防止疾病传染，经当地政府部门或畜牧部门指令宰杀、掩埋的，也可包括在责任范围之内。

（2）保险期限。一般为一年或一年以内，根据不同种类的畜禽和不同的保险承保方式确定。为防止道德危险、控制保险责任，可规定相应的观察期。在观察期内畜禽因病死亡，保险人不负赔偿责任，但退还保费。

（3）保险金额。确定畜禽保险金额的基础是市场价值和评估价值。保险金额一般掌握在市价或评估价的 70% 以下。

（4）保险费率。确定畜禽保险费率的依据主要是某一类畜禽的损失率。同其他险种一样，其费率也由纯费率和附加费率两部分组成，但要做到因地制宜、公平合理。

（5）保险赔偿。畜禽保险理赔是一项难度大且技术性、时效性都很强的工作。在计算赔款时，要注意扣除条款规定的免赔比例和残余价值。对于没有足数投保的，要实行比例赔偿。

（二）水产养殖保险

水产养殖保险是以利用淡水水域和海水水域进行养殖的鱼、珍珠等水类生物为保险标的，因遭受自然灾害和意外事故而造成经济损失时提供经济补偿的保险。如内塘养鱼保险、对虾养殖保险、蚌珠养殖保险等。

1. 保险责任

一般分死亡责任和流失责任两大类。死亡责任指由缺氧、疾病、他人投毒等灾害事故造成的水产品死亡。流失责任指由台风、龙卷风、暴风、海啸、洪水等自然灾害造成鱼塘、虾池的堤坝倒塌所引起的水产品流失。

此外，为适应经济发展的需要，对一些经济动物养殖业还可以办理特种养殖保险，如对鹿、鸵鸟、鳖、蛇、牛蛙、蚯蚓等，可分别承保养鹿保险、养鸵鸟保险、养鳖保险等。

2. 保险期限

根据不同保险标的的养殖周期和不同地域气候条件分别确定。养殖期在一年以上的，可以按一年期承保，到期续保，另行签单。

3. 保险金额

一般以承保的水面面积（亩或公顷）作为承保单位确定，其方法有：

（1）保成本，即按保险标的在收获时投入的成本作为最高保险金额。

（2）保产量，以市场价格或产品的销售价与产量作为确定保险金额的依据，一般只保 5～7 成。

4. 保险费率

厘定费率的主要依据是保险标的损失率、一次性最大的损失程度以及承保责任时间的长短等因素。另外，水产品的灾害相对集中，为保证水产品保险经营的稳定性，要在损失率之上加较大的稳定系数。

5. 保险赔偿

水产品养殖保险因确定保险金额的方法不同而采取不同的赔偿方法。

（1）保成本的赔偿方法。根据保险标的在保险期限内不同时期投入的成本不同，按条款规定的不同赔付标准计算赔款，残值从赔款中扣除。

（2）保产值的赔偿方法。按实际损失和投保成数赔付，并以不超过保险金额为限，残值也从赔款中扣除。

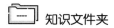 知识文件夹

我国的农业保险

开展政策性农业保险，是国家支持农业发展、有效解决"三农"问题的重要手段，是补贴农民、农业、农村最直接和最有效的形式之一。以政策性保险扶持农业发展是国际通行做法。国内外实践证明，单纯依靠商业性保险难以规避农业风险；而发展政策性农业保险事业，能有效改变生产者在各种风险面前孤立无援的窘境，是国家对农业进行宏观调控政策的一部分，是完善农业社会保障体系的重要内容，是运用政府的背书动员全社会分担农业风险、支持农业发展、保护农民利益的重要手段。

我国是自然灾害多发的国家，与世界平均水平相比，中国自然灾害发生频率高 18 个百分点，自然保护成本高 27 个百分点，中国农业的发展成本比世界农业平均发展成本高 5 个百分点，因此，我国农产品在国际市场上竞争力不强。与此同时，转型期的我国商业性农业保险发展每况愈下。由于农业保险事业发展滞后，受灾的农民很难及时得到相应补偿，往往丧失恢复生产的能力。

我国推进政策性保险试点时机渐趋成熟。近年来，国家发展和改革委员会、财政部、农业农村部、中国保监会、国家税务总局等部门都对农业保险问题进行了专题研究或合作研究，对农业政策性保险在补贴农民、支持农业中的重要作用达成了共识。上海、黑龙江、湖北、内蒙古等地近年来由政府出资，开展了政策性农业保险的有益尝试，积累了操作经验，有关保险机构在经营政策性业务中，通过政府资金补贴和政策支持，经营业务越做

越大。

此外，中国渔船船东互保协会作为非营利性的经营组织，经过10年的发展，相继在沿海省市和部分内陆省份建立了代办点，对如何投保、续保、理赔等方面进行了有益的探索，积累了较为丰富的经验，在依法保障会员权益、为政府分忧、为渔民解难方面树立了良好的信誉，为我国试行政策性渔业保险提供了较好的操作平台。

第三节　保证保险

一、保证保险的含义

保证保险是在被保证人（义务人）根据权利人的要求，要求保险人向权利人担保义务人本人的信用，因自己的作为或者不作为致使被保险人（权利人）遭受经济损失时，由保险人承担经济赔偿责任的保险。

信用保证保险

国际上经营信用保险业务、保证保险业务的除一般财产保险公司外，还有一些专业性的保险公司。保证保险属于担保业务，是由保险公司承担信用风险的保险。但保证保险是否为真正意义上的保险，专业学者对此看法不一。保证保险的特点是：

（1）保证保险涉及三方当事人，即保证人（保险人）、被保证人（义务人）和权利人。

（2）由于保险事故的发生导致保险人对权利人的赔偿，保险人有权利向被保证人追索，被保证人有义务返还。

（3）为控制风险责任，保险人事先必须对被保证人的资信进行严格审查，认为其确有把握才能承保。

（4）在国外，保证保险必须由政府批准的保险人办理，禁止一般保险人承保这项业务。

（5）保证保险的保险费实质上是一种手续费，是保险公司利用自己的名义和资信，向权利人提供担保而获得的报酬。

二、保证保险的分类

保证保险对促使各种经济合同的订立和履行具有积极作用。它有两种形式：一是应被保证人要求向权利人担保其信用，这是狭义的保证保险；二是根据权利人要求担保被保证人的信用，称为信用保险。狭义的保证保险主要有诚实保证保险和确实保证保险。

（一）诚实保证保险

诚实保证保险承保雇主因雇员的不法行为，如盗窃、贪污、欺骗等受到的经济损失。诚实保证保险按其承保的形式，可分为：指名保证保险、职位保证保险、总括保证保险、伪造保证保险和三 D 保单。

1. 指名保证保险

指名保证保险是以特定的雇员为被保证人，在雇主遭受因被保证人的不诚实而造成的损失时，由保证人（保险人）负责赔偿。常分为个人保证保险和表定保证保险两种。①个人保证保险：是以某一特定的雇员为被保证人，当该雇员单独或与他人合谋造成雇主损失时，由保证人承担赔偿责任的保险。个人保证合同只承保特定的个人，费用通常由被保证的雇员支付。②表定保证保险：是指同一保证合同中承保两个以上的雇员，每个人都有自己的保证金额的保证保险。实际上该种保证保险只是将若干个个人保证合同合并为一个保证合同而已。该种保证保险可随机增减，只是必须在规定的表内列出被保证人的姓名及各自的保证金额。

2. 职位保证保险

职位保证保险指在保证合同中不列举各被保证人的姓名及保证金额，只列举各级职位名称、保证金额及每一职位人数的保险。职位保证保险分为两种。①单一职位保证保险：是同一保证合同承保某一职位的若干被保证人，任何人担任此职位均有效的保险。该险种适用于员工流动性较大的单位，担任同一职位的每一位被保证人，都按保单规定的保证金额投保。若约定的承保职位与被保证人人数不变，但被保证人有更换，则无须通知保险人；若职位与人数有变动，则必须通知保险人，否则，保险人将按照投保人数与全部实际人数的比例予以减少。因此，这又可以分为两种情形：按此比例减少每一损失的赔偿金额；按此比例减少每人的保证金额。这种保证保险，任何职位都可以投保，但若同一职位中有一个人投保，则其余人员也必须投保。②职位表定保证保险：是同一保险合同中承保几个不同的职位，每一职位都规定有各自保证金额的保险。其余规定与单一职位保证保险基本相同。在合同订立后新增加的职位，亦可自动承保，但必须在特定的期限内告知保险人，自动保证期间（60 日或 90 日）的保证金额一般亦有一定的限制。

3. 总括保证保险

总括保证保险承保雇主所有的正式职员，是不指出姓名和职位的保证。其特点为：合同不载明每一雇员的姓名、职位名称及保证金额，只要确认损失系雇员的不诚实行为所致，则无须证明由何人或何种职位所致，便可由保险人负责赔偿。

我国的保险公司在涉外业务中也为诸如酒店、宾馆等单位提供诚实保证保险。这种诚实保证保险一般采取指名保证的方式，承担被保险人因其雇员的欺骗或不诚实行为所遭受的直接经济损失。除外责任包括：雇员的欺骗或不诚实行为在超过发现期，或在雇员死亡、退休、被解雇后超过 6 个月才被发现的；雇主的营业性质或雇佣的职责、条件发生变更，或未经保险人认可，减少雇员的报酬；保证账目准确性的预防检查措施没有得到切实遵守；高于每一雇员特别限额和赔偿期总限额的损失部分。另外还规定：凡雇员有调整或更换必须及时通知保险人；当发现雇员的欺骗或不诚实行为可能造成钱财损失时，亦应立即通知保险人；雇主还要积极协助保险人，向因欺骗或不诚实行为造成钱财损失的雇员进行追偿。

4.伪造保证保险

伪造保证保险是承保因伪造或篡改背书、签名、收款人姓名、金额等造成的损失的保证保险，它又分为以下两种形式：

（1）存户伪造保证保险。承保被保证人或被保证人往来的银行因他人以被保证人的名义伪造或篡改支票、汇票、存单及其他凭单票据等所致损失的保险。此处的承保票据仅指支付票据。

（2）家庭伪造保证保险。承保个人在收支款项时因他人伪造所致损失的保险。此处的承保票据包括支付票据、收入票据及收入伪钞。

5.三D保单

三D保单是指不诚实（dishonest）、损毁（destruction）及失踪（disappearance）的综合保单。包括诚实保证和盗窃保险，承保企业因他人的不诚实、盗窃、失踪、伪造或篡改票据遭受的各种损失。

 特别提示

忠诚保证保险亦称"雇员忠诚保证保险"，是保证保险的一种。它以雇主为权利人，雇员为被保险人；承保由雇员的偷窃、伪造、贪污等行为给雇主造成损失的风险。值得强调的是：忠诚保证保险不同于一般的职业责任保险。责任保险的承保范围是被保险人因工作上的疏忽与过失造成的损失的经济赔偿责任。它不承保被保险人的故意行为所造成的第三者的损失。而忠诚保证保险承保的正是职业责任保险的这部分除外责任。可以说，这两个险种是互为补充的。忠诚保证保险在某种程度上具有更为广泛的社会意义。

（二）确实保证保险

确实保证保险是国际保险市场上常见的保证保险，是对业主或其他权利人的保证。当被保证人因无力或不愿履行应尽义务而使权利人遭受损失时，由保险公司代为赔偿。

确实保证保险与诚实保证保险不同。诚实保证保险所承保的危险是雇员的不诚实和欺诈对雇主造成的损失，而确实保证保险承保的危险是被保证人履行义务的能力和意愿；诚实保证保险可由被保证人购买，也可由权利人购买，而确实保证保险必须由被保证人购买。常见的确实保证保险可分为四类：合同保证保险、司法保证保险、许可证保证保险和公务员保证保险。

1.合同保证保险

承保因被保证人不履行各种合同义务而造成权利人的经济损失。它最初主要是适应建筑工程投资人对承包人如期完工的要求而兴办起来的，最普遍的业务是建筑工程承包合同的保证保险。

合同保证保险的主要分类：

（1）产品保证保险。又称产品质量保证保险，承保制造商、销售商或修理商因其制造、销售、修理的产品质量有内在缺陷而造成产品本身损坏时对用户所负有的经济损失赔偿责任。其保险责任包括：①用户更换或修理有质量缺陷的产品所蒙受的经济损失及支出的费用；②赔偿用户因产品质量不符合使用标准而丧失使用价值的损失和由此产生的额外费用；③被保险人根据法院的判决或有关政府当局的命令，收回、更换或修理已投放市场的存在严重质量缺陷的产品造成的损失和费用。

（2）工程保证保险。承保因工程误期所致的各种损失。它又包括以下几种：①投标保证。承保工程所有人因中标人不继续签订承包合同而遭受的损失。②履约保证。承保工程所有人因承包人不能按时、按质、按量交付工程而遭受的损失。③预付款保证。承保工程所有人因承包人不履行合同而受到的预付款损失。④维修保证。承保工程所有人因承包人不履行合同规定的维修任务而受到的损失。

（3）完工保证保险。承保借款建筑人因未按期完工和到期不归还借款而造成的有关权利人的损失。

（4）供给保证保险。承保供给方因违反合同规定的供给义务而使需求方遭受的损失。如制造厂商与某加工厂商订立合同，由制造厂商按期提供一定数量的半成品给加工厂商，一旦制造厂商违反供给义务而使加工厂商遭受损失，若投保了供给保证保险，则由保险人负赔偿责任。

（5）存款保证保险和贷款保证保险。存款保证保险、贷款保证保险也属于合同保证保险的重要形式。其中，存款保证保险是以银行为投保人，以保证存款人的利益为目的，当银行出现支付危机时，保险人负有赔偿责任的一种保证保险。贷款保证保险是指保险人向债权人（银行或其他金融机构）保证从其那里获取贷款的债务人将确实履行还债义务，如果债务人不履行债务致使债权人（银行或其他金融机构）遭受损失，由保险人向债权人负赔偿责任的一种保证保险，其投保人为债务人（被保证人）。其保险金额的确定为借款合同的借款金额，但最高不得超过抵押物售价的一定比例，两者以低者为主，其目的是防止借款人故意逃避银行的债务。目前在我国保险经营实践中，常见的贷款保证保险有住房贷款抵押保证保险、机动车辆消费贷款保证保险、小额贷款保证保险等。

2. 司法保证保险

司法保证保险是因法律程序引起的保证业务。按其保证的内容可分为诉讼保证保险和受托保证保险。

（1）诉讼保证保险。诉讼保证保险是当原告或被告要求法院为其利益采取某种行动而有可能伤害另一方利益时，法院为了维护双方的合法权益，通常要求保险人为申请人的这种诉讼行为提供担保的保险。其行动如扣押、查封、冻结某些财产等。

（2）受托保证保险。受托保证保险是以法院命令为他人利益管理财产的人因其不尽职尽责而造成被管理人的财产损失为保险标的的保险。需要提供这种保证的被保证人包括财产受托人、破产管理人、遗嘱执行人、遗产管理人、缺乏完全行为能力人的监护人。

在若干场合下，若被保证人缺乏为他人管理财产的经验，保证人与被保证人共同管理财产为其出立保证合同的条件。

3. 许可证保证保险

许可证保证保险是担保从事经营活动领取执照的人遵守法规或履行义务的保险。在有些国家，从事某一活动或经营的人在向政府申请执照或许可证时，往往需要提供此种赔偿的保险。常见的许可证保证保险有两种：第一，在被保证人（领照人）违反政府法令或其行为有损于政府或公众利益时，由保险人（保证人）承担由此引起的赔偿责任；第二，保证被保证人（领照人）将按国家法律规定履行纳税义务。

4. 公务员保证保险

公务员保证保险是对政府工作人员的诚实信用提供保证的保险。公务员保证保险分为诚实总括保证保险和忠实执行职务保证保险两种。前者对公务员不诚实或欺诈等行为所造成的损失承担赔偿责任，后者对公务员因工作中未能忠于职守而给政府造成的损失承担赔偿责任。

三、保证保险的内容

（一）工程保证保险的主要内容

1. 申请手续

承包人要填交投保申请书，并提供上年度财务报告、以往和日前工程的承包情况、往来银行的名称和账号以及投保工程合同副本。此外，还要提供可靠的反担保。

2. 承保原则

由于我国保险公司初办该项业务，加上工程合同的内容和有关法律制度尚不完备，原则上不主动争取这类业务，只有在外国投资者、中外合资企业或国内单位要求投保，保险人不予承保会影响工程合同签字的情况下，方可承保。

3. 保险对象

保险对象应具备以下条件：第一，保险人对承包人的资格、能力和财力进行审查后，确认不存在较大的信用风险；第二，投资项目已得到政府有关部门批准，工程已列入国家计划，施工力量、设备材料及市政配套工程等均已得到落实；第三，承包人向保险公司提供反担保或对违约方有把握追偿；最后，工程项目已投保工程保险；第四，保险责任，包括投标保证、履约保证、预付款保证和维修保证等，由保险双方事先约定；第五，理赔规定，保险人的赔偿责任仅以工程合同规定承包人应对工程所有人承担的经济责任为限。

（二）产品保证保险的主要内容

1. 保险对象

凡经国家质检部门检验，符合国家有关部门规定的质量标准，取得正式合格证准予生产的产品，可由生产单位或销售单位向保险公司投保。

2. 承保方式

产品保证保险通常采用预约保险的办法，即保险人和投保人事先就有关预约保险合同的各种保险事项商定好，对投保人在预约期（通常为一年）内生产的产品提供质量保证。有时只对某一批产品提供质量保证。

3. 保险赔偿

产品本身损坏时，在规定的保险金额内按实际损失赔付；属于可修理的产品，按更换零配件的材料费和人工费予以补偿。

📁 知识文件夹

中国人民保险股份有限公司产品质量保证险简介

保障范围：

凡经国家产品检验机构检验合格并批准生产的产品均可投保本保险。

保险产品由于下列原因造成本身的损失，保险公司负责赔偿：

1. 产品的零部件、元器件失效；

2. 产品的设计制造等原因造成主要功能不符合产品规定技术指标。

保险金额：

保险金额为保险期限内的产品销售额。

投保手续：

1. 向本公司任一营业点索取保险条款和有关资料；

2. 如实告知保险标的的风险情况；

3. 确定投保金额，商定保险费率；

4. 书面确认投保意向。

发生保险事故后的处理：

1. 发生保险事故后，被保险人应立即通知保险公司；

2. 确认保险责任后，被保险人应按保险公司的要求提供必要的资料和证明，保险公司在核定损失后赔偿。

第四节 信用保险

一、信用保险的含义

信用保险是根据权利人的要求来担保债务人（被保证人）信用风险的保险，是一项企业用于风险管理的保险产品。其主要功能是保障企业应收账款的安全；其原理是把债务人的保证责任转移给保险人，当债务人不能履行其义务时，由保险人承担赔偿责任。

根据保险标的的性质不同，信用保险可以分为商业信用保险、银行信用保险和国家信用保险。根据保险标的所处地理位置的不同，信用保险可以分为国内信用保险和出口信用保险。目前有很多人根据信用保险在实践中使用的广泛程度，将信用保险分为国内商业信用保险、出口信用保险和投资信用保险三大类，其中以出口信用保险最为普遍。

信用保险虽然属于广义的财产保险，但与一般的财产保险相比，又具有如下特征：

（1）信用保险承保的风险是一种信用风险，而不是由自然灾害和意外事故造成的风险损失，因而无论权利人还是被保证人要求投保，关键都在于保险人事先必须对被保证人的资信情况进行严格审查，认为确有把握才能承保，如同银行对贷款申请人的资信必须严格审查后才能贷款一样。

（2）在信用保险实务中，当保证的事故发生致使权利人遭受损失时，只有在被保证人不能赔偿损失时，才由保险人代为赔偿。

（3）代位追偿权非常重要，保险人在向权利人赔偿后，再代替权利人向义务人追偿。

二、出口信用保险

出口信用保险属商业信用保险。商业信用保险一般分国内商业信用保险和出口信用保险两类，它们都承保货物买卖合同或服务合同中卖方或提供服务方不能按合同规定收回货款或不能及时收回货款所致的损失。这种损失风险产生的原因，在国内商业信用保险中，主要是买方无偿付能力或违约行为；在出口信用保险中，除买方原因外，还有买方无法控制的本国或第三国的政治风险因素。

国内信用保险一般承保批发业务，不承保零售业务；承保 3 ~ 6 个月短期商业信用风险，不承保长期商业信用风险。其险种主要有：赊销信用保险、贷款信用保险和个人贷款信用保险，出口信用保险自 1983 年开办以来发展很快，现已成为涉外风险的一项重要业务，对于鼓励和推动我国的出口贸易、保障出口企业的收汇权益发挥了积极作用。

1. 保险种类

出口信用保险包括短期出口信用保险、中长期出口信用保险和特定出口信用保险。

（1）短期出口信用保险。一般是指信用期不超过 180 天的保险，通常适用于初级产品和消费品的出口。短期出口信用保险可加保货物出运前的毁约风险，根据被保险人的要求，保险期限可延长至一年。

（2）中长期出口信用保险。承保的多是放账期在一年以上结算的大型资本性出口货物，如飞机、船舶、成套设备等。对外工程承包和技术服务项下费用结算的收汇风险也可承保。

（3）特定出口信用保险。在特定情况下，承保特定合同项下的风险。承保对象一般是复杂的大型项目，如大型转口贸易、军用设备、土建工程及其他保险公司认为风险较大，需单独出立保单承保的项目。

2. 承保风险

出口信用保险承保风险包括商业风险和政治风险。

（1）商业风险。又称买家风险，指由进口商的原因造成的收汇风险。具体包括：①买方破产无力偿付货款，或买方经济走向崩溃，对所购货物已无能力支付货款；②买方收到货物后拖欠货款，卖方采取一切合理措施催收而未奏效；③买方违背贸易合同，在卖方发货后拒收货物并拒付货款。

（2）政治风险。又称国家风险，是由非买方所能控制的政治原因造成的收汇风险。具体包括：①买方所在国颁布法律、命令或条例等，阻止、限制买方汇出发票上规定的货币或其他自由兑换的货币；②买方所在国颁布法律、命令或条例等，突然撤销买方的进口许可证，或禁止买方的货物进口；③买方所在国发生战争、内战、暴乱、革命、敌对行为或其他骚动；④买方无法控制的其他政治事件，如有关第三国的政治事件，使买方无法履行合同。

出口信用保险不承保货物出口前业已存在的风险以及卖方违约造成的风险，汇率变动、其他保险中承保的风险也属不保范围。

3. 投保要求

被保险人必须是资信良好、具有相当丰富的出口经验和较高的管理水平、会计账册健全的出口商。投保时，被保险人必须以投保申请书的形式，向保险人如实申报过去一定时期和预计保险年度的出口收汇情况，如出口货物种类、金额、收汇方式、出口国家和地区、过去的损失记录以及将来可能发生损失的情况等，以使保险人决定是否承保或按何种条件承保。

4. 承保范围

被保险人投保的出口货物应全部或部分是本国生产、制造的产品，除另有约定外，非本国产品或转口货物不予承保。短期信用保险一般实行全部投保的原则，不允许只选择风险大的国家或买家投保。中长期信用保险按单个合同投保，但合同须经保险人审查同意。

5. 赔偿限额

赔偿限额可分为：①卖方责任限额，如短期信用保险，通常都规定卖方 12 个月的累计责任限额；②买方信用限额，由卖方向保险人申请，保险人根据每一买方的资信情况确定不同的信用限额。

6. 保险费率

根据收汇风险程度，依下列因素确定：①贸易合同规定的付款条件；②出口商的资信、经营规模和出口贸易的历史记录；③买方所在国的政治、经济及外汇收支情况；④投保的出口贸易额大小及货物种类；⑤以往的赔付记录；⑥国际市场经济发展趋势。

📁 知识文件夹

中国出口信用保险公司信用证保险

信用证保险承保出口企业以信用证支付方式出口时面临的收汇风险。付款期限在 360 天以内。在此保险项下，出口企业作为信用证受益人，按照信用证条款要求，在规定时间内提交单证相符、单单相符的单据后，由于商业风险、政治风险的发生，不能如期收到付款的损失由中国出口信用保险公司补偿。

多重利益：

1. 灵活方便，出口企业可选择将其全部信用证业务统一投保，亦可选择某一或某几笔信用证业务单独投保；

2. 融资更便利，扩大企业经营能力；

3. 赔偿比例高，商业风险和政治风险的赔偿比例均达 90%；

4. 保险费率低；

5. 最高分担 90% 的追讨欠款费用。

承保范围：

1. 货物从中国出口；

2. 支付方式为不可撤销的跟单信用证（L/C）；

3. 付款期限一般在 180 天以内，亦可扩展到 360 天；

4. 有明确的出口贸易合同。

承保风险类别：

1. 商业风险

①开证银行因破产、停业或被接管等无力偿还债务；

②开证银行拒付货款；

③开证银行拖欠货款。

2. 政治风险

①开证银行被其所在国家或地区禁止或限制汇兑货款；

②开证银行所在国家或地区颁布延期付款令，造成货款迟付；

③开证银行所在国家或地区发生战争等不可抗力因素，使开证银行无法履行付款义务。

第五节 投资保险

投资保险承保被保险人因投资引进国政治局势动荡或政府某项法令变动所引起的在投资合同规定范围内的投资损失，又称政治风险保险。在国外，投资保险一般由投资商在本国的专门保险机构投保，投资商为被保险人。但我国的投资保险由我国保险公司为外国的投资商保险，常有保证保险的性质。我国投资保险的主要内容包括：

1. 保险责任

由下列原因造成的损失，保险人在规定的保险金额内负责赔偿：①战争、类似战争的行为、叛乱、罢工及暴动；②政府有关部门征用或没收；③政府有关部门的汇兑限制，使被保险人不能将按投资合同规定可以汇出的外汇汇出。从以上保险责任可以看出，举办投资保险是吸引外资、保障外商在华投资利益的重要举措。

2. 除外责任

①被保险人投资项目受损后造成的一切商业损失或间接损失；②被保险人及其代表违背或不履行投资合同以及违法行为，致使政府有关部门采取征用或没收措施造成的损失；③政府有关部门如规定汇出款期限，但被保险人没有按照规定汇出汇款造成的损失；④原子弹、氢弹等核武器造成的损失；⑤投资合同范围以外任何其他财产的征用、没收造成的损失。

3. 保险期限

分长期和一年期两种。一年期保险到期后可以续转，条件另议。保险公司有权根据形势变化重新决定是否续保以及费率是否优惠等。长期保险期限最短为 3 年，最长为 15 年；3 年以后，被保险人有权注销保险，但如未满 3 年提前注销保险的，被保险人须交足 3 年的保险费。

4. 保险金额

一年期保险金额是该年的投资金额乘以双方约定的百分比。保额规定为投资金额的90%。长期投资项目每年投资金额在投保时按每年预算投资金额确定，当年保额为当年预算金的90%。同时，长期投资项目需确定一个在项目总投资金额下的最高保险金额。

5. 保险费率

根据保险期限的长短、工程项目以及地区条件的不同等情况在投保时由双方约定。不论保险期限长短，保险费均按年结算。但长期项目的保险费需在年度保费的基础上加差额保费。因为长期项目一旦承保，就要负责 3 年以上的风险，保险公司可以在到期时另议条件以决定在当时条件下是否承保。因此，长期投资项目的保费由两部分组成，其公式为：年保费 =（最高保险金额 – 当年保险金额）× 差额费率 + 当年保险金额 × 费率。

6. 保险赔偿

应注意以下两点：①被保险人发生保险责任范围内的损失，保险人按照实际损失以及保险金额与投资额的比例赔偿；如在未来追回损失的款项，亦由保险双方按同一比例分摊。②赔偿期限，按损失原因确定：政府有关部门征用、没收引起的投资损失，在征用、没收发生满 6 个月后赔偿；战争、类似战争行为、叛乱、罢工及暴动造成投资项目的损失，在提供财产损失证明后或投资项目终止 6 个月后进行赔偿；政府有关部门汇兑限制造成的投资损失，自被保险人提出申请汇款 3 个月后赔偿。

📁 知识文件夹

中国出口信用保险公司

中国出口信用保险公司（简称"中国信保"）是我国唯一承办政策性信用保险业务的金融机构，2001 年 12 月 18 日成立，资本来源为出口信用保险风险基金，由国家财政预算安排。中国信保在信用风险管理领域深耕细作，成立了专门的国别风险研究中心和资信评估中心，资信数据库覆盖 7000 万家中国企业数据、超过 2 亿家海外企业数据、4.5 万家银行数据，拥有海内外资信信息渠道超过 400 家，资信调查业务覆盖全球所有国家、地区及主要行业。截至 2019 年末，中国信保累计支持的国内外贸易和投资规模超过 4.6 万亿美元，为超过 16 万家企业提供了信用保险及相关服务，累计向企业支付赔款 141.6 亿美元，累计带动 200 多家银行为出口企业融资超过 3.6 万亿元人民币。

中国信保的主要任务是积极配合国家外交、外贸、产业、财政和金融等政策，通过政策性出口信用保险手段，支持货物、技术和服务等出口，特别是高科技、附加值大的机电产品等资本性货物出口，支持中国企业向海外投资，为企业开拓海外市场提供收汇风险保障，并在出口融资、信息咨询和应收账款管理等方面为企业提供快捷、便利的服务。

中国信保的主要产品包括：短期出口信用保险、国内贸易信用保险、中长期出口信用保险、投资保险、担保业务。新产品包括：中小企业综合保险、外派劳务信用保险、出口票据保险、农产品出口特别保险、义乌中国小商品城贸易信用保险和进口预付款保险。主要服务有融资便利、国际商账追收、资信评估服务以及国家风险、买家风险和行业风险评估分析等。

本章小结

本章主要介绍了政策保险相关内容，包含农业保险、保证保险、信用保险、投资保险等内容。

政策保险是政府为实现某项政策目的，对于商业保险公司难以经营的某些保险予以一定政府补贴而实施的保险。政策保险具有经营性质的政策性、经营目标的非营利性和业务内容的特殊性三大特征。

政策保险主要包括促进本国农业发展的农业保险、促进经济合同订立和履行的保证保险、促进本国对外贸易和对外投资发展的出口信用保险和海外投资保险。

农业保险是保险人专为农业生产者从事种植业和养殖业生产的过程中，因遭受自然灾害和意外事故造成的经济损失提供经济保障的保险。农业保险包括种植、养殖两业保险，种植业保险一般分为农作物保险和林木保险两类，养殖业保险一般分为畜禽养殖保险和水产养殖保险两类。

保证保险是在被保证人（义务人）根据权利人的要求，要求保险人向权利人担保义务人本人的信用，在义务人的作为或者不作为致使被保险人（权利人）遭受经济损失时，由保险人来承担经济赔偿责任的保险。保证保险主要有诚实保证保险和确实保证保险。诚实保证保险按其承保的形式，可分为指名保证保险、职位保证保险、总括保证保险、伪造保证保险和三 D 保单，常见的确实保证保险可分为合同保证保险、司法保证保险、许可证保证保险和公务员保证保险。

出口信用保险是指以出口贸易中国外买方按期支付货款的信用作为保险标的，保险人对被保险人因国外买方到期不能履行清偿债务的义务而造成的经济损失负赔偿责任的保险。这是一国政府为促进本国对外贸易的发展而开办的，政府扶持力度大，是典型的政策性保险，主要有短期出口信用保险和中长期出口信用保险两种。

思考与练习

投资保险承保被保险人因投资引进国政治局势动荡或政府某项法令变动所引起的在投资合同规定范围内的投资损失，又称政治风险保险。

参考答案

第十二章
再保险实务

1.了解再保险的含义。

2.掌握再保险合同的三种安排方式。

3.掌握比例再保险，能进行简单的计算。

4.掌握非比例再保险，能进行简单的计算。

5.能进行简单的再保险安排和规划。

第一节　再保险概述

再保险是保险人分散风险、均衡业务、实现经营稳定的一种有效方法，也是世界各国保险监管机构确保保险人偿付能力的一种有效手段。随着社会经济和科学技术的不断发展，保险人承担的保险责任日益增大。由自然灾害和意外事故造成的财产损失和人身伤害越来越大，保险人面临着巨灾风险和巨额风险。为了转移保险经营风险，保险人通过再保险，将超过自身承保能力的业务和责任转移给其他保险人，以实现保险责任与财务能力的匹配。所以，在现代保险经营活动中，再保险已成为必不可少的重要环节。

再保险

一、再保险的含义

再保险也叫分保，是保险人在原保险合同的基础上，通过签订再保险合同，将其在原保险合同中所承保的风险和责任的部分或全部向其他保险人进行转嫁的行为，又称为"保险的保险"。

原保险关系和再保险关系都必须通过签订经济合同来确立。原保险合同和再保险合同均属保险合同。原保险合同是投保人与保险人之间所签订的协议，以保障被保险人的经济利益，这种合同所承保的保险业务我们称之为直接业务，或原保险。当保险人承保的直接业务金额较大且风险较为集中时，就与其他保险人通过订立再保险合同确立分保关系，将过分集中的风险责任转移一部分出去，以保障原保险人的经济利益。这种合同承保的保险业务我们称之为再保险业务。保险人通过签订再保险合同，支出分保费，将其承保的风险和责任的一部分转嫁给一家或多家保险或再保险公司，以分散风险责任，保证其业务经营的稳定性。分保接受人按照再保险合同的规定，对保险人的原保单下的赔付承担补偿责任。再保险的责任额度按接受人对于每一具体的危险单位、每一次事故或每一年度所承担的责任在再保险合同中分别加以规定。

在再保险交易中，将业务风险责任通过分保转移出去的保险公司称为原保险人或分出公司，接受业务风险责任的公司称为再保险人或分保接受人或分入公司。和直接保险转嫁风险一样，再保险转嫁风险责任也要支付一定的保费，这种保费叫作分保费或再保险费；同时，由于分出公司在招揽业务过程中支出了一定的费用，分出公司需要向分入公司收取一部分费用加以补偿，这种由分入公司支付给分出公司的费用报酬称为分保佣金或分保手续费。如果分保接受人又将其接受的业务再分给其他保险人，这种业务活动称为转分保，双方分别称为转分保分出人和转分保接受人。

二、再保险的作用

再保险的产生主要是出于保险人对风险分散的需要。随着保险及再保险的发展，在当今国际保险市场中，再保险已是必不可少的。世界各国无一不容许并鼓励本国保险企业之间以及与其他国家同业之间发展再保险交往，这主要是由于再保险具有独特的、多方面的重要作用。

（一）再保险对分保分出人的作用

1. 分散风险，均衡业务质量

保险业务的科学经营是建立在概率论的基础上的，根据大数法则，承保标的的数量越多，风险分散就越彻底，保险经营的财务稳定性就越好。而大数法则发挥作用存在一些前提条件，不仅要求保险标的的性质一致，还要求保险金额大致相等。对于前者，可在承保时通过风险选择同类业务的标的满足一定的品质要求，但实际保险标的的价值差异较大，难以满足保额均衡的要求。通过再保险，运用一定方法如溢额再保险将超过一定标准的责任转移出去，使自留的同类业务保额均衡化。这样，既不用减少接受的业务量，又达到了提高保险经营财务稳定性的目的。

2. 控制责任，稳定业务经营

保险企业是经营风险的特殊企业。当其承保的当年业务赔款和费用支出之和超过当年保费收入时会出现亏损；当年保费出现剩余时，才会有盈利。由于承保的偶然性，各年的损失率必然呈现一定的波动，造成保险业务经营的不稳定。再保险作为一种稳定机制，在损失率高的年度通过分保摊回减少亏损，从而使分出公司每年能获得均衡利润。而在发生难以预计的巨大灾害，或保险事故频发的年度，可以避免巨额损失累积，保障分出人不受异常冲击。

3. 扩大承保能力，增加业务量

保险公司的安全经营关系社会各方面的利益，故各国均对保险公司的偿付能力作出了法律规定。如我国《保险法》第一百零二条规定："经营财产保险业务的保险公司当年自留保险费，不得超过其实有资本金加公积金总和的四倍。"第一百零三条规定："保险公司对每一危险单位，即对一次保险事故可能造成的最大损失范围所承担的责任，不得超过其实有资本金加公积金总和的百分之十；超过的部分应当办理再保险。保险公司对危险单位的划分应当符合国务院保险监督管理机构的规定。"由以上法律规定可以看出，一家保险公司对直接业务的承保能力及业务量均受资本额的限制。资本薄弱的保险公司，不能承保超过自身财力的大额业务，即使资本雄厚的保险公司，也不能轻易承保大额业务，但有了再保险的支持，可以通过分保减少同一风险单位的保额及保费数量，从而可在资本额一定的条件下，在法规允许的范围内，争取更多业务及承保巨额标的。

4. 降低营业成本，增加可运用资金

再保险不仅使分出公司业务稳定，增加盈余机会，而且在财务上还有更强的支持帮助作用。首先，分保使业务量增加，保费收入增长，但营业费用并不按比例增长，因而降低了营业成本。其次，办理分保后，接受公司还对分出公司提供分保佣金及盈余佣金，增加分出人收益。最后，分出人还可以在分保费中扣存保费准备金和未决赔款准备金，所以分出人可运用资金大大增加。

5. 加强与国际保险市场的联系，提高经营管理水平

办理再保险所需专业知识要求比直接保险业务更丰富，分出人有较高的业务管理水平，尤其是对风险的评估、自留额的确定、费率的厘定，合理安排分保，以最小的分保成本获取最大的收益。由于再保险大多在国际范围内进行，所以通过分保可以密切国外同业关系，学习先进管理技术，了解市场信息。

（二）再保险对分保接受人的作用

1. 扩大风险分散面

再保险人对于自己承保的业务也要寻求风险的分散，争取风险单位大量化。在许多情况下，再保险人同时也是直接保险人，当他接受分出公司分来的同类业务时，无疑扩大了同类业务的风险单位数，风险分散面得以扩大，特别是业务来自不同地区时，则实现了风险在空间领域上的分散。

2. 节省营业费用

相对来说，再保险公司接受分入业务所负担的费用，比直接承保业务所承担的费用要少。因为再保险公司不必为招揽业务而到处设立分支机构或代理机构，也不必为处理赔款而训练及设置许多专职理赔人员。此外，再保险公司可靠少数几个合同分入大量的业务，从而节省了直接承保业务的签单费用。由于再保险合同是在保险同业之间签订的，

所需的人力物力要少于直接业务。再保险公司因接受分入业务而获得再保险费收入，虽有佣金的支出和赔款的分摊，但由于营业费用节省，收支相抵，往往收益很大。当今世界上专业再保险公司不断设立，这也是其中的原因之一。

3. 借鉴经验的重要途径

再保险人可通过分入业务的关系，利用原保险人的经验和技术弥补自身在某些方面的不足。因此，对于再保险人来说，接受其他保险人的分入业务，也是借鉴他人先进保险经验和技术的重要途径之一。

（三）再保险对被保险人的作用

1. 加强安全保障

虽然原被保险人不能直接向再保险人要求赔款，但保险业务办理再保险之后，再保险接受人也要承担损失后的赔款责任，这样，被保险人对保单更加信任，感到更加安全可靠。事实上，对于大额业务，通过再保险，被保险人往往可获得广泛的国际安全保障。

2. 简化投保手续

在缺乏再保险的情形下，如果是大额业务，投保人可能要与多个保险人洽商才能解决风险转移、分散的问题。有再保险的支持，如果保险公司办理了再保险，则投保人仅与一个保险人洽商即可，不必向多个保险公司投保，可大大节省人力物力。而且，在同一保单下，权利和义务的规定是一致的；相反，若与多家保险公司签订保险合同，内容难免有所出入，极易使投保人蒙受损失。

3. 提高企业信用

在一些国家，再保险可使原被保险人在巨额交易情形下迅速得到银行的融资，便利工商企业的经营。因为被保险人在向银行申请贷款时，其抵押品的风险可由保险获得担保，不仅有保险公司的承保，而且有再保险的第二线保障，信用可靠。

4. 支持自办保险

在西方国家，大型企业的专属保险颇为流行，实际上，专属保险是企业的一种特殊的风险财务机制，再保险则保证了这一机制的正常运行，解决了企业在风险管理方面的诸多难题。对于自己保险的企业，再保险可协助其自行承担风险，并且解决其担心遭受巨大损失的忧虑。

三、再保险的分类

再保险的险种一般按直接保险业务划分，因而是很多的。但通常所说的再保险的分类主要有两种划分标准：一是按分保安排方式来划分；二是按责任分配方式来划分。

（一）按分保安排方式划分

1. 临时分保

临时分保是由分出公司根据业务需要，临时选择分保接受人，经分保双方协商达成协议，逐笔成交的再保险安排方法。其本质在于：一方面，对于某一危险，保险人是否要进行分保、分保多少，完全由本身所承受的风险责任状况以及自留的多少来决定，逐笔与再保险人接洽；另一方面，再保险人是否接受、如何接受、接受多少，可根据危险的性质、本身的承保能力、与原保险人的义务关系等酌情自行决定。临时分保双方均有完全自主选择权，是最古老、最原始的分保方式，目前仍被广泛使用。

2. 合同分保

合同分保是再保险安排的最主要的方法，由分出公司与分入公司预先订立分保合同，在一定时期内对一宗或一类业务进行缔约人之间的约束性的再保险安排。在分保合同中，分保双方经协商将分保方式及成分、业务范围、地区范围、除外责任、分保佣金、盈余佣金、自留额、合同最高限额、业务明细表的编送、再保险费账单的编送和结付、赔款的摊付、责任的开始与终了、货币的种类及汇率变动等各项分保条件，用条文方式予以固定，以明确双方的权利和义务。凡属合同规定范围内的业务，分出公司自动分出，分入公司必须接受，对双方都有强制性。

3. 预约分保

预约分保是介于临时分保和合同分保之间的一种分保方法。对于分出公司具有临时分保的性质，可以像临时分保一样选择是否分出以及分出成分；对于接受公司具有合同分保的性质，一旦有预约分保范围以内的分入业务则必须接受，无选择余地。预约分保是通常用来解决特定地区、特定危险、特定巨大责任额时的权宜措施，因其对分出公司较为有利，所以接受公司不大乐意接受这种分保方法，仅在业务关系密切且能够相互信赖的公司之间运用。

（二）按责任分配形式划分

按照责任分配方式不同，再保险可以分为比例再保险和非比例再保险。

1. 比例再保险

比例再保险以保险金额为基础确定每一危险单位的自留额和分保额，分出公司的自留额和接受公司的接受额均是按照保险金额的一定比例确定的，同时分出公司、分入公司按照比例来分割保费、分摊责任。比例再保险包括成数再保险、溢额再保险、成数溢额混合再保险三个品种。

2. 非比例再保险

非比例再保险以赔款金额为基础来确定每一危险单位的自留额和分保额，即当分出公司赔款超过一定额度或标准时，其超过部分由接受公司负责，直至一定额度或标准的分保方式，又叫超额分保。非比例再保险主要包括险位超赔分保、事故超赔分保、赔付率超赔分保、伞形超赔等。

➤ **知识文件夹**

世界再保险市场总体情况

1. 世界再保险规模

根据国际保险监督官协会（IAIS）提供的数据显示，2003—2015年，世界再保险市场毛保费收入在小范围内波动，市场规模变化不大，毛保险费规模约为17500亿美元。但2016年世界再保险毛保费收入激增，超过了20000亿美元，其中净再保险费近年来逐步增加，超过了15000亿美元。另据标普全球评级公司数据，世界前五大再保险公司依次为瑞士再保险公司、慕尼黑再保险集团、汉诺威再保险公司、伯克希尔-哈撒韦再保险集团、斯考再保险公司。其中德国公司占了两个席位，其他分别属于瑞士、美国和法国。瑞士再保险公司和慕尼黑再保险公司净再保险保费收入更是超过了3000亿美元，占据市场超过32%的市场份额。可见，瑞士再保险与慕尼黑再保险公司在市场上是高度垄断的。

2. 各业务再保险净再保险费收入占比情况

2017年国际保险监督官协会调查数据显示，在再保险市场上，主要的净再保险保费收入来自寿险业和财产保险业，分别占据了34%与37%的市场份额，另外责任保险也不容小觑，大约占据了27%的市场份额。财务再保险所占市场份额比例较少，约为2%。

3. 世界再保险分区域净保费收入规模

标普全球评级公司数据显示，美国、欧洲（瑞士、德国、西班牙、英国、爱尔兰）、亚洲（中国、日本、韩国）等国家或地区净再保险保费收入都超过了25亿美元，美国的净再保险费收入为4308亿美元，德国为4282亿美元，瑞士为1769.3亿美元，英国为1389亿美元，日本为1069.5亿美元，中国为392.1亿美元，这些国家是世界上最主要的再保险收入来源区域；紧接着是印度、澳大利亚等国家，其净再保险保费收入在15亿～25亿美元；世界的第三梯队是巴西和南非，净再保险保费收入在5亿～15亿美元；稍微次之的是加拿大、俄罗斯、波兰和土耳其等国家，净再保险保费收入少于5亿美元。

4. 各地区再保险保费承保和分出情况

数据显示，北美再保险市场与欧洲再保险市场仍是世界最主要的两大再保险市场，两大再保险市场承保的再保险保费规模十分接近，都超过了2000亿美元。分出的再保险净保费中北美占据第一的位置，达到了1351.24亿美元，欧洲紧随其后，也达到了497.55亿美元，亚洲最少，为272.14亿美元。

（资料来源：庄建非、胡菲.全球再保险市场现状及特点分析，《今日财富》2018年第6期）

➤ **知识文件夹**

中国再保险市场发展与现状

1. 中国再保险市场的发展

中国再保险市场开始于 20 世纪 30 年代。当时的再保险业务主要由外商操纵,华商保险公司因实力薄弱,主要通过联合经营,增强对巨额业务的承保能力。中华人民共和国成立初期,主要由中国人民保险公司和中国保险公司接受私营保险企业的分出任务。此外,私营保险公司组成上海民联分保交换处,经营参加该交换处的保险公司的互惠分保,并与在天津成立的华北"民联"订立分保合约,接受其预约分保。1953 年,随着私营保险公司合并经营和外商保险公司的退出,再保险市场主体逐渐减少,分保业务逐步演变成由中国人民保险公司一家办理国际再保险业务的局面。1959 年,我国国内保险业务停办以后,涉外保险业务和国际分保业务由中国人民银行国外业务管理局保险处统一负责。 改革开放以后,1979 年恢复了国内保险业务,与此同时,再保险业务也重新由中国人民保险公司经营。随着我国保险体制的改革,1996 年 2 月,中保再保险公司正式成立,从此结束了新中国成立以来无专业再保险公司的历史。1999 年,中保再保险公司又改组成中国再保险公司,成为独立的一级法人,经营各类再保险业务。2003 年,中国再保险公司实施股份制改革,并于 2003 年 8 月 18 日正式更名为中国再保险(集团)公司,由中国再保险集团作为主要发起人并控股,吸收境内外战略投资者,共同发起并成立了中国财产再保险股份有限公司、中国人寿再保险股份有限公司、中国大地财产保险股份有限公司。

2. 中国再保险市场现状

截至 2018 年,在中国再保险登记平台注册的中国再保险市场经营主体共 642 家,包括境内注册的专业再保险公司、外资再保险公司分公司、经营再保险业务的直保公司、境外专业再保险公司和保险公司。在中国再保险登记平台注册的再保险经纪公司共 229 家。中国境内大概有 13 家再保险公司,分别是中国再保险(集团)股份有限公司、中国财产再保险有限责任公司、中国人寿再保险股份有限公司、太平再保险(中国)有限公司、人保再保险股份有限公司、前海再保险股份有限公司、瑞士再保险股份有限公司北京分公司、慕尼黑再保险公司北京分公司、德国汉诺威再保险股份公司上海分公司、法国再保险公司北京分公司、德国通用再保险股份有限公司上海分公司、美国再保险公司上海分公司、大韩再保险公司。从业务经营方面来讲,根据不完全统计,2018 年上半年,境内 13 家再保险公司总营业收入 1013 亿,其中中资再保险公司市场占比 80%,外资占 20%。

(资料来源:相关数据整理自原中国保险监督管理委员会官方网站)

第二节　比例再保险

比例再保险是以保险金额为基础来确定分出公司的自留额和接受公司责任额的再保险方式，故有金融再保险之称。在比例再保险中，分出公司的自留额和接受公司的责任额都表示为保额的一定比例，该比例也是双方分配保费和分摊赔款时的依据，也就是说，分出公司和接受公司对于保费和赔款的分配按照保额的同一比例进行，这就充分显示了保险人和再保险人利益的一致性。所以，比例再保险最能显示再保险当事人双方共命运的原则，因而其应用范围十分广泛。不论是一般性大额保险业务，还是巨灾性分保业务，都可以运用比例再保险作为分保合同的基础。

一、成数再保险

成数再保险是指原保险人将每一危险单位的保险金额按照约定的比例分给再保险人的再保险方式。按照成数再保险方式，不论分出公司承保的每一危险单位的保额大小，只要是在合同规定的限额以内，都按照双方约定的比例进行分配和分摊。

例 11-1：假设有一工程保险成数再保险合同，确定每一位危险单位的最高责任限额为 1000 万元，自留比例为 40%，分出比例为 60%，则称此合同为 60% 成数分保合同。当分出人有三笔工程险业务时，责任、保费、赔款计算见表 11-1。

表 11-1　成数分保计算

单位：万元

工程	总额			自留（40%）			分出（60%）		
	保额	保费	赔款	保额	保费	赔款	保额	保费	赔款
A	300	3	0	120	1.2	0	180	1.8	0
B	800	8	200	320	3.2	80	480	4.8	120
C	2000	12	600	400	2.4	120	600	3.6	300

在表 11-1 中，因工程 C 保额 2000 万元已超出合同限额 1000 万元，故双方只需在 1000 万元保额内按比例承担 400 万元和 600 万元，同时按承担保额占总保额的比例分割保费及赔款。超过合同限额的 1000 万元可另行安排分保，若无安排，则由分出人自负，相应保费和赔款也自留。

通过本例可以发现，成数再保险的责任、保费和可能承担的赔款与对应的总责任、总保费和总赔款的比例，三者完全一致，因而其计算简便、管理成本低。

（一）成数再保险的特点

（1）合约双方利益一致。由于合同成数分保对于每一危险单位的责任均按保险金额由分出公司和接受公司按比例承担，因此，合同双方存在真正的共同利益，不论业务良莠大小，双方共命运，不论经营的结果盈亏，双方利害关系一致。在各种再保险方式中，成数再保险是保险人与再保险人双方利益完全一致的唯一方式。正是由于这一点，成数分保合同双方很少发生争执。

（2）手续简化，节省人力和费用。从前面所举例子来看，采用成数分保，分出公司和接受公司之间的责任、保费和赔款分配都按约定的同一比例进行计算，使得分保实务和分保账单编制方面手续简化，可以节省人力、时间和管理费用。

（3）缺乏弹性。成数分保具有简便的优点，同时也就意味着缺乏弹性，其结果表现为对接受公司有利，对分出公司不利。一方面，对于分出公司来说，按照固定比例自留业务，所以对于质量好、保额不大的业务，也要按比例分出，不能多做自留，从而使分出公司支付较多的分保费。另一方面，当业务质量较差时，分出公司又不能减少自留，相当于放弃了决定自留的权利。概括来说，成数再保险往往不能满足分出公司获得准确再保险保障的需求。

（4）不能均衡风险责任。由于成数分保按保险金额的一定比例来划分双方的责任，故所有业务的保险金额，每一笔均按再保险的比例变动。但对于危险度的高低、损失的大小并不加以区别而做适当的安排，因而它不能使风险责任均衡化。换句话说，原保险合同保险金额高低不齐的问题在成数分保之后仍然存在。虽然合同通常有最高限额，但这是为防止责任累积而设置的，并非为了使风险责任均衡化。因此，成数再保险还必须借助其他形式来分散风险。

（二）成数再保险的运用范围

成数再保险的特点决定了它的运用范围。一般来说，资力雄厚、历史悠久的保险公司较少采用成数再保险，故成数再保险多运用于新的公司、险种和特种业务。具体来说大致有以下几种情况。

（1）新创办的保险公司，由于缺乏经验，采用成数再保险，可得到再保险人在风险分析、承保、赔款处理等技术方面更多的帮助。

（2）对于新开办的险种，由于缺乏统计资料和实践经验，一般也采用成数再保险处理大额业务。

（3）一般来说，汽车险、航空险等危险性较高、赔款频繁，成数再保险可发挥其手续简便、双方共命运的优势。

（4）对于保额和业务质量比较平均的业务，如粮食运输业务，其运载工具的吨位及每船的保额大致相同，采用成数分保时限额不会太高，业务比较稳定，可以收取较高的分保手续费，同时免去了责任累积之虑。

（5）各类转分保业务，由于手续烦琐，采用其他的分保方式比较困难，一般都采用易于计算的成数再保险方式。

（6）由于成数再保险条件优惠，故在国际分保交往中往往用作交换，以取得回头业务。

（7）属于同一资本系统的子公司和母公司之间以及集团内部分保，为简化分保手续，一般也采用成数再保险方式进行分保。

（8）成数再保险与其他分保方式混合运用，使再保险的安排各方面都合情合理，同时又达到了风险分散的根本目的。

应该指出的是，成数再保险的优点是主要的，这是成数再保险被广泛采用的重要原因。

二、溢额再保险

溢额再保险是由保险人与再保险人签订协议，凡合同规定范围内的业务，以每一危险单位的保险金额的一定数额作为自留额，以自留额的一定线数（倍数）作为分出额，并分别按自留额和分出额占保额的比例来分配保费和分摊赔款的一种再保险方式。

对于溢额合同来说，与成数合同相同的是都以保额为基础确定自留额与分保额，并按自留额和分保额占保额的比例来划分保费和赔款。但在成数分保合同中，每一笔业务都是按固定百分比办理的，而在溢额分保中自留额为确定金额，由于每一业务的保额不同，因而自留与分出比例在不断变动，而不存在固定比例。并且在溢额合同中，只有当危险单位的保额超出自留额时才需办理分出，在自留额限度内的业务则可全部自留，而不像成数合同，无论业务大小一律分出。

例11-2：假设有一工程保险溢额再保险合同，确定每一位危险单位的最高自留额为400万元，线数为3，即分保限额=400×3=1200（万元）。则此合同称为4线溢额分保合同，合同总容量为1600万元。当分出人有三笔工程险业务时，责任、保费、赔款计算见表11-2。

表11-2　溢额分保计算

单位：万元

工程	总额			自留额			分出额		
	保额	保费	赔款	保额	保费	赔款	保额	保费	赔款
A	300	3	0	300	3	0	0	0	0
B	800	8	200	400	4	100	400	4	100
C	2000	12	600	400	2.4	120	1200	7.2	360

在表11-2中，因工程C保额2000万元已超出合同容量1600万元，超过合同限额的1000万元可另行安排分保；若无安排，则由分出人自负，相应保费和赔款也自留。

溢额再保险有以下四个特点：

（1）可以灵活确定自留额，分保费流失较少。溢额分保可根据不同的业务种类、质量和性质确定不同的自留额。凡自留额以内的业务，全部由分出公司自留，不必分出，因而不论在业务的选择上，还是在节省分保费支出方面，都具有优越性。

（2）分保双方经营成果不一致。在溢额合同中，分出公司和接受公司的经营成果，随保额、承担责任以及损失情况不同而产生较大的差异。

（3）分保手续比较烦琐费时。以船舶险为例，办理溢额分保时，要根据业务单证对每一艘船只逐一进行登卡和管理限额，计算出不同的分保比例，并按这一比例逐笔计算分保费和摊回赔款，编制分保账单和统计分析也较麻烦。所以，办理溢额分保需要限额的管理和必要的人力，因而会增加管理费用。

（4）溢额分保是再保险实务中应用最广泛的方式。根据其业务特点，一般来说，对于危险性较小、利益较优且风险较为分散的业务，多采用溢额分保方式，以保留充足的保费收入。对于质量不一、保额不均匀的业务，也往往采用溢额分保来均衡风险责任。在国际分保交换中，溢额分保也是常见和优先考虑的业务。

三、成数溢额混合再保险

成数溢额混合再保险即将成数合同和溢额合同组织在一个合同内，以成数再保险的限额作为溢额再保险的自留额，再以自留额的若干倍数（线数）确定溢额再保险的限额。

例 11-3：某成数合同最高责任额为 100 万元，分保比例为 60%。另定一溢额合同，其责任限额为成数部分最高责任额 100 万元的 2 倍（线数为 2）。因此，在某一业务的保额超过 100 万元时，超过部分在 200 万元以内的由溢额合同处理。混合分保中责任的分割以表 11-3 为例说明。

表 11-3 成数溢额混合分保计算

单位：万元

保险金额	成数合同		溢额合同接受额
	自留额	接受额	
50	20	30	0
100	40	60	0
250	40	60	150

第三节 非比例再保险

非比例再保险是以赔款为基础来确定再保险当事人双方的责任，因此又称为超过损失再保险。由于超过损失再保险是对原保险人赔款超过一定额度或标准时，再保险对超过部分负责，故又称第二危险再保险，以表示责任的先后。非比例再保险的种类很多，常见的有险位超赔分保、事故超赔分保、赔付率超赔分保、伞形超赔分保等。

一、险位超赔再保险

险位超赔再保险以每一危险单位所发生的赔款为基础来计算自负责任额和再保险责任额。合同双方约定，对于每一危险单位所发生的赔款，分出公司自负一定的金额，接受公司负责超过的一定金额。假若总赔款金额不超过自负责任额，全部损失由分出公司赔付；假若总赔款金额超过自负责任额，超过部分由接受公司赔付。但在合同中再保险责任额定也是有一定限度的。

例11-4：现有已超过100万元以后900万元的火险险位超赔分保合同，表示为"超过100万元以后的900万元"，用英文表示为"9 000 000 in excess of 1 000 000"或"9M XS 1M"。在一次事故中有3个危险单位遭受损失，则赔款的分摊见表11-4。

表11-4　险位超赔的赔款分摊

单位：万元

危险单位	发生赔款	分出公司承担赔款	接受公司承担赔款
A	150	100	50
B	400	100	300
C	800	100	700
总计	1350	300	1050

考虑一种极端情况，假设一次事故造成10个危险单位遭受损失，每个危险单位的损失为100万元，合计损失1000万元。但根据以上险位超赔分保合同，由于每个危险单位的损失均小于自负责任额，全部损失都由原保险公司自行承担。因此，仅使用险位超赔分保合同不能达到分散巨灾风险或累积责任风险的目的。

二、事故超赔再保险

事故超赔再保险是以一次事故或巨灾所发生赔款的总和来计算自负责任额和再保险责任额的再保险方式，即以一次事故中多数危险单位的责任累积为基础来分摊赔款。在事故超赔再保险方式下，无论一次事故中涉及的风险单位有多少、保险金额有多大，只要总赔款是在分出公司自负责任额内，则由分出公司自行赔付。当总赔款超过分出公司自负责任额时，超过部分由接受公司负责赔付至一定额度。事故超赔是险位超赔在空间上的扩展，目的是保障一次事故造成的分出人的责任累积，常用于异常灾害或巨额风险的再保险，具有防范巨灾损失的功能，故又称为异常灾害再保险。

例11-5：现有已超过100万元以后900万元的火险事故超赔分保合同，在一次事故中有10个危险单位遭受损失，每个危险单位产生的赔款为100万元，合计赔款1000万元，则按照事故超赔分保合同的约定，原保险公司仅需承担100万元的赔款，超过100万以后的900万元的赔款由再保险公司承担。

三、赔付率超赔再保险

赔付率超赔再保险是按赔款与保费的比例来确定自负责任和再保险责任的一种再保险方式，即在约定的某一年度内，对于赔付率超过一定标准的，由再保险人就超过部分负责至某一赔付率或金额的再保险方式。赔付率超赔再保险的赔付按年度进行，既有赔付率的限制，也有一定金额的责任限制。由于这种再保险可以将分出公司某一年度的赔付率控制在一定的标准之内，所以对于分出公司而言，又有停止损失再保险或损失中止再保险之称。

赔付率超赔再保险合同中，分出公司的自留责任和接受公司的再保险责任都是由双方协议的赔付率标准限制的。因此，正确、恰当地规定这两者的标准是这种再保险的关键。议定的标准既要能够在分出公司赔款较多、遭受过重损失时给予保障，又不能使分出公司借此从中牟利，损害再保险人的利益。通常，在营业费用率为30%时，再保险的起点赔付率为70%，最高责任一般规定为营业费用率的2倍即60%，也就是说，再保险责任是负责赔付率在70%～130%部分的赔款。

例11-6：有一赔付率超赔合同规定，赔付率在70%以下由分出公司负责，70%～120%部分，即超过70%以后的50%由接受公司负责，并规定赔付金额60万元的责任限制，两者以较小者为准。假设净保费收入为200万元，已发生赔款为160万元，则赔付率为80%，分出公司负责70%，计140万元；接受公司负责70%以后的部分，即10%，计20万元。

例11-7：仍以上例的合同为例，但已发生赔款为270万元，则赔付率为135%；分出公司负责70%，计140万元；接受公司负责70%以后的50%，即100万元（大于60万元）。因此，接受公司只需承担60万元的赔款，剩余的70万元仍由分出公司负责。

四、非比例再保险的特点

与比例再保险相比，非比例再保险具有如下特点：

（1）在比例再保险之下，接受公司接受分出公司承保责任的一定比例，因此所有保费及赔款皆与分出公司保持一定的分配比例；非比例再保险则不然，接受公司的所有保费及赔款并不以分出公司的保费及赔款成比例的方式出现，不分担比例责任，仅在赔款超过分出公司自负额时承担责任。

（2）比例再保险是以保额为基础分配自负责任和分保责任，而非比例再保险是以赔款为基础，根据损失额来确定自负责任和分保责任，接受公司的责任额不受原保险金额大小的影响，而与赔款总额相关联。

（3）比例再保险按原保险费率计收再保险费，且再保险费为被保险人所支付的原保险费的一部分，与再保险业务占原保单责任保持同一比例；非比例再保险采取单独的费率制度，再保险费以合同年度的净保费收入为基础另行计算，与保险费并无比例关系。

（4）比例再保险通常都有再保险佣金的规定，而非比例再保险中，接受公司视分出公司与被保险人的地位相等，因此，不必支付再保险佣金。

（5）比例再保险的接受公司对分入业务必须提存未满期责任准备金，而非比例再保险的接受公司并不对个别风险负责，仅在赔款超过起赔点时才负责，故不发生未满期保险费责任。

（6）比例再保险赔款的偿付通常都由账户处理，按期结算；非比例再保险对赔款多以现金偿付，并于接受公司收到损失清单后短期内如数支付。

第四节　再保险安排和规划

再保险规划是指在再保险合同订立前，分出公司根据不同业务类别、自身财务状况及市场状况，运用各种再保险方式与方法，对自留额与转嫁的风险责任及收益状况进行分析与规划，以期取得最佳经营效果的经济匡算过程。

制定再保险规划应明确规划的目的。从业务经营管理角度考虑，再保险规划有两个目的：一是扩大业务承保能力，通过再保险尽可能扩大业务承保能力，使自身能接受较高的承保额和较多的业务量。二是稳定业务经营，安排再保险既要扩大承保能力又要从业务经营管理上考虑，对于自留额部分予以充足的保障，对于所承保的风险责任要有适当的分保安排，避免风险集中和责任累积，尽可能分散风险能力，以保证偿付能力。

从技术上考虑，要求再保险规划必须具有现实的可行性和稳定性。一是再保险规划在合同条款和分保条件方面要符合再保险的习惯做法和市场发展趋势，能为接受公司同意并且愿意接受所转让的风险责任，但又要避免支付不必要的分保费。二是再保险规划要考虑分保双方在经济上的长远利益，有利于分出公司和接受公司建立长期稳定的业务关系，以增强双方的合作和信任关系。

再保险规划的主要内容包括危险分析、自留额确定以及通过经营收益匡算之后的再保险方式方法的最后选择。

一、危险分析和再保险方式的选用

在再保险规划中，分出公司首先要对承担的危险责任进行全面的综合分析，在此基础上选用合适的再保险方式，实现规划的合理性。分出公司一般从以下四个方面进行危险分析。

（一）较大危险或损失的识别

所谓较大危险或损失，一般而言应从相对意义上进行判断。有时可能是指保险标的金额巨大，即巨额危险，如某个危险单位的保额或损失达到或超过 1000 万元，对一个小型保险公司来说就属于巨额危险。有时也可以从损失额与保额的比例关系上识别，当损失达到或超过保额的 70% 或 80% 时，则认为是大的危险或损失。

但是，以上判断在实际业务中很难把握。从保险公司对于危险的承担、转让和分散上考虑，关于大的危险或损失，应从承保危险单位的结构和保费收入这两方面来识别和估量。例如，甲公司承保 10 万个危险单位，假设每个危险单位的保额相同，均为 100 万元，如按 1% 的净费率计算，则净保费收入总额为 10 亿元，足够赔付 1000 个危险单位的全部损失。对于甲公司来说，有几个或数十个危险单位发生损失甚至全损，也不至于影响其业务的稳定性。因此，保额或损失为 100 万元的危险单位，对于甲公司来说不算是大的。另有乙公司同样承保 10 万个危险单位，但每个危险单位的保额不均等，在 5000 元至 100 万元，差距很大，且绝大部分在 100 万元以下，故保费收入较少。如有几个或数十个保额为 100 万元的危险单位发生损失，其赔付额可能超过保费收入，进而影响到该公司业务经营的稳定性。因此，对于乙公司来说，100 万元的保额或损失的危险单位就被认为是较大的危险单位。由于较大的危险单位或损失对保险公司可能带来的冲击，直接影响到保险业务的稳定性，因此，在制定再保险规划时要给予足够的重视，运用再保险的风险转移机制使保险金额均衡，安排适当的再保险。

（二）中小危险的损失变动

一般而言，保险公司承保的较大危险单位是少量的，而承保的中小危险单位却是大量的，且各个中小危险单位的保额差距不会太大，大致上是均等的。少数中小危险单位发生损失，不至于影响到保险公司业务的稳定性。但是，危险发生在年度之间是不平衡的，由于危险的不确定性，各个业务年度的损失也处于上升或下降的变动过程中，在一些年份如果大量中小危险单位发生损失，则可能使赔款额超过保费收入，导致业务经营发生较大波动。因此，针对中小危险的损失变动，再保险规划中应有恰当的安排。

（三）一次事故的损失累积

保险公司一般是以危险单位为基础承担责任的，但是保险事故发生时，往往涉及多个危险单位，使一次保险事故损失的累积责任很大。如火灾一旦蔓延将会导致多个危险单位同时受损。特别是诸如洪水、台风等巨灾事故一旦发生，其损失范围就更大了，赔款的积累也是巨大的。因此，在制定再保险规划时，不仅要按每个危险单位安排再保险，而且要考虑巨灾事故中一系列危险单位的再保险安排，以保障分出公司的累积责任。

（四）一个业务年度的损失累积

上述三种情况基本上是按业务种类考虑再保险规划的。在一个业务年度，某种业务或各种业务的经营结果综合起来，可能出现损失积累较大，赔款总额超过保费收入总额的情况，对此，在再保险规划中也应充分考虑并给予适当安排。

根据以上对风险的分析以及各种再保险的特点，制定分保规划并选择分保方式与方法的一般原则如下：对于较大危险或损失，可以采用溢额分保或超赔分保方式；对于中小危险单位损失变动，可采用成数分保方式；对于巨灾事故的损失累积，可以采用事故超赔分保方式；对于一个业务年度中各种业务综合的损失累积，可以采用赔付率超赔分保方式。

各种业务分保大多数宜采用合同分保方法，以利于建立一种稳定的分保关系，对巨灾危险、巨额危险等责任较大的业务，还可以采用预约分保、临时分保等方式作为补充。在实际业务中，由于造成各种业务项下的损失的因素不是单一的，而是多方面的，因此，制定再保险规划时各种分保方式与方法可以根据具体业务综合运用，以期取得全面可靠的再保险保障。此外，由于客观环境经常发生变化，对再保险规划还应及时总结、评价并做出相应的调整。

二、自留额的确定

自留额不仅仅指溢额分保中的自留额，广义上说，凡是分出公司所承担的责任限额都是自留额。在比例分保方式中，自留额是按保额的一定成数或金额来确定的；在非比例分保方式中，自留额即自负责任限额，是按赔款的一定数额来确定的。总之，再保险必然涉及分保双方的责任分配，即涉及自留额与分保额的确定，并在此基础上分配保费和分摊赔款。所以，再保险双方分配责任的关键是先要确定自留额，这是再保险规划中十分重要的环节。自留额是否适当关系到分出公司的收益，更关系到其经营的稳定性。

确定自留额取决于多方面的因素，如国家在《保险法》中有关再保险的规定、市场情况以及保险公司的经营方针、财务及业务发展情况等，其中财务和业务发展情况是确定自留额的基本因素。对于某种单一危险单位的自留额确定，从分出公司的业务和财务上考虑，主要有以下几个影响因素。

（一）资本金

各国保险法规定，保险公司开业必须具备一定数量的最低资本金，并对每一危险单位的自留额与资本金的比例做出了限制规定。我国《保险法》第一百零二条规定："经营财产保险业务的保险公司当年自留保险费，不得超过其实有资本金加公积金总和的四倍。"第一百零三条规定："保险公司对每一危险单位，即对一次保险事故可能造成的最大损失范围所承担的责任，不得超过其实有资本金加公积金总和的百分之十；超过的部分应当办理再保险。保险公司对危险单位的划分应当符合国务院保险监督管理机构的规定。"第一百零四条规定："保险公司对危险单位的划分方法和巨灾风险安排方案，应当报国务院保险监督管理机构备案。"这些规定都是为了了解保险公司的偿付能力和业务稳定性。自留额的大小与公司的资本成正比，保险公司的资本金越多，表明其财力越雄厚，承保能力和偿付能力越强，则其自留额可定高一些；反之，自留额则宜定低一些。

英国、德国、瑞士等国保险市场的资料表明，保险公司的主要业务如火险、水险等，对于每一危险单位的最高自留额一般为自留额的 0.5% ～ 5% 时，可认为不会影响业务经营的稳定性。这个经验数据对大小不同的保险公司来说差别很大。小的保险公司因为资本额较少，自留额比例一般比大公司高，但自留额的绝对数比大公司要低。因此，自留额占资本金的一定比例是确定自留额的重要参数。但很难说哪个比例是正确的，而只能说哪个比例是较为合适的。保险公司的资本金以及累积的总准备金越多，则其自留额可高一些。

（二）业务量

保险公司业务量的大小对自留额的确定有重要影响。如公司业务量增加，其承保危险单位的数量就会增加，在保险费率不变的情况下，公司的保费收入自然就会增加，积累的资产额也会相应增加，其承保能力和偿付能力自然增强，则自留额可以相应提高。

关于自留额与保费收入之间的数量关系，按西欧保险市场的资料，每一危险单位的自留额与年保费收入之间的比例保持在 0.5%～3% 比较适宜，一般在 1% 左右，但也有高达 10% 的。由于业务规模的发展，保费收入增加，自留额可以相应提高。值得注意的是，为了保持业务经营的稳定性，不能按保费增长的比例调整自留额。保费收入增加并不意味着都要提高自留额，而应根据影响保费收入的不同情况区别对待。影响保费收入增加的情况一般有：①同一危险单位保险金额增加，而危险单位数量不变；②由于损失率增高，导致费率上升；③由于危险单位数量增加，保费收入随之增加。在前两种情况下，危险程度增加，自留额宜稳定不变甚至适当降低；在第三种情况下，由于危险趋于分散，业务稳定性提高，可适当提高自留额。

（三）危险的损失概率

损失概率就是危险发生的可能性。如某个危险单位发生损失的可能性较大，那么根据大数法则和概率论对同类危险所确定的费率，对这单个危险单位来说就显得偏低，这时保险公司就应该降低该危险单位的自留额。相反，对于损失率低的危险单位应该提高自留额，以增加保费收入和积累保险公司资产。

（四）保险费率

费率在很大程度上影响决定自留额的决策人的心理。费率水平反映标的风险的大小。保险费率是根据大数法则和概率论科学制定的，保险公司制定费率时依据公平合理原则，保费收入与赔偿责任之间保持平衡，这时公司的自留额就可以提高。但是，由于竞争或其他原因，公司有时对某些危险单位确定很低的费率，低于平均损失率，对此类危险单位，直接承保公司的自留额应相应降低，分保接受人是否接受该项业务往往持审慎态度。

（五）保险金额

保险金额的大小取决于所承保危险是否集中或责任是否有累积，若危险集中或责任累积的可能性较大，则其保险金额就大。如对航天飞机和人造卫星等的保险，由于其价值很高，风险十分集中，因此保险金额很高。保险公司对于此类危险单位的自留额应视保额的变化来确定，保额增大时，自留额可以相应增大，亦可保持不变。

三、经营收益匡算

分出公司在进行再保险规划时，对拟选用的分保方式要进行经营收益的匡算，通过比较权衡来判定再保险规划的合理性。下面举例对经营收益匡算问题加以说明。

某保险公司火险业务的基本情况如下：

全年保费收入 100 万元；费用开支为保费的 35%，计 35 万元；赔款为保费的 50%，计 50 万元；全年火险业务经营收益率为 15%，计 15 万元；单一危险单位自留额为保费的 1%，计 1 万元。如果承保能力为 5 万元，尚有余额 4 万元需办理分保。

现就成数、溢额和险位超赔三种分保方式分别匡算如下。

（一）成数分保

在成数分保方式下，分出公司对于每一危险单位的承保能力为 5 万元，分出公司自留 20%，自留额为 1 万元，接受公司承担 80%，分保额为 4 万元，分保手续费率为 40%。则分出公司与分入公司全年的保费和收益分配如下。

全年保费分配：

分出公司：100×20%=20（万元）

接受公司：100×80%=80（万元）

全年收益分配：

分出公司：保费 − 费用 − 赔款 + 分保手续费 = 收益

　　　　　20−35−10+32=7（万元）

接受公司：分保费 − 分保手续费 − 赔款 = 收益

　　　　　80−32−40=8（万元）

（二）溢额分保

在溢额分保方式下，每一危险单位的自留额为 1 万元，分保额为 4 线计 4 万元，分出公司对每一危险单位的承保能力为 5 万元，分保手续费为 35%。

由于溢额分保可将每一危险单位保险金额在自留额 1 万元以内的业务全部自留，不必分出，只将超过自留额的业务部分分出，故自留的保费比成数分保相对增加，分保费支出相对减少，假定为 60 万元；同时，摊回赔款也将减少，假定减少到 32 万元。则分出公司与分入公司全年的保费和收益分配如下。

全年收益分配：

分保手续费：60×35%=21（万元）

分出公司：保费 − 费用 − 赔款 + 分保手续费 = 收益

　　　　　40−35−18+21=8（万元）

接受公司：分保费 − 分保手续费 − 赔款 = 收益

　　　　　60−21−32=7（万元）

（三）险位超赔分保

在险位超赔分保方式下，每一危险单位的自留额为 1 万元，接受公司责任限额为超过 1 万元以后的 4 万元。由于险位超赔分保是以赔款为基础分配责任，分保费率不按原保险费率计算，而是由分保双方按业务情况议定，如业务质量好，费率可低一些，因而分出公司自留保费较多。假定分保费占保费的 20%，计 20 万元。在 50 万元赔款中发生超额赔款 10 笔, 其每笔的赔付金额超过 1 万元, 共计 15 万元, 即分出公司可获得摊回赔款 15 万元。在这种分保方式下, 接受公司不支付分保手续费。则分出公司与分入公司全年的保费和收益分配如下。

全年收益分配:

分出公司: 保费 – 费用 – 赔款 = 收益

$$80-35-35=10（万元）$$

接受公司: 分保费 – 赔款 = 收益

$$20-15=5（万元）$$

以上三种分保方式经营收益匡算结果表明, 如果选用超额分保, 分出公司的收益较多, 但是超额分保不能用于业务交换, 没有回头业务保费收入, 而且费率每年都可能变动, 有较大的波动性。如果选用成数或溢额分保, 虽收益较少, 却可以进行业务交换, 获得回头业务保费收入和盈利机会, 且有利于建立保险同业之间长期稳定的业务合作关系。特别是火险业务, 采用溢额分保, 可以根据不同标的的使用性质、风险程度和建筑等级制定不同的自留额。而且一般来说, 市场比较稳定, 是再保险规划考虑最多的再保方式, 所以分出公司应根据其经营方针和具体业务, 权衡利弊, 做出选择。

本章小结

本章主要介绍了再保险的含义、作用、分类以及再保险安排和规范的内容。

再保险是保险人在原保险合同的基础上, 通过签订再保险合同, 将其在原保险合同中所承保的风险和责任的部分或全部向其他保险人进行转嫁的行为。

再保险按分保安排方式划分, 可分为临时分保、合同分保和预约分保。

再保险按责任分配形式分, 分为比例再保险和非比例再保险。其中比例再保险可进一步分为成数再保险、溢额再保险和成数溢额混合再保险三种; 非比例再保险包括险位超赔再保险、事故超赔再保险和赔付率超赔再保险三种。

思考与练习

再保险规划是指在再保险合同订立前, 分出公司根据不同业务类别、自身财务状况及市场状况, 运用各种再保险方式与方法, 对自留额与转嫁的风险责任及收益状况进行分析与规划, 以期取得最佳经营效果的经济匡算过程。再保险规划的主要内容包括危险分析、自留额确定以及通过经营收益匡算之后的再保险方式方法的最后选择。

参考答案

参考文献

[1] 何惠珍 . 保险理论与实务 [M]. 北京：高等教育出版社，2009.

[2] 刘革，邓庆彪 . 保险原理与实务 [M]. 西安：西安电子科技大学出版社，2014.

[3] 张建军 . 保险理论与实务 [M]. 西安：西安电子科技大学出版社，2012.

[4] 谢朝德 . 财产保险 [M]. 北京：中国人民大学出版社，2012.

[5] 马永伟 . 保险知识读本 [M]. 北京：中国金融出版社，2000.

[6] 吴定富 . 保险原理与实务 [M]. 北京：中国财政经济出版社，2005.

[7] 付荣辉，李丞北 . 保险原理与实务 [M]. 北京：清华大学出版社，2010.

[8] 李民，刘连生 . 保险原理与实务 [M]. 北京：中国人民大学出版社，2012.

[9] 马宜斐，段文军 . 保险原理与实务 [M]. 北京：中国人民大学出版社，2011.

[10] 李丹，刘降斌 . 保险学原理与实务 [M]. 北京：中国林业出版社，2011.

[11] 黄华明 . 中外保险案例分析 [M]. 北京：对外经济贸易大学出版社，2004.

[12] 蒲成毅，潘晓君 . 保险案例评析与思考 [M]. 北京：机械工业出版社，2003.

[13] 赵苑达，再保险学 [M]. 北京：中国金融出版社，2006.

[14] 胡炳志 . 再保险 [M]. 北京：中国金融出版社，2006.

[15] 唐运样 . 保险经纪理论与实务 [M]. 北京：中国社会科学出版社，2000.

[16] 刘平 . 保险学：原理与实务 [M]. 北京：清华大学出版社，2009.

[17] 钟玥 . 保险学 [M]. 上海：上海财经大学出版社，2011.

[18] 徐爱荣 . 保险学 [M]. 上海：复旦大学出版社，2010.

[19] 粟芳，许谨良 . 保险学 [M]. 北京：清华大学出版社，2011.

[20] 熊福生，姚壬元 . 保险学 [M]. 北京：经济管理出版社，2013.

[21] 刘永刚 . 保险学 [M]. 北京：人民邮电出版社，2013.

[22] 张代军 . 保险学 [M]. 杭州：浙江大学出版社，2010.

[23] 姚海明，段昆 . 保险学 [M]. 上海：复旦大学出版社，2012.

[24] 裘红霞，保险学 [M]. 北京：清华大学出版社，2011.

[25] 魏丽 . 保险学 [M]. 大连：东北财经大学出版社，2011.

[26] 奚道同，董玉凤 . 保险学 [M]. 哈尔滨：哈尔滨工业大学出版社，2011.

[27] 邹新阳，谢家智 . 保险学 [M]. 上海：复旦大学出版社，2013.

[28] 李加明 . 保险学 [M]. 北京：科学出版社，2013.

[29] 施建祥 . 保险学 [M]. 杭州：浙江大学出版社，2009.

[30] 许桂红 . 保险学 [M]. 南京：东南大学出版社，2010.

[31] 曾卫 . 保险学 [M]. 北京：人民出版社，2010.

[32] 孙秀清 . 保险学 [M]. 北京：经济科学出版社，2011.

[33] 石磊．保险学 [M]．北京：对外经济贸易大学出版社，2013.

[34] 胡炳志，何小伟．保险学 [M]．北京：中国金融出版社，2013.

[35] 池小萍．保险学案例 [M]．北京：中国财政经济出版社，2007.

[36] 许飞琼．责任保险 [M]．北京：中国金融出版社，2007.

[37] 许谨良．财产保险原理和实务 [M]．上海：上海财经大学出版社，2010.

[38] 杜鹃，郑祎华．人身保险 [M]．北京：中国人民大学出版社，2009.

[39] 张洪涛，庄作瑾．人身保险 [M]．北京：中国人民大学出版社，2008.

[40] 张洪涛，王国良．保险核保与理赔 [M]．北京：中国人民大学出版社，2006.

[41] 曹晓兰．财产保险 [M]．北京：中国金融出版社，2007.

附　录

保险法

保险公司管理规定

保险代理人监管规定

保险经纪人监管规定

保险公估人监管规定

保险资金运用管理办法